U0921986

珍藏本
纪念版

汉译世界学术名著丛书

佛罗伦萨史

从最早时期到豪华者洛伦佐逝世

〔意〕尼科洛·马基雅维里 著

李活 译

2017年·北京

Niccolo Machiavelli

HISTORY OF FLORENCE

From The Earliest Times To The Death

Of Lorenzo The Magnificent

English Translation Revised Edition

1901

The Colonial Press

New York

根据纽约科洛尼尔出版社 1901 年英译本修订版译出

尼科洛·马基雅维里

汉译世界学术名著丛书
（120年纪念版·珍藏本）
出版说明

2017年2月11日，商务印书馆迎来120岁的生日。120年前，商务印书馆前贤怀揣文化救国的理想，抱持“昌明教育，开启民智”的使命，立足本土，放眼寰宇，以出版为津梁，沟通中西，为中国、为世界提供最富智慧的思想文化成果。无论世事白云苍狗，潮流左右激荡，甚至战火硝烟弥漫，始终践行学术报国之志，无改初心。

迻译世界各国学术名著，即其一端。早在20世纪初年便出版《原富》《天演论》等影响至今的代表性著作，1950年代后更致力于外国哲学和社会科学经典的译介，及至1980年代，辑为“汉译世界学术名著丛书”，汇涓为流，蔚为大观。丛书自1981年开始出版，历时三十余年，迄今已推出七百种，是我国现代出版史上规模最大、最为重要的学术翻译工程。

丛书所选之书，立场观点不囿于一派，学科领域不限于一门，皆为文明开启以来，各时代、各国家、各民族的思想与文化精粹，代表着人类已经到达过的精神境界。丛书系统译介世界学术经典，引领时代思想，为本土原创学术的发展提供丰富的文化滋养，为推动中国现代学术和现代化进程做出了突出的贡献。

为纪念商务印书馆成立120周年，我们整体推出“汉译世界学术名著丛书”120年纪念版的珍藏本，寄望既利于文化积累，又便于研读查考，同时向长期支持丛书出版的译者、编者和读者致以敬意。

两甲子后的今天，商务印书馆又站在了一个新的历史时间节点上。我们不仅要铭记先辈的身影和足迹，更须让我们的步伐充满新的时代精神。这是商务人代代相传的事业，更是与国家和民族的命运始终紧密相连的事业。我们责无旁贷，必须做好我们这代人的传承与创造，让我们的努力和成果不仅凝聚成民族文化的记忆，还能成为后来人可以接续的事业。唯此，才能不负前贤，无愧来者。

商务印书馆编辑部

2017年10月

中译本序言

马基雅维里(1469—1527年)是文艺复兴时期的一位巨人;他的《佛罗伦萨史》是人文主义历史学的巨著。

马基雅维里的故乡是意大利半岛上的佛罗伦萨。中世纪的意大利是经济上的先进地区,早在十四五世纪,这里已出现资本主义的最初萌芽。但是它在政治上却长期处于四分五裂的局面。十五世纪后半期,半岛上存在着米兰、威尼斯、佛罗伦萨、教皇辖地和那不勒斯等五个较大的国家,另外还有一些较小的城市国家和诸侯国。各国之间争雄掠土,兵连祸结。此时的西欧已经有一些国家实现了政治统一,但在意大利半岛上却不存在一个能够完成统一的力量。各国统治者为了战胜对方,不惜勾结外国,引狼入室。到1494年,爆发了历时半个世纪,有法、西、德等国参加的意大利战争。

佛罗伦萨是意大利半岛上最大的手工业城市,也是资本主义关系最早萌芽的地方。但是这个共和国正如《佛罗伦萨史》书中所说的那样,长期以来"受到公民内部接连不断的分裂的折磨。"(第二卷,第二章)1378年的梳毛工起义是世界历史上第一次手工工人起义。至于平民贵族间、政治党派间和世家大族间的斗争更是错综交织,史不绝书。从十五世纪初期起,共和国政权归入美第奇家族之手,实行僭主政治。这个长期从事银行业和商业的家族[①]成了佛罗伦萨的无冕之王。马基雅维里描写这个家族最早的代表人乔万尼时说:“他从来都不追求政府中的名位,但却享有一切。”(第四卷,第三章)1494 年,法国军队侵入意大利,美第奇家族投降,佛罗伦萨人民在萨伏那罗拉领导下举行起义,重建共和国。1498 年萨伏那罗拉遇害后,共和国继续存在了十四年,到 1512 年美第奇家族恢复僭主政治为止。这段时间构成了马基雅维里的政治生命的黄金时代。

马基雅维里一姓是佛罗伦萨的名门望族。尼科洛·马基雅维里出生于族中贫寒的一支。他的父亲只拥有距城不远的一小块地产。当时崇尚古典著作的研习,富家子弟竞投名师学习希腊文和拉丁文。年轻的马基雅维里由于家境清寒,不曾得到这样的机会。他之精通拉丁文,更多是依靠自学。这使他发展了独立思考的能力,摆脱了当时流行的刻意仿古,皓首穷经的风气。

马基雅维里早年可能充当过佛罗伦萨政府雇员。1498 年,一向碌碌无闻的马基雅维里突然受任为国务秘书,在执政团领导下负责共和国的防务和外交事宜。这时他只有二十九岁。1501 年前后,皮埃罗·索德里尼当选为终身正义旗手,马基雅维里受到索德里尼的赏识,成为他的重要助手,此后在国家事务中发挥了重大影响。

马基雅维里曾多次衔命出使外国。国外的情况给他以深刻印

① 过去曾有说法,认为美第奇家族以经营药剂起家。G. F. 扬在所著《美第奇》(1930 年,纽约)书中指出这一家族从十三世纪初起即经营商业和银行业,所谓以药剂起家之说,纯属无稽。见该书第 14—15、760—761 页。

象。1500年，他第一次来到法国，亲眼看到这个统一于强大王权之下的国家的兴旺，并痛感自己所代表的佛罗伦萨在这里被蔑称作“乌有先生”的侮辱。他在罗马尼阿地区看到的是，凶残狡诈、自私自利的公爵凯撒·波几亚凭借强大兵力征服全区，实行有利于集中的改革，使各级臣民得到好处。[①] 在出使德意志时，他对于这个国家的实力和它在政治上的弱点也做了深入研究。从这些经验中，他开始探讨救治自己长期分裂的祖国的方案。

马基雅维里曾对共和国军队进行改革。几个世纪以来，意大利各城邦一直使用雇佣军作战。这种军队骄横跋扈，缺乏纪律，而且不守忠信，容易叛变。马基雅维里建议政府从城市周围的农村中征集士兵，建立民军。马基雅维里曾指挥这支民军战胜比萨。但在1512年当由教皇、西班牙和威尼斯组成的“神圣联盟”军队来攻时，这支民军遭到失败。美第奇家族在西班牙人的扶植下，重返佛罗伦萨，恢复统治。

马基雅维里失去政府位置以后，又因涉嫌一项反美第奇的阴谋案件，遭到逮捕和刑讯，获释以后，活动仍受限制。从此，他住到城外属于他家的那块小地产上，过着清贫生活。为了重新谋得职位，他曾请托友人代向美第奇家族疏通，自己也一再上书干求，或进呈作品，冀求眷顾，但是都无结果，直到1520年才当上一名史官，承担纂修佛罗伦萨历史的任务。1527年5月，佛罗伦萨再次

① 此是当时著名历史家圭查迪尼和其他当代人的看法。匹普在《波几亚的政治》(1946)书中否认波几亚有何善政。见《新编剑桥近代史》(1971年，剑桥)第1卷，第359页。

发生反僭主政治的起事，放逐美第奇家族，重建共和。[①] 马基雅维里返回佛罗伦萨城，指望以他当年的劳绩，重获登用，再为共和国效力。但是就因为美第奇家族曾经给过他一点儿菲薄的恩遇，人们拒绝了他。在极度失望之余，他于同年6月病死。

马基雅维里政治上失意之日，却是他学术上成功之时。在任国务秘书期间，他曾起草过一些报告、文件，文笔优美，已见才华。他的主要思想观点此时也臻成熟，但因公务繁忙，一直不曾写出分量较大的作品。只是到了隐居于佛罗伦萨城郊的时候，才开始他的著作生涯。马基雅维里也和文艺复兴时期的其他巨人一样，多才多艺，学识渊博。他的著作分布在政治理论、文学、历史、军事学等几个领域。恩格斯在《自然辩证法》中写道："马基雅维里是政治家、历史家、诗人，同时又是第一个值得一提的近代军事著作家。"[②]

马基雅维里去职以后写成的第一部著作是《君主论》。这是他对佛罗伦萨几百年间的"政治实验和激烈的改革"（布克哈特语）和本人十多年的从政经验的理论性的总结。他看到意大利长期政治分裂的恶果，认为只有建立起统一的中央集权国家，才能防止内讧，抵御外侮。他虽然信仰共和制度，但在现实生活中逐渐形成一种信念，在这个到处都存在着分裂和对立的半岛上，只有建立一个强大的君主政权，才能实现统一。君主拥有无限的权力，拥有来自普遍兵役的常备军，而不是雇佣军，以对付臣民和外敌。在议

① 参看G. F. 扬，《美第奇》，第16章。

② 《马克思恩格斯选集》中文版第3卷，第445—446页。

论君主的统治方式和手段时，他把当时意大利各地的暴君僭主，特别是罗马尼阿的波几亚公爵，当作可资模仿的样板，认为他们所施展的强暴狡诈、背信弃义种种卑劣手段，只要有利于实现目标，都是可取的。马克思曾经指出，马基雅维里肯定认为“对于君主，做恶比行善有利。”[①]马基雅维里的政治思想反映了新兴资产阶级建立统一的中央集权国家的进步要求。但是他不是把实现统一的希望寄托于人民，而是求之于霸主。《君主论》于1513年写成，马基雅维里把它献给了美第奇家族。与这本书大约同时写成的，还有一本《论提图斯·李维的前十书》，评论古代罗马史事，借古鉴今，基本论点与前书相似，但不如前书著名。

马基雅维里编写过几部喜剧，以《曼陀罗华》最享盛名。剧中嘲讽了一个愚而好自用的丈夫并揭露了一个淫邪无耻的教士，结构紧凑，对话生动，被誉为当代杰作。另外他还写一些诗和散文，也享有极高的声誉。

1519至1520年，马基雅维里撰写了《兵法七卷》。这是他研究历史上的著名战役，考察十五世纪和十六世纪初西欧军队战术上的发展变化并结合他亲身指挥战斗的经验而写成的军事著作。这本书曾受到马克思主义经典作家的重视。[②]

《佛罗伦萨史》写成于1525年，这是马基雅维里最后的一部著作。美第奇家族授予他以史官的职位，其用意显然是要他为其先人老科斯莫和豪华者洛伦佐歌功颂德。但是马基雅维里所撰写

① 《马克思恩格斯全集》中文版第1卷，第70页。

② 见《马克思恩格斯全集》中文版第14卷，第30、197页；第29卷，第184页。

的内容远不止此。他在书的头一卷里开宗明义地写道:“应当弄清楚的是,经过一千年的辛勤劳苦之后,佛罗伦萨竟然变得这么衰微孱弱,其原因究竟何在。”(第一卷,第七章)他是要在对于意大利的政治、军事等方面做过研究之后,再从历史角度进行总结,从而探求振兴祖国的道路。

《佛罗伦萨史》分为八卷,每卷又分为若干章。第一卷概述意大利从西罗马帝国末年到十五世纪的历史。在记述了蛮族入侵、意大利半岛分崩离析、封建主混战、雇佣军横行和城市内部的党争之后,作者不禁深深慨叹:“因此,在我写的这部历史中,必然会充满这类昏庸的君主和如此卑劣的军队。”(第一卷,第七章)第二卷以同样笔法概述了佛罗伦萨从建城之初到十四世纪中叶美第奇家族初露头角时期的历史。这两卷可以看作是全书的导言。

从第三卷进入书的主体,一直写到 1492 年豪华者洛伦佐之死为止,以六卷的篇幅,记百四十年之事,可以说是相当详细的。有些事件,着墨尤多;例如第三卷中关于 1378 年梳毛工起义的记载,长达三章,其中有一段关于一位起义鼓动者的讲话的记载,他说:“不要上当,以为他们的祖先的古老血统会使他们比我们高贵,因为所有人类都出于同一祖先。……所有那些获得巨大权势,取得大量财富的人,不是运用暴力就是运用欺骗的手法。……忠实的奴仆总是当奴仆,诚实的人永远受穷。……只有奋力,才能拯救自己。”(第三卷,第三章)这篇最早的雇佣劳动者的战斗宣言,是极其宝贵的史料。书中还全文载录了一些当时的重要言论,例如书中记录了一篇平民代表向执政的进言,进言者在列举历次党争之后指出:“只要有一个好政府,我们城邦就可以享有较好的命运。”

“在法律的良好影响下，这些可取的目标是完全可以达到的。”（第三卷，第一章）“好政府、好法律”，正是资本主义萌芽时期意大利人民（包括马基雅维里自己）的长期心愿。这类材料也同样珍贵。此外还有一些关于美第奇家族“遍布欧洲”的产业、它向国内外的大量贷款和它后来停止商业经营转而投资于房地产的记载，以及有关热那亚的圣焦尔焦银行的描述，都是重要的经济史料。

然而，《佛罗伦萨史》在中世纪史学史上并非以材料见长，而是以书中的人文主义思想取胜。

马基雅维里在这部历史中一洗中世纪早期的教会人士修史的那种鬼神设教、迷信骗人的笔法。他不是以上帝的意志，而是用人的行动来解释历史的发展变化。他甚至还提出“千万不要把过去这些动乱归罪于人们的天性恶劣，而应归之于时代”（第三卷，第一章）的深刻见解。他对教会持批判态度，把教皇写作与世俗君主同样贪婪狡猾、穷兵黩武的人物。马克思说：“马基雅维里早就在他的《佛罗伦萨史》中指出教皇的统治是意大利衰败的根源。”①对于一个与他同时的教皇西克斯图斯四世，揭露得更是淋漓尽致，说他的邪恶“真可谓前无古人”；（第七卷，第四章）他“不是牧人，而是一只豺狼。”（第八卷，第三章）在另一方面，人们可以看到马基雅维里对于古罗马历史的深切缅怀。以前，他曾通过探讨李维的前十书来阐述自己的政治观点。这里，他又经常援引罗马的事例来说明当代的问题。文艺复兴的嗜古之风在他身上仍旧留有深深的印记。

① 《马克思恩格斯全集》中文版第13卷，第475页。

马基雅维里此书超越前辈之处还在于他摈弃了那种排列史实的编年手法。他在《论提图斯·李维的前十书》的序言中宣称他要开辟"一条前人所未走过的道路",就是要从人类活动的形形色色的现象背后探求其共同的动机,从而找出一条普遍的规律来。他在撰写本书时尽量把一个事件的前因后果,国内国外各种因素联系起来加以综合叙述。布克哈特指出:"马基雅维里在他的《佛罗伦萨史》(到 1492 年为止)中把他的出生城市描写成为一个活的有机体,把它的发展描写为是一个自然而独特的过程;他是近代人中第一个具有这种观念的人。"①

由于种种条件的局限,马基雅维里是不可能发现他所寻求的普遍规律的。他从古罗马和意大利的历史中所看到的,只是"由治到乱,然后又由乱到治"(第五卷,第一章)的现象。他的这部著作也只能是在这种历史循环论的圈子里打转转。他认为,要求得长治久安,只有制定好的法律,政府才是自由的。古代一些长命的共和国,皆赖有此。(第四卷,第一章)这样的事业,在他看来,也只能由英雄伟人来完成。

《佛罗伦萨史》书中出现了上百个人物,其中有不少人马基雅维里都曾加以评论。对于美第奇家族的代表人物,自然是备致颂扬。他对老科斯莫的评价,采用了史书中皇帝本纪的体裁,并解释说:"因为对这样一位特殊人物,我不得不使用一些不平常的颂词。"(第七卷,第一章)对于力图恢复贵族统治的贵族派首脑里纳

① 布克哈特:《意大利文艺复兴时期的文化》中译本,第 80—81 页(商务印书馆 1979 年出版)。

尔多·德利·阿尔比齐，他也认为是个“值得尊敬的人物”。(第五卷，第七章)甚至对于那个靠着梳毛工起义捞取到正义旗手职位而后又背叛起义的兰多也滥加赞美，夸奖他的“品质”“才干”，把他对起义者的血腥镇压说成是“为祖国作出巨大贡献。”(第三卷，第四章)至于广大的人民群众，则很少在他的笔下出现，偶然提到，也只是陪衬而已。而于1378年的起义者，竟冠以“暴民”的恶名；他们短期取得的政权，也受到“令人作呕的统治”的咒诅。将人分成选民与群氓，分别加以褒贬，正是人文主义者惯用的笔法。

最后，值得提及的还有本书的优美文字。当时模仿古典文化之风盛行，大量古典著作中的词句被抄袭到作品中。马基雅维里不为这种风气所沾染，使用意大利文撰写本书。布克哈特说：“他的活泼有力的思想，他的明确而简洁的表达方式，使他所使用的语言具有除‘十四世纪意大利作家’的优点而外的任何优点。”[1]

十四世纪以还，佛罗伦萨曾出现过几部关于这个城市共和国的历史著作。[2] 但是只有马基雅维里以其充沛的爱国热情、敏锐的观察能力、缜密的综合分析和生动活泼的民族语言写下的这部著作独享盛名。西方资产阶级历史家一直把这本书奉为近代历史学的先驱。无产阶级革命导师也曾给予好评，称它是“一部杰作。”[3]

---

① 布克哈特，前引书，第374—375页。

② 例如乔万尼·维兰尼著《编年史》、布拉乔利尼·波吉奥著《佛罗伦萨市民史》、列奥那多·布鲁尼著《佛罗伦萨人史》等。马基雅维里本书多取材于上列诸史。

③ 《马克思恩格斯全集》中文版第29卷，第184页。

马基雅维里的学说发表后,引起了不同的反响。有些国家的大臣采用了这种治术。有的思想家发表著作与之呼应。但同时也遭到另一部分人的反对,指摘他嘲弄宗教,败坏道德,鼓吹邪恶,行为放荡。特别是在天主教会发动反宗教改革运动的时期,他的一些名句也成为攻击的目标。后来更出现了“马基雅维里主义”一词,这大概是饱经出生于意大利的法国王后卡德琳·德·美第奇暴政之苦并对意大利怀有强烈反感的法国人制造出来的。这个名词带有贬义,逐渐变成政治上尔虞我诈、背信弃义的同义语,加之后世的统治者往往将这个“主义’作为推行反动统治的理论根据,结果造成对马基雅维里本人的评价也是毁誉不一,是非莫辨了。

生活在文艺复兴时期的马基雅维里,在思想和生活的各个方面自然带有人文主义者的特征和弱点。但是必须看到,在他的整个思想中,爱国主义占据着主导地位。他的几部主要著作——《君主论》《论提图斯·李维的前十书》《兵法七卷》和《佛罗伦萨史》——都是环绕如何实现意大利的统一和富强而写成的。马克思主义经典作家曾经指出,十六世纪以来的许多思想家“都已经用人的眼光来观察国家了,他们是从理性和经验中而不是从神学中引申出国家的自然规律。”①他们持“独立地研究政治的主张”,“政治的理论观念摆脱了道德。”②马基雅维里正是这类思想家中最早的一个。所以,他歌颂强者,宣扬暴力,为了实现统一意大利的最高目标,可以不择手段。埃尔顿在《新编剑桥近代史》中曾为

① 《马克思恩格斯全集》中文版第1卷,第128页。

② 同上书,第3卷,第368页。

马基雅维里的受到指责作过如下解释:“他打算传授治术,他要按照他从经验和研究中所看到的它的本来面目去传授,而不受那种在书本之外再也找不到的道德箴言的影响。他不曾料到他所描述的这些策略在发表后却不曾用于为善。……他极力把他的理论公正地建立在事实确凿的基础上;他常说,这些事情确曾发生,发生的情况就是这样,它们提供的教训就是这些。……马基雅维里发出的问题永远是:‘它是否可以达到预期的目的?’而从来不是‘它是否正当?’自然这就为他带来了恶名。”[①]这一评论应该认为是公正的。

戚国淦

1981年4月

① 《新编剑桥近代史》(1972年,剑桥),第2卷第14章,第460—461页。G. R. 埃尔顿是英国剑桥大学宪法史教授,本卷的主编和本章的撰写人。

目　　录

第　一　卷

第二卷

第　三　卷

第四卷

第五卷

第　六　卷

第　七　卷

第 八 卷

第一卷　从北方民族入侵到比萨宗教会议

公元379—1423年

第　一　章

北方居民入侵罗马帝国领土——西哥特人——斯蒂利科招引蛮族入境——汪达尔人在非洲——法兰克人和勃艮第人以其族名命名法兰西和勃艮第——匈奴——盎格鲁人以其族名命名英格兰——匈奴王阿蒂拉在意大利——詹塞里克占领罗马——伦巴第人。

居住在莱茵河和多瑙河北岸一带地方的居民，由于那个地区既富饶又有利健康，从而繁殖很快；常常因为人口太多，一部分人被迫迁离乡土到别处寻求居住之地。每当一个地区不得不解除人口过多的负担时，往往采取如下办法：把全部人口分成三部分，每部分当中的贵族和平民、富人和穷人的数目都相同；然后抽签，抽到签的那三分之一人口，就要寻找新的居住地区，其余三分之二留下占据原有乡土。

古时罗马帝国历代皇帝的统治中心都在罗马，后来他们放弃罗马、迁都君士坦丁堡。这时，这个国家为由北方来的移民定居下来提供种种方便，这样就把罗马帝国毁灭了；因为皇帝采取的迁都这个步骤，使西部帝国不但招致自己的大臣的强夺，而且也遭受敌人的劫掠；因为皇帝远在东方，既看不到帝国西部需要什么，又不能提供帮助。多少忠臣勇士用鲜血建立起来的如此庞大的帝国竟然毁于一旦；这不但说明臣僚不忠，而且也暴露了君主们本身的昏暗。因为帝国的毁灭绝非一次入侵所致，而是多次巧取豪夺的结果。这些蛮族为了达到他们的目的，也确实表现了极大的本领和坚持不懈的精神。

自从奇姆布里阿人的入侵被卡伊乌斯·马里乌斯打败之后，北方各族首先侵入帝国的就是维西哥特人——在我们的语言中，这个名字的意思是“西哥特人”。这个民族在帝国的边界上打了几仗之后，竟然在几代皇帝的认可下，在多瑙河一带长期保持着自己的领地。不过，他们虽曾出于各种动机经常侵犯帝国各个地区，但在帝国的武力威慑下，却一直保持臣服的态度。提奥多西乌斯皇帝曾战胜他们，取得光辉胜利。西哥特人既然已完全降服于皇帝，后来就不再推举自己的君主，而是按照皇帝允准他们的条件，在皇帝的旗帜和权威下安居乐业和征战。提奥多西乌斯死后，他的两个儿子阿尔卡迪乌斯和霍诺留斯继位。但他们的才干和运气都不如他们的父亲；而且对帝王说来，时代也大不相同了。提奥多西乌斯皇帝在世时曾任命三位总督分别治理帝国的三大部分：鲁菲努斯掌管东部，斯蒂利科掌管西部，吉尔多掌管非洲。提奥多西乌斯死后，他们三人都决定不只当总督，而是要在他们各自的辖区称王。吉尔多和鲁菲努斯刚一起事就被镇压。但斯蒂利科却把自己的阴谋掩盖起来,对新皇帝们一面阿谀奉承、一面把他们的政府搅乱,为以后篡位铺平道路。他为了使西哥特人与皇帝为敌,建议把过去一贯支付给他的臣民的津贴扣住不发。而且,他觉得这些敌人仍不足以骚扰帝国,就又设法教唆勃艮第人、法兰克人、汪达尔人和阿兰人(正在寻找新定居地的一个北方民族)进攻帝国各省。

西哥特人在被取消津贴之后,认为这是对他们的欺侮;为了更有利于报仇,就推举阿拉里克当他们的国王,对帝国发动进攻;经过许多挫折,终于得手,蹂躏意大利,洗劫罗马。

阿拉里克于胜利之后逝世。他的继承人阿斯托尔富斯娶了皇帝的妹妹普拉奇迪娅为妻。他答应皇帝去解救高卢和西班牙,由于上文已提到的原因,这两个地区曾遭汪达尔人、勃艮第人、阿兰人和法兰克人攻占;随后又发生了下述情况:汪达尔人占领了西班牙的贝蒂卡地区(现名安达卢西亚)之后,由于西哥特人又向他们进逼,他们抵抗不住,于是应为帝国治理非洲的博尼法斯之邀去占据非洲。这是因为博尼法斯正阴谋反叛,唯恐被皇帝发觉之故。由于这些原因,汪达尔人很高兴地照办了,在他们的国王詹塞里克率领下,成了非洲的主人。

这时,阿尔卡迪乌斯之子提奥多西乌斯继承帝位。他对西部帝国政务极不在意。于是那些已占得土地的人们就企图确保地盘。这样,汪达尔人就统治了非洲,阿兰人和西哥特人统治西班牙,法兰克人和勃艮第人不只占有高卢,而且还用他们的族名给他们的占领地区命了名:一处叫法兰西,一处叫勃艮第。这些民族的好运气诱使其他新兴民族也前来破坏罗马帝国。其中之一就是匈奴。他们占领多瑙河南岸的潘诺尼亚地区,并用他们的族名命名,至今仍叫匈牙利。在这些动乱中还必须补述一点:皇帝因看到自己多方面受攻击,为了减少敌人,曾先后和汪达尔人、法兰克人进行谈判。这一做法进一步削弱了他自己的势力、增强了蛮族的力量。甚至不列颠岛(现名英格兰)也未能幸免于蛮族入侵。岛上的不列颠人因为害怕已经占据高卢的那个民族,就邀请日耳曼一个叫盎格鲁的民族去支援他们。这个民族在他们的国王沃尔蒂杰恩率领下来到岛上之后,先是保住该岛,然后就把不列颠人赶了出去,自己占有该岛,并以自己的族名把它命名为英格兰。当地原来的居民由于家园遭劫夺,处境危殆,决定要占领一个别的什么地方,尽管他们连自己的家园都未能保住;于是就拖家带口渡过海峡,到达靠海滩较近的一带地方安家落户,并用自己的族名命名该地为布列塔尼。如上所述,匈奴人已占领潘诺尼亚,后来就联合其他民族如泽皮迪人、埃鲁利人、图林根人和奥斯特罗哥特人(即东哥特人)一起迁移,寻找新地区。因为法兰西有蛮族武装守卫,未能进入;于是就在匈奴王阿蒂拉的率领下进入意大利。不久前,这位匈奴王为了占有他们自己的整个王国,曾把他哥哥布莱达杀死。从此他变得十分强大,所以泽皮迪王安达里克、东哥特王韦拉米尔都臣服于他。阿蒂拉率部进入意大利后,即围攻阿奎莱雅。两年间他一直通行无阻,把整个地区搞得荒芜一片,居民流离失所。这就形成威尼斯的起源。这件事等将来适当时机再予补述。阿蒂拉在占领并毁坏了阿奎莱雅之后,就进军罗马。在教皇恳请下,他未毁坏罗马。这是因为他对教皇十分崇敬。后来他就撤出意大利到奥地利,不久就死在那里。阿蒂拉死后,东哥特王韦拉米尔和其他一些民族的首领就以武力攻击他的两个儿子亨利和乌里克,杀死一个,强迫另一个带着他的匈奴族再渡多瑙河回到他们的老地区。同时东哥特人和泽皮迪人就占据潘诺尼亚,埃鲁利人和图林根人占据多瑙河彼岸。

阿蒂拉撤出意大利之后,西罗马帝国皇帝瓦伦廷尼安打算恢复国土;而且为了加强对蛮族的防备,把政府从罗马迁到拉文纳。帝国西部的不幸遭遇使住在君士坦丁堡的皇帝把西部当作既危险又耗费金钱的负担,在许多情况下宁愿让别人去占据。有的时候,罗马人因为感到被皇帝遗弃,就在未经皇帝认可的情况下,擅自推举一位皇帝来保卫他们,或是容忍某人篡夺统治权。这样的事情就发生在我们现在正在叙述的这个时代:瓦伦廷尼安皇帝死后,一位名叫马克西穆斯的罗马人篡夺政权,强迫居丧的皇后伦多奇娅改嫁给他。但因为她出身皇族,不屑于和普通公民结合。她急于报仇,于是就暗中串通主宰非洲的汪达尔王詹塞里克,请他到意大利来;对他说明他将从这件事中得到的好处,而且有许多有利条件帮助他成功。詹塞里克因而引起掠夺战利品的欲念,立即率兵进入意大利,发现罗马已弃守,就用十四天的时间劫掠全城,还抢劫意大利其他一些地方,然后满载财物返回非洲。罗马人回到城里时,马克西穆斯已经死去,他们就推举另一位罗马人阿维图斯继位。

后来,在意大利境内外一些地区发生几起重要事件。君士坦丁堡许多皇帝相继去世之后,帝位传至芝诺,罗马的皇位传给奥雷斯特斯和他的儿子奥古斯图卢斯,后者是用诈骗手段取得皇位的。

正当他们企图以武力保住靠背信弃义的手段取得的一切时，埃鲁利人和图林根人这时联合起来，在他们的统帅奥多阿瑟尔指挥下侵入意大利，如前所述，他们在阿蒂拉死后，早已定居在多瑙河彼岸。他们撤出的那些地区，由隆戈巴尔第人（或称伦巴第人，也是一个北方民族）在他们的王戈多戈率领下进入那些地区。奥多阿瑟尔在帕维亚附近打败并杀死奥雷斯特斯，但奥古斯图卢斯逃脱。在这次胜利之后，由于政权改变，罗马城也可以改变称号了：奥多阿瑟尔不称帝号，却自封为罗马王。他是那些在这个时期蹂躏了罗马世界的首领当中第一个打算在意大利定居的人。其他首领，或是认为东部皇帝能够很容易地解救意大利，恐怕自己站不住脚；或是由于不得而知的其他原因，在抢劫了这个地方之后，都找别的地方定居去了。

第 二 章

芝诺治下的罗马帝国情况——东哥特王提奥多里克——提奥多里克的性格——罗马帝国内部的变化——新语言——新名称——提奥多里克之死——贝利萨留斯在意大利——托蒂拉占领罗马——纳尔塞斯击溃哥特人——治理意大利的新方式——纳尔塞斯邀伦巴第人进入意大利——伦巴第人改变治理方式。

这时，古罗马帝国由下列帝王统治：芝诺在君士坦丁堡统治整个东罗马帝国；东哥特人统治梅西亚和潘诺尼亚；西哥特人统治苏埃维；阿兰人占据加斯科涅和西班牙；汪达尔人占据非洲；法兰克人和勃艮第人占据法兰西；埃鲁利人和图林根人统治意大利。东哥特王国传至韦拉米尔的侄子提奥多里克，因与东罗马皇帝芝诺友好，给皇帝写信说他们这个民族比附近其他各族都勇敢，但所占地盘却比他们的小，东哥特人认为不公；还说他无法把他这个民族局限在潘诺尼亚境内。因此，他认为自己有必要允许他们带着武器去寻找新住地；他想先把这件事上奏芝诺皇帝，乞请恩准将某些地区赏赐他们定居，这样更妥当，也更方便。芝诺一方面因为怕他们，一方面也想把奥多阿瑟尔从意大利赶出去，于是就批准提奥多里克率领他的族众攻打奥多阿瑟尔，占领意大利。提奥多里克把友好的泽皮迪人留在潘诺尼亚，亲自率领本族攻入意大利，杀死奥多阿瑟尔和他儿子，由于促使瓦伦廷尼安迁都的同样理由，建都拉文纳；并和奥多阿瑟尔一样，自称意大利王。

提奥多里克文武全才，本领很大。用武时战无不胜；文治上也为治下各城镇和百姓造福不小。他将东哥特人分布全境，各地设首领治理。这样，他无论平时治理、战时指挥都很便利。他扩建拉文纳，重建罗马。除军事训练外，他给予罗马人种种名位。他只是运用自己的声望和威信就约束住占据帝国各地的蛮王。他在从亚得里亚海顶端至阿尔卑斯山麓一带地方建筑城镇和堡垒，以便一旦新的蛮族企图侵犯意大利时，就可以更方便地阻隔他们的通道。假如不是由于他晚年的残酷玷污了他的这许多优点——他对下属百般猜忌，以致像西马库斯和博埃蒂乌斯这样的大贤都死在他手下——那么他的品格的各方面就都是值得高度赞扬的了。由于他的德行善举，以致不只罗马和意大利，甚至西罗马帝国所有地区，都从蛮族频繁入侵所造成的接连不断的苦难中解脱出来,获得新生,过着安定有秩序而又文明的生活。如果说意大利和其他行省确曾在蛮族蹂躏下渡过一个真正痛苦的时代,那就是从阿尔卡迪乌斯和霍诺留斯开始、到提奥多里克为止的这一时期:这样说是一点都不会错的。只要想到一个王国或共和国不是由于外来的干涉,而是由于内部不和而改换君主或政府时所引起的祸害(即使是极小的变化也足以使强盛的王国或城邦毁于一旦),那么,我们对意大利和罗马帝国其他行省受害有多大就不难想见了;当时他们不但改换了君王和政体,而且连法律、习俗、生活方式、宗教、语言、甚至名称等等统统都改变了。这些大变动当中的任何一项,即使不和其他变动连带发生,不用说亲眼看到、亲身经历,只要是想象一下,也会使最坚强的人心中感到惊恐。

在这些大动乱中,许多城市毁灭了,许多城市兴起或扩展了。毁灭的有阿奎莱雅、卢尼、基乌西、波波洛尼亚、菲埃索莱以及其他许多城市;新兴起的有威尼斯、锡耶纳、费拉拉、阿奎拉以及许许多多其他城镇和要塞,为从简起见这里就不一一列举了;扩展了的城市有佛罗伦萨、热那亚、比萨、米兰、那不勒斯和波洛尼亚。在所有这些情况之外,还应补充一点:罗马以及一些未曾提到过的其他一些城市毁灭后又重建起来。

大破坏和新居民促使新语言产生。就像我们在法国、西班牙和意大利看到的各种方言那样,它们是由新迁来的人带来的家乡话和旧罗马话混合而形成的一种新语言。此外,不但各行省的名称改变了,而且湖泊、河流、海洋和人的名称也都改变了。在法国、西班牙和意大利,到处都是和古时完全不同的新名称。许许多多别的名称姑且不说，单就波河、加尔达湖、多岛海（爱琴海）这些名称而论，就和古代的名称全然不同。同样，像凯撒、庞培等旧人名也被彼得、马太和约翰等新人名所取代了。

在这些变化中，宗教的变化也是非同小可的。当新信仰的奇迹和由旧信仰形成的旧习俗之间发生冲突时，人和人之间就产生了严重的不和和纠纷。假如所有基督教徒有统一的一种信仰，混乱必然会少些。但存在于罗马、希腊和拉文纳各个教会之间的争斗，再加上异端教派和天主教会之间的抗争，却从许多方面使世界遭到苦难。非洲就是这种情况的一个例证：在汪达尔人信奉阿里乌斯宗派[①]教义后，非洲人所受自阿里乌斯教派的恐怖比从这些汪达尔人本身天生的贪婪和残忍方面所受的灾难更为厉害。生活在各种各样的迫害下，他们的面容就是他们内心所受惊骇的见证。因为他们除了由于人世间的动乱而受到种种祸害外，几乎无法求助于上帝，不幸的人们本来是希望求得他的拯救的；由于他们都不知道向哪位神明哭诉；临死时无助无望，很悲惨。

第一个消灭了这么多灾难的人就是提奥多里克；他应当得到最高的赞扬。在他治理意大利的三十八年期间，把这个地方建成一个繁荣昌盛的伟大国家；往日苦难的踪影已难找到。但在他逝世之后，王位传给他的女儿阿玛拉松塔的儿子阿塔拉里克时，由于命运的孽根尚未尽除，往日的灾难不久又回来了。因为阿塔拉里克在他外祖父死后不久也去世，王国就由他母亲掌握。她把泰奥

① 指公元四世纪时，亚历山大港阿里乌斯教义的信奉者。阿里乌斯认为基督乃受造之物，与上帝并非同质，但也不全是人，乃神与人之间的第三者。公元325年在尼西亚会议上，他的学说被定为异端。——译者

达图斯招来帮助治理国家;但却遭到背叛。泰奥达图斯杀害了她,自立为王。因此他在东哥特人当中臭名远扬;查士丁尼皇帝打算把他逐出意大利,派贝利萨留斯率远征军前往讨伐,因为贝利萨留斯那时已征服非洲,赶跑汪达尔人,使那个地区重归于皇帝统治之下。

贝利萨留斯占领西西里岛之后,就从那里进入意大利,占领那不勒斯和罗马。哥特人看到这个局势,认为他们的灾难是国王泰奥达图斯招来的,于是就把他杀死,另选维蒂杰斯为国王。经过几次小战斗之后,贝利萨留斯把他围困在拉文纳城里,随即俘获。但贝利萨留斯还未来得及巩固胜利带来的好处,查士丁尼皇帝就把他召回,另派约内斯和维塔利斯前来接替。这两个人办事的原则和方法和贝利萨留斯大不相同;哥特人因而壮起胆子推举维罗纳总督伊尔多瓦杜斯当他们的国王。伊尔多瓦杜斯被杀后,由托蒂拉继位。他打败皇帝的军队,占领托斯卡纳和那不勒斯,几乎把贝利萨留斯从他们手里夺走的一切地方又都夺回来。因此,查士丁尼决定再派贝利萨留斯去意大利。但由于他只带来一支小部队,结果他在比得来荣誉时所花的更短的时间内把上次从胜利中得来的好名声丢得一干二净。托蒂拉率部驻扎奥斯蒂亚,就在贝利萨留斯眼皮底下夺占了罗马。但因为这个城市既保不住又不能留给他人,于是就把全城大部毁坏、把市民赶走、把元老院议员劫持带走。他对贝利萨留斯并不重视,自己带着人马到卡拉布里亚攻打从希腊调来的军队去了。

贝利萨留斯看到罗马已被放弃,就打算做一件光荣的事。他看到罗马的废墟,决定重建城墙,尽快把居民召回。但因时运不

佳，未能容他办成这桩值得称颂的事业。因为查士丁尼这时遭到帕提亚人的进攻，再次把他召回。他对皇帝的忠贞使他不得不放弃意大利，把它留给托蒂拉。于是托蒂拉再入罗马。但这次他却不像上次对它那样凶狠，在当时以神圣著称的圣本尼迪特请求下，尽力重建罗马。这时，查士丁尼已和帕提亚人妥协，又想派一支兵力去解救意大利。但因另一北方民族斯克拉维人这时已南渡多瑙河进攻伊利里亚和色雷斯，把皇帝拖住。因此，托蒂拉就占领几乎整个意大利。查士丁尼皇帝征服斯克拉维人之后，又派一位具有伟大军事谋略的宦官纳尔塞斯前往意大利。他到达后就打垮托蒂拉的部队并把他本人杀死。逃脱了的哥特人到帕维亚避难，在那里推举泰伊阿斯当他们的王。纳尔塞斯打胜后又进占罗马，和泰伊阿斯、诺切拉交战，杀死泰伊阿斯并击溃他的部队。哥特人在意大利的势力，自从提奥多里克的到来直到泰伊阿斯之死，总共存在七十年。纳尔塞斯这次胜利使他们在意大利的势力消灭殆尽。

意大利刚刚从哥特人的践踏下解救出来，查士丁尼皇帝就死了，由其子朱斯丁继位。在皇后索菲娅教唆下，朱斯丁召回纳尔塞斯，派隆吉努斯接替他。隆吉努斯和他的前人一样，也定都拉文纳。此外他还改变了意大利统治机构的形式，不像哥特人那样在每个行省设总督，而是在重要城镇各设一名统治者，名之为公爵。在这种安排中，他并未把罗马看得比其他城市更重，把保留迄今的执政官和元老院等名义一概弃置不用，每年从拉文纳派一位公爵去统治，名之为罗马公爵领地。他本人留在拉文纳代表皇帝统治全意大利，自称总督。这样划分意大利的办法，后来促成它的毁灭，给伦巴第人早日占领意大利的机会。纳尔塞斯对于皇帝把他从意大利地区的政府中召回，感到非常气愤，因为这地方是他靠自己的勇气和鲜血夺来的。但索菲娅用召回的办法这样刺激他仍嫌不足，还用十分侮辱性的态度对待他，扬言把他召回是想叫他和其他宦官一起纺线。在极度愤慨下，纳尔塞斯劝说当时统治潘诺尼亚的伦巴第王阿尔博因去攻打并占领意大利。

如前所述，当埃鲁利人和图林根人在他们的王国奥多阿瑟尔率领下侵入意大利时，伦巴第人占据了他们撤出的地方，并在那里定居一些时候了。这时整个这一带地方都由阿尔博因统治，这个人胆大而残酷。在他的率领下，伦巴第人渡过多瑙河，和占据着潘诺尼亚的泽皮迪王库尼蒙德交战，把他打败杀死。阿尔博因在俘虏中发现库尼蒙德的女儿罗莎蒙德，娶她为妻，自立为潘诺尼亚王。出于他那野蛮的天性，他叫人把库尼蒙德的头盖骨制成大杯，用以饮酒以纪念他取得的胜利。过去和哥特人打仗时，他和纳尔塞斯曾有旧谊，现在纳尔塞斯请他进攻意大利，他就把潘诺尼亚留给匈奴人，匈奴人在阿蒂拉死后，已回到他们原来的地区。阿尔博因进入意大利时，发现全境划分为许多部分，他立即进占帕维亚、米兰、维罗纳、维琴察、整个托斯卡纳地区、弗拉米尼阿大部，现在这个地区叫罗马尼阿。他如此迅速地占领了这么多地方，就认为征服全意大利已完全有把握；于是就在维罗纳大摆宴席，酒酣兴发，下令把库尼蒙德的头盖骨装满酒，叫人捧着献给坐在他对面的王后罗莎蒙德；为了使她听得见他的话，还大声喊道：在这样欢乐的伟大的时刻，她应当和她父亲一起痛饮。

这话有如一把尖刀刺入这位贵妇的胸膛。她下定决心报仇雪恨。她知道有一个名叫海尔米基斯的伦巴第贵族爱上她的一个侍

女,于是就和这位年轻的女子安排好,使海尔米基斯在不明真相的情况下和她自己而不是和他的情妇同床。计谋实现后,罗莎蒙德就向海尔米基斯作自我介绍;接着就给他指出两条道路供选择:一条是刺杀阿尔博因,从而得到王国和她本人作为报酬;否则,另一条就是以强奸王后罪处死。海尔米基斯同意刺杀阿尔博因。但行刺之后,发现他们二人并不能占有王国,恐怕伦巴第人出于对阿尔博因的敬爱会把他们杀死。于是他们就窃取王家财宝,随身带着逃到拉文纳投奔隆吉努斯,受到他很好的接待。

在这些动乱期间,朱斯丁皇帝逝世,由提比留继位。提比留因忙于和帕提亚人打仗,无暇顾及意大利的事。这对隆吉努斯说来似乎是出现了一个好机会:利用罗莎蒙德和她的财富使自己成为伦巴第和全意大利之王。他把这个计划向她透露,劝她杀死海尔米基斯,改嫁他本人。为了达到这个目的,她先把毒酒准备妥当,有一次海尔米基斯洗完澡出来说口渴,她就亲手把毒酒递给他。他刚喝一半就感觉这酒不同一般,对她产生怀疑,强迫她把剩下的一半喝了。于是在几个小时之后,双双中毒身死。这样,隆吉努斯当国王的希望也就落空。

与此同时,伦巴第人聚集在那时已成为他们的帝国的首都的帕维亚,推举克莱菲斯为王。他重建已被纳尔塞斯摧毁的伊莫拉城,占领里米尼以及直至罗马的几乎所有地方。但正在胜利的过程中他死了。克莱菲斯极端残酷,不但对外族如此,对自己的伦巴第族也是这样。因此,这些伦巴第人对王权极为厌恶,不再推选国王;改为在他们当中指派三十名首领统治全族。这个做法使伦巴第人未能占领意大利全境,他们的统辖区只能到达本内文托。因为像罗马、拉文纳、克雷莫纳、曼图亚、帕多瓦、蒙塞利切、帕尔马、波洛尼亚、法恩扎、弗利和切泽纳等城，有些曾抵抗了一段时间，保住自己，有些则从未受他们统治。这是因为伦巴第人没有国王，打起仗来很不果断；当他们后来推出一位国王时，因为已经自由惯了，也不很驯从，动不动就搞内讧。这情况一开始就妨碍他们军事征讨的成功，最后也成了他们被逐出意大利的原因。伦巴第人既然处于上述这种境况，罗马人和隆吉努斯后来就和他们达成协议：大家都放下武器，享有各自已经占有的地方。

第　三　章

教皇在意大利的势力强大起来——滥施申斥和赦罪——教皇求助于法兰西王丕平——丕平对教皇的捐赠——查理曼——伦巴第王国的灭亡——开始使用枢机主教头衔——帝国转入德意志人手中——弗留利公爵贝伦加里乌斯被立为意大利王——比萨强大——意大利各邦的种类和划分——选帝侯的产生

在这时期，教皇开始取得比已往更大的世俗权威；虽说紧接圣彼得之后的一些教皇受尊敬的原因主要是由于他们神圣的生活和作出的奇迹；而且他们高尚言行的楷模促使基督教发展壮大，以致其他各国的君王为了消除当时遍布各地的混乱也都纷纷加入教会。皇帝也在成为一名基督教徒之后才回到君士坦丁堡，因此，正如本书开头所说，罗马帝国日益败坏、易遭摧毁，教会势力就日益迅速增长。不过，整个意大利，在伦巴第人入侵以前，不是臣服皇帝，就是归顺国王；教皇则只是由于他们的举止和教义而受到尊重，此外并未取得更大的权威。在其他方面，他们都服从皇帝或国王，像臣属或代理人那样为帝王执行任务，有时甚至还被他们处死。使教皇在意大利事务中逐渐举足轻重的是哥特王提奥多里克在定都拉文纳之后促成的。因为罗马当时无君主，罗马人为了使自己得到安全，感到必须服从教皇。但教皇的权威并未因此扩大多少，仅有的好处只不过是允许罗马教会的地位高于拉文纳教会而已。只是在伦巴第人占领意大利并把全境划分为许多部分之后，教皇才有机会行使较大权力。既然教皇实际上已经是罗马的首长，君士坦丁堡的皇帝和伦巴第人因而都尊敬他。因此，罗马人才得以通过他，和伦巴第人以及隆吉努斯结盟，不是作为他们的臣属，而是以平等地位和他们联合。教皇就是这样，一段时期和希腊人交好，一段时期又和伦巴第人亲近，从而使自己的势力逐步增长。但在赫拉克利乌斯时期东罗马帝国崩溃之后，教皇的势力就缩小了。因为我们先前提到过的斯克拉维人，这时又进攻伊利里亚；他们在占领该地区后，就以其族名改称该地为斯克拉沃尼亚。帝国其他地区又受到波斯人的攻击；后来又受到由穆罕默德率领的萨拉森人的侵犯，最后又是土耳其人攻占叙利亚、非洲和埃及。这些情况促使教皇在危难中去寻找新盟友，于是他就向法兰西国王求助。我们在这里不妨指出一点：几乎所有由北方蛮族在意大利境内进行的战争，都是教皇们惹起的；在意大利全境泛滥成灾的成群结伙的蛮族，一般也都是由教皇招进来的。这种做法仍然在继续进行，致使意大利软弱无力、动荡不安。因此，笔者今后叙述

从那个时代至今的大事时,将不再描写帝国的衰亡;只记载教皇势力的增长,统治意大利诸王公的兴起直至查理八世的到来。我们将看到:教皇如何首先用申斥的办法,后来又用申斥和武力,有时夹杂着赦罪的办法,逐步使自己成为既可敬又可怕的人物。他们又是如何由于滥用这两种办法而丧失了影响,只是依靠别人的意愿,帮助他们进行战争。

现在言归正传。格雷戈里三世当了教皇,伦巴第王国由阿斯托尔富斯统治。他违反协议夺占拉文纳,向教皇开战。在这个情况下,由于前面已提到过的原因,格雷戈里不能再指望君士坦丁堡皇帝的帮助,他无力支援教皇;格雷戈里又信不过伦巴第人,因为他们过去曾一再食言;于是他就求助于丕平二世,丕平已从奥地利和布拉邦特的王公,变成为法兰西国王。他当上国王主要并不是由于他本人英勇,而是因为他父亲查理·马特和他祖父丕平的功劳。因为查理·马特统治王国时,曾在卢瓦尔河上的图尔附近大败萨拉森人,从而名震天下,据说他在战场上曾使萨拉森人遗尸二十万具。这样,丕平凭借他父亲的威望再加上他自己的本领,后来成为法兰西国王。我们已说到,教皇格雷戈里请求他对付伦巴第人,丕平答应照办,但希望先见教皇一面,恭请他光临法国。格雷戈里应邀前往。由于敌人对宗教也极尊崇,因而当他通过敌区时竟能安然无恙。到法国后受到丕平的尊崇礼遇。随后丕平即发兵意大利,把伦巴第人围困在帕维亚境内,国王阿斯托尔富斯被迫向法国人求和。在教皇的请求下,法国人同意了,因为教皇并不想把他的敌人置于死地,而是要他皈依教皇,仍然活下去。在和约中,阿斯托尔富斯答应把他原先从教会手中夺走的地方全部归还教

会。但当法王的军队回国之后，他不执行和约规定，于是教皇又向丕平求援。丕平遂再次发兵前来，战败伦巴第人，夺占拉文纳；而且，违反希腊皇帝①的意愿，他竟然把该城献给教皇，把整个总督辖区、外加乌尔比诺和马尔凯区两地也一并献给他。阿斯托尔富斯在履行协议条款过程中逝世。托斯卡纳公爵伦巴第人德西德里乌斯打算派兵占领王国，他要求教皇协助，并答应和教皇修好。教皇答应他的请求，其他王公随即也都同意。德西德里乌斯起初遵守诺言，按照和丕平达成的协议，开始把各地区移交教皇；因此，以后即不再由君士坦丁堡派总督到拉文纳，而根据教皇意旨进行治理。不久丕平逝世，由他儿子查理继位。由于查理立下丰功伟绩，人们称他为查理曼，即查理大帝。这时西奥多尔一世继任教皇，和德西德里乌斯之间发生不和，后者把教皇围困在罗马。教皇向查理求救。查理率军队越过阿尔卑斯山，把德西德里乌斯围困于帕维亚，后来把他和他的儿子捉住作为俘虏押往法国，然后就去罗马拜访教皇。他在罗马宣布：因为教皇是上帝的代表，不能受任何凡人裁判。教皇和罗马人推举查理为皇帝。从此罗马就有了西部帝国的皇帝。过去的教皇常常是由皇帝选立的，现在的皇帝在推选时也需要教皇参加了。帝国不断丧失其权力，而教会却不断取得权力。教会就这样逐渐扩大自己的权威，凌驾于世俗王公之上。

伦巴第人已经在意大利呆了二百三十二年之久，只在名义上还算是外来人。因为查理打算改划意大利政区，就允许伦巴第人据有他们在那里成长的那些地方，并以他们的族名命名整个地区

① 即东罗马帝国皇帝。——译者

为伦巴第。为了使他们尊重罗马这个名称,查理下令把原属拉文纳总督辖下的邻近他们的那些意大利地方,整个命名为罗马尼阿。此外,他还把他的儿子丕平封为意大利王,他的领域扩展到本内文托。所有其余地区属希腊皇帝,查理和他订有盟约。这时帕斯卡尔一世当了教皇。罗马各教会的神甫由于接近教皇并出席选举教皇的仪式,他们为了提高自己的威望就自称为“枢机主教”,并僭越很大的权力,以致在选举教皇时可把罗马人排除在外,从而使所有新教皇的任命几乎都是从他们当中推举出来。因此,在帕斯卡尔逝世后,圣萨比纳的枢机主教即被推为教皇,定名尤金尼斯二世。意大利既已受法国人统治,体制和制度就都发生了变化:教皇得到较大的世俗权力;新掌权者用的是伯爵、侯爵等头衔,就像拉文纳总督隆吉努斯曾采用公爵这个官衔那样。经过几代教皇之后,一位名叫奥斯波尔科的罗马人当了教皇。但由于他的名字听起来不雅,就改名塞尔吉乌斯。后来历任教皇当选时都改名;这件事就是从他开始的。

这时查理大帝已死,路易(虔信者)继位。路易死后,他的儿子们竞争剧烈,以致到了他的孙辈,法国王室就丧失了帝国。帝国以后落入德意志人之手。第一位日耳曼皇帝名叫阿尔诺尔富斯。加洛林家族不只丧失了帝国,他们的倾轧不和还使他们丢掉意大利。这是因为,伦巴第人积聚力量攻击了教皇和罗马人,阿尔诺尔富斯无计解救危局,被迫封弗留利公爵贝伦加里乌斯为意大利王。这些事变引诱占据着潘诺尼亚地区的匈奴人侵犯意大利。但他们和贝伦加里乌斯交锋后,就被迫退回潘诺尼亚,那个地区早已用他们的族名命名为匈牙利。

罗曼诺这时是希腊皇帝，他原先在部队当司令官时就把君士坦丁皇帝废黜了。如前所指出，普利亚和卡拉布里亚均属希腊帝国的地方，这时已经发生反叛，于是他就答应叫萨拉森人去攻占。萨拉森人占领这两个地区后，进而包围罗马。当时罗马的贝伦加里乌斯正为了保卫自身，在抗击匈奴人，委派托斯卡纳公爵阿尔贝里克率领罗马军队。由于他作战英勇，罗马得以从萨拉森人手下救出来。萨拉森人解围撤走时，在加尔加诺山上修建堡垒，借以统治普利亚和卡拉布里亚，并不断袭扰意大利全境。意大利就是这样，在这个时代受尽折磨：在阿尔卑斯山方向经常和匈奴人打仗，在那不勒斯那边又常受萨拉森人侵犯。这种状况延续了许多年，经历了贝伦加里乌斯王朝前后三代君主。在这期间，教皇和教会也大受干扰。东部帝国虚弱，西部各王公倾轧不和，使他们处于毫无防御的状态。热那亚的领土都在沿河一带，不断遭受萨拉森人窜犯蹂躏。被逐出家乡的人们成群结伙逃到比萨城里避难，这样就促使比萨城发展壮大。这些事情发生在公元931年。当时亨利和玛蒂尔达皇后所生之子萨克森公爵奥托——一位举世闻名的深谋远虑的人物——被推举为皇帝。教皇阿加皮托恳求他来意大利，把他从贝伦加里乌斯父子暴政之下解救出来。

当时意大利各邦是这样统治的：伦巴第受贝伦加里乌斯三世及其子阿尔弗雷德统治；托斯卡纳和罗马尼阿由西部皇帝的一位代表治理；普利亚和卡拉布里亚一部分由希腊皇帝统治，一部分被萨拉森人占据。在罗马，每年从贵族中选出两名执政官，按古制进行治理；此外另设长官一名审理民间案件；还有由十二人组成的政务会议，每年派人治理所辖各地。教皇在罗马和意大利其余地区

多少还有些权力，这要看皇帝或最强大的公侯在当地的亲信各有多少而定。奥托皇帝驾临意大利，剥夺贝伦加里乌斯家族统治了五十五年的王国，重新树立起教皇的威严。他有一子一侄，都叫奥托，二人先后继承皇位。在奥托三世统治时期，教皇格雷戈里五世被罗马人驱逐。皇帝因此亲临意大利，使他复位。教皇为了向罗马人报复，剥夺了他们推举皇帝的权力，把这项权力赐给德意志的三位诸侯和三位主教，即勃兰登堡、帕拉廷和萨克森三地的诸侯和马贡扎①、特雷韦里②和科隆三地的主教。此事发生于1002年。奥托三世死后，选帝侯选出巴伐利亚公爵亨利为皇帝。他即位十二年后，才接受了教皇斯蒂芬八世主持的加冕礼。亨利和他的妻子西梅翁达一生笃信宗教，他们兴建并捐献了许多教堂，佛罗伦萨附近的圣米尼阿托教堂就是其中之一。亨利死于1024年，由施瓦本的孔拉德继位，后者又由亨利二世继位。亨利二世驾临罗马；由于教会有三位教皇发生分裂，他就把他们都搁置一旁，命令推举克莱门特二世为教皇，并由克莱门特为他举行皇帝加冕礼。

第　四　章

尼古拉二世委托枢机主教选举教皇——教皇剥夺君主领土的第一个实例——圭尔夫派和吉贝林派——那不勒斯王国的创建——教皇乌尔班二世去法国——十字军第一次东

① 即美因茨。——译者

② 即特里尔。——译者

征——新骑士团——萨拉丁夺取基督徒在东方占领的土地——女伯爵玛蒂尔达去世——红胡子弗里德利希的性格——教会分裂——弗里德利希不尊教规擅立教皇——在普利亚修建亚历山大里亚城——教皇强迫英王亨利接受屈辱的条件——弗里德利希与教皇和解——那不勒斯王国转入德意志人手中——圣多米尼克会和圣法兰西斯会。

在这个时期，意大利一部分由本地人自治，有一些地区由当地君主治理，其他地区则由皇帝的代表管辖。掌握最高权力的人称国务大臣，其他官员向他请示工作。诸侯当中势力最强大的是戈德弗雷和他的妻子女伯爵玛蒂尔达；她是亨利二世的妹妹贝阿特丽丝的女儿。她和她丈夫占有卢卡、帕尔马、勒佐、曼图亚以及现在称为教会产业的全部地区。罗马人为野心所驱使，进行多次反对教皇的战争，而教皇的权威过去曾被利用来使他们摆脱皇帝的压迫。但他们在自己掌握了罗马城的政府并按照自己的意愿行事之后，立即与教皇为敌。教皇从他们那里所受的伤害远比从任何其他基督徒君主处受到的更大。正当教皇的训斥使整个帝国西部发抖的时候，罗马人却公开反叛教皇。罗马人和教皇只知互相使对方丧失权威和荣誉，别无其他目的。

这时在位的教皇是尼古拉二世。就像格雷戈里五世曾剥夺罗马人选举皇帝的权力那样，他决定用同样的方法剥夺他们选举教皇的权力，把这种权力只给予枢机主教。这样他还不满足，在取得卡拉布里亚和普利亚两地君主同意之后（所用的手段不久将在下文提到），他又强迫罗马人委派管辖各项事务的官员服从他本人，其中有一些还被他罢了官。尼古拉死后,教会中出现分裂:伦巴第的圣职人员拒绝服从在罗马选出的新教皇亚历山大二世,擅自把帕尔马的卡多洛选为教皇。亨利仇视教皇的权力,示意亚历山大,一定要他放弃教皇职位;并下令全体枢机主教到德意志去推举一位新教皇。于是教皇在罗马召开宗教会议,剥夺了亨利的帝位和王位;亨利是第一位体验到宗教武器的厉害的皇帝。意大利有一部分人站在教皇一边,另一部分站在亨利一边。于是就出现圭尔夫派和吉贝林派之争。就这样,意大利从蛮族践踏下得救之后,又陷入内争的痛苦。亨利既被开除教籍,就在他的臣民逼迫下来到意大利,赤着脚跪在教皇面前乞求饶恕。这件事发生在 1082 年。然而不久之后,教皇和亨利之间又出现不和,因此教皇又开除他的教籍。于是亨利就派他的儿子(也叫亨利)率领军队进抵罗马,在罗马人的支援下(罗马人恨教皇),把教皇围困在堡垒里。罗伯特·圭斯卡尔德从普利亚前来援救,但在他到达罗马以前,亨利就已把部队撤回德意志去了,只剩下罗马人独力坚持。于是罗伯特就洗劫罗马,把全城搞成一片废墟。因为那不勒斯王国就是由罗伯特创立的,所以在这里特别把他的出身和行为交代一下似乎并不是多余的。

查理曼的后代出现内部纷争,从而给另一个北方民族诺曼人以可乘之机;他们进攻法国,占领了现名诺曼底的地区。当时意大利正在遭受贝伦加里乌斯家族、萨拉森人和匈奴的侵扰,诺曼人有一部分人进入意大利,并在罗马尼阿境内占领一些地方。在当时的许多战争中他们表现得很英勇。诺曼王公之一坦克雷德有许多孩子,其中一个叫威廉,外号费拉巴克;另一个叫罗伯特,又叫圭斯卡尔德。当威廉统治这块国土时,意大利的混乱已有些平息,但萨拉森人仍占着西西里,经常来意大利沿岸抢劫。因此,威廉就和卡普阿、萨莱尔诺两地的王公以及为希腊皇帝管辖普利亚和卡拉布里亚两地的一个希腊人梅洛尔科一起商议,作出攻打西西里的计划。他们事先商妥:如果打胜,就把战利品和土地分成四份,各占一份。他们的事进行得很顺利,把萨拉森人赶跑,占领了西西里岛。但在胜利之后,梅洛尔科偷偷从希腊调来军队,以皇帝名义抢占了整个西西里,把战利品据为他自己和他的部下所有。

威廉对此大为不满。但他的不满当时并未表现出来,留待将来适当时机再发作,他和萨莱尔诺、卡普阿那两位王公一起离开西西里。但当那两位君主和他分手回他们的原地之后,他本人却未带领自己的人马回罗马尼阿,而是向普利亚推进,占领梅尔菲。不久之后又从梅尔菲出发,收复被希腊皇帝夺占的普利亚和卡拉布里亚几乎全部地区,这些地区在教皇尼古拉二世时期本来是由他哥哥罗伯特·圭斯卡尔德统辖的。罗伯特为了这些地区的继承问题,曾经和他的侄子们进行过许多争吵;后来还曾请求教皇施加影响在他们中间进行调停。教皇陛下很乐于办这件事,因为他正急于和罗伯特交朋友以便抵制德意志皇帝和蛮横的罗马人,以保卫自己。不久之后这事真的发生了:他按照格雷戈里的先例,把亨利逐出罗马并镇压了罗马人。罗伯特死后,王位由他的两个儿子罗杰尔和威廉继承。他们不但把版图扩张到那不勒斯,而且连附近一带直至罗马的领土都据为己有,后来又兼并西西里岛。罗杰尔成为该岛君主。威廉去君士坦丁堡娶皇帝之女时,他的辖区被他哥哥罗杰尔抢去。罗杰尔得到这么大的地盘之后,十分得意,先自

封为意大利王;但后来又改为普利亚和西西里之王,这也就满足了。他是创建这个王国的君主、也是第一个给它命名的人。虽然这个王国的王位曾辗转落入许多国家、许多家族之手,但它至今仍保有古代的疆界。诺曼人失败之后,这个王国转入德意志人手中,后来又转入法国之手,然后又属于阿拉贡人,现在则由佛兰德人统治。

这时乌尔班二世当了教皇,他激起罗马人的仇恨。由于当时意大利处处都是纷争,他认为他自己在意大利甚至都不安全,于是就把思想集中在办一桩宏伟的事业上。他带领他的全体圣职人员到法国,在安特卫普召集众多的群众,发表了反对异教徒的演说。听众大受鼓动,大家下定决心征服亚洲,把它从萨拉森人的统治之下解救出来。这一壮举以及后来那些类似的群众行动,后来被称为十字军运动,因为参加行动的人们的盔甲和衣服上带有十字架的标志。十字军的领袖先后有戈德弗雷、优斯塔斯、布伊隆的鲍尔德温、布洛涅的几位侯爵以及一位以贤明圣洁闻名的隐士彼得。有许多国王和臣民参加远征并捐助款项;在他们的领导下进行战斗的许多私人都是自筹费用的。由于那时各地的首要教长的模范行为的激发,宗教对人们思想产生极大的影响。这一壮举在一开始时就取得极其伟大的成功:整个小亚细亚、叙利亚和埃及的一部分都落入基督教徒手中。后来为了纪念这些伟大业绩,还成立耶路撒冷骑士团,该团至今仍然存在,他们守卫着罗德岛——这个岛形成阻挡伊斯兰势力扩张的唯一屏障。这个巨大的运动还促成圣殿骑士团的成立;但不久之后,这个骑士团由于它的无耻的行为,就宣告解散了。十字军成员在进行他们的事业过程中,遭遇种种

不同的命运。许多民族、许多个人曾因之名扬四海。英王、法王都曾参加十字军;他们和威尼斯人、比萨人、热那亚人一起获得崇高荣誉。直到萨拉丁①时期,由于他的才干、也由于基督教徒内部不和,十字军最初获得的荣誉全部丢光。经过九十年之后,他们又从他们曾光荣而得意地光复了的那些地区被赶出去。

乌尔班死后,帕斯卡尔二世当了教皇。帝国由亨利四世统治。他伪装要和教皇修好,来到罗马,后来把教皇陛下连同他手下的教士一起关进监狱;直到教皇让步、同意皇帝可随意处理德意志教会事务时,才把他们释放。约在这时女伯爵玛蒂尔达去世,把她的全部领土遗留给教会。帕斯卡尔二世和亨利四世死后,又经过若干代教皇和皇帝,直到亚历山大三世当教皇、外号红胡子的弗里德利希当皇帝的时候。在这一段时期中,教皇们同罗马人和皇帝发生很多纠葛。到了红胡子时期,麻烦就更大了。弗里德利希颇有军事才干;但他十分傲慢,不愿屈从教皇。不过,在他被推选为皇帝时,还是到罗马接受了教皇加冕,心平气和地回到德国。但他这种心情在那里并未保持多久,就又回到意大利,打算治服伦巴第境内某些不服从他的地区。正巧这时,出身于一个罗马家族的枢机主教克莱门特和教皇亚历山大闹分裂,另一些枢机主教擅自推选他为教皇。弗里德利希皇帝当时驻军克雷马。亚历山大向他申诉擅立教皇的问题。弗里德利希却回答说:他们二人都应当到他这里来申述理由,他听完之后才能判断谁算真正的教皇。亚历山大听

① 萨拉丁(公元1138—1193年),埃及和叙利亚的苏丹,1187年将基督徒赶出巴勒斯坦。——译者

了这话很不高兴，而且他已看出皇帝有偏袒擅立的教皇的倾向，于是就把皇帝开除出教会，然后逃到法兰西王菲利普那里。这时弗里德利希正在伦巴第打仗，摧毁了米兰，从而招致维罗纳、帕多瓦和维琴察为了共同防御联合起来反对他。这时擅立教皇已死，弗里德利希立克雷莫纳的圭多继位。

由于教皇不在罗马，皇帝又在伦巴第，所以罗马人又在罗马取得一些权力，并开始进行工作以便使原先曾臣服他们的那些地方重归他们管辖。因为图斯库卢姆人拒绝接受他们的统治，他们就倾全力前往进攻。但这个地方的人在弗里德利希支援下，彻底打垮罗马的军队；在一场触目惊心的大屠杀之后，罗马元气大伤，再也不像过去那样人口众多、繁荣富强了。亚历山大这时看到皇帝不但和罗马人有仇，而且在伦巴第境内也有敌人，因而认为已能在罗马安身，于是就回来了。但弗里德利希却把其他的事一概搁置一边，率领军队在罗马城外扎营围困。于是教皇亚历山大又逃到普利亚国王威廉那里，威廉是在罗杰尔死后继承王位的。然而，因为当时瘟疫流行，弗里德利希又从罗马撤回德意志。伦巴第境内那些联合起来反对皇帝的城市，为了控制靠拢皇党的帕维亚和托尔托纳，就合力建起一座新城，准备在战时用作贮藏弹药的地方；为了向教皇表示崇敬并对弗里德利希表示轻蔑，特将该城命名为亚历山大里亚。

擅立教皇圭多死后，费尔莫人乔万尼被推举继位。由于他受皇党爱戴，就住在蒙泰菲阿斯科内。亚历山大教皇住在图斯库卢姆，这是当地居民请他去的，为的是利用他的势力保护他们免遭罗马人攻打。英格兰国王亨利派使节前来向教皇申明：虽然公众在流言中诽谤他,说坎特伯雷大主教贝克特的托马斯之死与他有关,但事实并非如此,不能怪罪于他。为此,教皇派两位枢机主教去英国调查事情真相。虽然他们并未发现能说明国王有罪的任何事实,但是,由于罪行情节极其丑恶,加以大主教未曾受到应有尊敬,于是就对英格兰国王宣判如下:他既然已经把全国的贵族召集到一起,就应该当众宣誓证实自己无罪;他应立即派兵两百到耶路撒冷,并发给他们一年的薪饷;三年以内,他应当尽可能征集一支大军亲自率领到那里去;他的臣民在认为适当时有权直接向罗马申诉;还要废除英国曾经制订的一切对教会规章不利的法令。这些条件亨利全部接受。一位伟大的国王就这样服从了这一判决,现在看来,即使是一个普通老百姓也会对这个判决感到羞辱。不过,正当教皇对遥远的君王施加如此巨大权威之际,他却无法强迫罗马人服从;就连他是否能留在罗马这件事,也还未得到他们的同意,尽管他保证只干预教会事务。

这时,弗里德利希又回到意大利。当他正准备对教皇发动新战争时,他的高级教士和贵族宣称:如果他不与教会和解,他们就抛弃他。于是他只好到威尼斯向教皇表示服从,实现和解。但在和约中教皇剥夺了皇帝对罗马的一切权力,还指派西西里和普利亚王威廉当他的副手。弗里德利希是一个不打仗就活不成的人;于是他就参加了在亚洲的十字军,以便向穆斯林施展他在教皇们面前无法施展的好战野心。他走到希德努斯河附近,那清澈的河水引诱他洗了个澡,竟因此着了凉死了。就这样,这条河使穆斯林得到的好处比教皇一再革除他的教籍给基督徒带来的好处还大。因为后者只不过遏制他的傲慢,而前者却一笔勾销他的一生。弗里德利希既已逝世,教皇现在就只剩下压制罗马人的桀骜不驯这一件事。于是,经过许多争论之后,在选拔执政官的问题上,终于取得协议:罗马人可以按过去的习惯进行选举,但有一条,这些被选出的人只能首先宣誓效忠教会,然后才能执政。

这项协议达成后,擅立教皇乔万尼就逃到阿尔巴诺山中躲避,不久之后就死在山中。那不勒斯王威廉大约也在这时候去世。教皇打算占有他那个王国,理由是他只留下一个名叫坦克雷德的私生子。但贵族们不同意,还希望坦克雷德当国王。当时在位的教皇切莱斯蒂内三世急于从坦克雷德手中夺取王国,于是设法使弗里德利希的儿子亨利被推选为皇帝,而且答应把那不勒斯王国送给他,条件是要他把过去属于教会的地方全部归还教会。为了促成这件事,教皇叫人把威廉的一个叫科斯妲扎的女儿——她过去被放在修道院里,这时已老了——从修道院弄出来嫁给亨利。这样,那不勒斯王国就从它的创建者诺曼人手中转入德意志人手中。亨利皇帝把德意志政务安排妥当之后就来到意大利,还带着他的妻子科斯妲扎和一个大约已四岁的名叫弗里德利希的儿子。这时因为坦克雷德已死,只留下一个叫罗杰尔的婴儿,亨利未经多大困难就占据这个王国。过了些年,亨利死在西西里岛上,继承他的王位的是弗里德利希,继承帝位的是萨克森公爵奥托。他被推举为皇帝是靠了教皇英诺森三世的力量。但与一般预料相反,他刚刚戴上皇冠,立即成了教皇的敌人,占领罗马尼阿并准备进攻王国。教皇因此把他逐出教会,结果他众叛亲离,选侯们推选那不勒斯王弗里德利希为皇帝以取代他。弗里德利希来到罗马接受加冕礼。但教皇因惧怕他的势力,拒不为他加冕,而且设法使他撤出意大

利,就像过去对待奥托那样。弗里德利希愤愤返回德国,和奥托打了许多仗,终于把他打败。这时英诺森三世已死。这位教皇曾办过不少好事,还在罗马修建了圣灵医院。继他当教皇的是霍诺留斯三世,圣多米尼克会和圣法兰西斯会[①]就是他在世时于 1218 年创立的。霍诺留斯曾为弗里德利希加冕。耶路撒冷王鲍尔德温的后代乔万尼把一个女儿嫁给他。鲍尔德温是留在亚洲的基督教军队的司令,这时仍然保有这个头衔,就把这一头衔连同嫁妆也一起转赠给他。从此以后,不论谁当那不勒斯王,也称为耶路撒冷王。

第　五　章

意大利政情——伊斯特家族势力抬头——圭尔夫派和吉贝林派——皇帝弗里德利希二世去世——曼弗雷德占有那不勒斯王国——圭尔夫派和吉贝林派在伦巴第的斗争——教皇把那不勒斯和西西里王国赠给昂儒的查理——教皇使意大利不安定的政策——教皇尼古拉三世的野心——教皇的侄子们——西西里的晚祷——罗多尔夫皇帝允许大批城市赎买独立——百年庆典制度的创立——教皇迁至阿维尼翁。

这时,支配意大利各邦的有以下各种方式:罗马人不再选举执政官,改为任命一位或数位掌握同样权力的元老院议员。伦巴第一些城市原先为反对红胡子弗里德利希而成立的同盟仍然存在,

① 一译作芳济各会。——译名

其中包括米兰、布雷西亚、曼图亚、罗马尼阿境内多数城市以及维罗纳、维琴察、帕多瓦和特雷维萨。站在皇帝一边的有克雷莫纳、贝加莫、帕尔马、勒佐和特兰托。伦巴第、罗马尼阿以及特雷维萨边区的其他城市和要塞则根据他们的需要时而支持这一方,时而支持另一方。

在奥托三世时期,有一位名叫埃泽林的人来到意大利,住在乡间,生了一个儿子,这个儿子又生了一个儿子,也叫埃泽林。这个人有钱有势,站在弗里德利希一边,前面我们已提到,弗里德利希和教皇敌对。在埃泽林的怂恿和支持下,弗里德利希夺取了维罗纳和曼图亚,摧毁了维琴察,占领帕多瓦,击溃各城联合的军队,然后进军托斯卡纳。与此同时,埃泽林已征服整个特雷维萨边区;但未能战胜费拉拉,驻守在这个地方的是阿佐内·达·伊斯特的和教皇派驻伦巴第的军队。后来,因为敌人已被迫退走,教皇就把费拉拉作为封地赐给这位阿佐内。现在统治该城的就是阿佐内的后代。弗里德利希进军比萨后即停下来,企图统治托斯卡纳。但是,他在那个地区到处寻找朋友搜索敌人的过程中,播下了无数不和的种子,后来竟招致意大利的毁灭。因为互相敌对的圭尔夫派和吉贝林派斗争日烈——支持教会的自称圭尔夫派,效忠皇帝的自称吉贝林派。这两派的名称最早出现在皮斯托亚。弗里德利希率军队由比萨出发,用各种办法攻击教会辖地并大肆破坏;以致教皇无计可施,只好打起十字大旗号召人们反对他,就像他的前任教皇用以对付萨拉森人的办法一样。弗里德利希为了不致像过去红胡子弗里德利希及其他人那样突然被自己的臣民抛弃,于是就雇用一些萨拉森人。为了紧紧地把这些萨拉森人笼络在自己周围、在

意大利建立巩固的反对教会的堡垒，不再害怕教皇的诅咒，他就把属于那不勒斯王国的诺切拉地区划归他们所有。这样，萨拉森人既有了自己的退身之地，就会感到更安全有保障。这时的教皇是英诺森四世，他因为害怕弗里德利希，先去热那亚，后来又到法国去了。他指令在里昂召开宗教会议。弗里德利希本想前往出席，但帕尔马的叛乱把他拖住。受阻后，他进入托斯卡纳，从那里又去西西里岛，后来就死在岛上；留下一个儿子孔拉德在施瓦本，还有妾生的一个叫曼弗雷德的儿子留在普利亚，已被封为本内文托公爵。孔拉德前往接管王国，但到达那不勒斯时就死了，留下一个名叫科拉迪诺的婴儿，当时在德意志。因此，曼弗雷德就掌握大权，起初是作为科拉迪诺的监护人。后来他听人散发一份通告说科拉迪诺已死，于是自立为王。他这样做虽说违反教皇和那不勒斯人的意愿，但他们还是无可奈何地迁就了他。

和那不勒斯王国出现这些情况的同时，伦巴第境内发生圭尔夫派和吉贝林派之间多次大规模斗争。圭尔夫派的领袖是教皇的一位使者；吉贝林派为首的是占据波河彼岸几乎整个伦巴第地区的埃泽林。在战争过程中因为帕多瓦城反叛，他就把该城一万两千名市民都处死。但在战争尚未结束时，他本人也被杀死，那时他已八十岁；于是所有他原先占领的地区就纷纷独立。那不勒斯王曼弗雷德继他祖先之后仍与教会为敌，使教皇乌尔班四世经常处于恐惧不安之中。乌尔班为了降服他，就召集十字军，并亲自到佩鲁贾迎接他们。但因为看到十字军人数太少而且行动迟缓，他感到为了征服曼弗雷德，还必须寻找更得力的支援，于是他就求助于法兰西，把国王的弟弟昂儒的路易封为那不勒斯和西西里之王，并鼓动法王查理到意大利来占领那个王国。但查理还未抵达罗马,教皇就死了,由克莱门特四世继位。这时查理才率领三十艘战船到达奥斯蒂阿并下令其余军队由陆路赶来。他在罗马逗留时,罗马市民为了使他亲近他们,便推举他为元老院议员;教皇把王国赐给他,条件是他每年向教会交纳五万金币;而且还规定,从那时起,不论查理还是别人当那不勒斯国王,都不能同时当皇帝。查理进军攻打曼弗雷德,打垮他的部队并在本内文托附近把他本人杀死,然后就当了那不勒斯和西西里之王。科拉迪诺的父亲曾在遗嘱里规定那个王国属于他,所以他就在德国集中很大兵力开入意大利攻打查理,在塔利阿科佐打了一仗,科拉迪诺逃跑时被俘,因为当时不知道是他,就把他杀了。

教皇阿德里安五世以前那段时间,意大利一直还算安定;但他继任教皇以后,情况就变了。查理在罗马以元老院议员资格统治这个城市。教皇忍受不了他的权势,就退到维特尔博,恳求罗多尔夫皇帝到意大利来帮助他。历届教皇就是这样,有时是出于宗教热忱,有时是受个人野心驱使,不断从外部招来新势力,造成意大利境内新的动乱。他们一旦把一位帝王扶持起来,势力大了,就又嫉视他,想方设法要把他消灭。教皇们从来都不允许别人治理这个地区;而由于他们本身低能,又无法治理这个地区。帝王怕他们,因为,不论是打是逃,教皇总是得到好处;除非是上当受骗。例如博尼法斯八世和其他几位教皇,就是在皇帝伪装友好的情况下被诱捕的。罗多尔夫因为正在和波希米亚国王打仗,未能应教皇阿德里安之邀进入意大利。这时教皇死了,奥尔西尼家族的尼古拉三世继位。这位教皇胆大有野心,下定决心无论如何也要削弱查理的势力，于是就劝使罗多尔夫皇帝抱怨说他在托斯卡纳境内有一个总督亲近圭尔夫派，曼弗雷德死后，他的位置被查理派人顶替了。

查理向皇帝让步，把他派去的总督撤走。于是教皇就派他的侄子、一位枢机主教，到那里任皇帝的总督。皇帝为了报答对他的尊敬，就把罗马尼阿归还教会，这个地区是他的前任从教会手中夺走的；于是教皇就封贝尔托尔多·奥尔西诺为罗马尼阿公爵。这时，尼古拉认为自己的势力已足够对付查理，就免去他的元老院议员的职位，并宣布一条规定：今后任何皇族都不得充当罗马元老院议员。他还打算剥夺查理在西西里的统治权。为了达到这个目的，他暗中和阿拉贡王彼得商议，但这件事到下届教皇才实现。他还想从自己的家族中产生两位国王，一位在伦巴第，一位在托斯卡纳，保卫教会免遭德意志人侵入意大利，也防备已占有那不勒斯和西西里王国的法国人。但他虽有这些想法却去世了。他是公开暴露自己野心的第一位教皇。他还借口壮大教会，把高官厚禄赏给他自己的家族成员。在他当教皇以前，任何教皇的侄子或其他家族成员都从未被提及；但此后的历史就屡见不鲜了。现在，他们除了还未竭力把教皇职位变成世袭之外，在其他方面，简直已经是无孔不入了。不错，经教皇亲立的王公都未能长期保住权位，这是因为教皇在位的时间一般都很短暂、来不及把他们的计谋搞得很妥善的缘故。

继尼古拉之后当教皇的是马丁四世。因为他是法国人，当然就站在查理一边。罗马尼阿反叛时，查理还曾派兵帮他镇压。军队在富尔利扎营时，有一位名叫圭多·博纳托的星相家谋划在特定时刻,使富尔利人攻打国王的部队。这个诡计竟然成功,所有的法国人都被抓住杀死。大约就在同一时期,由尼古拉教皇和阿拉贡国王彼得合商的阴谋也实现了:西西里人把岛上所有的法国人都杀光,彼得自封为岛上之王,声称由于他的妻子科斯妲扎系曼弗雷德之女,本来就对该岛拥有主权,因此该岛是属于他的。查理在进行以武力收复西西里岛的各种准备时死去,留下一个儿子查理二世,在西西里被俘。为了恢复自由,他答应如果在三年以内他不能取得教皇同意把西西里王国授予阿拉贡王的话,他情愿回到狱中。

罗多尔夫皇帝本人并未进入意大利,而是派一名全权大使前往,使所有愿意出钱自赎的城市取得自主权,这样就和皇帝亲临同样有利于帝国。许多城市赎回自主权;取得自由后,他们的生活方式也改变了。后来萨克森的阿多尔夫继承皇位;继任教皇的是皮埃特罗·德尔·穆洪。他就位时改名切莱斯蒂内五世。但由于他是一位隐士,清高圣洁;即位六个月后就弃位而去。博尼法斯八世被选为教皇。

过了一段时间之后,法国人和德意志人都离开意大利;于是全境就都留给意大利人自己治理。但天命注定教皇在这些敌人撤走之后,既不能建立又不能享有自己的权威;反而把罗马的科隆纳和奥尔西诺这两个势力雄厚的家族扶持起来。他们既有武装又住在附近,致使教皇软弱无力。后来博尼法斯下定决心消灭科隆纳家族,除了开除他们的教籍之外,还调动教会武装力量打击他们。这一步骤虽然也使他们受到一些损害,但后来证明对教皇为害更大。因为,这些武装力量都是忠于宗教信仰的,对教敌作战时还很英勇；但当他们一旦为私人野心而把矛头指向基督教徒时，对那些想利用他们的人来说，就不再那么听使唤了。由于教皇热衷于个人私利，致使他们逐步丧失军权。除了刚才说的这些情形之外，教皇还撤销科隆纳家族两位枢机主教的职务。这个家族的首领斯奇亚拉偷偷逃脱，被卡塔洛尼亚的海盗船抓去当了橹工，后来在马赛有人认出是他，就把他送到被开除教籍并剥夺了王位的法王菲利普那里。菲利普考虑如果用战争反对教皇，很可能要失败或冒很大风险；于是就采用欺诈手法：假装想和教皇讲和，偷偷把斯奇亚拉送到意大利境内。他到达教皇陛下所在地阿纳尼阿之后，就聚集几个朋友，趁黑夜把教皇监禁起来。虽然不久之后阿纳尼阿人就把他释放，但由于他受折磨太大，气疯而死。博尼法斯发起在1300年举行庆典大赦年，规定每百年举行大庆一次。在这一段时期内，圭尔夫和吉贝林两派曾发生各式各样的冲突；皇帝们已放弃意大利，因而许多地方不是独立就是被暴君强占。教皇本尼迪特重新给科隆纳家族那两位枢机主教戴上红帽子，并重新为法王菲利普祈福。他的后继者是克莱门特五世，因为他是法国人，于1305年把教皇宫廷迁至阿维尼翁。

第　六　章

亨利皇帝来到意大利——佛罗伦萨人站在教皇一边——维斯康蒂家族始创米兰公国——马费奥·维斯康蒂反对拉托雷家族的诡计——乔万尼·加利佐·维斯康蒂成为米兰第一位公爵——路易皇帝在意大利——波希米亚王约翰在意大

利——反对波希米亚王和教皇的代表的联盟——威尼斯的起源——丕平和希腊皇帝承认威尼斯独立——威尼斯兴旺发达——威尼斯的衰落——教皇和皇帝之间的不和——那不勒斯女王乔万娜——里恩济——大庆改为每五十年举行一次——米兰公爵的继承——教皇代表枢机主教埃吉迪奥——热那亚人和威尼斯人之间的战争。

这时,那不勒斯王查理二世逝世,由他儿子罗伯特继位。卢森堡王亨利被选为皇帝。虽然教皇不在罗马,他还是到那里去接受加冕。他的到来使伦巴第发生骚动。因为他把所有被放逐的人,不管是圭尔夫派还是吉贝林派,一概释放回家。结果,两派都竭尽全力要把对方赶走,以致整个地区到处混战。皇帝费了很大力量也难以平息。他离开伦巴第经热那亚到比萨,在那里他力图从罗伯特国王手里夺取托斯卡纳。此事未成,他又到罗马。在那里只待了几天,就被奥尔西诺家族在罗伯特国王同意下,把他赶出去;于是他又回到比萨。为了更有把握对托斯卡纳作战并从国王手中夺得这个地区,他鼓动西西里王弗里德利希前往攻打。但正当很有希望占领托斯卡纳并夺得那不勒斯国王的领地时,他就死了。遗位由巴伐利亚的路易继承。大约就在同一时期,约翰二十二世当了教皇。在他的任期内,皇帝继续迫害圭尔夫派和教会;但他们得到罗伯特和佛罗伦萨人保护。伦巴第境内的维斯康蒂家族和圭尔夫派之间打了许多仗;在托斯卡纳境内的战争则是在卢卡的卡斯特鲁乔和佛罗伦萨人之间进行的。因为维斯康蒂家族促成米兰公国成立,而这个公国又是后来统治意大利的五个君主国之一,所

以我想提前把这个家族介绍一下。

米兰自从被红胡子弗里德利希破坏之后，逐渐恢复元气；为了报仇，它就加入伦巴第各城市联防同盟。这样就限制了红胡子的活动，而且在伦巴第还一度保持了教会的利益。在后来历次战争进行期间，拉托雷家族在米兰的势力强大起来。只要皇帝在这个地区的威信一直很低，这个家族的声望就不断增长。但当弗里德利希二世进入意大利，吉贝林派的势力也在埃泽林支持下发展壮大之后，这一派在各个城市的种子就都发芽滋长起来。在米兰发展起来的就是维斯康蒂家族，他们放逐了拉托雷家族。不过这个家族并未在外边呆多久，就按照皇帝和教皇达成的协议，又让他们回了家乡。这是因为，当时教皇和他的宫廷已迁到法国去，卢森堡的亨利皇帝借口去罗马加冕来到意大利，他在米兰受到那两大家族当时的首领马费奥·维斯康蒂和圭多·德·拉托雷的接待。但是，马费奥企图借皇帝的力量驱逐圭多，以为拉托雷家族既然站在反对皇帝的党派一边，达到目的并不困难。于是当人们抱怨德意志人的举动不文明时，他就抓住这个时机，偷偷地到处鼓动人们拿起武器甩掉这些蛮族加在人们身上的枷锁。适当时机一到，马费奥就偷偷指使他的一个心腹去鼓动暴乱，于是人们就纷纷拿起武器打德意志人。

但当捣乱正闹得欢时，马费奥立即带着他的儿子们和他的同党一起跑到亨利皇帝那里，报告说整个叛乱都是拉托雷家族搞起来的；说他们不甘心在米兰安居乐业，抓住机会抢劫皇帝，以便讨好意大利的圭尔夫派，使自己的家族当上米兰君主；接着又叫他别懊丧，因为不论什么时候只要他想打，他们这一派随时准备用他们

的生命来保卫他。亨利相信了马费奥所说的一切,于是就命令自己的部队和维斯康蒂家族的武装力量联合起来进攻这时正分散在全城各地平息叛乱的拉托雷家族,把抓到的都杀了,对其余的则在抢光他们的财物之后予以放逐了。马费奥·维斯康蒂就是用这样的诡计当上了米兰的君主。他留下的后继人有加利佐和阿佐,再往后就是卢奇诺和乔万尼。乔万尼当了米兰大主教。卢奇诺比乔万尼死得早,他留下的后代有贝尔纳博和加利佐。加利佐不久也死了,留下一子,称维尔图伯爵。他在大主教死后,谋杀了他的伯父贝尔纳博,当了米兰君主。他是第一个有公爵头衔的人。公爵留下的后代是菲利波和乔万玛丽亚·安杰洛,后者被米兰人杀害,政权落入菲利波手中。但因为他没有男嗣,米兰就由维斯康蒂家族转入斯福查家族手中,这些情况以后再说。

现在言归正传。路易皇帝为了加强他自己那一派,也为了加冕,就来到意大利。到达米兰后,为了要从米兰人处弄到钱找借口,他假惺惺地赐给米兰人自由并把维斯康蒂家族成员投入监狱。但不久之后又把他们释放。他到达罗马后,为了更便于把意大利搞乱,就擅自推举皮埃罗·德拉·科尔瓦拉为教皇;企图利用他的势力和维斯康蒂家族的实力削弱托斯卡纳和伦巴第两处敌对派的势力。但这时卡斯特鲁乔死了,使皇帝未能如愿以偿,因为比萨和卢卡两地已叛变。比萨人捉住皮埃罗·德拉·科尔瓦拉,把他押送法国交给教皇。皇帝对意大利的事情感到失望之后,就回到德意志。他刚离去,波希米亚王约翰就在布雷西亚吉贝林派的邀请下进入意大利,自封为该城和贝加莫的君主。他的到来是经教皇同意的(虽然教皇表面上假装反对)。教皇在波洛尼亚的代表因而对他表示支持，认为用这个办法可以阻止皇帝再来。这样就引起意大利党派的变动。因为佛罗伦萨人和国王罗伯特发现教皇代表赞助吉贝林派搞的勾当，于是就敌视所有受到教皇代表和波希米亚国王友好对待的人。许多君主，不管是圭尔夫派还是吉贝林派，都和他们联合起来，其中包括维斯康蒂家族，德拉·斯卡拉家族，曼图亚的菲利波·贡扎戈，卡拉拉家族和伊斯特家族。因此，教皇把他们统统开除教籍。国王由于害怕这个联盟，就回到自己的国家调集兵力。当他率领一支大军回来时，仍然感到事情难办。他知道这件事自己做错了，就撤回波希米亚，只留下些部队驻守勒佐和莫德纳；帕尔马则由城内最有势力的马尔西利奥和皮埃罗·德·罗西照管；教皇代表对此深为不满。

波希米亚国王撤走后，波洛尼亚就加入联盟。后来联盟各国把仍旧站在教会那边的四个城市瓜分了。他们取得的协议是这样：帕尔马归属德拉·斯卡拉家族，勒佐归贡扎加家族，莫德纳归伊斯特家族，卢卡归佛罗伦萨。但在他们进占这些城市时又发生许多纠纷；后来大多由于威尼斯人调停解决。有些人或许会认为，既然威尼斯人的政体是共和制，不但在实力方面而且在内部规章制度方面比意大利任何其他君主国都值得赞扬，而我们却拖了这么久还不曾提起他们，似乎很不恰当。但当读者把原因了解清楚之后，就不会感到奇怪了。我打算从更古远的时代开始叙述他们这个城市，以便使所有的人都明白他们的起源如何，还要弄清楚究竟是些什么原因这么长时期阻止他们介入意大利事务。

在匈奴王阿蒂拉围困阿奎莱雅期间，当地居民在进行长时期抵抗之后，认为他们的安全已无法保住，就带着所能携带的一切动产,逃到坐落在亚得里亚海顶端现名威尼斯湾附近的几个无人居住的岩礁上避难。帕多瓦居民发现自己也处于同样危险中,知道阿蒂拉在攻占阿奎莱雅之后必将攻打他们自己,于是也带着他们最贵重的财物搬到同一片海上的一个叫里沃·阿尔托的地方,把妇女、孩子和老人都带了去,只留下青年人防守帕多瓦。除这些人之外,蒙塞利切人和他们附近山区的居民由于同样的恐惧,也逃到这些岩礁上。但当阿蒂拉占领阿奎莱雅并破坏帕多瓦、蒙塞利切、维琴察和维罗纳之后,帕多瓦人和其他一些力量强大的人就继续在里沃·阿尔托附近的沼泽地带居住。住在古时叫威尼西亚地区的人,受到同样的形势逼迫,也同样聚集到这一带沼泽地。这些人就是这样受危急处境所逼,离开条件很好的肥沃地区,住到了这个贫瘠的无益的地方。不过,由于大批人聚集在这个比较狭小的地区,在很短的时期内,就把这一带地方弄得不但可以居住,而且还很可爱。他们制定自己的法律和有用的规章制度。在意大利遭受蹂躏破坏的时候,这个地方的人却享受着安居乐业的生活。在不长的期间,他们的实力就大大增强,名声远播。因为,除了上边已提到的那些移民之外,又有许多人从伦巴第各城逃来,他们主要是为逃避伦巴第王克莱菲斯的暴政而来的,这样就大大增加了这个新城市居民的人数。当法王丕平应教皇邀请前来把伦巴第人逐出意大利时,他和希腊皇帝订立公约,当时本内文托公爵和威尼斯人并未在这个公约中表明归顺任何一方,而是独自享受自由。威尼斯人因为被迫住在不毛的岩礁上,他们不得不到别的地方去寻找维持生活的途径,于是就驾驶着自己的船舶航行沿海各口岸,从而使他们这个城市成了全世界各种货物的集散地,城里到处都有来

自各国的人。

多年来，威尼斯并未寻求任何领地，只找到一些便利他们进行贸易的地方，因而在希腊和叙利亚得到许多港口。因为法国人常常使用威尼斯的船只到亚洲去，为了报偿他们的效劳，就把坎迪阿岛划归他们。威尼斯人以航运为生，名震四海，受到全意大利各地尊敬。威尼斯人的威望如此之高，以致意大利各地区之间发生纠纷时，一般都请他们当仲裁；联盟各国之间因划分各城归属问题出现分歧时，也请威尼斯裁决。问题既然向威尼斯人提出，他们就把布雷西亚和贝加莫断给维斯康蒂家族。但经过若干时间之后，威尼斯人也急于扩张自己的地盘；于是就把帕多瓦、维琴察、特雷维萨等城据为己有，后来还占据维罗纳、贝加莫以及布雷西亚和罗马尼阿境内的许多城市和那不勒斯王国。其他各国深感威尼斯势力强大，不但意大利列国公侯，甚至阿尔卑斯山南麓诸王也都闻声胆战。于是这些国家就结成反对威尼斯的同盟。一日之间就把威尼斯曾苦心经营，花费巨万资财才得到手的许多地方全部夺走。威尼斯人后来虽又收回一部分，但由于业已力衰名败，只有像意大利其他各邦那样，任人摆布而已。

本尼迪特十二世当了教皇之后，发现意大利已完全不受教会控制，他又怕皇帝自兼意大利王，于是决定和篡夺了原先一贯臣服皇帝的那些城市政权的人们修好，以便使他们有理由惧怕皇帝，和他自己联合起来共同保卫意大利。为了达到这个目的，他发布一道命令，批准伦巴第境内所有暴君占有他们已夺得的各个地区。教皇作出这项认可之后随即逝世，由克莱门特六世继位。皇帝看到教皇如此大方地赐赠帝国的领土，为了和他同样地慷他人之慨，就以皇帝的权威批准那些已在教会的城市或地区擅自掌权的人继续掌权。这样,加莱奥托·马拉泰斯塔和他的弟兄们就成了里米尼、佩扎罗和法诺的君主;安托尼奥·达·蒙特费尔特罗就成了马尔凯区和乌尔比诺的主宰;詹蒂莱·达·瓦拉诺就正式据有了卡梅里诺;圭多·迪·波伦塔据有拉文纳;西尼巴尔多·奥德拉菲占据富尔利和切泽纳;乔万尼·曼弗雷德家族占有法恩扎;洛多维科·阿利多西占有伊莫拉。除了这些之外,还有许多人占据其他许多地方。就这样,在原属教会的所有的城市、乡镇或要塞中,就几乎已经无处不无君主了。教会长时期未能恢复势力。直到教皇亚历山大六世时,由于各地君王的后代腐化衰亡,教会才得以恢复权威。

皇帝作出上述这些认可时,他本人住在塔伦托;这就意味着他有进入意大利的意图。结果就在伦巴第境内引起许多战争,维斯康蒂家族成了帕尔马的君主。这时那不勒斯王罗伯特已经逝世,只留下两个孙儿,都是他儿子查尔斯生的,查尔斯早在罗伯特之先就已死了。罗伯特临死时下令这两个孩子当中较大的叫乔万娜(或约安)的孙女继承王位,并命令她招匈牙利王的儿子安德雷阿为婿——这个人是罗伯特的外孙。安德雷阿和她结婚不久就被她谋杀,又招了她的另一个表兄塔伦托君主路易为夫。但安德雷阿的弟兄匈牙利王路易为了替他的被害报仇,带领军队来到意大利,把约安女王和她的丈夫赶出王国。

在这时期,罗马发生了令人难忘的事件。在坎皮多利奥担任国务大臣的尼科洛·迪·洛伦佐(又常被称为里恩济或科拉·迪·里恩济)把元老院议员们逐出罗马,并以“保民官”的名义自立为罗马共和的首领，恢复了罗马古制。他为人公正严明、道德高尚、声誉卓著；因此，不仅附近各地，甚至全意大利各邦都纷纷派使节前来晋谒。那些古老的行省，看到罗马的新生和复兴，也都抬起头来；有的是因为看到希望，有的是出于恐惧，一致尊他为王。但尼科洛本人虽说德高望重，却在刚刚开始他的伟大事业时就丧失劲头了；仿佛经受不住这么伟大事业的压力似的；在并无任何人驱逐的情况下，自己就偷偷溜到波希米亚王查理那里——查理为了对巴伐利亚的路易表示轻蔑，曾在教皇势力支持下被推举为皇帝。他为了讨好教皇，就把尼科洛作为俘虏押送到他那里。过了些时候，弗兰切斯科·巴龙切利效法里恩齐的做法，放逐元老院议员，夺占罗马保民官职位。教皇为了镇压他，采取了最有效的办法：把尼科洛从监狱放出送回罗马，恢复他原来的保民官职位。于是他就重新掌握大权并把弗兰切斯科处死。但因为科隆纳家族与他为敌，不久之后他自己也被处死，于是元老院议员又恢复官职。匈牙利王赶走女王约安之后就回他本国去了。但因教皇宁愿在罗马附近保留一位女王也不要男王，就又恢复了她的王位，条件是她的丈夫应满足于塔伦托君主这个头衔，不能称王。这时正是1350年，教皇考虑原来由博尼法斯规定在每一世纪结束时举行大庆典的事可以改为每五十年举行一次，于是就发出要在这一年举行大庆典的指示。罗马人为了对这件事的好处表示感谢，答应教皇派四位枢机主教改革罗马政府，还可以按教皇的意旨委派元老院议员。教皇重新宣布塔伦托的路易为国王，女王约安为了谢恩，就把她继承的领地阿维尼翁献给教会。

这时卢基诺·维斯康蒂去世。他的弟弟大主教继任米兰君

主。他多次攻打托斯卡纳和他的邻邦,变得非常强大。他死后,他的侄子贝尔纳博和加利佐继承他的事业。但加利佐不久逝世,留下乔万·加利佐和贝尔纳博分享政权。波希米亚王查理当时是皇帝;英诺森六世是教皇,他派了一位枢机主教西班牙人埃吉迪奥进入意大利。这个人不只在罗马尼阿而且在全意大利使教会的名誉得到恢复。他从米兰大主教手里收复波洛尼亚,并强迫罗马人接受每年由教皇委派一位外籍人充当元老院议员。他和维斯康蒂家族订立了体面的协定。还打垮并活捉一位叫约翰·阿古特的英国人,这个人曾率领四千英国兵参加吉贝林派一边在托斯卡纳打仗。教皇乌尔班五世听到这许多胜利的消息之后,决定访问意大利和罗马。皇帝这时也驾临罗马。皇帝在罗马呆了几个月之后又回到波希米亚王国,教皇也回到阿维尼翁。乌尔班死后,格雷戈里十一世被推举为教皇。因为枢机主教埃吉迪奥已死,又由于其他势力联合起来反对维斯康蒂家族,意大利旧日的倾轧不和从而死灰复燃。教皇在法国住了七十一年之后,于1376年先派代表带着六千布列塔尼士兵回到罗马,然后亲自回来重建宫廷。继格雷戈里十一世任教皇的是乌尔班六世。但不久之后,十位枢机主教声称乌尔班的任命不合规定,又在丰迪选出克莱门特六世为教皇。这时,热那亚人推翻骑在他们头上多年的维斯康蒂家族的统治。后来在他们和威尼斯人之间为了争夺特内多斯岛打了几次大仗。热那亚人虽曾一度得手,曾围攻威尼斯好几个月;但最后威尼斯人还是取得胜利。在教皇干预下,双方于1381年媾和。在这些战争中首次使用了大炮,这是不久前荷兰人发明的。

第　七　章

教会内部分裂——乔万尼·加利佐·维斯康蒂的野心——教皇和罗马人达成协议——博尼法斯九世首创向教会交纳年俸的制度——伦巴第的动乱——威尼斯人在大陆上取得地盘——教皇和罗马人之间的分歧——比萨宗教会议——康斯坦茨宗教会议——菲利波·维斯康蒂收复失地——那不勒斯的乔万娜二世——意大利政情。

教会内部既然已经分裂,约安女王偏袒主张分离派的教皇。因此,教皇乌尔班就设法使那不勒斯国王的后裔杜拉佐的查尔斯去夺取她的领土。事成后,女王逃往法国,查尔斯称王。法王闻信震怒,派昂儒的路易进入意大利为女王收复失地,把乌尔班教皇逐出罗马并扶植擅立教皇。但路易正在进行这些事情时就死了,他的部队被击溃后也回法国。教皇在这个紧急时刻到达那不勒斯,把站在法国和擅立教皇一边的九名枢机主教投入监狱。后来教皇因为拒绝封国王的侄子为卡普亚君主、得罪了国王。教皇表面上装作不在意的样子,还要求国王把诺切拉拨给他作为住地。他把这个地方的防御工事修好以后,就准备剥夺国王的领土。国王知情后就在诺切拉外面扎营围困,于是教皇逃往那不勒斯,把他原先关进监狱里的那些枢机主教都处死,然后从那里回到罗马。为了扩张势力,他又封二十九人为枢机主教。这时,那不勒斯王查尔斯到达匈牙利,在那里被封为国王,不久之后就在战场上阵亡,在那不勒斯留下妻子和两个孩子。大约就在同时，乔万尼·加利佐·维斯康蒂杀害他叔叔贝尔纳博，自己独揽大权。而且，他当了米兰公爵和全伦巴第的君主还不满足，又企图统治托斯卡纳。但正当他一心要占领这个地区并最终在全意大利称王时，却去世了。博尼法斯九世继乌尔班六世为教皇。擅立教皇克莱门特六世也已去世，遗位由本尼迪特十三世继承。

在这个时期，有许多英格兰人、德意志人和布列塔尼人在意大利各地的部队里服役。指挥他们的，一部分是经常变动的各地当权者，另一部分是教皇在阿维尼翁时派去的人。意大利的许多君主就是利用这些武人长期进行战争。直到罗马尼阿的洛多维科·达·琴托出现，才由他成立由意大利人组成的、命名为圣乔治联队的部队。由于这支部队纪律严明、作战英勇，不久之后就使外籍部队名声扫地，本地部队则誉满全境。从此以后，各王公就利用本地部队进行战争、互相征伐。教皇博尼法斯九世由于和罗马人有仇，迁居斯切西，一直在那里呆到1400年大庆。这时罗马人为了劝他回罗马，答应由他另外委派一名外籍元老院议员，还答应他在圣安杰洛堡设防。根据这些条件，教皇回到罗马。为了使教会富裕，他下了一道命令，规定凡是领有薪俸的人，在离职时都要拿出一年的年俸献给教皇议事室。

米兰公爵乔万尼·加利佐死后，虽然留下两个孩子乔万玛丽亚和菲利波，但公国还是四分五裂。在随后发生的动乱中，乔万玛丽亚被杀害。菲利波在帕维亚要塞里躲了一些时候，由于要塞长官忠实高尚，他得以从那里逃脱。在占领原属他父亲的一些城市的人们当中，有一个名叫古利埃尔莫·德拉·斯卡拉的，在被放逐后投奔帕多瓦君主弗兰切斯科·达·卡雷拉手下。在这位君主的帮助下,他恢复维罗纳城邦。但他只在那里呆了很短时间,就被弗兰切斯科指使人把他毒死了,维罗纳城也被夺占。这些事件使原先在维斯康蒂家族保护下安居乐业的维琴察人对帕多瓦君主的强大感到害怕,就请求威尼斯人保护。威尼斯人和弗兰切斯科打了几仗,先后占领维罗纳和帕多瓦。

这时教皇博尼法斯已逝世,由英诺森七世继位。罗马人请求他把要塞还给他们,并恢复他们的自由。因为教皇不愿答应他们的请求,他们就要求那不勒斯王拉迪斯劳斯帮助。教皇和罗马人和解之后又回到罗马,封他自己的侄子洛多维科为马尔凯区伯爵。不久之后,英诺森逝世,格雷戈里十二世继位。他即位前取得的谅解是:擅立教皇什么时候放弃教皇职位,他也要放弃。为了使教会统一,在诸枢机主教的劝告下,擅立教皇本尼迪特来到威内雷港,格雷戈里来到卢卡。他们在那里进行了许多努力,但未能取得任何协议。因此,他们各自手下的枢机主教就抛弃了他们。本尼迪特前往西班牙,格雷戈里去里米尼。枢机主教们这方面,在教皇驻波洛尼亚代表枢机主教巴尔萨扎·科萨的支持下,在比萨召开宗教会议,推举亚历山大五世为教皇。亚历山大就位后立即开除拉迪斯劳斯国王教籍,把王国交给昂儒的路易统治。这位君主联合佛罗伦萨人、热那亚人和威尼斯人,一起攻打拉迪斯劳斯,把他逐出罗马。战争正在激烈进行时,亚历山大逝世,由巴尔萨扎·科萨继位,定名约翰二十三世,在波洛尼亚就位。后来又到罗马,正遇上昂儒的路易从普罗旺斯带兵前来和拉迪斯劳斯打仗,把他打垮。但由于军事首领们处置失当,未能把胜利进行到底。因而在不久

之后,国王拉迪斯劳斯又聚集力量重占罗马。路易逃回普罗旺斯,教皇逃到波洛尼亚。他在那里想方设法削弱拉迪斯劳斯的势力,因而使匈牙利王西吉斯蒙德被选为皇帝并请他来意大利。他们在曼图亚亲自商谈后,同意召开全体宗教会议,使教会统一起来。教皇办成这件事之后,就认为他自己现在完全有办法对付他的敌人了。

这时共有三位教皇:格雷戈里、本尼迪特和乔万尼。这样就使教会软弱无力、声名狼藉。和教皇约翰原来所期望的相反,这次宗教会议决定在德国的康斯坦茨召开。虽然拉迪斯劳斯已死,导致教皇召开宗教会议的原因已不存在,但由于他既然已经答应前往参加,就不便拒绝不去了。他到达康斯坦茨几个月后,就发现自己犯了错误,但已为时太晚。他正在设法逃跑时被捕,被迫放弃教皇职位。擅立教皇之一格雷戈里也送去了弃位声明。另一位擅立教皇本尼迪特拒绝弃位,被判为异端。但后来因为被手下诸枢机主教抛弃,只好也答应弃位。于是宗教会议就推选科隆纳家族成员奥多为教皇,定名马丁五世。在经过许多教皇分立之后,教会又重新统一于一长之下。

如上述,菲利波·维斯康蒂当时住在帕维亚要塞中。而法齐诺·凯内在伦巴第动乱中已成为维切利、亚历山大里亚、诺夫拉和托尔托纳的君主,并已聚敛大批财宝。他感到自己寿数将尽,又无儿女,就让他妻子贝阿特丽丝继承产业,并和友人商妥促使她和菲利波结婚。这个结合使菲利波势力大增,他重新占领米兰和整个伦巴第地区。对于这么多恩惠,他也和一般王侯曾经干过的那样恩将仇报,指责贝阿特丽丝与人通奸,把她处死。他感到自己现在实力强大,就计划攻打托斯卡纳,完成他父亲乔万尼·加利佐尚未完成的大业。

那不勒斯王拉迪斯劳斯临死,曾把王国和一支大军留给他妹妹乔万娜。这些部队由意大利一些第一流军事首领率领。其中有一位科蒂纽奥拉的斯福查,他是当时全意大利武装部队中最出名的勇士。乔万娜女王身边曾养着一个叫潘多尔费洛的人,为掩盖这件不体面的事,就和她的丈夫,法国皇族贾科波·德拉·马尔卡讲好条件:他应满足于塔伦托亲王这个头衔,让她本人称王并主持国政。但当这位贾科波到达那不勒斯时,武装部队立即拥他为王,于是夫妻之间就打起仗来。虽然男方起初打了许多胜仗,但女王最后还是战胜了对方,从而成为教皇的敌人。针对这个情况,斯福查为了使她处于困境以便迫使她投靠自己,就在事先未把意图通知她的情况下,突然把部队撤走,不为她服役了。于是女王发现自己突然失掉军队,又无别处求助,于是就把阿拉贡和西西里王阿尔方索收为义子,请他支援;并雇用蒙托内人布拉乔为军队首领。这个人在军事上的名声和斯福查不相上下,而且他反对教皇,这是因为他过去曾占领原属教会的佩鲁贾等地。

后来,女王和教皇讲和。但国王阿尔方索认为她可能像对待她丈夫那样对待自己,就在暗中设法要把许多要塞控制在自己手中;但女王耳目极其灵通,抢先进入那不勒斯要塞并加强其工事。二人之间猜忌日重,终于兵戎相见。这时斯福查已重新在她手下服役;在他的协助下,把阿尔方索从那不勒斯赶走,剥夺了他继承王位的权力。另收昂儒的路易为义子。从此,在布拉乔和斯福查之间又展开一场对抗;前者站在阿尔方索一边,后者保卫女王的事业。在战争过程中,斯福查在抢渡佩斯卡拉河时淹死。于是女王又失掉武装力量。如果不是米兰公爵菲利波·维斯康蒂帮助,强迫阿尔方索退回阿拉贡的话,她早已被逐出国土。阿尔方索撤走后,布拉乔无所畏惧,继续攻打女王,包围拉奎拉。但教皇唯恐布拉乔势力太大为害教会,就雇用斯福查之子弗兰切斯科,派他到拉奎拉去驱逐布拉乔;他到达后立即打垮布拉乔的队伍并把他本人杀死。布拉乔留下一个叫奥多的儿子,教皇从他手中夺走佩鲁贾,只把蒙托内地区留给他。后来他为佛罗伦萨人服役时,在罗马尼阿战死。这样,曾在布拉乔指挥下打过仗的武士中,最出名的就只剩下尼科洛·皮奇尼诺一人。

关于意大利的概况,我们接连说到这里,已经接近我们最初想要说到的时期。未曾提到的情况都不重要。只有佛罗伦萨人和威尼斯人联合反对米兰公爵菲利波的战争可算例外。这件事我们准备在专门叙述佛罗伦萨时再说,在这里暂时略过;只把我们现在已说到的这个时代意大利诸君王和武装部队的情况概括几笔如下:约安二世占有那不勒斯、马尔凯区、教会领地和罗马尼阿;这些地区有的服从教会,有的被教区主教或暴君占有。像费拉拉、摩德纳和勒佐就是由伊斯特家族统治;曼弗雷德家族占有法恩扎;阿利多西家族占有伊莫拉;奥尔德拉菲家族占有富尔利;马拉泰斯塔家族占有里米尼和佩扎罗;瓦拉诺家族占有卡梅里诺。伦巴第一部分属于菲利波公爵,一部分属威尼斯;那些只占有一个地区的暂撇开不说,只有贡扎加一家例外,他们统治着曼图亚地区。托斯卡纳大部属于佛罗伦萨。卢卡和锡耶纳是仅有的按照自己的法律治理的两个地区——卢卡受圭尼吉家族统治;锡耶纳实行自治。热那亚人有时独立自主，有时受治于法国或维斯康蒂家族；被人瞧不起，可列入小邦一类。

主要邦国的武装力量都不是靠自己的力量。菲利波公爵成天关在自己的房子里不见人，他打仗时都是派雇佣兵去打。当威尼斯人把注意力转向大陆时，就抛弃曾经使他们在海上称霸的武装力量，也采用意大利惯例，把自己的武装部队交给别人指挥。教士和女人不适于带兵，因此，教皇和那不勒斯女王约安也被迫采用别人因考虑欠周而采用的办法。佛罗伦萨人也采用同样惯例，这是因为他们经常发生分裂，已经把贵族阶级消灭；他们的共和制完全掌握在从事商业活动的人们手中，因此也只好按别人的习惯和方式办事。

这样，意大利的武装力量或是掌握在较小的王公手中，或者由不拥有城邦的人控制。这是因为，较小的王公带兵打仗并不是为了荣耀，而是为了获得财产或安全。那些不拥有城邦的人，从小练武长大，除武功外不懂其他任何技艺，他们打仗只是为了得到报酬或为个人捞得一官半职。后一类人当中最出名的有卡尔米尼约拉、弗兰切斯科·斯福查、布拉乔的门徒尼科洛·皮奇尼诺、安戈洛·德拉·佩尔戈拉、洛伦佐·迪·米凯莱托、阿滕杜利·伊尔·塔尔塔利亚、贾科帕乔、切科利诺·达·佩鲁贾、尼科洛·达·托伦蒂诺、圭多·托雷洛、安托尼奥·达尔·蓬泰·阿德·埃拉以及其他等人。和这些人同属一类的，还有已经提到过的那些君主，还可以加上罗马的几位贵族，科隆纳家族和奥尔西诺家族，以及那不勒斯王国和伦巴第其他一些王公和贵人。这些人既然经常保持武装，互相之间又常常动武，而且想方设法使一切事情都有利于己；

结果这些打仗的人,差不多都是两败俱伤。他们把武装行动搞到如此荒谬透顶,以致一名极其普通的将领,只要真有胆量,就能使全意大利很不慎地尊敬崇拜的那些人蒙受羞辱。

因此,在我写的这部历史中,必然会充满这类昏庸的君主和如此卑劣的军队。在叙述这些事情以前,像我在开始时就已指出的那样,有必要先把佛罗伦萨的起源说一说,以便把当时这个城市的情况弄清楚;应该弄清楚的是,经过一千年的辛勤劳苦之后,佛罗伦萨竟然变得这么衰微孱弱,其原因究竟何在。

第二卷　从佛罗伦萨的起源到大叛乱

公元 1010—1353 年

第　一　章

古代共和国开发殖民地的习惯和它的好处——人口的增加使某些地区更有利于健康——佛罗伦萨的起源——佛罗伦萨的扩张——佛罗伦萨这个名称的由来——佛罗伦萨被托蒂拉破坏——佛罗伦萨人攻占菲埃索莱——佛罗伦萨第一次分裂及其原因——奔德尔蒙蒂家族——奔德尔蒙蒂被害——佛罗伦萨的圭尔夫派和吉贝林派——圭尔夫派各家族——吉贝林派各家族——两派妥协。

在古代共和国和君主国那些早已废弃的伟大而高明的制度中,有一种制度曾经促使城市和市镇陆续建立起来。引起一位伟大的君主或治理得很好的共和国最关心的、同时也是使某一地区受益最大的事情,莫过于为了共同的便利和防御把人们吸引到一起的新殖民区的创立了。

这种事情并不难办到，只要把人们送到新占领的或荒无人烟的地区去就行了。这样移民不但可以促使新城市的建立，保证新占领区的安全，而且还可以使一个行省内的居民分布合理。这样，居民由于可以得到最大限度的舒适生活，从而繁殖迅速；不但愿意应召进攻别国，而且在保卫本土方面也可靠得多。但由于一些君主和共和国的做法不明智，这种习惯早已废弛；随之而来的就是土地的衰败和破坏。因为，这种殖民制度原是使帝国安全、地区繁荣的唯一途径。王侯在新占地区建立的殖民地就如同要塞或岗哨，它可以使居民忠诚顺从，因而使国家得到安全。任何一个地区，如果没有殖民这一条规定，就不可能把这个地区完全占领，也不可能使居民保持适当的分布。因为各地有益健康的程度不同，有的地方必然人口过多，其他地方则无人居住。如果不设法把增殖太快的地方的人口抽调到人口过于稀少的地方，那么，后者将荒无一人，前者人口将拥挤不堪，从而使整个国家很快就遭破坏。而且，因为大自然不会解决这种失调现象，只有人们勤劳的努力才能解决。不利健康的地方一旦移入大量人口，就会变得有益健康。土地一经耕种就会肥沃丰产，烧火就会使空气清洁——这些救治方法是大自然无法提供的。

威尼斯城就可以证明这种说法正确。该地原来是一片不利健康的沼泽地带。后来只是因为集中了大量勤奋的移民，才变成一个有益健康的所在。比萨也是这样，由于那个地方的空气原来很不卫生，因而从未拥有足够的居民；直到后来萨拉森人破坏了热那亚并使它的河流无法通航，致使热那亚人大批移居比萨，才使比萨这个城市兴旺富强起来。相反地，如果不采取殖民办法而想保有新占地区，必然十分困难。一些地方没有人居住的仍然没有人住，而人口繁殖太快的地方又无法减少。因此，在全世界、特别是在意大利，和古代比较起来，有许多地方已经荒芜。究其原因，完全是由于帝王已无心于真正光辉的事业，疏忽大意；共和国也漫不经心，失去值得称赞的好制度。在古代，由于殖民制度的运用，经常有新城市出现，已有的城市则进一步扩大。佛罗伦萨的情形就是一个例子。它开始时是菲埃索莱城；后来由于不断殖民，才扩大为佛罗伦萨。

它极可能是像但丁和乔万尼·维兰尼所描述的那样，原来坐落在山顶上的菲埃索莱城，为了使它的市场能招徕更多客商，并为带货物来的人们提供更大的方便，就给他们划定一个地区加以安顿；不是在山上，而是在山脚和阿尔诺河之间的平地上。我设想，这一带第一批建筑物就是由这些市场促成的；这些市场还促使商人希望有宽敞的货栈存放他们的货物。经过若干年月之后，这些货栈就发展成永久性的牢固的建筑物。后来，罗马人征服迦太基人，从而使意大利免受外国入侵，这些建筑物必然随之大量增加；因为人们除非万不得已才会忍受不便。虽然对战争的担心使人们愿意占据易守难攻的地方；但只要担心的原因一旦消除，他们就乐于搬到进出方便的平地上去了。因此，在罗马共和国威名下取得的安全就促使在上述情况下定居下来的人们迅速繁殖，形成城镇。起初它的名字叫维拉·阿尔尼纳。后来发生马里乌斯和苏拉之间以及凯撒和庞培之间的内战，再往后又发生谋杀凯撒的人们和为凯撒之死报仇的人们之间的战争。在这期间，一批一批移民队被送到菲埃索莱——最初是苏拉送去的；后来，报了谋杀凯撒之仇的

三位罗马官员[①]把全帝国瓜分后也曾把移民队送去——这些移民队部分地或是全部地定居在这个以后发展起来的城镇附近这片平原上。由于人口大量增加,住宅也随之遍布在这片地方,最后就形成城市;把它和意大利其他城市列入一类已很恰当。

关于佛罗伦蒂亚(Florentia)这个字的来源,众说不一。有人说它来源于这个殖民地的首要人物之一佛罗里努斯(Florinus);有的又说这个字原来不是佛罗伦蒂亚,而是佛卢恩蒂亚(Fluentia),由佛卢恩泰(fluente)即阿尔诺河的流动而来。为了给这个说法找旁证,还引用了普林尼一段话说,"佛卢恩蒂亚人(The Flnentini)住在阿尔诺河流附近。"不过,这话可能不对头,因为普林尼说的是佛罗伦蒂亚人居住的地点,而不是人们所知道的他们的族名。而且佛卢伦蒂亚人(Fluentini)这个字似乎是个传讹了的字,因为几乎是和普林尼同时进行写作的弗隆提努斯和科尔内利乌斯·塔西佗是用佛罗伦蒂亚(Florentia)和佛罗伦蒂亚人(Florentini)这两个名字称呼他们的。这是因为在提比留时期,这个城市是和意大利其他城市受到同样治理的。此外,科尔内利乌斯还曾提到佛罗伦萨人派使节谒见皇帝,乞求不要让凯内河的水泛滥到他们那个地区的事。而且,一个城市同时有两个名称的事也是十分不近情理的。因此,我认为,不论名称的来源如何,它一直都是佛罗伦蒂亚;而且,不论城市的起因何在,它肯定是在罗马帝国时期出现的,在最初几代皇帝时期就已经受到作家的注意了。

罗马帝国遭受蛮族侵扰时,佛罗伦萨是被东哥特王托蒂拉摧

① 即凯撒死后的三执政:渥大维、安东尼和莱比达。——译者

毁的，经过二百五十年之后，查理大帝才予以重建。从那时起直到1215年，它就和意大利其余城市享有同样命运了。在这段时期，佛罗伦萨先是由查理大帝的后代统治，后来的统治者是贝伦加里乌斯家族，最后是德意志皇帝。这些情况在上一卷的概述中我们已经提到。在这些年代里，由于统治他们的那些人的影响，佛罗伦萨的人口并未能增加，也未创造出值得记述的事业。不过，在1010年，正当菲埃索莱人纪念庄严的圣罗慕洛节日的时候，他们占领并破坏了菲埃索莱。他们办的这件事也许事先已得到皇帝的认可，也许是在一位皇帝已死、继位的皇帝尚未就位的空隙当中，各地都有较多自由的时候干的。但当教皇势力增大、德意志皇帝的权威逐渐削弱时，意大利各地都实行自治，很少尊重帝王。因此在亨利三世时期，全意大利各地都分裂成两派，一派拥护皇帝，一派拥护教会。但佛罗伦萨人一直到1215年仍然保持着统一，服从统治者，唯一的目的就是保住自己的安全。不过，正像侵犯人体的疾病在体内存在的时间越长就越危险而致命那样，佛罗伦萨参与意大利的帮派斗争虽晚，后来却成为受帮派之害最严重的地方。它第一次内部分裂的原因，但丁和许多其他作家都有记述，因而已是尽人皆知。不过，我还是想把它简单说上几句：

在佛罗伦萨最有势力的家族当中，有奔德尔蒙蒂和乌贝尔蒂这两家，其次就是阿米德伊和多纳蒂两家。多纳蒂家族中有一位有钱的寡妇，她有一位异常俊美的女儿。这位寡妇看中了奔德尔蒙蒂家族的首领、年轻的奔德尔蒙蒂，打算把女儿嫁给他。但她由于疏忽、或是认为这桩婚事随时都可办成，因而未曾向对方表示过这个意图；结果这位青年男子就和阿米德伊家族的一位小姐订了婚。这件事使多纳蒂家族这位寡妇极不好受。但她希望凭着她女儿的美貌,能在对方举行婚礼以前进行破坏。有一次她在楼上看见奔德尔蒙蒂正独自一人走近她家。她立即下楼,正当他在门口走过时,就对他说道:"听说你已选定一位妻子,我很高兴;不过我可早就把我的女儿给你留着呢。"一面说着,一面就把门打开,叫他看见自己的女儿。这位青年男子看到这位小姐非凡的容貌,又考虑到她高贵的出身,而且她的嫁妆也绝不会次于他原先选定的那位小姐的;心中立即燃起热烈愿望要占有她。因此,他既不考虑自己已经应许别人,也不考虑毁约将给对方造成的伤害,更不考虑违约可能给自己带来的灾祸,当即对那位寡妇说,"既然您为我保留着您的女儿,如果我拒绝了她,那就太无情无义了。因为我现在还可以自由选择。"于是,一点时间都不耽搁就和她的女儿结了婚。

这件事情传开之后,阿米德伊和乌贝尔蒂这两个结了盟的家族非常愤怒,于是就把和他们这一方有关的其他许多家族召集一起商讨对策,认为如果对这种污辱表示宽容必将丧失体面,对这种无法无天的侮辱行为最适当的报复就是把奔德尔蒙蒂杀死。虽然有些人考虑这样做必将招致恶果,但莫斯卡·拉姆贝蒂却反驳说,用"木已成舟、悔之无益"之类陈词滥调滔滔议论是什么事情都干不成的。于是,大家推举莫斯卡本人,斯蒂亚蒂·乌贝尔蒂,拉姆贝尔图乔·阿米德伊和奥德里戈·菲凡蒂等去执行杀害奔德尔蒙蒂的任务。在复活节早晨,他们这几个人就藏在阿米德伊家的一所房子里(位置在老桥和圣斯蒂芬教堂之间),当奔德尔蒙蒂骑着白马走过、心里正想着忘记一件伤害人的事就像拒绝联姻那样容易的时候,那些人就从桥脚下向他攻来,在战神马尔斯的雕像近旁把他杀死。这一谋杀案把全城分成两派,一派支持奔德尔蒙蒂家族,说他们有理;另一派拥护乌贝尔蒂家族。由于这些家族都有人力和武器等防卫手段,他们的冲突虽然持续了许多年,但谁都未能把对方消灭。

佛罗伦萨经常处于这种纷乱之中。直到弗里德利希二世统治时期,因为他是那不勒斯国王,就力图加强自己的力量,以对付教会;他为了使自己在托斯卡纳的势力更加稳固,就采取支持乌贝尔蒂家族和他们的追随者的政策。在他的支持下,他们把奔德尔蒙蒂家族放逐。于是,我们这个城市也和意大利其他城市早就已经形成两派那样,也分为圭尔夫和吉贝林两派。现在我把加入两派的家族名单记录在下边,因为这并不是多余的。站在圭尔夫派一边的有下列各家族:奔德尔蒙蒂、内尔利、罗西、弗雷斯科巴尔迪、莫齐、巴尔迪、普尔奇、盖拉尔迪尼、福拉博斯契、巴涅西、圭达洛蒂、萨凯蒂、马尼埃里、卢卡尔德西、恰拉蒙泰西、科姆皮奥贝西、卡瓦尔坎蒂、姜多纳蒂、姜菲利阿齐、斯卡利、瓜尔泰罗蒂、伊姆波尔图尼、博斯蒂基、托尔纳昆奇、韦基埃蒂、托辛吉、阿里古奇、阿利、西齐、阿迪马里、维斯多米尼、多纳蒂、帕齐、德拉贝拉、阿尔丁吉、泰达尔迪和切尔基。参加吉贝林派的有下列各家族:乌贝尔蒂、马内利、乌布里阿基、菲凡蒂、阿米德伊、因凡加蒂、马莱斯皮尼、斯科拉里、圭迪、加利、卡皮阿尔迪、拉姆贝尔蒂、索尔达尼埃里、奇普里阿尼、托斯基、阿米埃里、帕莱尔米尼、米利奥雷利、皮利、巴鲁奇、卡塔尼、阿戈兰蒂、布鲁内莱斯基、卡蓬萨基、埃利塞伊、阿巴蒂、蒂达尔迪尼、居奥基和加利加伊。双方除了上述这些贵族家庭之外,

每派还有许多上层的人参加。以致全城因为这个分裂而堕落败坏了。圭尔夫派既被逐出城外,就避居阿尔诺河上游谷地,那里他们筑有一部分堡垒和要塞。他们就在那里加强防御工事以防敌方来袭。但在弗里德利希死后,那些最没有偏见、在居民中威望最高的人们经过考虑,认为与其继续分裂招致全城毁灭,还不如促成两派和好。于是他们就劝圭尔夫派忘记旧恶、回到城里;也劝吉贝林派抛开宿怨、热诚地欢迎他们归来。

第二章

佛罗伦萨政体的新形式——军事设施——佛罗伦萨的强大——吉贝林派的活动——吉贝林派被逐出城——圭尔夫派被那不勒斯国王的武力击溃——佛罗伦萨受那不勒斯国王统治——吉贝林派破坏佛罗伦萨的计划,遭到法里纳塔·德利·乌贝尔蒂的反对——佛罗伦萨圭尔夫派的冒险——教皇把他的旗帜交给圭尔夫派——吉贝林派的恐惧以及为保护自己的权力所作各种准备——行会的成立和它们的权威——圭多·诺韦洛伯爵被放逐——他去普拉托——圭尔夫派回到城里——吉贝林派离开佛罗伦萨——佛罗伦萨人改组政府以支持圭尔夫派——教皇力图使吉贝林派回到城里并把佛罗伦萨从教会中开除——教皇尼古拉三世力图削弱那不勒斯王查理的势力。

佛罗伦萨既已统一,人们认为这正是组织自治政府的好时机;

而且，在新皇帝的势力壮大以前把自己的防务搞好也是可取的。于是他们就把全城分为六个区，每区选出两位公民共十二人，治理全城。这个十二人领导集团名叫“长老会”，每年选举一次。为了消除过去判案后一再出现的不和的根源，他们从别的城市请来两位审判官，一位称人民首长，一位称总监；他们的职责就是决断民间发生的各种民事刑事案件。而且，鉴于新建秩序如果没有足够的力量保卫就不能维持下去；于是他们又把城内划分为二十个旗、农村划分为七十六个旗，所有青年男子的姓名都登记在各旗的花名册上。命令规定：不论何时，只要人民首长或长老会发出号召，每个青年都必须武装起来，到各自所属的旗下集合。按照使用的武器类别，他们各有不同的旗帜，所有的弓手集合在一面旗帜下，剑手或持盾者集合在另一面旗帜下。每年圣灵降临节，举行盛大仪式，向新入伍的青年颁发旗帜，为整个部队任命新的指挥官。为了表示对军队的重视，他们还制造一辆很大的车，用两头公牛拉着，车上铺红布，竖着一面红白二色旗；打仗的时候，凡是已经精疲力竭的战士就可以躲到车上，等到精力恢复时再冲向敌人。当他们想叫部队集合时，就把这辆车赶到新市场，庄重地把它交给人民首长。为了把军事活动搞得很隆重，他们还准备了一口名叫“晨钟”的大钟，在部队出城以前的一个月期间，天天敲打，以便让敌人有时间准备他们的防务。当时人们中间存在着极其高尚的道德，他们的心地是这么宽宏大量。我们今天打仗时，出敌不意、攻其不备被认为是英明果敢；但在那个时代，这样的行为却被认为很不光彩，而且只会招致很不利的后果。部队行动时也带着这口大钟，用以规定站岗撤哨的时间以及打仗需要的其他活动。

佛罗伦萨人在民政、军政等方面作了这些安排之后，取得自主。它在很短的时期内就取得想象不到的伟大力量和极高的威望。它不但变成整个托斯卡纳地区的首领，而且成了全意大利第一流大城市之一。如果它不是因为受到公民内部接连不断的分裂的折磨的话，它可能取得的成就将是异常伟大的。佛罗伦萨人在新政府治理下的十年间，曾迫使皮斯托亚、阿雷佐和锡耶纳等城和他们结盟。从锡耶纳回师途中，还占领沃尔泰拉，摧毁一些堡垒，把居民带回佛罗伦萨。所有这些事业都是在圭尔夫派的建议下进行的。他们比吉贝林派势力强大得多，这是因为人们仇视吉贝林派，这不只是因为在弗里德利希时代他们当权时盛气凌人，而且也是因为亲教会派比亲皇帝派更得人心；因为人们指望在教会帮助下保持自主，对皇帝则不然，人们总怕皇帝使他们失掉独立自主。

与此同时，吉贝林派虽被剥夺了权力，但他们并未善罢甘休，而是在伺机重掌政权。当他们看到弗里德利希的儿子曼弗雷德自立为那不勒斯王并削弱了教会的势力之后，就认为有利的时机已到，于是就和曼弗雷德秘密联系，企图重掌国政。但他们的活动未能瞒过“长老会”，该会得悉他们的阴谋之后立即传讯乌贝尔蒂家族。乌贝尔蒂家族拒不从命，反而在他们的住宅里修筑工事拿起武器自卫。佛罗伦萨人民闻讯激怒，也纷纷拿起武器，在圭尔夫派支持下，强迫他们离开城市。他们带着吉贝林派所有成员一起撤到锡耶纳；然后就请求那不勒斯王曼弗雷德援助。国王的军队在法里纳蒂·德利·乌贝尔蒂的得力指挥下，在阿尔比亚河上把圭尔夫派打败，进行了大屠杀，以致逃脱的人们以为佛罗伦萨已经失守，不敢回去。都逃到卢卡避难。

曼弗雷德委派出名的军事家焦尔达诺伯爵指挥他的部队。他在打胜仗之后就带着吉贝林派到达佛罗伦萨，把城市完全置于国王的统治之下，废除各级地方官吏以及保有自主形式的一切机构。这样很不慎重的做法伤害了佛罗伦萨人民，激起他们切齿痛恨；他们对吉贝林派的敌视到了无以复加的程度，最后导致这一派的毁灭。焦尔达诺伯爵因为国内有要事不得不回那不勒斯，把卡森蒂诺君主圭多·诺韦洛伯爵留在佛罗伦萨作国王代理人。他召集吉贝林派在埃姆波利开会。除了一人提出异议外，他们在会上一致决定：为了保持他们这一派在托斯卡纳地区的势力并迫使圭尔夫派撤销对教会一方的支持，唯一的办法只有把佛罗伦萨毁掉。对如此宏伟的佛罗伦萨城作出如此残酷的判决，会上竟无任何公民反对；只有法里纳塔·德利·乌贝尔蒂不赞成这项决议，公开站出来为佛罗伦萨辩护。他说，他本人历尽艰险，目的并无其他，只是希望回到自己的家乡；而且至今仍然渴望实现他所热切追求的这个目标。命运既然已经把这个幸福送上门来，他决不拒绝接受；即使是因为享受这个幸福而使他成为和他的想法不同的人们的仇敌，就像他过去成为圭尔夫派的仇敌那样，他也毫不惋惜。他还说，任何人都不必担心这个城市的存在会促成国家的灭亡；因为，他相信他们把圭尔夫派赶走的那种勇气，就足以用来保卫这座城市。法里纳塔是一个决心极大、无所畏惧的人，而且在军事上又功绩卓著；他既是吉贝林派的首领，又极得曼弗雷德的赏识，因而得以运用自己的权威制止人们的议论，并引导他们寻找其他途径保持吉贝林派的势力。

卢卡人由于在阿尔比亚战役之后曾为圭尔夫派提供避难之

地，深恐因此触怒伯爵，就不允许他们继续在卢卡呆下去了。圭尔夫派只好离开卢卡到波洛尼亚。帕尔马城的圭尔夫派又把他们从那里请到帕尔马去攻打那里的吉贝林派。他们把那里的吉贝林派打败之后，帕尔马人就把原属吉贝林派的财产送给他们。这样，他们的名声大振、财富大增；又获悉教皇克莱门特已邀请昂儒的查理夺取曼弗雷德的王国，于是他们就派使节晋谒教皇表示愿意效忠。教皇陛下不但把他们当朋友接待，而且还把饰有教皇徽记的旗帜赐给他们。后来圭尔夫派打仗时总是举着这面旗，至今仍在佛罗伦萨使用。查理从曼弗雷德手中夺取王国并把他本人杀死。在这次成功中有佛罗伦萨圭尔夫派的贡献。他们这一派的势力因此大增，吉贝林派则相对削弱。因此，在诺韦洛伯爵手下治理佛罗伦萨的那些人就打算作出一些让步，以便使过去曾遭受他们种种迫害的人们和他们和好，认为这样做可能较为得策。不过，如果这些补救的办法能够及早实行，一定会很有好处；但现在迫不得已才这样做，人家就不再认为这是什么恩惠了。结果对赐予者不但毫无好处，反而加速自己的灭亡。他们想给过去的受害者一些好处以争取他们，于是就恢复他们过去被剥夺的某些名位；从地位较高的平民中选出三十六名代表，另外还从波洛尼亚请来两名骑士或绅士，委托这些人改组佛罗伦萨政府。这些代表集合在一起开会时，立即决定把全体居民按技艺或行业分类，每种行业委派一名官员负责在他所管辖的那些人当中执行公正裁判；发给每种行会一面旗帜；城邦号召时，每个成员就要拿起武器集合在旗帜下面。开始时，技艺行会总数是十二个，七个大行会，五个小行会。后来次要技艺行业增加到十四个，所以技艺行会总数到达二十一个，至今仍是这样。这三十六位改革家为了增进公共福利还在其他方面进行了一些改革。

圭多伯爵提议，为了维持武装部队，要在公民中抽税。但在讨论中发现这事十分难办，他也不敢强制执行。他感到现在他的统治权已经丧失，于是就把吉贝林派的头目们召集起来开会，决定把过去很不慎重地让给平民的权力再夺回来。那三十六个人也聚集开会，当时他们认为自己已有足够力量，就鼓动群众大闹起来。群众一闹反而把他们自己吓坏，一个个溜回自己家中。突然间，各行会把旗帜展开，大批手持武器的人朝他们涌来。这些人了解到圭多伯爵和他手下的人正在圣约翰教堂，他们就到圣三位一体教堂集合，推选乔万尼·索尔达尼埃里当他们的首领。伯爵那方面了解到平民集合地点之后，就带着手下的人朝那个地方冲去。平民并不回避战斗，他们就在现在的托尔纳昆奇家族住宅所在地迎击敌人，把伯爵赶跑，打死他手下许多人。这个结局使伯爵大为震惊。他既害怕敌人夜间来袭，又担心自己的同党因失败会把他杀害。他心中充满这些恐惧思想。因此，任何挽救危局的办法他都不想再试，一心只顾摆脱战斗、逃之夭夭。其他首领的劝告他都不听，带着手下全部人马向普拉托奔去。但当他到达一个安全地点时，恐惧情绪也消失了；他认识到自己犯了错误，就想改正。于是第二天天刚亮就率领部下回到佛罗伦萨。他曾因怯懦而逃出的这个地方，这时又要强行夺回。但他的计划并未成功。因为平民好不容易才把他赶跑，这回轻而易举地就把他拒于城外。于是他只好含悲忍辱退到卡森蒂诺；吉贝林派撤到他们的别墅里.

佛罗伦萨平民胜利之后，听了热心共和的利益的人们的劝告，

决定使全城重新团结统一,号召所有仍在城外的公民,不论圭尔夫派、吉贝林派,都回到城里。圭尔夫派被放逐六年之后现在才回来;近年来吉贝林派所做恶事也获得宽恕,他们也回到自己的家乡。但不论平民还是圭尔夫派都对他们切齿痛恨,因为后者忘不了被他们放逐的痛苦,前者对吉贝林派掌权时的暴政也记忆犹新。结果是,双方的内心还远未平复。

正当佛罗伦萨处于这种局面时,有消息传开,说曼弗雷德的侄子科尔拉迪诺为了征服那不勒斯,从德国带着一支军队开来。这件事使吉贝林派产生重新掌权的希望,圭尔夫派则考虑为了保证自己的安全,向查理请求:如果科尔拉迪诺从佛罗伦萨路过,就请他出兵保护。查理的部队向佛罗伦萨开来,使得圭尔夫派趾高气扬;吉贝林派则因此很惊慌,在部队到达两天以前,他们并未被驱逐,自己就逃出城去。

吉贝林派逃走后,佛罗伦萨人改组城邦政府,选出十二人掌握最高权力,任期两个月,不像以前那样称为“长老会”而改称“贤人政府”;还成立一个由八十名公民组成的议事机构,名叫“征信院”;另外,还在全城六个区选出三十名公民,和征信院以及十二贤人一起,组成政务大会;又从贵族和平民中选出一百二十名公民组成另外一个议事会,凡是已经由其他会议审议过的事情都要提交这个议事会再议以便作出最后决定;这个议事会还负责任命共和国各级官员。这个政府组成后,指派亲近圭尔夫派的人担任城邦重要职务,并采取一些其他措施以加强圭尔夫派势力,借以防范吉贝林派,保卫自己。他们把吉贝林派的财产分成三份:一份归城邦公用,一份拨给首长,一份发给圭尔夫派,以补偿他们所受伤害。

教皇也为了在托斯卡纳地区保持圭尔夫派的利益，任命查理为该地区的皇帝代表。正当佛罗伦萨人在新政府领导下，以法律保持内部稳定、以武力保持对外的势力之际，教皇去世了。经过两年争论才推举出格雷戈里十世为教皇，当时他在叙利亚，他曾在那里长期居住。这位教皇从未亲眼见过党派斗争，因而在估量对待这些党派问题上，和他的前任不同。当他前往法国路经佛罗伦萨时，认为一个好的神职人员的职责就应当是使这个城邦团结统一。当时也取得一些成功：佛罗伦萨人同意把吉贝林派的官员接入城里一起研究他们这一派回到城里的条件。他们达成一项协议。但在城外的那些吉贝林派因为非常害怕，不敢回城。教皇责备佛罗伦萨应负全部责任，在激怒之下开除了佛罗伦萨的教籍。佛罗伦萨一直倔强抵制着，直到教皇逝世。后来英诺森五世继任教皇，才恢复佛罗伦萨的教籍并为他们祈祷赐福。

后来奥尔西诺家族的尼古拉三世当了教皇。应当指出，历任教皇对任何在意大利的力量变得强大起来的人一向都嫉妒；即使这种势力原来是由教会扶植起来的，教皇也不能容忍。由于他们经常设法破坏强大的势力，结果动乱和变迁连绵不绝。他们对实力强大的人物的恐惧促使他们扶持原先比较弱小的势力；一旦这个弱者变强，教皇就又开始惧怕他；由于惧怕他，就又想方设法毁灭他。教皇这种想法和做法促使他把那不勒斯王国从曼弗雷德手中夺出交给查理。但查理一旦强大，教皇立即决定毁灭他。在这种动机驱使下，尼古拉三世打算利用皇帝的势力把托斯卡纳的统治权从查理手中夺出来，以执行帝国命令的名义，把他自己的代表拉蒂诺派到那里掌握大权。

第三章

佛罗伦萨的变化——吉贝林派被召回——佛罗伦萨政体的新形式——成立执政团——战胜阿雷廷人——选出正义旗手——第一位正义旗手乌巴尔多·鲁弗利——贾诺·德拉·贝拉——他倡议进行的新改革——贾诺·德拉·贝拉自愿流放——平民和贵族之间的冲突——动乱平息——政府改组——公共建筑——城邦繁荣。

佛罗伦萨这时的景况很不幸。圭尔夫派各大家族已极骄横，对官员的权力他们全不放在眼里。因此天天都有凶杀或其他暴行发生;在这一位或那一位贵族庇护下,行凶犯罪者得以逍遥法外。平民领袖们为了制止这种无法无天的横暴行径,决定把被放逐的人们召回城里,以便使教皇代表有机会促成全城统一。吉贝林派回来之后,由过去的十二位长官增加到十四位,两派各出七位,都由教皇指定,任期一年。佛罗伦萨人在这个政府下生活了两年。直到马丁教皇即位,又把全部权力交回原先被尼古拉剥夺了权力的查理。因此,托斯卡纳的党派活动再次活跃起来。佛罗伦萨人拿起武器反对代表皇帝的统治者;而且为了剥夺吉贝林派的权力和限制贵族,他们又成立新形式的政府。这事发生于1282年。各行会因为有合法委任的官长和上边发下来的旗帜,势力早已很大,这时就以他们自己的权威发布命令:取消十四公民执政的制度,推举三位称为“长官”的人掌握共和政权,任期两个月,人选来自贵族或平民皆可。第一届任满后,人数增至六位,以便使全城六个区每区能出一位。这个数目一直保持到1342年,那时全城改划为四区,长官增至八人,在过渡期间有时曾增至十二人。

这个政府促成贵族的毁灭,这事下文即将谈到。这是因为平民提出各种理由,不许贵族参加政府,随即无所顾忌地践踏他们。最初贵族由于内部分裂,未作任何抵抗;他们一个个只顾夺取别人在城邦的势力,结果大家都丢掉势力。人们还为这个政府修建宫殿,准备让执政者长期在里边居住,一切必要的官员也都委派妥当。按过去习惯,各种会议和官吏集会都是在教堂里。这些执政者起初只被称为“长官”,后来为了突出他们的优越地位,又采用“执政”或“首长”这个称号。在一段时期,佛罗伦萨保持内部平静。在这期间,因为阿雷廷人驱逐圭尔夫派,他们曾出兵攻打阿雷廷人,在坎帕尔迪诺一仗大获全胜。佛罗伦萨日益富裕,人口大增。他们认为最好是扩建城墙,后来一直扩展到像现在这么大的范围,过去它的直径只有从老桥到圣洛伦佐教堂那么长。

对外战争和内部和平使圭尔夫和吉贝林两派之争几乎完全消失。偶尔出现的党派情绪似乎只存在于较高阶级和平民之间,这在各个城市都是很自然的一种普遍现象。因为平民希望按法律规定办事,而上层阶级则不同,它本身就是平民的统治者;这两种人完全和睦相处是不可能的。当吉贝林派造成的恐怖使大家都循规蹈矩时,这种不和没有表现出来;一旦吉贝林派被压服,这个矛盾立即暴发:每天总有若干平民受到损害,而法律又无力加以纠正;因为每个贵族都有亲戚朋友保护,以对付“长官”或首长的力量。为了纠正这种祸害,各行会的首领下令:每届执政团就职时,必须从平民中推举一位正义旗手,并拨出一千名武装人员归他调遣。这一千人分为二十个连队,每队五十人;还规定:不论何时,只要执政官们或首长发出号令,正义旗手就要带着他的旗帜和兵员去强制执行法律。第一位被选出担任这一要职的是乌巴尔多·鲁弗利。这个人把大旗展开,消灭了加莱蒂家族,因为这个家族的一个成员在法国杀害了佛罗伦萨一位平民。贵族内部剧烈地互相倾轧敌对使得各行会轻而易举地就制订了这项法律。贵族刚刚看到针对他们自己的这项条例制订出来,立刻就体会到推行这一法律的厉害精神。开始时他们极感恐怖。但不久之后,他们往日一贯的骄横就又抬头。因为他们自己人当中总有一个或更多的人参加执政团,这就使他们有各种机会阻挠正义旗手,使他不能执行他的职责。此外,原告还必须为自己所受伤害找到证人,但谁都不敢充当反对贵族的证人。因此,不久之后,佛罗伦萨又像以前一样陷入混乱之中,施加在平民头上的暴政和过去同样严重。因为对案件的判决不是受阻就是拖延,判决也不能执行。

在这种不幸的情况下,平民不知如何是好。出身于高贵家庭的一位热爱自由的名叫贾诺·德拉·贝拉的,鼓励各行会的领导人修改城邦的体制。在他的建议下,规定正义旗手和长官应住在一起,并统率四千武装部队;他们还剥夺贵族参加执政团的权力;对同谋者和主犯判同样的罪,并规定公众的告发就可以当作证据。这些法律定名为公正条例。平民靠这些法令取得很大势力,而贾诺·德拉·贝拉却因此给自己招来不少麻烦。他破坏大人物的权力,因而遭到他们切齿痛恨;平民当中较为富裕的人也认为他权力太大因而嫉妒他。这一点在遇到第一个事例时就充分表现出来。

有一次，在一场骚乱中有一个属于平民阶级的人被杀害。这件事是几个贵族一起干的，其中有一个叫科尔索·多纳蒂。因为在他们这伙人当中，他冲在最前，于是就判定他就是杀人凶手，被人民首长逮捕。但不久之后又宣布无罪。这可能是他真的无罪，也可能是首长不敢判他的刑。这样宣判无罪激起群众极大不满。他们都拿起武器冲到贾诺·德拉·贝拉的住处，要求他强制执行他亲手制订的法律。贾诺是希望科尔索受到惩罚的。许多人认为他应当坚持叫平民放下武器，但他并不同意这么办，而是劝他们到执政团去控诉，要求执政团考虑解决。平民认为自己受了首长的污辱，也被贾诺·德拉·贝拉遗弃，因而怒火万丈。他们不去执政团，而是进入首长的宫殿，占据并抢劫了宫殿。

这一暴行激起全城的公愤。那些打算毁灭贾诺的人们就把罪过完全推到他一个人身上。由于新的一届执政团中有一位执政是他的仇人，向首长控告他，说他就是这次暴乱的主谋。在这一案件正在进行审理中，平民又拿起武器主动到他的住处保护他，以防执政团和他的敌人对他进行伤害。不过，贾诺并不想考验这爆发出来的民众爱戴之情；也不想把自己的生命委诸官吏保护，因为他害怕官吏阴险狠毒，又怕平民动摇不稳。于是，为了消除他的敌人伤害他的借口，也为了使他的朋友们不致触犯法律，他决定一走了事，把国人从对他的担惊害怕中解脱出来。于是，他就离开他曾亲自出力并冒着生命危险从豪强的奴役下解救出来的城市，成为一位自愿被放逐的人。

贾诺·德拉·贝拉离开佛罗伦萨之后，贵族就又产生希望，认为可以恢复他们的统治权了。他们认为：他们过去的不幸是内部分裂造成。于是就从他们当中派两位代表到执政团,请求把那些针对他们制订的过于苛刻的法律修改得缓和一些,因为他们认为执政团偏袒他们。但他们的要求刚一传开,立即激起平民的愤怒,因为平民深恐各位执政屈从贵族。就这样,贵族的愿望和平民的猜忌已无法调和,于是只有诉诸武力。贵族集中在三个地点:圣约翰教堂附近,新市场和莫齐广场;分别由下列三位领袖率领:福雷塞·阿迪马里、万尼·德·莫齐和杰里·斯皮尼。成千上万的平民高举自己的旗帜,聚集在执政团宫殿前边(当时宫殿就在圣普罗科洛教堂附近)。因为他们怀疑执政团不忠,就另派六名公民参加进去和他们一起掌管政务。

双方正在准备格斗,有几个人(其中贵族和平民都有)在几位受人尊敬的教士陪同下,混杂在双方的人群中进行游说,意欲促成和解。他们提醒贵族说:贵族之所以不但丧失权力而且又有法律制订出来对付他们,是因为他们过去横行霸道、盛气凌人、作恶多端;过去他们由于心胸狭隘、倾轧不和而丧失的一切,现在企图用武力强行夺回,这很可能把国家毁灭,而且也会增加他们自己的处境的困难;应当记住:平民那方面,不论就人数、财富方面,还是就同仇敌忾方面说,都比贵族强得多;他们自以为是贵族,就应当凌驾于他人之上,但打起来,这一点却毫无用处,徒有虚名;完全不足以在这么多敌人面前保住自己。另一方面,他们也提醒平民:总想给人以最后一击,这不是智虑明达的做法;把人逼入绝境也是不明智的,因为一个人到了绝望的地步是会不顾一切的;还不应忘记:在战争中贵族也曾一再为国争光;因此,这样死逼他们是既不明智又不公正的;虽然贵族可以忍受失去最高统治权力的痛苦,但在现行的法律下，任何人都可以把他们从家乡赶走，这一点他们是无法忍受的。因此，最好还是把这些法律修改一下；而且，为了促使这样的好事能够实现，最好还是放下武器；不要倚仗自己人多，用战争试试自己的运气；因为以少胜多的事也是常见的。平民当中意见不统一，有的希望立即通过武力解决问题，因为他们确信迟早总要诉诸武力，与其拖延到敌人更壮大，还不如趁现在下手为强；假如把法律缓和一下就能使贵族满足的话，那他们倒是愿意照办，但贵族是如此高傲，非强力不足以使他们就范。另外一部分较爱好和平、脾气较好的人却认为把法律稍稍修改一下总比诉诸武力为好。这部分人的意见后来占了上风。于是就规定一条：除非有充足的证据，否则对贵族的一切控诉都不受理。

武器虽说已经放下，但双方仍旧疑虑重重，各自都以堡垒和精壮的战士加强自己的防御。平民改组政府，减少官员的数目。他们采取这个步骤，是因为他们发现从以曼奇尼、马加洛蒂、阿尔托维蒂、佩鲁齐和切尔雷塔尼等人为首的家族中委任的执政偏袒贵族。改组后的执政团的政体更加健全稳定。办完这件大事后，他们就为宫殿奠基。为了扩充广场，把原属乌贝尔蒂家族的几处住宅迁移了。也是在同一时期，他们开始修建公共监狱。这些建筑物几年的工夫就都落成。这是我们佛罗伦萨城前所未有的最繁荣昌盛的时代。全城的豪富和名人不可胜数。能够拿起武器打仗的人，在城内就有三万之多，在农村约有七万。整个托斯卡纳地区，或为臣属或为盟友，一概听命于佛罗伦萨。虽说在贵族和平民之间仍有某些嫌隙猜忌，但未曾招致任何恶果，全体市民一起过着和平统一的生活。这个和平统一的局面如果不是因为内争而再次遭到破坏的话，佛罗伦萨就不会再有什么值得担心的事了。它既不必害怕帝国，又不必顾虑那些由于政治原因而离开家乡的公民。佛罗伦萨以自己的力量就足以对付意大利所有城邦。不幸的是，外力未能造成的灾难，却由内争招来了。

第四章

切尔基家族和多纳蒂家族——皮斯托亚城比安卡和内拉两派的缘起——他们来到佛罗伦萨——多纳蒂家族和切尔基家族公开敌对——他们之间的第一次冲突——切尔基家族充当比安卡派的首领——多纳蒂家族站在内拉派一边——教皇代表开除佛罗伦萨出教从而使混乱扩大——切尔基和多纳蒂家族间的新冲突——在但丁·阿利吉埃里的建议下，多纳蒂家族和内拉派其余的人们都被放逐——教皇派瓦卢阿的查理到佛罗伦萨——佛罗伦萨人怀疑他——科尔索·多纳蒂和内拉派其他的人们都回到佛罗伦萨——韦里·切尔基逃走——教皇代表再到佛罗伦萨——佛罗伦萨又被开除出教——新动乱——比安卡派被放逐——但丁被放逐——科尔索·多纳蒂鼓动新骚乱——教皇代表设法使被流放者返回但未能成功——佛罗伦萨大火。

切尔基和多纳蒂这两大家族在财富、尊贵、追随者之多、势力之大等等方面，也许可算是全佛罗伦萨两个最卓著的家族了。由于这两个家族在城里在乡间都是近邻，因而在他们之间曾出现过

一些小的不愉快事件,但一直还未曾引起公开争吵;如果不是由于一些新的因素促使双方的恶感增加的话,也许永远不至于引起什么严重问题。在皮斯托亚城首要的家族中有一个坎切利埃里家族。有一天,同属这一家族的古利埃尔莫的儿子洛雷和贝尔塔卡的儿子杰里在一起玩耍,两人吵起架来,洛雷把杰里打伤,伤势轻微。古利埃尔莫知道以后很生气,打算用赔礼道歉的办法来消除进一步结怨的因由,于是就命令他儿子到他打伤的青年的父亲那里赔礼道歉。洛雷应命而去。但他这合乎道德的行为并未使贝尔塔卡那狠毒的心肠软下来;他反而叫人把洛雷抓起来,大逞凶暴:下令仆役把洛雷的一只手放在剁肉用的木墩上,用刀剁了下来。这暴行实在令人发指。剁完之后,他对洛雷说:"回去见你的父亲,告诉他:刀伤用铁才能治好,用话是治不好的。"

这一行为的野蛮残忍激起古利埃尔莫万丈怒火,他下令家人拿起武器去报仇。贝尔塔卡也进行了自卫的准备。不只是坎切利埃里这一个家族因此分裂,皮斯托亚全城都一分为二了。坎切利埃里家族是从一个名叫坎切利埃雷的人传下来的,他有两个老婆,一个叫比安卡(白色),凡是她的后代都成为一派,自称比安卡派;另一支为了更清楚地和前者区分,就定名为内拉(黑色)派。后来在这两派之间就展开许多长期的接连不断的斗争,招致许多人的死亡和大量财产的破坏。由于他们自己不能达成团结,但对这祸患又已腻烦,于是就急于要么结束争斗、要么把别人也拉进来,把事情闹大。为此,他们就来到佛罗伦萨。内拉派因为和佛罗伦萨的多纳蒂家族很熟,就得到这个家族的首领科尔索的支持。这样一来,比安卡派也要投靠一个有势力的家族首领以防多纳蒂家族的攻击,于是就向韦里·德·切尔基求援,这个人不论就哪方面说都不次于科尔索。

从皮斯托亚带来的争吵以及其中的宗派对立,扩大了切尔基和多纳蒂这两大家族之间的宿怨。事情已闹得相当表面化,诸长老和所有好心的人们每时每刻都在担心它会爆发,从而引起全城分裂。于是他们就乞求教皇运用自己的权威干预这些闹事的党派,找到一个解决办法,这是他们自己办不到的。教皇把韦里召去,命令他和多纳蒂家族讲和。韦里听了,假装大吃一惊,说道,他跟他们无仇无怨,既然提讲和那一定是有战争,但他本人既不知道他们之间存在着什么战争,哪需要什么讲和不讲和呢?韦里从罗马回来,什么事都没办。两派群情激昂,大有一触即发之势,任何偶发的小事都可形成导火线。果然,事情不久就发生了。

那是在5月间的假日里。在这期间,按佛罗伦萨的风俗举行节日庆典,全城公众欢庆。多纳蒂家的一些青年和他们的朋友们一起骑着马、站在三位一体教堂附近观看一群女子跳舞。切尔基家有些青年也到这里来了;和多纳蒂家族的青年一样,他们也带着许多贵族子弟。他们不知道在他们前边的那些人是多纳蒂家的,挤着通过他们的马,也推撞了他们几下。多纳蒂家的青年认为这是对他们的侮辱,于是拔剑出鞘;切尔基家的小伙子们也不甘落后,两家格斗起来,一直到许多人都受伤,然后才散开。这次骚乱是大祸的肇端。全城平民和贵族都一分为二,两派自称比安卡和内拉。比安卡派为首的是切尔基家族,参加他们这边的有阿迪马里和阿巴蒂两个家族以及托辛吉、巴尔迪、罗西、弗雷斯科巴尔迪、内尔利和马内利等家族的一部分,还有莫齐、斯卡利、盖拉尔迪尼、卡瓦尔坎蒂、马莱斯皮尼、博斯蒂基、姜多纳蒂、韦基埃蒂和阿里古奇各家族全部。许多平民家族也参加进来。当时在佛罗伦萨的所有的吉贝林派也都站在这一派一边。因此,他们成为全城绝大多数,政府机构几乎都在他们手中。

以科尔索为首的多纳蒂家族则站在内拉派一边。上列那些家族中凡是不参加比安卡派的那些人就都加入这一派。除这些人之外,还有帕齐、比斯多米尼、马尼埃里、托尔纳昆奇、斯皮尼、奔德尔蒙蒂、姜菲利阿齐以及布鲁内莱斯基等家族的全体成员。这灾祸还不只限于城里,整个农村地区也都随着分裂。因此,六个区的首长以及任何与圭尔夫派或共和国公益事业有关的人都异常担心这次新的分裂可能招致城邦的毁灭,又使吉贝林派复活。因此,他们再次派人晋谒教皇博尼法斯,向他呼吁:要是他不希望看到一向作为教会后盾的佛罗伦萨城毁灭或落入吉贝林派之手,就应当想办法解救。于是教皇就委派一位葡萄牙枢机主教马泰奥·德·阿夸斯帕尔塔作为他的代表到佛罗伦萨。他发现比安卡派最强大,肆无忌惮,不大听他的话,于是就开除全城的教籍,愤然离去;结果城邦情况比他来到之前更加混乱。

人心异常激动。有一天在一次丧礼上多纳蒂和切尔基这两大家族都有许多人参加。他们先动口,然后就动手打起来。不过,除了当时引起一阵骚动之外,这次倒没出什么事。但双方各自回家之后,切尔基家族就决定攻打多纳蒂家族。由于科尔索很勇敢,进攻者在许多人受伤之后被打退。事后全城的人都拿起武器。在贵族的狂怒之下,没人把执政团和一切法律放在眼里。最贤明的公民极其忧虑。多纳蒂家族和他们的追随者因实力最小而最心惊胆战。为了保证安全，他们把科尔索、各区首长以及内拉派其他领袖召集一起开会，决定恳请教皇派一位有王族血统的人来改造佛罗伦萨。他们企图用这个办法战胜比安卡派。他们的会议和决定被长官知悉，反对派把他们的活动说成是反对共和制的自由的阴谋。双方这时都已武装起来。执政团当时有一位成员是诗人但丁，出于他的建议，执政团经过审慎考虑，鼓起勇气，把平民鼓动起来维持秩序，乡下也来了许多人参加。他们终于强迫双方的领袖下令放下武器，并把科尔索和许多内拉派成员放逐了。为了表明执政团的动机并不偏袒任何一方，他们也放逐了许多比安卡派的人；但不久之后，这些人又假借一些说得过去的理由回来了。

科尔索和他的朋友们认为教皇支持他们这一党，就到罗马向教皇申诉，事先还曾呈上一份陈情书。当时法兰西国王的弟弟瓦卢阿的查理正在教皇宫中，他是应那不勒斯王之邀到意大利来准备攻打西西里的。在这些被放逐的佛罗伦萨人百般请求下，教皇答应派查理先去佛罗伦萨，等将来适当时节再去西西里。于是查理就来到佛罗伦萨。虽然当时执政的比安卡派疑虑重重，但查理是圭尔夫派的领袖，又是教皇派来的，他们也不敢反抗；而且为了向他讨好，就把大权交给他，请他按照自己认为适当的办法处理城邦事务。

查理掌握大权之后，就把他的朋友和追随者武装起来。他这一步骤引起人们极大怀疑，认为他企图剥夺他们的自由。于是人人都拿起武器守在自己家里，以便一旦查理采取行动，他们好处于有准备的状态。切尔基家族和比安卡派其他领袖主持共和国政务时表现得异常骄横，激起公愤。这就招致科尔索和其他被放逐的内拉党人回到佛罗伦萨。他们很清楚，查理和各区首长是支持他们的。正当市民因为害怕查理而拿起武器的时候，科尔索却带着所有被放逐的人，还有许多别的人，毫不受阻拦地进入佛罗伦萨城。虽然人们曾劝告韦里·德·切尔基进行阻击，但他拒绝了，还说他希望佛罗伦萨平民会惩罚科尔索，因为他是为反对平民才进城的。但事实却正好相反，科尔索不但未受平民惩处反而受到他们的欢迎。结果韦里本人反而不得不逃跑。

科尔索强行进入平蒂城门之后，就叫他的党羽在他自己家附近的圣皮埃尔托·马吉奥雷教堂集合。他在那里召集许许多多朋友和盼望改革的人们，然后就把所有监狱里的囚犯，不管过去是犯了国法还是侵犯了私人的，一概释放。他强迫当时在职的执政团成员悄悄撤回各自家中，然后从内拉党人当中选出新的执政团。又用五天时间抢劫比安卡派各首领家宅。切尔基家族以及该派其他首领发现查理反对他们，而且多数平民与他们为敌，就从城里撤到他们的要塞里。起初他们虽未听取教皇劝告，现在却被迫去向他乞求帮助了。他们向教皇抱怨说查理不但未能使全城团结统一，反而把分裂搞得更加严重。教皇派他的代表马泰奥·德·阿夸斯帕尔塔再次到佛罗伦萨调解切尔基和多纳蒂两大家族的纠纷，还用联姻等办法加强两家的和平。当时内拉派正在执政，教皇代表希望能有比安卡派的人参加到政府各部门中，但主持政府的内拉派不答应。于是教皇代表再次撤走，和上回撤走时一样，很不满意，很生气。由于佛罗伦萨不听话，又开除它的教籍。

两党都留在佛罗伦萨，双方都不满意。内拉派是因为现在敌派已近在身边，怕丢掉政权；比安卡派则因为自己一无名位二无实

权。在这些很自然的互相仇视的基础上,又加上新的创伤。有一天尼科洛·德·切尔基正带着他的许多朋友向他的庄园走去,刚走到阿夫里科那座桥上就遭到科尔索·多纳蒂的儿子西蒙内的袭击。双方厮打得很激烈;结果是两败俱伤,都很悲惨:尼科洛当场送了命,西蒙内受重伤,第二天晚上也死了。

这一事件再次惊动全城。虽说内拉派应负主要责任,但他们有在掌权的保护。判决书还未公布,就又发现比安卡派和皮埃罗·费兰泰(陪同查理的贵族之一)合搞的一桩阴谋:他们想借助于皮埃罗,重新掌握政权。这件事是从切尔基家族给他写的一些信件里发现的。虽然有人说这些信并不真实,是多纳蒂家族所伪造并假装是他们发现的,目的是消除一点他们那一派因尼科洛之死而背的恶名。尽管如此,切尔基家族全体成员以及他们比安卡派的追随者还是一概被放逐了,其中还包括诗人但丁;他们的财产充公、房屋被拆毁。他们到处寻找栖身之地,很多吉贝林派的人加入他们一伙,在新营生中追求新运气。查理在达到他这次来佛罗伦萨的目的之后就回到教皇那里,以便实现他攻打西西里的计划。他在这件事情上表现出来的智慧和所碰到的运气一点都不比他在佛罗伦萨时好些,在损失了大批随从之后,很不光彩地撤回法国。

查理走后,佛罗伦萨保持平静。只有科尔索一人坐卧不安。他总感觉自己在城邦里还未得到和自己的地位相称的那种权力。因为政府在平民手中,他看到共和国的许多职位都掌握在比他低下的人们手里。在这种野心推动下,他表面上装作出于一个可敬的意图,暗中却千方百计要达到个人的卑鄙目的。他指控许多经手公款的人有损公肥私行为并建议把这些人抓起来审判定罪。许多和他有同样看法的人同意他这个建议,另有许多不明底细的人也随声附和,认为科尔索这样做只是出于纯洁的爱国心。另一方面,被控的公民因为有群众支持,设法为自己辩护。后来分歧发展到极其尖锐的程度,文的办法不成之后只好动武。一边是科尔索和佛罗伦萨大主教洛蒂埃里带着大批贵族和一部分平民;另一边是执政团和大多数平民。全城许多地方都发生小规模战斗。执政团看到自己危险很大,就派人去卢卡请求援助。没过多久,卢卡全体平民就都涌进佛罗伦萨城里。在他们的帮助下,骚乱暂时平定下去,平民保住自己的政府和自由,也未想用任何其他办法惩办鼓动骚乱的人。

教皇听到佛罗伦萨发生骚乱之后,派他的代表尼科洛·达·普拉托前来解决。这位代表的品质、学问和生活作风等方面都享有盛誉,不久就得到平民很大信任,因而授权给他组织一个他认为适当的政府。由于他是吉贝林派出身,就决定把被放逐的人召回。但为了首先取得下层社会的好感,他就恢复旧时的人民行会,从而提高平民的权力,削弱贵族的权力。教皇代表认为群众已站在他一边,就开始想方设法召回被放逐的人,试了许多办法都不成功,反而招致政府对他极端怀疑,不得不离去。他怀着极大愤慨回到教皇那里,宣布褫夺佛罗伦萨教权,使它再次陷入混乱和苦难之中。使这个城市受到扰乱的不只是一种分裂,而是各种各样的分裂:首先是平民和贵族之间的敌对,其次是圭尔夫派和吉贝林派之间的仇恨,最后还有比安卡派和内拉派之间的结怨。因此,人人武装;教皇代表的离去使许多人不满,他们还希望被放逐的人回来。最先挑起骚乱的是美第奇和圭尼吉这两个家族。后者曾在教皇代表面前表示支持反叛者,因而全城到处都出现小的战斗。

武斗灾难之外,又发生一场大火灾。大火首先在圣米开尔教堂花园附近阿巴蒂家族的住宅里烧起来,然后蔓延到卡波因萨基家族的房子,把这些房子烧毁后又烧毁马奇、阿米埃里、托斯基、奇普里阿尼、拉姆贝尔蒂、卡瓦尔坎蒂等家族的住宅,随后又把整个新市场烧毁;火势再从那里扩展到圣玛丽亚城门,把它烧塌,然后转过老桥,又烧毁盖拉尔迪尼、普尔奇、阿米德伊和卢卡尔德西各家族的房舍,此外还烧毁许许多多其他家族的房屋,总计一千七百栋。许多人认为大火是在骚乱高潮中偶然发生的。但另有些人断定是圣皮埃特罗·斯卡拉焦教堂长老内里·阿巴蒂故意放的。因为这个人个性放荡,爱恶作剧。他看到人们忙于争斗,就乘机干坏事;因为当时所有市民都因忙于战斗,腾不出手来救火。他为了保证这一恶行得逞,最先在他自己的弟兄的房子里把火点燃,因为在这个地方动手最方便。这件事发生在1304年。这一年佛罗伦萨遭受内战和大火双重灾害。在这许多骚乱中,只有科尔索·多纳蒂一个人从未拿起武器。他认为,当敌对双方斗得厌倦了、愿意和解的时候,他会很容易地成为双方之间的仲裁。但最后双方都放下武器,却并不是出于对团结统一的渴望,而是对这种灾祸实在厌烦已极。唯一的结果是:被放逐的人们并未被召回,支持他们的那一派仍占劣势。

第五章

被放逐的人们企图重返佛罗伦萨,未获允许——平民行会恢复——科尔索·多纳蒂不安分的行径——科尔索·多纳蒂失势——科尔索·多纳蒂被控并被判罪——科尔索住宅里的混战——科尔索去世——他的为人——亨利皇帝企图压服佛罗伦萨未果——被放逐的人们回到佛罗伦萨——佛罗伦萨公民请那不勒斯国王统治佛罗伦萨五年——和乌古乔内·德拉·法朱奥拉打仗——佛罗伦萨军队被击溃——佛罗伦萨人不再服从罗伯特国王统治并驱逐诺韦洛伯爵——兰多·德·阿戈比奥——他的暴政——他的离去。

教皇代表回罗马后，听到佛罗伦萨又发生新动乱，就向教皇建议说：如果他希望佛罗伦萨统一，就有必要把他们那十二名职位最高的官员召到跟前；这样把造成分裂的主要人物搬开，他就可以很容易地制止那里的分裂。教皇采纳他的建议，包括科尔索·多纳蒂在内的地位最高的佛罗伦萨公民应召前来。这些人离开佛罗伦萨后，教皇代表就告诉被放逐的人们说：既然这个城市已失去那些领导人，这正是他们返回城内的大好时机。于是他们就集合一起回到佛罗伦萨，从城墙尚未建成的那一段进入城内，走到圣乔万尼广场。在这里值得指出的是：当他们不久前赤手空拳乞求返回家乡时，曾有一批人为争取他们回城而进行战斗；但现在，当看见他们手持武器要打进来，原先欢迎他们进城的那些人，由于把公共利益放在远远超过私人友谊之上，就联合其余公民强迫这批人回到他们以前被放逐的地方去了。这批人回城未成也是因为他们把一部分兵力留在拉斯特拉，而且未等到托洛塞托·乌贝尔蒂到来就出发了，乌贝尔蒂本应由皮斯托亚城带领三百骑兵前来支援。这

是因为他们认为要想取胜，人多不如神速；而且，在某些类似的军事行动中，拖延时间常常贻误时机。可是，太急于冒进却使我们力量达不到，使我们在尚未作好必要的准备时就开始行动。

被放逐者撤退之后，佛罗伦萨又陷于旧日的分裂状态。平民为了剥夺卡瓦尔坎蒂家族的大权，就把坐落在格雷韦河谷、自古以来就属于这个家族的那个名叫斯廷凯的要塞占领。被从要塞里抓走的人也是首批被投入新建的监狱的人。因此，这些新监狱就以要塞的名称命名，叫斯廷凯，至今仍这样沿用。共和国领导人重新建立平民行会，把各种工匠行会最初使用过的那些旗帜发给他们。这些行会的首领名为行会执旗官和执政团的同僚。并规定：出现任何骚乱时，他们应以武力协助执政团，和平时期则参议政务。在旧有的两位教区长之外，另设一名行政官或司法长官，和执旗官们一起负责镇压贵族的蛮横行径。

这时教皇逝世。科尔索和其他显要公民从罗马回到佛罗伦萨。如果不是由于科尔索那不安分的思想又引起纠纷，一切本来都是可以很好的。他一贯的行径就是和城邦最有势力的人唱对台戏。只要他看到平民有办某件事的倾向，他就尽最大努力施加影响促其实现，借以笼络人心。因此，在一切争端中他总是一个带头的；一切新诡计也都是以他为首；不论谁想得到什么特殊的东西，总要求助于他。他这些举动引起许多显贵人物的仇视。以致他自己所属内拉派彻底分裂了。这是因为科尔索为了达到个人目的，曾利用私人武力和权柄，甚至利用城邦的敌人的力量。由于他个人势力很大，人人都怕他。不过，为了使他失掉平民对他的支持，有这样一条消息流传着：说他企图当城邦君主。用这种方法很容易使他丧失民心。他的行为给人印象确实也很像是有这样的阴谋，因为他的生活享受远远超过一般公民的水平。后来他办的一件事更加助长人们对他的这个看法：他娶了托斯卡纳最有势力的人物之一、吉贝林派和比安卡派的首领乌古乔内·德拉·法朱奥拉的一个女儿为妻。

他结婚的消息传开后，他的敌人就壮起胆子，拿起武器反对他；由于同样原因，平民也不保护他了，他们大部分都加入他的敌人那一边。他们的领导人有罗索·德拉·托萨、帕齐诺·德伊·帕齐、杰里·斯皮尼和贝尔托·布鲁内莱斯基，这些人带着他们的追随者和大多数平民，在执政团宫殿前边集合。在执政团命令下，在人民首长皮埃罗·布郎卡面前宣读了科尔索的罪状：阴谋在乌古乔内的支持下篡夺政权。然后就传讯他。由于他抗命不来，就宣布他为叛逆。从指控到宣判不到两小时；宣判后，执政团官员就带着各平民行会、举着各式旗帜，出发搜捕。科尔索本人虽然看到自己已被很多追随者抛弃、又已被宣判为叛逆，而且还看到执政团权力大、敌人众多，但他仍然毫不畏惧，在自己的家宅里修筑工事，打算在里边坚守，一直坚持到他早已派人邀请的乌古乔内前来解救。他的住宅和通往住宅的街道都已设置障碍物，由他的党羽据守。他们极其英勇地进行抵抗，虽然敌方人数众多，但仍攻不破他们的防线；这一仗打得激烈无比，到处都是死尸和负伤的人。

平民看到不能从阵地上把他们赶跑，就占领附近的房屋，通过隐蔽的甬道进入阵地。科尔索发现自己已被敌人包围，再也不能指望得到乌古乔内的支援，已无任何胜利的希望，只顾保住自身的安全，就带着盖拉尔多·博尔多尼和其他几个最勇敢最可靠的朋

友，从敌人最密集的地方杀出一条血路，竟然从十字架城门逃了出去。不过，大队人马从背后追来，盖拉尔多在阿夫里科桥上被博卡乔·奇维奇乌利砍死；在执政团下面服役的一批卡塔兰骑兵在罗韦扎诺追上科尔索，把他俘虏。但在即将回到佛罗伦萨时，科尔索为了避免被他那些得了胜的敌人看见并把他撕成粉碎，故意从马上掉下来，负责押解他的一个人见他落地随即砍断他的脖子。他的尸体后来被圣萨尔维的一些修道士发现，把他埋了，未举行适合他的身份的葬礼。这就是科尔索的下场。他的国家和他的内拉派既曾得到他的很多好处，也曾大受他的祸害。如果他的头脑比较冷静一些，他本来还是可以给人们留下一些比较愉快的回忆的。尽管如此，他还是应名列在我们城市曾经出现过的杰出人物之中。确实，他那不安分的行径使他的国家和党忘了他们曾受过他的恩惠。同样的原因也使他落得这样可悲的下场，而且给他的国家和他的朋友们带来许多麻烦。乌古乔内在前来支援他这位亲戚的途中，在雷莫利听说科尔索已被人民打败，知道已不可能对他进行任何帮助，也为了自己免遭不必要的灾祸，就又回去了。

科尔索于1308年死了之后，佛罗伦萨骚乱平息，人们过着安定的生活，直到据传亨利皇帝正在进入意大利，还带着所有佛罗伦萨流放者、答应把他们送回老家的时候，才又乱了起来。政府首脑得悉后考虑，为了减少敌人的数目，最好是主动把所有流放者请回，只有原先依法特别判定不许回来的人例外。在那些不许回来的人当中有吉贝林派大部和比安卡派一部，其中包括但丁·阿利吉埃里、韦里·德·切尔基和贾诺·德拉·贝拉的儿子们。此外，他们还派人到那不勒斯向国王罗伯特求援，但因为得不到他作为友邦给予的援助，于是就把城邦献给他，五年为期，以便请他像保护自己的臣民那样保护佛罗伦萨人。皇帝从比萨进入意大利，顺着沼泽边沿前进，到达罗马，于1312年在罗马加冕。然后就决定要征服佛罗伦萨，他经过佩鲁贾和阿雷佐两城逼近佛罗伦萨。在距城大约一英里的圣萨尔维修道院驻扎部队，但他在那里呆了五十天，也无所作为。征服不了佛罗伦萨，他失望地回到比萨，在那里和西西里王弗里德利希达成协议，一起讨伐那不勒斯，于是亨利就率领部下人马前往。但当他已经到达奔孔文托、胜利在望、并使那不勒斯王罗伯特惶恐不安时，他却去世了。

不久之后，乌古乔内·德拉·法朱奥拉在吉贝林派的帮助下已成为比萨和卢卡两地君主；在这两个城市的支持下，他对附近一带地方造成严重威胁。佛罗伦萨人为了解救自己，要求国王罗伯特答应让他弟弟皮埃罗到佛罗伦萨统帅他们的武装部队。另一方面，乌古乔内也在继续壮大自己的势力，他用武力或欺诈等手段占领了阿尔诺河谷和尼埃沃雷河谷中的许多堡垒，而且已经包围蒙泰·卡蒂尼。这时佛罗伦萨人感到有必要前往解救，免得眼看着让他在整个地区进行烧杀破坏。他们调集了一支大军之后，就进入尼埃沃雷河谷地。在那里和乌古乔内遭遇。在一场激烈战斗之后，被乌古乔内打败。国王的弟弟皮埃罗和两千战士被杀。但亲王的尸体一直未能找到。乌古乔内虽打了胜仗，但也并不好受，他的一个儿子以及部下许多将领都阵亡了。

佛罗伦萨人在这次失败之后，在他们的领土上修建防御工事，国王罗伯特又派安德里阿伯爵去指挥他们的武装部队。这个人通常被人们称为诺韦洛伯爵。可能是因为他的行为举止的关系，也可能是由于佛罗伦萨人天生对任何生活环境都感到腻烦,尽管正在和乌古乔内打仗,他们却再次分裂为亲国王和反国王的两派。马加洛蒂家族的西蒙·德拉·托萨以及某些在政府中比别人权势更大的平民出身的其他官员,是反对国王的那一派的领袖。这些人派特使到法国、后来又到德意志,恳求派将领和军队到佛罗伦萨来赶跑已被国王任命为总督的这位诺韦洛伯爵;但未能得到任何援军。可是他们并不放弃这个计划,仍然打算继续寻找一位受欢迎的领导人。当他们在法国和德国都未找到之后,终于在阿戈比奥发现他们要物色的对象。把诺韦洛伯爵赶跑之后,就把兰多·德·阿戈比奥请到城里当长官,赋予他治理公民的无限权力。这个人既残忍又贪婪。他带着武装部队在境内游闯,只要赋予他大权的那些人稍一怂恿,他就处死许多人。他的蛮横确实到了无以复加的程度,竟然用不纯的金属铸造城市的金币,这种事居然无人敢于反对。佛罗伦萨人内部的分裂不和竟然使他获得这样大的权力。佛罗伦萨城邦无疑是伟大的,但它又是多么不幸!过去历次分裂的教训、对敌人的恐惧、甚至国王的权威,都不足以使佛罗伦萨人为了自己的利益而团结一致。因此,佛罗伦萨人发现自己处在极其可怜的境况中:外受乌古乔内的不断袭扰,内遭兰多·德·阿戈比奥的劫掠。

国王的朋友和那些反对兰多及其追随者的人都是贵族家庭成员或平民中的最上层,而且都是圭尔夫派。但因仇人当政,他们有话说不出口,不然就要冒极大危险。但他们还是下定决心要从这种可耻的暴政之下解救自己,于是就偷偷给国王罗伯特写信,要求派圭多·达·巴蒂福莱伯爵为国王驻佛罗伦萨代表。国王应允。

在敌对的那一派方面，执政团虽然反对国王，但由于伯爵人品高尚，他们也不敢抗拒。不过，他的权威也不太大，因为执政团和各平民行会的执旗官都支持兰多和他那一派。

正在发生这些纷争之际，波希米亚王阿尔伯特的女儿为了寻找她的丈夫查理（国王罗伯特的儿子），路过佛罗伦萨，国王的朋友们极其隆重地接待她，并向她诉说城邦遭受的不幸、兰多和他的党羽如何暴虐等情。于是，在公主的影响和国王的朋友们的努力下，市民又团结起来。在公主离开以前，兰多已被剥夺一切权力，带着一身血债和劫夺的财富被送回阿戈比奥去了。在改组政府时，城邦的主权继续由国王保持三年。因为当时兰多派的七名执政仍然在位，于是又从国王的朋友中委派六名，共十三名执政；有些地方政府也由十三名成员组成。但不久之后，这个数字仍按旧制减为七名。

第　六　章

和卡斯特鲁乔打仗——卡斯特鲁乔进军普拉托，未攻城即退走——被放逐者不准回城，力图强行入城，被击退——选举城邦主要官员办法的改变——建立投票制——在卡尔多纳的拉蒙多指挥下的佛罗伦萨军队在阿尔托帕斯乔被卡斯特鲁乔击溃——拉蒙多的诡计——佛罗伦萨人把城邦主权交给卡拉布里亚公爵查理，他任命雅典公爵为他的代表——卡拉布里亚公爵来到佛罗伦萨——皇帝巴伐利亚人路易来到意大利——他造成的骚动——卡斯特鲁乔和卡拉布里亚公爵查理去世——政体改革。

大约就在这个时候，乌古乔内失掉对卢卡和比萨的统治权。卢卡的一位公民卡斯特鲁乔·卡斯特拉卡尼当了这两个城市的君主。他年轻、大胆而凶猛，而且事业一帆风顺；因而在很短的时期内，就成了全托斯卡纳地区吉贝林派的首领。由于这个原因，佛罗伦萨人有好几年把内部不和搁置一边，起初是为了削弱卡斯特鲁乔日益增长的势力，后来是为了共同防御这个敌人，才把双方的力量联合起来。执政团为了使公民们提出的意见和建议更有分量更有效力，就指定他们当中的十二位参议政务，称他们为"博诺米尼"即"贤人"；并规定：城邦任何大事，如未经他们提出意见或同意，一概不能付诸实施。国王罗伯特的统治权的期限已到，市民就自己执掌政府，重新任命常设的教区长和地方官，由于畏惧卡斯特鲁乔而保持着统一的局面。卡斯特鲁乔多次攻打卢尼贾诺诸君王之后，开始攻打普拉托。佛罗伦萨人决定前往解救。于是就把店铺封门、家宅上锁，浩浩荡荡进军普拉托，计有步兵两万、骑兵一千五百。为了减少亲卡斯特鲁乔的人并扩大自己的队伍，执政团还公开宣布：任何圭尔夫派反叛者只要参加解救普拉托的战斗，将来都可以返回家乡。这样，佛罗伦萨的队伍就又增加了四千人。这支大军很快就开到普拉托。卡斯特鲁乔大吃一惊，未敢交锋就向卢卡撤去。这样一来，佛罗伦萨军营中的贵族和平民之间倒发生了争执。平民主张追歼敌人；贵族主张撤回本土，他们说为了解救普拉托已经使佛罗伦萨的安全冒了很大危险，做到这样就已经够了；当初形势所迫，有冒险的必要，所以他们并不后悔；但现在这个

必要已不存在，再去冒险显然不妥；因为所获必小，所失必大。双方争持不下，问题上报执政团，而执政团内部意见分歧同样很大。这个问题在全城传开之后，市民就集合起来，纷纷议论，斥责并威胁贵族。贵族唯恐自身不保，终于让步。但出兵的决策作出时已经太晚，而且许多人也不情愿，结果给了敌人时间，使他们安然撤回卢卡。

这个不幸的情况激起平民对贵族极大愤慨。结果执政团拒绝执行对被放逐者许下的诺言。被放逐的人们早已料到这一点，他们决定抢先一步，在其他部队回到佛罗伦萨以前，就已到达佛罗伦萨各城门，硬要进城。但他们的计谋并未实现，因为他们这个企图早已被发觉，那些留在城里的人把他们打退了。用强力行不通之后，他们又改用乞求的办法，派八位使者找执政团，提醒他们曾有言在先，还说他们自己也已经经受了危险，希望得到原先答应给他们的报酬。贵族原先就曾一口保证要实现执政团向他们作出的诺言，这时感到有义务为他们请命。不过，因为在反击卡斯特鲁乔时只取得部分胜利，群众对他们很愤慨。因此，虽然贵族竭尽全力支持被放逐者的要求，被放逐者仍没有获准进城。执政团办的这件事不但使佛罗伦萨信誉扫地，而且还使城邦遭受损失。因为许多贵族被这种做法激怒，竭力用武力夺取他们用恳求未曾得到的东西，于是就和被放逐者商妥，叫他们武装入城，他们自己在城里也武装起来里应外合。但在约好的日期到来以前，事情就已败露。结果在城外的那些被放逐者发现城里已武装起来准备对付他们，而城里那些同谋者也早已完全受到压制，无一人敢于拿起武器。因此，武装入城一事只好放弃；他们这一方毫无所获。被放逐的人

们撤走之后，城邦就决定惩罚那些协助他们进城的人。不过，虽然大家都知道犯有过失者都是谁，但并无一人敢揭发检举，更无人敢控告。执政团为了弄清事实真相，就决定叫每个人写出他认为有罪的人们的姓名，并把所写名单秘密交给人民首长。用这种方法，阿梅里戈·多纳蒂、泰贾约、弗雷斯科巴尔迪和洛泰林戈·盖拉尔迪尼等人被提起公诉。但因为法官对他们的好感或许胜过对他们的错误应给的惩处，结果每个人在交了些罚款之后就都免罪了。

反叛者攻打城门在佛罗伦萨内部引起的骚乱，说明每个平民行会只有一个领导人是不够的。于是就决定今后每个行会应有三至四名领导人，除一名执旗官之外，再加两三位执三角旗者。这样，当全行会只有一部分人出动时，剩下的一部分人就可以由他们当中的一位领导。此外，就像一般共和政府在一次动乱之后往往废除一些旧法律并重订另一些法律那样，佛罗伦萨这时也是这样。按旧例，执政团的任命只管一个任期。但当时在位的几位执政和同僚认为自己掌握的权力很大，就自作主张，圈定哪些人将在今后的四十个月中执政，并把他们的姓名写好，装在一个口袋或钱袋里，每两个月从口袋里抽名签一次，抽到谁谁就当执政。但在规定的四十个月尚未满期时，许多公民就愤愤不平，说他们的名字为什么不和别人一样也放在口袋里。于是就建立一种新的抽签选举办法。从此开始，就形成惯例：把所有在未来很长的一段时期内将任官职的人的姓名全部封进去，不论在城内城外任职、一律包括在内。从前并不是这样，那时是由即将解职的官员举行会议推选将要接替他们任职的人。这种抽签选举的办法后来叫作选举投票。人们当时认为用这个办法可以避免城邦出许多乱子，防止过去每

三年或多至五年从候选人当中推举官员时发生骚乱。他们既找不到其他更高明的办法，就采用了这种方式，却未能看出在这样微小的变通下边隐藏着的缺点。

1325年，卡斯特鲁乔占领皮斯托亚之后，势力已十分强大。佛罗伦萨人惧怕他的实力强大，决定当他在新占地区尚未稳住脚跟时，就向他发动进攻，把那个地区从他的统治之下夺回。他们在自己的公民和友好地区中招募了多至两万的步兵和三千骑兵，把这支大部队带到阿尔托帕斯乔城外扎营，意欲拿下这座城市，防止它去救助皮斯托亚。这第一步棋成功之后，就向卢卡进军，他们一路破坏，弄得一片荒凉。但由于他们的指挥官拉蒙多·迪·卡尔多纳既不谨慎、又不正直，因而部队进展有限。这位拉蒙多别有用心，他看到佛罗伦萨人过去曾一再表现出对自己的自由独立毫不在意，有时把主权交给一位国王，有时又送给一位教皇代表，甚至让给比这些人还低级的人物；于是他就考虑，如果他把他们带到某种困境之中，很可能他们就会把他拥立为君主。他甚至还常常在口头上提起运件事，要求佛罗伦萨人像给他统率军队的权力那样，给他统治整个城邦的权力，并力图表示，如果不给他统治城邦的大权，他就不能像一个将领所应当作的那样服从纪律。因为佛罗伦萨人不答应他的要求，他就拖延时间、按兵不动，使卡斯特鲁乔有机会得到维斯康蒂和伦巴第其他暴君答应给他的支援，以致使他变得十分强大。拉蒙多这样故意让胜利的机会从手中溜掉之后，现在发现连自己也已无法逃脱。因为卡斯特鲁乔已率军队朝阿尔托帕斯乔向他逼来。大战随即爆发，大批公民被杀被俘。拉蒙多也在被杀之列。他的背信弃义阴险狡诈使他得到命运给他的应得

的报应;佛罗伦萨人也完全应当使他落得这样的下场。战役之后,佛罗伦萨人遭受卡斯特鲁乔的劫掠、虏俘、破坏和焚烧财产等等暴行的损害是难以用笔墨形容的。在好几个月里,卡斯特鲁乔带着他那些劫掠成性的军队,横冲直撞,爱到哪里就到哪里。在这样一场浩劫之后,佛罗伦萨人只要能保有自己的城市似乎就已心满意足了。

但是,佛罗伦萨人并未彻底垮台。他们又筹集大量金钱,雇佣武装部队,并派人到友好城邦去求援。但他们所做的这一切仍不足以制止这样强大的敌人。于是他们不得不向国王罗伯特的儿子、卡拉布里亚公爵查理乞求,如果他愿意前来保卫佛罗伦萨,就把城邦主权献给他。因为这些王公已习惯于统治佛罗伦萨,他们把它的服从统治看得比结成友好关系更重要。可是查理正在西西里打仗,无暇接管佛罗伦萨主权,就派沃尔特前来代表他接管。沃尔特出生于法国,现为雅典公爵。他以总督身份接管佛罗伦萨并按自己的意志委派各种官吏。他办事态度相当正确(这和他的真实性格完全相反),从而受到普遍尊敬。

西西里的战事平定之后,查理就率领一千骑兵来到佛罗伦萨。他于1326年7月进城。他的到来制止了卡斯特鲁乔在佛罗伦萨领土上继续抢劫。不过,城外受到的这种影响在城内却丧失了。城里的人虽未受到敌人的祸害,却在自己朋友手里吃了苦。因为如果得不到卡拉布里亚公爵同意,执政团什么事情都不能办。这位公爵在一年之内就从佛罗伦萨人民身上搜刮四十万佛洛林[①],

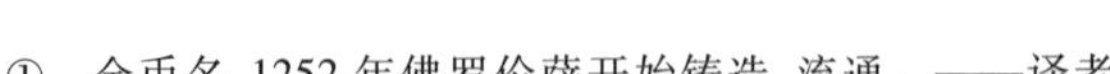

① 金币名,1252年佛罗伦萨开始铸造、流通。——译者

尽管原先和他达成的协议是不得超过二十万。他本人或他父亲这样长期加在佛罗伦萨人民头上的负担实在是太沉重了。

除了这些烦恼之外，又发生新的猜忌，出现新的敌人。查理到达托斯卡纳后，使伦巴第的吉贝林派惶恐异常，以致加利佐·维斯康蒂和伦巴第其他一些暴君用金钱收买和许愿勾引等手段把巴伐利亚的路易招到意大利来。路易新近才在违反教皇意愿的情况下被推举为皇帝。他经过伦巴第进入托斯卡纳，并在卡斯特鲁乔支持下占有了比萨。由于接受大量金钱，态度变得和解，改道去罗马了。这样就引起卡拉布里亚公爵对那不勒斯安全的担心。于是他就离开佛罗伦萨，指定菲利波·德·萨吉内托代表他本人为佛罗伦萨总督。

皇帝离开比萨后，卡斯特鲁乔自己统治比萨。但佛罗伦萨和皮斯托亚签订一项条约，不许比萨服从他的统治。于是卡斯特鲁乔包围皮斯托亚，竭尽全力坚持不懈进行围困。虽然佛罗伦萨人先攻打他的军队，又攻打他的本土，千方百计想解除皮斯托亚之围，武力和计谋样样用尽，却仍然不能把卡斯特鲁乔赶走。他十分坚决，一定要惩办皮斯托亚、降服佛罗伦萨。最后皮斯托亚人被迫接受他当他们的君主。不过，这件事虽然给他增光不小，但对他的好处却不大，因为他刚回到卢卡就去世了。事情不论是祸是福，往往并不单行。在那不勒斯，一身兼卡拉布里亚公爵和佛罗伦萨君主二职的查理也死了。这样，在很短时间内，出乎佛罗伦萨人最美妙的期望之外，他们发现自己已经从一个统治者和一个威胁者手下得救。重获自由之后，他们就开始进行城邦改革：废除所有旧的议事会，成立两个新的：一个由从平民中选出的三百名公民组成，另一个由从贵族和平民中选出的二百五十名组成。

前者称为“人民会议”，后者称“公社会议”。

第七章

皇帝在罗马——佛罗伦萨人拒绝收买卢卡，事后又后悔——佛罗伦萨人的事业——巴尔迪家族和弗雷斯科巴尔迪家族的阴谋——阴谋暴露并被制止——马费奥·达·马拉迪平息骚乱——卢卡被佛罗伦萨收买，又被比萨人夺占——雅典公爵在佛罗伦萨——贵族决定拥立他为城邦君主。

皇帝到罗马后，擅立一位教皇，还干了许多反对教会的事。他还想干其他许多事情，但因未能干成，终于不光彩地撤出罗马来到比萨。驻扎在比萨的八百名德意志骑兵，也许是由于领不到薪饷或其他不满，哗变后占据切鲁利奥山上的蒙泰基阿罗，设防自卫。当皇帝离开比萨到伦巴第后，他们就占领卢卡，把皇帝留驻该城的弗兰切斯科·卡斯特拉卡尼赶跑。为了从刚占领的卢卡城取利，他们想把它卖给佛罗伦萨，要价八万佛洛林。但在西莫内·德拉·托萨的劝告下，佛罗伦萨人拒绝收买。他们如果一直坚持这个决定，对他们会有很大好处；但他们不久又改变主意，以致深受其害。当时他们只花很少的钱就可以和平占有卢卡，他们没有要；后来又想要了，但即使出大得多的价也买不成了。达件事引起佛罗伦萨内部许许多多极其有害的变化。他们既然已经拒绝收买卢卡，一位名叫盖拉尔迪诺·斯皮诺利的热那亚人出价三万佛洛林就把它收买了。某种东西是他力所能及时,人们往往不急于去取;一旦力不能及时,反而急于要拿到。佛罗伦萨人一知道盖拉尔迪诺把卢卡买下来,而且是用那么少的价钱买到的,他们就极其想要占有它。自己抱怨自己,还抱怨原先劝他们拒绝收买的人。当初拒绝用金钱收买的卢卡,现在却想用武力去强占,于是就派兵侵入卢卡境内到处掠夺、蹂躏。

这时皇帝已离开意大利。擅立的教皇被比萨人俘获押送到法国。自从1328年卡斯特鲁乔死后,佛罗伦萨人保持着内部和平直到1340年。在这段时期他们团结起来一致对外。当时,波希米亚国王约翰的到来引起伦巴第境内到处战火弥漫;由于卢卡问题,托斯卡纳境内也是烽烟四起。在这个时期,佛罗伦萨建成许多新建筑物,美化了市容;并在当时最出众的画家乔托指点下,修建了圣雷帕拉塔高塔。此外,阿尔诺河曾在1333年猛涨,超过常年水位十二英尺,冲毁一些桥梁和许多建筑,所有这些他们都花费许多人力物力精心修复。

到1340年,佛罗伦萨又出现引起分歧的新根源。大人物用两种办法保持或扩大他们的势力:一种是限制官员补充提名以便经常使他们自己或他们的朋友中签;另一种是使教区长的选举总是有利于他们自己那一派。他们认为这第二种方法极为重要,因而感到按一般规定每区设两名教区长还不够,有时他们就选出第三名。这次他们颁布了一项特殊的任命:给阿戈比奥的亚科波·加布里埃利以卫队长的头衔,赋予他统治公民的无限权力。在执政者的认可下,这个人接连不断蛮横逞凶。受到他伤害的人们当中有皮埃罗·德·巴尔迪和巴尔多·弗雷斯科巴尔迪。他们都是贵族,当然都很傲慢。像亚科波这样的外来人竟然在几个当权人物的支持下,这样无缘无故欺负他们而不受到惩罚,实在叫人难以忍受。因此,他们便经常在一起密谋要干掉他和他的后台。有许多贵族家庭加入他们这一伙;有些被当权者的暴政激怒的平民也参加进去。他们的计划是这样:每人带几个持有武器的人到自己家里,在万圣节过后那一天的早晨,当几乎所有的人都到庙里为各家去世的人祈祷时,他们就都拿起武器杀掉卫队长和所有掌权的首脑们,然后就推选新执政团、订立新法规、改组政府。

但是,正如对一件危险事业考虑得越多,进行这一事业的劲头儿就越小那样,往往也发生这类的事,凡是进行一项危险事业,在作出决定和付诸实施之间如果还有一段时间的话,那么这个密谋总会以这种或那种方式泄露出去。安德雷阿·德·巴尔迪是参与密谋的成员之一,他对这件事反复考虑后,害怕惩罚的心理压倒报仇雪恨的愿望。于是就向他的姐夫亚科波·阿尔贝尔蒂泄露了秘密。亚科波又报告诸长官,后者又通知了政府。由于危险迫近、万圣节即将来临,许多公民聚集到宫殿里开会,认为再拖延就会使危险增加,他们坚决主张执政团应当敲起警钟,召集平民手持武器集合。塔尔多·瓦洛里这时是正义旗手,弗兰切斯科·萨尔维阿蒂是执政团成员之一,他们因为是巴尔迪家族的亲戚,不愿意敲警钟召集平民。他们提出理由说,不能因为任何一点点小事就兴师动众,把群众武装集合起来;因为把大权交给毫无约束的群众从来都是无益而有害的;把他们鼓动起来搞暴力行动容易,到时再想制止可就难了;因此,与其在只得到简单的消息之后就想用鼓动群众的办法去纠正,从而拿城邦的安全去冒险,不如采取慎重的办法,

由民政当局去调查事实真相进而惩罚有过失的人为得策。但这一套议论根本没人愿意听。执政团遭到蛮横无理的攻击和粗野的漫骂,终于被迫敲起警钟。平民一听钟响,立即武装起来集合到一起。另一方面,巴尔迪和弗雷斯科巴尔迪两个家族发觉事情败露,马上也武装起来以便取得光荣的胜利,不然就英勇就义。他们希望能够在河对岸自己的住宅所在地区守住城市的这一部分;还在那座桥上设防,希望能得到贵族和自己在乡间的朋友们支援。他们这个计划被平民挫败;平民和他们同时也占领了城市的这个地区,因为这一带地区的平民已武装起来支持执政团。这几家贵族看到处境不利,就放弃桥梁,转移到巴尔迪家住宅所在的那条街上,因为这地方工事坚固,比其他地方都利于防守。他们就在这个地方进行顽强抵抗。

阿戈比奥的亚科波知道全部阴谋都是针对他本人的;他因为怕死,就吓坏了,在执政团宫殿附近由自己的军队护卫着不敢出来。但其余的长官,由于本人没有多少可受责备的,因而显得勇气很大,特别是那位名叫马费奥·达·马拉迪的总监;他毫无畏惧地出现在战士当中,在鲁巴孔泰河那座桥上,从巴尔迪家族的刀剑丛中通过,作手势要向他们讲话。由于人们都知道他品德高尚举止庄重,大家对他都很尊敬;他一示意,战斗立即停止;人们都耐心听他要讲的话。他以十分严肃的态度、但并非挖苦人或招人恼火的口吻,指责他们不该搞阴谋;向他们指出,如果他们继续和愤怒的平民作对,一定会蒙受危险;并且还对他们讲清道理,使他们相信,他们的委屈不平一定可以得到申诉和善意考虑。还许诺说,他自己将替他们尽最大努力。然后他又回到执政团那里,恳求诸位执政避免使公民流血;还对他们说,不听取意见就审判那些人是不妥当的;终于劝得执政团同意让巴尔迪和弗雷斯科巴尔迪两个家族和他们的朋友们离城,不受阻拦地退到他们的城堡里去。他们撤走之后,平民也都放下武器。执政团只对巴尔迪和弗雷斯科巴尔迪两家那些拿起武器的人们提起公诉。为了缩小他们的势力,征购了巴尔迪家族的曼戈纳和韦尔尼阿两个城堡。并制定一条法律,规定任何公民都不得在佛罗伦萨二十英里以内据有城堡或要塞。

几个月之后,斯蒂阿塔·弗雷斯科巴尔迪被斩首,他家的许多人被放逐。统治者觉得降服巴尔迪和弗雷斯科巴尔迪这两个家族还不满足;就和常见的情形那样,手里的权越大,就越要滥用;并变得越蛮横。前此他们只设有一名卫队长折磨城里的人;现在又在乡间设置一位。两人都有无限权力,目的是使那些受他们怀疑的人,不论在城里城外都无处站脚。当权的人们唆使这些卫队长对所有贵族都很厉害。贵族被迫得铤而走险;为了报仇雪恨,打算把自己和城邦通通出卖。时机终于到来。他们紧紧抓住加以利用。

托斯卡纳和伦巴第的纠纷使卢卡城落入维罗纳君主马斯蒂诺·德拉·斯卡拉的统治之下。虽然根据约定他应当把卢卡交给佛罗伦萨,但他拒不执行。他认为他既是帕尔马君主,就应当有能力保住那座城市,至于失约与否那就一概不管了。因此,佛罗伦萨和威尼斯联合起来。在威尼斯支援下,佛罗伦萨几乎把马斯提诺打垮。但他们并未从中得到任何好处,只不过因为把他征服稍感宽慰而已。因为威尼斯人也和某些同比自己力量弱小者结盟的城邦一样,它在取得特雷维吉和维琴察两地之后,就和马斯蒂诺讲和，把佛罗伦萨撇在一边毫不理睬。不久之后，统治米兰的维斯康蒂家族从马斯蒂诺手中夺取了帕尔马，马斯蒂诺感到无法保有卢卡，就决定出卖。竞相抢购的是佛罗伦萨和比萨。在交涉的过程中，比萨发现佛罗伦萨比他们自己富裕，即将购得卢卡，于是就动起武来，在维斯康蒂家族的支援下向卢卡进军。但佛罗伦萨并未因此停止购买，而是在和马斯蒂诺讲好条件之后，先支付一部分价款，并对欠下的那一部分提供担保，然后就派纳多·鲁切拉伊、乔万尼·迪·贝尔纳尔迪诺·德·美第奇以及罗索·迪·里奇阿尔多·德·里奇等人去接管。他们强行进入卢卡，于是马斯蒂诺手下的人就把该城交给他们。尽管如此，比萨人仍然继续围城。佛罗伦萨人则尽最大努力解救。但经过长时期的战争、耗费大量金钱和丢尽了脸之后，终于被迫撤走。于是比萨人就成了卢卡的主宰。

这座城市的陷落，就像常见的类似的情况那样，使佛罗伦萨平民对政府成员异常愤慨。在所有公共场所和街头巷尾，人们公开斥责他们，把整个不幸都归罪于他们的贪得无厌和举措失当。战争开始时，曾指定二十名公民负责领导；他们任命马拉泰斯塔·达·里米尼指挥部队。在他表现了既缺少热情又不够慎重之后，他们就请求那不勒斯国王罗伯特支援。罗伯特派雅典公爵沃尔特前往。就像天命注定要他把灾祸带来似的，刚巧在攻打卢卡的战争完全失败时，他来到佛罗伦萨。在这种情况下，那二十个人看到平民的激愤，就想用推举一位新领袖的办法，用新希望来鼓舞他们，从而转移，或至少是减轻一些平民攻击他们的因由。因为局势令人担心，或许雅典公爵会有更大的权威保护他们，于是他们先把他选为助手,然后就任命他为全军统帅。由于前已提到的某些原因而心怀不满的贵族当中,有许多人早在沃尔特代表卡拉布里亚公爵统治佛罗伦萨时就认识他,因而认为这时正是压制他们的仇敌的大好时机,即便这样做可能使整个城邦毁灭也在所不惜。因为,只有把权力交给一位君主,才能战胜过去压迫过他们的那些人,此外就不可能有任何其他办法。因为这位君主了解他们这一派的好处和另一派的狂妄,他将会压制后者而报答前者。另外,他们还存在这样一个希望:他的君主权位既然是在他们的帮助之下取得的,他很可能会对他们有所报答。于是他们就找到几个机会偷偷和他聚会,请求他务必把指挥大权完全掌握在自己手里,他们将尽力给以最大的支持。除了他们的敦促和恳求,有些平民家庭也向他表示支持。这些家庭包括佩鲁齐、阿奇阿尤利、安泰莱西和布奥纳科尔西。这些人因为都欠了一身债,自己又无法偿还,于是就希望别人能替他们清偿。当国家受制于他人之时,他们便可以从债主的奴役下得到解脱。这些人向沃尔特所作的这些表示激起这位野心勃勃的公爵更大的统治欲望。他为了使自己得到一视同仁和坚持公道的美名,从而取得平民的好感,就对指挥卢卡战争的人们提起公诉,处分许多人以罚款,其他的人加以放逐,并把乔万尼·德·美第奇、纳多·鲁切拉伊和古利埃尔莫·阿尔托维蒂处死。

第八章

雅典公爵要求被推举为佛罗伦萨君主——执政团关于这

个问题向他讲的话——平民拥立公爵为佛罗伦萨终生君主——公爵的暴虐行径——全城憎恶他——反公爵的阴谋——公爵发现阴谋，十分恐惧——全城起来反对他——他被围困宫中——公民为改组政府采取的措施——公爵被迫从城内撤走——古利埃尔莫·达·斯切西和他儿子的惨死——雅典公爵离去——他的为人。

这些人被处决使公民当中的中层阶级极端恐怖，却使贵族和平民都很满意。对平民来说，这是因为他们天生幸灾乐祸；对贵族来说，这样就为他们报了平民过去对他们种种欺凌之仇。公爵在街上走过时，受到人们高声欢呼，他那些大胆的作为受到赞扬。两派联合起来公开向他请求，要他把官员当中的坏人坏事揭发出来，进行惩处。

二十个人的职能开始逐渐被削弱，同时公爵的权力变得很大。恐怖气氛十分严重。因此，人们都想向公爵表示友好；为此，个个都在自己的家门画上他的纹章。他所缺少的只不过是专制君主的名称而已。他认为现在自己的地位已很稳固，不论想搞什么，都可以十拿九稳，于是就向执政团表示：为了整个城邦的利益，他认为有必要把城邦统治权无条件地交给他；还说既然其他公民都很愿意这样办，他也希望执政团能够同意。执政团许多成员虽说早已预见到国家的灾难，但对这一要求还是感到惶然无措。虽然他们明知自己处境危险，但为了不致失职，仍然坚决拒绝了他的要求。公爵为了装作极其虔信宗教、仁慈博爱的样子，曾选定圣克罗切教堂的女修道院作为他的住所。为了实现他的罪恶阴谋，他宣布邀请全体平民第二天早晨在女修道院的广场里和他见面。这道命令使执政团比对他上次的讲话更加感到吃惊。于是就和他们认为最爱国、最爱自由的公民商量对策。但因为他们知道公爵手中权力极大,大家也提不出什么更好的办法,只有用恳求的方式劝他或是放弃他的计谋,或是使他的政府不致那么使人无法容忍。于是他们就选定几个人去拜谒公爵。其中之一向他说了下面的一段话:

"阁下,我们现在前来晋谒,首先是由于您曾向我们提出的那项要求,其次是因为您曾下令叫平民集合。我们看得很清楚,您打算用一种特殊的方法来实现我们至今仍未同意您的那项计划。不过,我们并不想用强力反对您;我们只是想告诉您,您这样做会使您自己背上多么沉重的负担,您走上的是一条多么危险的道路。我们的目的是为了使您记取:我们的忠告和其他一些人的谗言有何不同;他们考虑的并不是怎么对您有利,而是为了满足他们自己那些不合理的愿望。您是在力图使一个一直在自由中生活的城邦沦为奴隶。过去,我们曾有几次把城邦权力让给那不勒斯国王,但那是友邦的关系而不是奴役。您是否曾考虑过,对这样一个城邦来说,自由的名称意味着多么伟大的事情吗?人们听到自由这两个字会多么高兴吗?自由的力量是什么也压制不了的,岁月也无法把它消泯;一位君王的功勋无论有多大,也不可能补偿自由的损失。阁下,请您考虑一下:您要花多大的力量才能迫使这样一个城邦驯顺呢?任何外援都不能帮助您达到这个目的。您也不能信赖本城邦的那些人,因为即使眼下他们是您的朋友,而且还劝您走上您现在追求的道路;但他们在您的帮助下一旦战胜他们自己的敌人,马上就会掉转头来想法子把您毁掉,然后把政权抓到他们自己

手中。您所信赖的那些平民,稍有风吹草动,立刻就会倒戈相向。因此,用不了多长的时间,您就会看到全城群起而反对您,使您和他们同归于尽;而且这种局势您是无法挽救的。因为,任何王侯,当他们只有少数敌人时,还可以用处决或流放的办法处理那些反对派从而使自己的政权十分稳固。但当到处都是仇恨时,那就无论如何也无法巩固政权了。因为,您不可能知道祸患将从哪个方向开始。一个担心任何人都可能成为自己的敌人的人是不可能相信任何人的。而且,如果您打算交一两个可靠的朋友,那也只会增加您自己处境的危险;因为您的成功必将促使其余的人增加对您的仇恨,从而使他们更加坚决地要报仇。

“时间的推移既不能消灭也决不会减少人们对自由的渴望,这是绝对肯定的。我们经常可以看到这样的情形:有些人并未亲身享受过自由的美妙,只是从他们的父辈嘴里听说过,因而对自由产生热爱。这些人一旦重获自由,就会以百折不挠的决心去保卫它,任何艰险在所不计。即使他们的父辈已不记得自由为何物,而那些公共建筑、政府大厅以及自由机构的种种徽记却仍然历历在目,这些都可以使他们想起自由。这些东西是不可能不让人们知道的,不可能不引起各阶层公民们的向往的。

“试想,您能做出什么样的事情和自由同样美妙呢?您能做出什么事情能使人们不想再获得今日的境况呢?不能。即使您能把托斯卡纳全境都置于佛罗伦萨统治之下,即使您每天都能战胜佛罗伦萨的敌人、凯旋,那又有什么用呢?那些光荣并不是我们的,只是您一个人的。我们所得到的并不是公民伙伴,只不过是我们的奴役待遇的分担者,他们只能使我们在耻辱的深渊里沉沦得更深一些。即使您的行为从任何方面讲都是正直的,您的举止也可亲可敬,您的判断是公正的,但所有这一切加在一起也不足以使您得到人们的爱戴。假如您的看法不是这样,那只不过是欺骗您自己。因为,对于一个习惯于享受自由的人来说,即使是最轻的锁链也会感到沉重,在他那自由的灵魂上强加的任何束缚都压迫着他。而且,一个激烈的民族和一位贤明的君主结合到一起的事例是不可能找到的。因为,用不了多久双方必然要平起平坐;否则,他们之间的分歧必将导致一方的毁灭。因此,您可以看明白:或者是您必须用强力控制这个城邦;为了达到这个目的,您将发现守卫部队、要塞堡垒以及外援,都经常感到不足;不然的话,您就应当满足于我们已经交给您的这样的权力。我们劝您还是采用后者。必须向您提醒一句:如果受统治的人们不同意的话,任何统治都不可能持久。我们并不希望在您被野心蒙住眼睛的情况下,把您引向绝境:欲罢不能,欲进无路,非垮不可,以致双方大受其害。"

这番话丝毫未能使这位公爵冷酷而顽固的心变软。他回答说,他的意图并不是要窃取城邦的自由,而是要恢复它的自由;因为只有分裂的城邦才受奴役,而统一的城邦才可能享有自由。佛罗伦萨由于党派之争和狂妄的野心而丧失了自由,所以他现在应当把自由归还给它,而不可能是把它夺走。而且,促使他把这个责任担当起来,并不是出于什么个人野心,而是许许多多公民这样向他恳求的。所以,他们这些执政者也应当像那些已经对这件事心满意足的其他的人们那样,对这件事感到满意就好了。至于他本人可能遭遇的危险,他一点都不在乎。因为,一个人如果由于怕遭不幸而拒绝办好事，那他就不能算一个好人。如果从事任何光荣的事业，只是由于成功与否不能十拿九稳就逃避不干，那只有懦夫才这样。而且他知道他将怎样进行工作，从而不久将使他们看到：是他们自己太过虑，并没有什么危险。

执政团感到没有什么更好的办法，于是就同意第二天上午叫平民在他们经常开会的地方集合，在群众同意下，执政团可以把城邦主权交给公爵，一年为期，条件和过去把城邦托付给卡拉布里亚公爵的一样。1342 年 9 月 8 日，公爵在乔万尼·德拉·托萨和所有的共谋者的陪同下，还带着许多其他公民，来到宫殿广场，在和执政团成员一起走上讲坛（佛罗伦萨人管通向宫殿的那些台阶叫讲坛）之后，就当众宣读了他和执政团之间达成的协议。当读到把政权交给他，一年为期的那一段时，平民就高喊“终生！”执政团成员之一弗兰切斯科·鲁斯蒂凯利听到群众呼喊后，就站起来讲话，竭尽全力使喧嚣平静下来好让群众能听见他发言。但那些乌合之众用他们的吼叫声使任何人都听不见他的话。于是在平民的同意下，公爵被推举为君主，任期不是仅仅一年，而是终生。然后群众就抬着他走过广场，一面走一面呼喊他的名字。

过去一直有这样的习惯：当执政团成员不在宫殿时，奉命守卫的人要留在宫内，宫门上锁。那时担任这个官职的是里尼埃里·迪·焦托，他接受了公爵的朋友给他的贿赂，没等任何人强迫就立即把公爵接引进去。执政团成员惊惶万状、感到受屈辱，就退到各自家里。宫殿被公爵的追随者洗劫，平民行会的旗帜被扯成碎片，公爵的纹章高悬宫上。发生的这一切事情，对那些由于无知或出于恶意而表示赞同的人们来说，自然是称心如意；但正直的人们看到之后却悲痛得难以形容。

公爵取得城邦主权之后，为了剥夺过去曾为保卫城邦自由而斗争的那些人的一切权力，就下令执政团成员不得在宫内集会，指定一处私宅供他们使用；还从各平民行会执旗官手中夺走他们的旗帜；废除为限制贵族而制订的规章；释放所有在押罪犯；召回被放逐的巴尔迪和弗雷斯科巴尔迪两个家族的成员；禁止任何人随身携带武器。为了更有效地提防城里人，他尽可能和城市外围的人们交朋友。为此，他对阿雷提诺家族以及其他臣民大施恩惠；他和比萨人讲和，尽管他攫取大权的目的就是为了和比萨打仗；停止付利息给那些在对卢卡作战中曾借钱给共和政府的商人；增收旧税，另创新捐；夺走执政团一切权力。他的教区长是巴利奥内·达·佩鲁贾和古利埃尔莫·达·斯切西；这两个人再加上切雷蒂埃里·比斯多米尼，就是和他一起商议政务的要人。他把沉重的赋税强加在公民身上。他处理双方争执时往往不公。他过去假装办事严明、仁慈博爱，现在变得残酷、蛮横。因此，许多最伟大的公民和最高尚的平民或被罚款、或被处死、或由于一些捏造的新罪名而受到残酷的迫害。在完善这一恶劣制度的过程中，他还在城里城外全国各地总共设立了六个教区长，以殴打、掠夺居民为能事。他虽曾得到贵族的好处，但他怀疑他们，把他们当中许多人都打发到他们城外的庄园上去；因为他确信无疑：贵族们思想丰富，不论出于任何动机，也不会让他们自己心甘情愿地屈服于他的权威之下。他还开始对社会最低层的人施以小恩小惠，企图借助于这些人的支持和外国的武力，就可以维持他的暴政。五月节大摆宴席的日子到了。他叫庶民和社会最底层的人们组成许多行会，给他

们起了极响亮的名称，发给他们旗帜和金钱；其中一部分在城里游行，狂欢作乐，另一部分则驻扎在城里各处，像接待贵宾那样接待他们。公爵已掌大权的消息传到国外之后，许多法国籍的人来到他这里。他给这些人高官厚禄，仿佛他们都是最可信赖的人。因此，不久之后，佛罗伦萨不但已屈从法国统治，而且人们还穿上法国式的服装、仿效法国人的言谈举止。男男女女，不管是否适宜、是否可耻，都大事效尤。不过，使全城人民憎恶至极的，就是他和他的追随者对妇女的暴行，不管什么身份等级，都可能被强奸。

眼看国家威严丧尽、纲纪废弛、法律消灭，一切合理的制度全被抛弃，人民义愤填膺。一向不习惯于王家堂皇排场的人们，看见这个人有一大帮武装扈从前呼后拥，有的骑马、有的步行，实在无法忍受。现在虽已更深切地体会到自己所受屈辱，但还不得不奉承这个内心最憎恨的人。除了憎恨，还要加上不断增税不时杀人流血所造成的恐怖。他就是这样使城邦民穷财尽。

公爵并不是不知道人们心中存在着这些强烈的愤恨：他也并不是不害怕将会产生的后果。但他仍然装作认为自己是受到万民拥戴的。当马泰奥·迪·莫罗佐不是出于献媚讨好，就是为了逃避危险，向他告密，说美第奇家族和其他一些家族已在一起搞阴谋反对他的时候，他听了不但对此事不加调查，反而把这位告密者以酷刑处死。他这种做法制止了那些打算让他知道他的危险处境的人，反而使那些打算消灭他的人格外增添勇气。贝尔托内·奇尼曾大胆提出关于人民的捐税负担太重的问题，结果他的舌头被割下，割得如此残酷，以致送了他的命。这件骇人听闻的暴行使人民更加愤怒，更加憎恨公爵。因为对那些习惯于仗义执言、见义勇为的人们来说,要封上他们的嘴、捆住他们的手脚,是无法忍受的。

压迫已到如此严重程度,不只佛罗伦萨人忍受不了,他们虽然未能保住自己的自由独立,但也不能忍受奴役,就是世界上最驯顺的人民也会奋起反抗,为恢复自由而战斗。因而各阶层许许多多公民群众下定决心要以宁死不屈的精神把自己从这种可恨的暴政之下解救出来。有三个不同的阴谋集团已经组成:一个是贵族的,一个是平民的,还有一个是工匠阶层的。除了促使他们反叛的那些共同的原因之外,各有各的不满的因由:贵族发现自己被剥夺参加政府的一切机会;平民丧失了原有的势力;工匠们发现自己通常取得的劳动报酬少了。

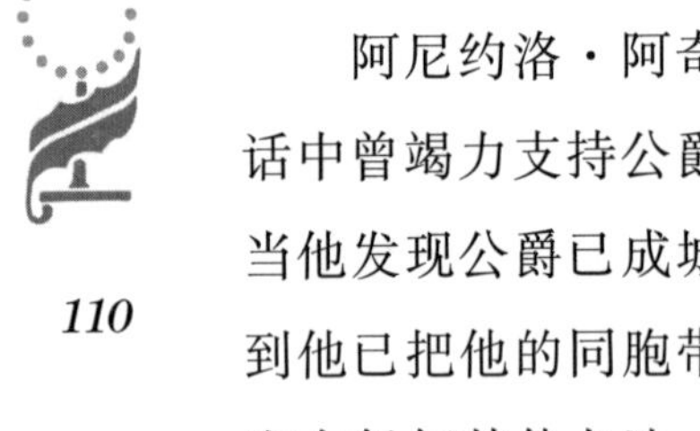

阿尼约洛·阿奇阿尤利这时是佛罗伦萨大主教。他过去在讲话中曾竭力支持公爵,使公爵在上层平民中得到不少追随者。但当他发现公爵已成城邦主宰、看到他所作所为十分暴虐时,就认识到他已把他的同胞带上歧路。为了纠正自己所做的坏事,他看不出有任何其他办法,只有设法从根上来治它。于是他就成了头一个最强大的阴谋集团的首领。加入他那个集团的有巴尔迪、罗西、弗雷斯科巴尔迪、斯卡利·阿尔托维蒂、马加洛蒂、斯特罗齐和曼奇尼等家族。第二个阴谋集团的领导成员有曼诺和科尔索·多纳蒂,跟他们在一起的还有帕齐,卡维奇乌利、切尔基和阿尔比齐等家族。第三个集团为首的是安托尼奥·阿迪马里,跟他一起的还有美第奇、博尔迪尼、鲁切拉伊和阿尔多布兰迪尼等家族。这最后一个集团的计划是在阿尔比齐家里把公爵杀死,原来料想他会在圣约翰节那天到他家去看跑马;但后来公爵没去,所以他们的计划未能实现。后来他们又决定当公爵骑着马在城里走过时把他刺死，但发现这种事很难办到，因为公爵外出时总是随身带着大批武装人员，而且往返从来都不走一条路，因而拿不准究竟在哪条路上才能碰上他。他们还曾计划在会议上行刺，即便在刺死他之后，他们会遭到他的党羽的毒手也在所不顾。

当共谋者正在研究这些计划的时候，安托尼奥·阿迪马里为了取得几位锡耶纳朋友的帮助，就把密谋透露给他们，还对他们说出几位同伙的姓名，并向他们保证说全城马上就要起义了。其中有一个人把这件事告诉弗兰切斯科·布鲁内莱斯基；并非有意破坏这个计划，而是为了争取他也参加。弗兰切斯科或是出于个人惧怕，或是由于和其中某人有私仇，就把全部情况向公爵揭发了。因此，帕戈洛·德尔·马泽卡和西蒙·达·蒙泰拉波利二人被捕；他们向公爵交代了共谋者的人数和各人的身份。这情况使公爵大吃一惊。有人劝他与其把他们逮捕扣押，还不如请他们来见面；因为，如果他们逃跑，就可以把其余的人也都放逐；这样既可保存自己又不致丢脸。于是公爵就派人去请安托尼奥·阿迪马里。安托尼奥把事情向他的同伙讲清之后，立即来到公爵那里，随即被拘留起来。弗兰切斯科·布鲁内莱斯基和乌古乔内·奔德尔蒙蒂劝公爵尽可能多逮捕一些共谋者并把他们处决。但公爵认为他自己的力量敌不过他这伙敌人，因而未采取这个步骤；而是用另一种办法。这个办法如果成功，不但可以使他自己免受敌人的危害，而且还可以壮大自己的势力。公爵习惯于在某些时候召集公民，和他们一起商议大事。于是这一回他先派人到城外去召集武装力量，然后开了一张写着三百位公民姓名的单子交给他的传令官，以商量国家大事为托辞，命令他召集他们前来，打算把他们召集起来之

后,或是关押或是处决。

安托尼奥·阿迪马里被拘押和公爵派人出城召集军队的事是无法保密的。这惊动了公民们。特别是那些参与阴谋的人就更加紧张。因此,那些胆子最大的人拒绝出席公爵召开的会议。因为每个人都看到那张名单,于是就互相串连,决定立即起事,宁愿手持武器像个大丈夫那样战死,也决不能像牛犊子那样被人牵去屠宰。在很短的时间内,首要的阴谋者就都互相通了气,决定在第二天,即1343年7月26日,在旧市场起事,然后武装起来,号召人民为自由而战。

到了第二天早晨,按照商量好的计划,9点钟时,听到自由信号,拿起武器集合。各个集团在自己的指定地区,高举旗帜、身带人民徽章(这些都是阴谋者事先秘密提供的)。所有家族的首领,包括贵族的和平民的,都集合在一起,宣誓并肩战斗互相支持,达到杀死公爵的目的。只有奔德尔蒙蒂和卡瓦尔坎蒂两个家族的一些人和平民中的四家未到场,这些人在推举公爵当君主时曾起到特别突出的作用。最下层平民当中的屠户和其他一些行业的人则手持武器在广场集合,站在公爵一边。

公爵立即在宫殿设防,并下令住在城内各处的他自己那些党羽骑马到宫中和宫廷中的人们会合。但他们当中许多人在半路上就受到袭击并被砍杀了。不过最后还是有三百名骑马的党羽集合起来。公爵这时犹疑不定,不知是出去迎敌还是在宫中防守为好。在另一方面,受公爵迫害最重的美第奇、卡维奇乌利、鲁切拉伊以及其他一些家族,唯恐公爵一出击,许多拿起武器反对公爵的人可能就会倒戈、成为他的党羽;于是,为了不给他攻打起义者并扩大他的队伍的机会，就先发制人、带领群众向宫殿发动进攻。这一来，那些宣布拥护公爵的平民家族，看到自己已受到猛烈攻击，就变了心站在起义的公民这一边。只有乌古乔内·奔德尔蒙蒂一个人退入宫内；姜诺佐·卡瓦尔坎蒂带着一些随从退到新市场，站在一张木凳上，请求那些手持武器向广场冲去的人们站到公爵一边。为了吓唬他们，他夸口说，公爵手下的人多得很；还威胁说，谁要是顽固坚持反对君主，就一律格杀勿论。但他发现并无一人跟他去，或来惩罚他这个傲慢狂妄的人。他看到自己徒劳无功，就撤回自己家里去了。

与此同时，人民和公爵的武装部队之间在广场上的战斗异常激烈。虽然公爵的部队可以利用地形进行防守，但他们还是被打败。有一些人投降起义者，另一些人从马上跳下，逃进院墙里去。战斗正在进行时，科尔索和阿梅里戈·多纳蒂带着一部分群众打开各座监狱，把总监和公务会议室的档案文件烧毁，抢劫各教区长的家宅，把他们能够找到的曾在公爵手下做官的人全部杀死。公爵发现广场已被他的敌人占领，全城的人都在反对他，而且已经不能指望任何外援，于是他又想法子用宽大行为来重新获得人民的支持，下令把拘押起来的那些人带到他面前，说些和蔼仁慈的话，把他们都放了。还封安托尼奥·阿迪马里为骑士，虽然这样做完全违反他自己心愿。他叫人把他自己的纹章从宫殿上取下，重新悬挂人民的纹章。但这些事情办得不是时候，是出于不得已，因而并未给他带来多大好处。尽管他做了这一切，却仍然披围困宫中。他这时才明白因为贪心太大反而把一切都丢光，而且过不了几天，还十分可能要饿死或倒在敌人刀剑之下。公民在圣雷帕拉塔教堂

开会组织新政府，推举十四位公民，一半出自贵族，一半出自平民，和大主教一起全权处理改组佛罗伦萨城邦政府的大事。他们还选出六个人负责总监的事务，直到将来选出的总监就职时为止。这种职位过去一直是由附近某城邦的一位臣民担任。

外地有许多人来到佛罗伦萨保卫人民。其中有一群由锡耶纳来的人，带着六位使节，这六个人都是他们城邦最受尊敬的人物。这些人竭尽全力要使佛罗伦萨人民和公爵讲和。但人民要求除非先把古利埃尔莫·达·斯切西和他的儿子、还有切雷蒂埃里·比斯多米尼交出来，否则什么调停的话都不听。公爵不愿意照办。但和他一起被围困的人们要挟他，他才不得不照办。在获得自由之后，人们的愤怒必然比只是在保卫自由的时候还大；他们的报复也凶得多。古利埃尔莫和他儿子被押送到他们成千上万的仇人中间。他儿子还不到十八岁。尽管他年轻、俊美而无辜，还是逃不出群众复仇的怒火。父子双双立即被砍杀。那些在他们活着的时候未能碰伤他们一下的人，在他们死后就接着砍；把他们的尸体撕成一块一块；这还不满足，又用刀剑把他们的骨肉剁成碎片，用手撕，甚至用牙咬。为了使所有的感官都分尝报仇的滋味，首先用耳朵听了他们的呻吟，再用眼睛看了他们的刀伤，还用手摸了他们那已破碎的尸体；甚至还想叫他们的肠胃也得到满足。既然体外的感官已饱尝其味，体内的器官也应分享一份。这股疯狂的怒火，尽管对他们父子二人伤害极大，但对切雷蒂埃里来说，却是大有好处的。因为群众在残忍处理那父子时已搞得很疲倦了，把他完全忘了。于是他，既然无人来索要，就留在宫中，夜间由他的朋友们转移到别处去了。

群众的怒火被这两父子的鲜血平息下来。于是达成协议：公爵和他手下的人可以带着他所有的东西安全离开佛罗伦萨；他必须放弃对佛罗伦萨任何种类的权利要求；当他到达卡森蒂诺时就要认可放弃君位。8月6日那天他出发了，有许多公民陪送他。到达卡森蒂诺之后，他就在协议书上签字认可，虽然很不情愿。如果不是西蒙伯爵威胁要把他送回佛罗伦萨的话，他还是不会守约的。这位公爵，就像他的所作所为所证明的那样，是一个残忍而贪婪的家伙。很难和他对话，他一开口就盛气凌人。他只渴望人人为他效劳，但并不培养人们良好的感情；他不用仁爱激励别人，只知用恐怖进行恫吓。他的长相也和他的为人同样可鄙：个子很矮、肤色黝黑、胡子又细又长。他就是这样，哪方面都叫人厌恶。十个月前，他听了别人的坏主意，当了君主；十个月后，又被自己的胡作非为丢失了。

第　九　章

佛罗伦萨所属许多城市和地区叛离——佛罗伦萨对此采取审慎对策——佛罗伦萨城分为四个部分——贵族和平民之间的争吵——主教力图从中调解但未能成功——平民改组政府——安德雷阿·斯特罗齐的骚乱——贵族和平民之间的严重不和——双方诉诸武力，贵族被压服——薄伽丘记述佛罗伦萨的瘟疫。

佛罗伦萨城邦发生的这些大事变，使得所有它的属地都摆脱它的统治。阿雷佐、卡斯蒂利奥内、皮斯托亚、沃尔泰拉、科莱和圣杰米尼阿诺都叛离了。于是佛罗伦萨发现它自己在同一瞬间既甩掉了一位暴君也失掉了全部属地;在它自己重获自由的时候,也教会各附属地区如何获得自由独立。公爵被逐、领地丧失之后,十四位公民和主教就一起考虑,对他们原来的属民最好是不用战争把他们逼成敌人,而是用和平的方法友好相待,而且还应当表示愿意让他们也和自己一样,成为自由的人。于是他们就派使节到阿雷佐的人民那里,宣布放弃对该城的一切统治并和他们订立条约。目的是:既然已经不能保住他们当属民,还可以把他们当作朋友加以利用。他们还用尽可能温和的态度和别的地区达成协议,同意各地应当保持自己的独立;既然独立了,为了保卫自己的独立自由,它们之间当然就可以互相帮助。这个贤明的政策取得极好的效果。没过几年,阿雷佐就又回到佛罗伦萨的统治之下,其余各地也在几个月后,又都服从佛罗伦萨的领导了。情形往往是这样:固执地追求某种东西反而不如看上去满不在乎能够更快地达到目的。

对外问题解决之后,他们现在就转过来考虑城邦内部事务。贵族和平民之间经过一阵争吵之后,作了这样安排:执政团中贵族占三分之一席位,其余各机构中占一半。我们以前说过,佛罗伦萨全城分为六区,每区产生一名执政,共计六名。只是在有特殊原因的情况下,曾选出过十二位或十三位。但在这种情况发生之后不久,很快就又减到六位。在这方面,这时人们似乎作些改变较好。一方面是因为原来的六个区划分得不够适当,一方面也是因为希望给贵族按比例分名额,因而以扩大人数为妥。于是就把全城分为四区，每区推举三位执政。他们还撤销了正义旗手这个职位，也撤销各平民行会执旗官；另设八名参事代替十二贤人，贵族平民各出四名。既然新政府以这种形式组成，要是贵族们满足于文明社会所需要的这种有节制的生活，全城本来应当平安无事了。然而他们造成了相反的后果：那些不再担任职务的人们不愿意像普通公民那样处事，那些当权的则要当官做老爷，因此，他们每天都有傲慢狂妄的新表现。这些事情使平民很感痛心；他们非常后悔，打倒一个暴君之后，又出了一千个暴君。一方很骄横、另一方很愤怒，都发展到极其严重的程度。后来平民领袖把贵族那些错误的行径向主教申诉；对平民说来，贵族已变成很不合适的同事；他们恳求主教尽力说服贵族，要他们满足于在其他行政机构里任职，至于执政团的职位，则应完全留给平民。

主教天生是个善良的人。但他优柔寡断，很容易受别人影响。因此，当初他在同事们请求下，曾支持雅典公爵；后来又在别的公民劝告下，搞阴谋反对他。在改组政府时，他曾支持贵族；现在听了平民提出的理由之后，则又倾向平民。他以为别人也会像他自己那样三心二意，于是就想作出一个和睦的安排。他带着这样的想法把现仍在位的十四个人召集在一起，用他所能想象得出来的最好的词句，劝他们为了保持城邦的和平，把执政团职位交给平民。他还说，如果他们拒绝照办，几乎可以肯定，结果就是毁灭。

他这些话激起贵族极端强烈的愤怒。里多尔福·德·巴尔迪不加考虑，破口大骂他背信弃义，提醒他曾和公爵交好，这正好证明他目前的行为的两面派本质；还说他在把公爵赶走这一事中是扮演了叛徒的角色。巴尔迪最后对他说，他们冒着自己生命危险得来的荣誉，一定还要冒着生命危险予以保卫。然后他们就向主教告辞，怒火万丈地把事情经过通知他们在政府中的同事和所有贵族家族。同时，平民也互相交换意见。既然贵族正在为保卫他们的执政者而作准备，平民也下定决心绝不能坐等对方完成各种安排，于是他们就拿起武器直奔宫殿，一面奔跑一面高呼贵族必须放弃他们在执政团中的职务。

这样的喧嚣骚乱确实惊人。贵族执政发现自己已被抛弃，因为他们的朋友看到平民已拿起武器，就不敢起来保卫他们了，一个个都躲在自己家里。平民执政竭力平息群众的激昂情绪，说他们的同事都是善良而温和的人。但群众不听。为了避免出大事，就把贵族同事送回各自的家，好不容易才做到。贵族离开宫殿之后，他们那四个参事职位即被剥夺，转授予十二位平民。在留下的八位执政之外又增设一位正义旗手和十六位平民行会执旗官。政务会议这样改组后，整个政府就完全掌握在平民手中。

和这些事情同时发生的是城邦遭遇严重饥荒。这时最高层和最低层阶级都不满。后者是因为缺少粮食，前者因为丧失了他们在政府中的权力。这种局面诱使安德雷阿·斯特罗齐妄想当上城邦君主。他卖粮时，把价格订得比别人低些，因而大批平民拥到他家里。他看到这个情形就越发大胆。于是有一天早晨他骑上马，后边跟着许多人，一路号召平民拿起武器，在很短时间内就招来大约四千人。他带着这些人奔向执政团，要求把宫殿的大门都打开。但诸执政靠了厉声斥责和宫内军队的力量，把他们赶出广场。接着又发出严厉的公告，使他们惊惶万状、一一散掉，各自回家去了。

这时安德雷阿发现只剩下他自己一个人，好不容易才逃掉，未落到官员手里。

安德雷阿办的这件事虽说极其鲁莽，而且落得这类未遂的野心行径常有的下场，但它却使贵族思想中产生了一线希望：他们看到庶民最下层也是和平民不和的，这一点似乎可以用来战胜平民。为了利用眼下的局面，他们决定拿起武器，用正当的力量夺回被不公正地剥夺了的权力。他们极其自信，以为这件事必然成功。于是就公开进行武装，公开在住宅周围建防御工事，甚至派人到伦巴第邀请他们的朋友来支援。平民和执政团也在作防御准备，并请佩鲁贾和锡耶纳两城支援。于是佛罗伦萨全城就充满双方的武装追随者。贵族在阿尔诺河这一边把自己的队伍分为三部分：一部分据守圣约翰教堂附近卡维奇乌利的住宅；一部分据守圣彼得大教堂附近帕齐和多纳蒂两家族的住宅；第三部分占据新市场中卡瓦尔坎蒂家族的房屋。在河对岸的人们在桥上和他们居住的街道上修筑工事：内尔利家族防守卡拉亚河上的桥梁；弗雷斯科巴尔迪和马内利两个家族防守圣三位一体教堂；罗西和巴尔迪两个家族防守鲁巴孔泰河上的那座桥和老桥。平民那一方则在正义大旗和各行会的旗帜下集合。

双方这样摆开阵势之后，平民方面认为拖延交锋的时间是不明智的，于是美第奇和龙迪内利两家族就发动进攻，他们攻击卡维奇乌利家族住宅。就在这家的住宅面对圣约翰教堂广场的地方，双方打得十分激烈。从塔上往下扔石头和其他投掷物，从下边射箭，双方都有受伤，一直打了三个小时。但由于平民的兵力不断在增加，卡维奇乌利家族发现自己被敌人的优势压倒，又指望不到支援，于是就向平民投降。平民也保存他们的家宅和财产；解除他们的武装之后，命令他们分散到自己的亲友家中，仍不得拿起武器。平民首战告捷后，很容易地就又压服帕齐和多纳蒂两家族，这两个家族的人数比他们已经征服的那些还少。于是在阿尔诺河运一边就只剩下卡瓦尔坎蒂一个家族。这家所选阵地很强固，而且他们的追随者也比较强悍。尽管如此，当他们看到所有的旗帜都指向他们，而且其他的人只在三旗兵力的进攻下就都被打败，所以他们未作多少抵抗也就投降了。这时全城已有三个区落到平民手中，只剩一个区还被贵族占着。但这个区有全城最牢固的阵地，不论就其地势或守军来说都极强固，有阿尔诺河环卫着。因此，要想攻入必先强占各座桥梁。首先遭受攻击的是老桥，守军顽强抵抗。因为桥头堡上已设防，街上也设置障碍物，而且是由最坚决的人守卫着。因此，平民队伍在受到很大杀伤之后被打退。他们看到攻打这个地点白费气力，就努力强攻鲁巴孔泰桥，但仍不能取得较大成功。因此，他们就留下四旗兵力对付这两座桥，带着其余的人马去攻打卡拉亚桥。在这个地方，虽然内尔利家族也顽强抵抗，但还是顶不住平民的猛扑，因为这座桥上没有桥头堡，不像别的桥那样易守难攻，而且还受到住在附近这一带的卡波尼家族和许多其他平民家族的攻击。在四面受攻的情况下，他们就放弃街障，向平民投降，平民随即战胜罗西和弗雷斯科巴尔迪这两个家族。这是因为阿尔诺河彼岸所有的人都已经站在胜利者一边。

这时，一切抵抗都已停止；只剩下巴尔迪一个家族还未放下武器。尽管他们的朋友们都已失败，平民集中全力攻打他们，而胜利的机会已微乎其微，但他们仍然临危不惧，下定决心拼死战斗，宁愿亲眼看着自己的家宅被抢被烧，也不愿在敌人威逼之下屈膝投降。他们顽强防守抵抗。对方多次企图从老桥和鲁巴孔泰桥打垮他们，但都未成功，总是被打败击退。从前有一条街从罗马大道开始、穿过皮蒂家族的一些住宅中间、一直通到圣乔治山上的围墙。平民派六旗兵力经过这条街，从背后攻打他们的住宅。背后这一击，打垮巴尔迪家族的斗志，决定了胜利属于平民。因为当时在街上防守路障的人们知道他们的家宅正遭抢劫，就离开主要的战斗，跑回去保卫家宅，从而招致老桥失守。巴尔迪家族四散奔逃，被夸拉泰西、潘扎内西和莫齐等家族接到住宅里。平民，特别是其中下层的人们，贪图财物，劫掠了他们的家宅之后又进行破坏，把他们那些堡楼和豪华的宅第拆倒后放火焚烧，其狂暴凶猛的程度，甚至那些提起佛罗伦萨这个名称就痛恨的那些最凶狠的敌人也会耻于参加这样肆无忌惮的大破坏。

贵族既然这样被打倒，平民随即改组政府。因为他们分为上、中、下三个等级，决定从上层中选两名执政，下面两个等级各选三名。正义旗手则由三个等级中轮流选派。此外，重订了所有限制贵族的各种规章条例；为了进一步削弱贵族势力，把其中许多人贬入平民等级。贵族的溃败如此彻底，使得他们十分灰心丧气，以致从那时以后，他们再也不敢拿起武器为恢复往日的权力而斗争了；不久之后都变成极其谦卑沮丧的可怜虫。佛罗伦萨从而也丧失昔日豪放的盛名和卓著的武功。

这些大事变过去之后，佛罗伦萨直到 1353 年都保持平静。在这段时期中发生一次令人难忘的瘟疫。乔万尼·薄伽丘对这件事曾有极其感人的描述。在这次灾难中，佛罗伦萨有九万六千人丧生。1348年,同维斯康蒂家族开始第一次战争,这是由大主教引起的,他当时是米兰君主。这次战争结束之后,佛罗伦萨城内又发生争执。虽然贵族已被摧毁,但命运还是能够制造新的分裂和动乱。

第三卷　从里奇家族时代到那不勒斯战争

公元1350—1420年

第　一　章

略论各共和国内部不和——罗马的和佛罗伦萨的内部不和对比——里奇和阿尔比齐两家族之间的仇恨——乌古乔内·德·里奇为了伤害阿尔比齐家族，设法恢复反对吉贝林派的旧法律——皮埃罗·德利·阿尔比齐反而从中得利——“告诫”的起因和引起的纷乱——乌古乔内·德·里奇缓和对他人的侵犯——困难的增加——公民集会——他们向执政团进言——执政团尽力救治灾祸。

由于贵族企图发号施令、平民阶级不愿服从，很自然地引起严重的互相敌对，这就是各城邦大部分纠纷产生的根源。由于两个阶级这种心意不同，干扰各共和国的所有其他祸患也无不由此产生。这个问题使罗马不能统一。如果允许我以小比大的话，那么，也可以说是使佛罗伦萨分裂的原因。不过，同样的问题在每个城市产生的后果却很不一样。在罗马,平民和贵族之间进行斗争的时候,它的内部对立是刚刚开始;而在我们这个城市,公民之间的斗争却使对抗结束。在罗马是靠制定新的法律来结束争吵;在佛罗伦萨则是在使许多优秀人物死亡和被放逐之后斗争才算完结。罗马的对抗增强了它的军事威力;而佛罗伦萨的内部分裂却把它的军事效能销蚀殆尽。在罗马,在争执中形成不同的社会等级;在佛罗伦萨,敌对行动却消灭了原有阶级分野。之所以产生这些完全相反的后果,必然是由于这两个城市的平民抱有不同的目标。罗马平民竭力争取的是和贵族共享最高职位;而佛罗伦萨平民奋斗的目标却是要把贵族全部排除出最高职位。由于罗马平民的愿望比较合乎情理,他们并未对贵族进行特别的侮辱,从而在并未诉诸武力的情况下,贵族就同意了他们的要求;于是,在某些有争执的问题上经过一些争论之后,双方同意制定法律;一方面使平民得到满足,另一方面贵族也可以继续享有尊严。

佛罗伦萨则不然,由于平民的要求既蛮横又不公平,贵族在绝望之下竭尽全力进行自卫,从而演成流血事件,随后许多公民还被放逐。事后制定的法律并不是为了共同的利益,而完全是有利于胜利者一方,还有一点也必须看到:罗马平民争取到的权力使他们的思想得到很大提高;因为平民和贵族都可以在国家机构中担任各种职务,从而使贵族特有的优点对平民起到极其有益的影响。这样,由于城邦的长处得以发扬,罗马因此威望很高。

但在佛罗伦萨,因为平民成了胜利者,贵族被剥夺了参加政府的一切权利。他们为了重新取得一部分权利,必须不仅在外表上装作平民的样子,而且在言谈举止、思想认识、生活方式等等方面,也都要向平民看齐。因此,他们的纹章式样、家族名称等都改变了,使他们看起来属平民中人。他们原有的军事才干和豪放的感情随之也都化为乌有。由于平民本来就不具有这些特质,因而他们并不赏识这些东西。于是佛罗伦萨日益消沉,丧失体面。罗马贵族的美德后来蜕化堕落变成为傲慢狂妄;未过多久,公民就看到如果没有一位君主,国家大事就无法进行。而佛罗伦萨这时却发展到了这样一个地步:只要最高领导者有健全而明智的头脑,就满可以按照他自己的愿望,很容易地把这个城邦捏塑成任何形状。这一点只要读者能仔细阅读本书上边一卷,就可以部分地觉察到了。

前边我们已经说明佛罗伦萨的起源,它的自由独立如何开始,分裂的原因是什么;而且已经把贵族和平民之间的派别斗争如何在雅典公爵的暴政之下停止,以及贵族如何随之毁灭等情形交代清楚。现在我们要说的,就是公民和庶民之间的互相仇视以及所产生的各种后果。

贵族既已被压倒,和米兰大主教之间的战争也已结束,看来佛罗伦萨已不存在任何纷争的因由了。但是,这个城邦的厄运和它那些有缺陷的法律规章,却又引起阿尔比齐和里奇这两个家族之间的仇恨,从而再次使全城公民完全分裂,就像过去奔德尔蒙蒂和乌贝尔蒂两个家族或多纳蒂和切尔基两个家族曾经使全城彻底分裂那样。这时,教皇住在法国,皇帝住在德国。他们为了在意大利保持自己的势力,就把英格兰、荷兰、布列塔尼等地区的许许多多士兵派到我们这里。在一场战争结束之后,这些外国士兵就被抛弃、领不到薪饷,但仍然留在我们这里。他们在某些冒险家的旗帜下结成匪帮，成群抢劫那些最无自卫准备的人们。在1353年，就有一股这样的匪兵，在普罗旺斯人雷亚尔阁下的指挥下窜入托斯卡纳境内。他的到来使意大利各城市都惊恐不安。佛罗伦萨人不只为全城的安全准备了武装力量，而且许多公民，其中包括阿尔比齐和里奇这两个家族，也都为了自卫武装起来。那时，这两个家族之间充满仇恨，双方都企图用战胜对方的办法取得共和国统治权。他们还未进行公开武装对抗，只是在某些政府机构和政务会议中互相争斗。正当全城都武装起来的时候，有一天在老市场有人争吵起来，就像这类事情往往会发生的情况一样，立刻招来许许多多的人。骚乱正在扩大，有人对里奇家族的人说阿尔比齐家族的人攻击了他们的党羽；又有人对阿尔比齐家族的人说里奇家族的人正在搜寻他们。这样一来，全城的人都动起来。长官们毫无办法，只有尽力约束这两个家族，防止真的发生一场不幸，在这个问题上，虽说两个家族都没有错，祸事也尚未发生；但是，有人却故意制造谣言，说祸事已经发生了。这件显然是很小的事情，却更煽动起两派敌对情绪，使双方都下定决心更加卖力地扩大各自的追随者的队伍。至于官员们，自从贵族垮台之后，由于彼此之间这时已经完全平等，因而使长官们也比过去更受尊敬。因此，他们计划只用民政权威来平息这次骚乱。

我们以前曾提到，查理一世胜利之后，佛罗伦萨政府是由圭尔夫派组成的，从而使这一派取得压制吉贝林派的很大权柄。但时过境迁、情况千变万化以及后来出现的几次新的分裂，人们早已把过去的宗派情绪忘得一干二净；因而有许多老吉贝林派的后代现在正在政府中担任很高的官职。里奇家族的首领乌古乔内看出这个情况之后，就想方设法使往日反对吉贝林派的旧法律重新生效。许多人认为阿尔比齐家族就是老吉贝林派的后裔，因为他们的祖先是在阿雷佐发家的，很久以前就迁到佛罗伦萨来了。乌古乔内想用这个办法剥夺阿尔比齐家族参加政府的权利。因为按照原有法律规定，发现任何有吉贝林派血统的人在政府任职时，就要依法这样惩处。乌古乔内这个计划有人泄露给菲利波·德利·阿尔比齐的儿子皮埃罗。皮埃罗得悉后却决定支持这个计划；因为他看得清楚，如果他表示反对，就等于立即宣布自己是个吉贝林派。因此，里奇家族野心勃勃地恢复这项旧法律以陷害皮埃罗·德利·阿尔比齐，结果却适得其反，不但未能毁坏他的声望，反而增加了他的势力。但恢复旧法这件事确实为许多其他坏事打下基础。一个共和国再没有比重订一项有关那久已烟消云散的往事的法律更为有害的了。皮埃罗既然支持恢复旧法，于是就使他的敌人特为他而设计的这块绊脚石变成他借以飞黄腾达的阶梯。因为，他使自己成为领导执行这项新法律的人，从而使自己威望日增，得到圭尔夫派的支持比谁都大。

因为找不到一个官员愿意去查出谁是吉贝林派，从而使这项重新生效的反吉贝林派的法律没起多大作用。于是就规定把查找吉贝林派的权力交付人民首长；并规定发现吉贝林派之后，就要通知并告诫他们不要在政府中担任任何官职；如果不服从告诫，就要受到惩处。因此，佛罗伦萨所有被剥夺担任公职的权利的人都被称为“受告诫者”。

人民首长不久胆子越来越大，不但对那些按规定应当告诫的人进行告诫，而且对那些流露一些贪婪或野心的人也予以告诫。

自从1356年这项旧法重订直到1366年，已有两百名公民受到告诫。这样一来，各区区长和圭尔夫派的势力就日益强大。因为人人都怕受到告诫，只好奉承他们；特别要竭力奉承那些领袖人物，如皮埃罗·德利·阿尔比齐、拉波·达·卡斯蒂利翁基奥和卡尔洛·斯特罗齐等。这种蛮横行径触怒许多人。但没有人像里奇家族那样特别感到受损害，因为他们明白这件事是他们搞起来的，他们也看到这种事情会招致共和国的毁灭，而且，和他们原来的意图完全相反，这件事结果却使他们的仇敌阿尔比齐家族壮大起来。

因此，乌古乔内·德·里奇，自己既是执政团成员之一，就决定把他亲自和朋友们发起的这件坏事结束；于是制定一项新法，规定在六名区长之外另推举三名（其中两名由小工匠行会选出）；还规定：任何当事人如披认定为吉贝林派、由人民首长公开宣布之前，必须得到特为此目的而指定的二十四名圭尔夫派公民证实。这一规定当即削弱人民首长的权力，从而使告诫活动如果说不是完全搁置起来，至少也是大量减少了。但阿尔比齐和里奇两派仍然在互相警惕地注视着对方在制定什么法律、进行什么研究、打算如何行动等等。他们的出发点并不是判定这些活动是否得当，而是因为仇视搞起这些事情的那些发起人。

从1366到1371年，岁月就是在这种混乱状况中度过的。在这期间，圭尔夫派又占优势。奔德尔蒙蒂家族有一位名叫本基的人，曾在对比萨的战争中立过功；虽然他是贵族家庭出身，但为了对他表示感谢，就把他算作平民的一员，从而使他有资格在执政团中任职。但正当他马上就要和其他执政一起就职的时候，人们却又制定一条法律，规定凡是从贵族转为平民阶级的人都不能在执政团中任职。这件事使本基十分恼火。于是他就和皮埃罗·德利·阿尔比齐串通一气，决定用告诫这个手段压制平民派中势力较小的人物，从而控制政府。由于本基和旧日的贵族利害一致，而皮埃罗又和绝大多数有势力的公民关系密切，从而使圭尔夫派的势力恢复优势。他们还在各区实行新改革，改变了行政机构，从而使他们可以任意处置一些人民首长和那二十四位公民的职位。然后他们就重新开始告诫活动，比过去搞得更大胆。阿尔比齐家族因为是这一派的首领，所以他们的势力强大。

作为另一方的里奇家族则拼命使劲地反对他们这一计谋。于是全城又是一片不安气氛，害怕两派可能招致全城的毁灭。因此，许多公民出于爱国心，就在圣皮埃罗·斯卡尔拉焦教堂集会，费了很长时间讨论当前存在的混乱之后，就一起去谒见诸执政。他们当中的一位主要负责人向执政团进言如下：

“诸位尊敬的执政阁下，如果不是公家召集我们，即便是为了商量公众的事情，我们本来也不敢聚集在一起开会，因为我们恐怕人家会说我们冒昧放肆，或斥责我们有野心。不过因为我们看见每天都有许多公民在宫殿的大厅和前厅里集会，而且并不是为了办什么对公家有益的事，只不过是为了满足他们的个人野心；因此，我们认为，既然他们为了毁灭共和国都可以那样肆无忌惮地集合开会，那么我们为共和国的利益聚集一起就更不用担什么心了；也不需要顾虑他们对我们的集会有什么看法，因为别人对他们的看法如何，他们是丝毫都不在意的。尊敬的诸位执政！我们的爱国心促使我们先聚在一起开会，又促使我们来到你们面前，把我们共和国日前已经十分严重而且还在日益恶化的苦难向各位谈谈；

并表示愿意协助清除这些苦难。我们毫不怀疑,这件事情十分艰巨;不过,如果您各位能够把私心弃置一边,运用你们手中的权威、动员公众的力量,我们相信事情是一定可以成功的。

"尊敬的执政们,意大利各城邦的腐败堕落已经传染了我们这个城市,而且正在使它进一步糜烂。因为,意大利在甩掉皇帝的枷锁的时候、各城市不再受任何强大的势力约束,但它们并不是像自由独立的人民那样,而是像一邦闹宗派的群氓那样来处理事务,因此就出现了各式各样的混乱和灾难。首先,公民之间根本不存在任何团结和友谊;只有那些为了祸国殃民共同作恶的人,才勾结在一起。由于对宗教的信仰、对上帝的敬畏心情都已消失殆尽,因而人们不论起誓或作什么许诺,早已成为空话,只是在对自己还有利的时候才遵守;起誓或许诺只不过是为进行欺骗而采取的手段;而且谁的狡计最灵、最有把握,谁就成为最受赞赏、最受尊敬的人。因此,坏人受到了那些高尚的人才应得到的称许;好人只被看作傻瓜一类。

"毫无疑问,在意大利各城市里聚集着的,不是易于堕落的就是使人堕落的人。年轻人无所事事,年长的荒淫无耻。男女老幼都充满卑鄙下流的恶习,就是好的法律,由于执行不当,也无力加以纠正。于是,市民贪婪之风很盛。他们热切追求的并非真正的荣誉;只不过是不足挂齿的名位。从而产生相互间的仇恨、敌视、争吵和宗派倾轧。其结果是:所有的好人不是惨遭杀害就是被放逐或受各种折磨;而那些最不道德的人却飞黄腾达。因为好人相信自己清白无辜,不像坏蛋那样用不法手段保全自身、升官发财;因而既不受尊敬、也无人拥护,终于为世人所忘却。

“世道如此，于是就出现结党营私。在野心和贪欲的驱使下，坏人趋之若鹜；好人无路可走，也只得随波逐流。眼看着这些宗派领头人和煽动家满口仁义道德、用花言巧语把他们那卑鄙龌龊的阴谋诡计神圣化，实在是最可悲的事！他们开口闭口离不开自由的字眼，但他们的行动却证明他们是自由的大敌。他们从胜利中希望得到的报酬并不是使城邦得到自由的那种光荣，而是在消灭了对手之后，由自己称王称霸的愿望得以如愿以偿。为了达到他们的目的，他们干任何勾当都不觉得太不公正、太残忍、太贪婪。因此，他们所搞的一切法律与规章、战争与和平、条约与协定等等，都不是为了公共利益或城邦的共同荣誉；仅仅是为了一小撮人的好处和便利。

“如果说别的城市也充满了这些混乱，那我们这个城市所受感染比其他城市更为严重。因为我们的法律规章、民事条例等等，并不是，而且从来也不是为一个自由城邦群众的利益而制定的，而是根据当时居于最高统治地位的帮派的愿望搞的。其结果必然是一派被赶走或派别被消灭之后，另一派又随即兴起。因为，一个城邦既然不是按照法律、而是按照派别的意图治理，那么，一旦一个派别处于统治一切的地位而又无人反对时，过不了多久它必然要分裂。因为它们开始时为保卫自己而采用的那些隐蔽的见不得人的手段，这时就不再能使他们自己保持统一。这个论点的真理已为我们这个城邦从古至今的种种倾轧不和的事实所证明。吉贝林派被毁灭之后，人人都以为圭尔夫派必然可以长期继续保持幸福并永远受人尊敬了。曾几何时，他们就又分裂成比安卡和内拉黑白两派。比安卡派被压下之后，这个城邦摆脱宗派斗争的时间并没有多久。或是为了支持被放逐的人们,或是由于贵族平民的敌对,我们仍然继续不断地打内战。而且,真像是下定决心要把我们自己不愿意或不能够用内部协调的办法保有的东西拱手送人那样,我们把我们珍贵的自主权先是委托给罗伯特国王,再是交给他的弟弟,然后又交给他的儿子,最后交给雅典公爵代为照管。但是,在任何情况下我们并未得到安宁,就好像某些人既不同意在自由中生活又不甘心当奴隶似的。当我们处在仍然应当效忠国王的情况之下时,我们竟然毫不犹豫地请来一位出生于阿戈比奥的最卑鄙可恶的人物来取代国王陛下;我们的法律规章的性质竟然使我们的内部分裂达到如此严重程度!

“为了我们这个城邦的声誉,雅典公爵这个名字本应忘得一干二净。不过,他那残忍暴虐的性格本来有可能把我们教育得更聪明一些,教训我们知道怎样做人。但他刚刚被赶跑,我们就又摆弄起自己的武器,这次内战打得比过去任何一次都更凶猛、更充满仇恨。于是,往日的贵族被消灭,整个城邦归平民支配。大家都认为从此之后再也不会出现争吵或党争的情况了,因为公认的形成这些坏事的根源的那些人的傲慢和令人难以容忍的野心已经被压制。可是,经验证明,人们的判断是多么容易犯错误;而且,即使是在和人们最密切相关的事情上,人们的头脑中竟会形成多么虚假的印象!因为,我们发现贵族的骄横和野心并未死亡,只不过从他们身上转移到某些平民身上而已;这些人现在正在按照野心家一贯的行径,力图使自己成为共和国的主宰。他们很清楚,除了制造不和之外,再也没有别的机会取胜,于是就再一次把城邦分裂;使人们已经开始忘却的圭尔夫派和吉贝林派这两个名称(但愿我们从来都没听说过这样的名称就好了!)又在我们耳边响起来。

“看来几乎是命里注定似的,为了使人类的事务不能安定持久,在所有共和国中,都有所谓‘致命的家族’,天生下来就是为了毁灭自己的国家。在这类害人虫当中,要算我们国家出产的这一窝儿最为繁荣兴旺。因为曾扰乱和折磨我们这个国家的不只是一个家族,而是许多家族。最初是奔德尔蒙蒂和乌贝尔蒂,接着又是多纳蒂和切尔基;而今天呢,啊,真荒谬!啊,想起来多么丢脸,里奇和阿尔比齐这两个家族,竟然又把我们这个城邦的全体公民引上歧路!

“我们不厌其烦地向各位叙说我们这些腐败风气和从古至今一连串的分裂,并不是为了吓唬各位,而是为了把这些坏事的根源讲清楚,向你们提醒一下。我们是想表明:不只您各位无疑已体察到这些情形,我们这些人也经常记在心上;并且提醒各位,这些坏事造成的后果,不应当使您对是否有力量压制当前混乱的问题缺乏信心。过去那些大家族势力很大,而且受到人们很高的尊重,因而只用公民的力量不用武力确实不足以压服他们;但今天,帝国已丧失它的权势,教皇也已不再是可怕的了,全意大利已成为完全平等的局面,这就不会有什么困难了。和其他共和国比较起来,我们这个共和国特别有可能(尽管我们过去所作所为乍一看似乎正好说明与此相反的道理)不但使本国保持统一,而且,只要你们执政团下定决心着手制定好的法律和民事规章,我们还是可以大有进步的。我们别无其他用意,纯是出于爱国心,最强烈地敦促各位行动起来。的确,全国的败坏是严重的;要纠正就需要极其审慎。但是,千万不要把过去这些动乱归罪于人们的天性恶劣,而应归之于

时代,因为时代变了,就使人们有合乎道理的根据希望,只要有一个好政府,我们的城邦就可以享有较好的命运。因为人们的恶毒是可以克服的;办法是压制野心,废除那些鼓动派别活动的人搞的那些法令条例,只采用那些能满足公民自由所要求的新原则取而代之。请相信,在法律的良好影响下,这些可取的目标是完全可以达到的。如果拖延不决,势必迫使人们拿起武器强制其实现。"

执政团鉴于形势的需要,他们本来也早已有所察觉,现在又受到这些进言者的忠告进一步鼓励,于是就作出决定:授权五十六名公民为城邦的安全制订法律。但事情往往是这样:大多数人只适宜于遵循已经开始执行的路线,而不善于找到针对当前形势适用的新方针。这几十位公民考虑的主要是消灭现有的派别斗争,而不是为了防止产生新宗派;结果这两个目标都未实现。建立新派别的便利条件并未铲除。因而从他们警惕防范的那些派系中,又有一个更加强大的新派别兴起,从而使共和国陷于更大的危险中。这些受执政团委托的公民确曾剥夺了阿尔比齐和里奇两家族中各三名成员的一切官职,为期三年,但未剥夺他们在圭尔夫派内部的职务。这些被剥夺了官位的人们当中包括皮埃罗·德利·阿尔比齐和乌古乔内·德·里奇。他们还禁止公民们在宫殿里集会,只有在执政团开会期间才可以。还规定:如果有人挨了打、或被人霸占了财产,他就可以到政务会议上去控告犯罪者;即使被告是贵族,也可以这样做,如果所控情节经查证属实,被告则应受到通常的惩处。这一条款削弱了里奇家族的气焰,却增强了阿尔比齐家族的胆量。这是因为,虽然法律条文应用到他们两家身上是平等的,但里奇家族受到它的伤害却大得多。因为尽管皮埃罗已经从

执政团宫殿中被排除出来，但他在圭尔夫派的会议厅里还是可以自由来去，因为他在那里掌握着最大的权力。假如说他和他的追随者原先就打算利用告诫这个手段的话，那么在这次受了打击之后，他们就更要加倍地这么干了。他们既已有意要干坏事，新的刺激因素更使他们的决心倍增。

第　二　章

佛罗伦萨人反对教皇代表的战争，其原因——反对教皇的同盟——教皇的谴责，佛罗伦萨不予理睬——全城分成两派：一派是各区首长，另一派是指挥战争的八位专员——圭尔夫派为反对敌手而采取的措施——圭尔夫派千方百计阻止萨尔韦斯特罗·德·美第奇被选为正义旗手——萨尔韦斯特罗·德·美第奇当选正义旗手——他制订反对贵族的法律，支持被告诫者——诸同僚不赞成这项法律——萨尔韦斯特罗向政务会议发表演说争取支持这项法律——法律被通过——佛罗伦萨的骚乱。

这时，格雷戈里十一世登上教皇宝座。和他的前任一样，也住在阿维尼翁，派代表统治意大利。这些代表既傲慢又贪婪，压迫许多城市。那时有一位代表驻在波洛尼亚，他利用佛罗伦萨正闹严重饥荒的机会，力图统治整个托斯卡纳地区。他不但断绝对佛罗伦萨的一切粮食供应；而且还为了破坏他们未来的收成，在春天到来时，派大批武装部队发动对佛罗伦萨的进攻；他认为佛罗伦萨既闹饥荒又无武装部队,因而可以轻而易举地把它征服。要不是他的部队都是雇佣兵,而且很不忠实的话,他本来也许会取得成功的;这些雇佣兵在佛罗伦萨人付给他们总数十三万佛洛林的一笔款之后,就被劝诱放弃攻打佛罗伦萨的计划。当人们想要打仗时,是可以去打的;但当他们想撤出战争时,却往往并不那么容易。这次武装冲突是教皇代表的野心挑起来的;后来佛罗伦萨人的愤恨又使它继续下去。他们和米兰的贝尔纳博以及敌视教会的一些城邦结盟,指派八位公民负责指挥战争;赋予他们全权,不经请示就可采取行动;在费用方面他们认为需用多少就用多少,不用开账报销。

虽然这时乌古乔内业已去世,但这次反抗教皇的战争还是把原来追随里奇家族的那一派人鼓动起来,因为过去他们为了反对阿尔比齐家族,就曾一贯支持贝尔纳博并反对教会;这件事也可以说主要是因为指挥战争的八位专员都是反对圭尔夫派的。这件事又促使皮埃罗·德利·阿尔比齐、拉波·达·卡斯蒂利翁基奥、卡尔洛·斯特罗齐以及其他一些人更紧密地团结一起反对自己的敌对派。三年之中,八专员继续指挥战争,而另一派则进行告诫活动。后来教皇逝世,战争才告结束。在战争进行期间,八专员指挥有方,人民十分满意;因而在每年末尾,他们都能连选连任,并被人们称为“圣人”或“神将”——尽管他们对于教会的谴责嗤之以鼻;甚至抢劫各教堂财产,强迫神父们做礼拜。公民这时把自己国家的利益看得比宗教上的安慰重要得多。这也就等于向教会表明:如果说他们过去曾经作为朋友保卫过教会的话,那么他们现在也可以作为敌人削弱它了。因为整个罗马尼阿、各个边区和佩鲁贾都被煽动起来反叛。

佛罗伦萨人虽然对外继续进行反对教皇的战争，但在内部却无法抵制各区首长和他们那一派。圭尔夫派反对八专员的蛮横态度已达到极其嚣张的程度，甚至已经无法控制他们自己的人胡作非为；不但对最杰出的公民进行凌辱，甚至还搞到八专员本人头上。各区长如此飞扬跋扈，使人们怕他们比怕执政团还更甚。那些和他们打交道的人对他们的尊敬超过对执政们的尊敬；他们的宫廷比执政府的还受人重视。因此，不论哪国派使节到佛罗伦萨，都要向他们呈递委任状。

教皇格雷戈里既已逝世，城邦就摆脱了对外战争，但内部却仍然十分混乱。圭尔夫派大胆妄为使人难以忍受。因为没有任何别的办法可以制服他们，于是人们认为只有诉诸武力才能决定究竟哪一派力量最强。集结在圭尔夫派周围的是所有旧日的贵族和大多数最有势力的平民领袖。过去已经提到，他们当中有拉波，皮埃罗和卡尔洛。对立的那一方包括所有下层社会，他们的领导人有指挥战争的那八位专员，焦尔焦·斯卡利和托马索·斯特罗齐，追随他们的还有里奇，阿尔贝尔蒂和美第奇等家族。其余的群众，就像经常发生的那样，参加到心怀不满的一方。

圭尔夫派的头目们认为，万一有一届执政团敌视他们这一派因而决定压制他们的话，那么，与他们敌对的一派的力量必将大大加强，他们自己则将陷入十分危险的境地。因此，为了对这种可能的灾难处于有准备的状态，他们的领导人就集合在一起探讨城邦的政情，特别着重研究了自己的朋友的处境。他们发现，受到告诫的人不但人数很多而且也成了一个很大的难题；全城都因这件事感到激愤，从而反对他们。他们也想不出什么好的解决办法，由于敌对一方已剥夺了他们在政府中所有荣誉职位，唯一的办法就是把对方从城里放逐出去、占领执政团宫殿、把整个城邦置于自己一派的控制之下。这是仿效旧时圭尔夫派的做法，当时他们因为感到在城内不安全，直到把敌对势力全部赶出城去才放心了。在这一重要问题上，他们是完全一致的；但在什么时候付诸实施的问题上则有分歧。那是在1378年4月间。拉波认为不宜拖延时间，所以就说出他的意见：拖延是对他们自己最大的危险；因为在下一届执政团中，萨尔韦斯特罗·德·美第奇很可能被选为正义旗手，大家都知道他是反对他们这一派的。皮埃罗·德利·阿尔比齐的意见则相反，他认为最好推迟一些时日；因为他们需要集中一定的兵力，这些部队的调集很容易被人发觉；如果被发觉，岂不是给自己制造极大危险；因此，他认为，最好是等到即将到来的圣约翰节；因为那天是城邦最隆重的节日，到时候必然有大批大批的人群前来集会，他们就可以把他们要召集的武装人员混在这些人群之中。为了排除对萨尔韦斯特罗的畏惧，可以对他进行告诫；如果这个办法看起来不见得有效，就可以"告诫"他那个区里的一个同僚；轮到抽签时，由于签盒到那时就快成空的了，很可能是他或他的某位同党抽中，因而他就不可能当正义旗手了。于是大家就同意按皮埃罗的意见执行。不过拉波是勉勉强强地同意的，他认为这样拖延很危险，并认为，任何时机都不可能在一切方面都合适；谁要是等待一切有利条件同时出现，那他或者是永远无法办到；不然，一旦被诱使这么去干，十有八九要失败。他们"告诫"了同僚，但并未阻止萨尔韦斯特罗被推举为正义旗手。因为他们的阴谋已被八

专员发觉,并已设法使在抽签上搞的鬼完全无效。

于是萨尔韦斯特罗·阿拉曼诺·德·美第奇就被推举为正义旗手。因为他属于最高贵的平民家族之一,他无法容忍广大平民受少数有权势的人压迫的局面。他已下决心要结束他们的横霸行径,又看到中层阶级同情并支持他,而且平民最上层多数也都站在他这一边;于是他就把他的计划透露给本内德托·阿尔贝尔蒂、托马索·斯特罗齐和焦尔焦·斯卡利这几个人。他们都答应予以协助。于是他们就秘密起草一项法律,目的是恢复对显贵的限制,缩小各区首长的权力并恢复被告诫者的尊严。为了争取一下实现这些目标,他们必须征求首先是各位同僚,其次是各政务会议的意见。萨尔韦斯特罗身为总监(当时占有这个职位的人几乎形同城邦的君主),就在同一天上午把各同僚和政务会议成员都召集起来。由于诸同僚和政务会议不在一处开会,他就先到同僚那里,把他自己和他的朋友们一起制定的法律提出来请大家讨论。由于这件事太新鲜,因而遭到其中少数人激烈的反对,结果未能使法律通过。

萨尔韦斯特罗看到自己这头一着似乎要失败,就假装有私事离开这个开会的屋子,在无人发觉的情况下,立即赶到政务会议上,站在较高的位置上以便所有的人都看得见他也听得见他说话,随即说道:“我认为,我自己被推举担任正义旗手的职务,主要的并不是为了主持解决私人案件(因为这类案件已派有专任法官定期开庭加以审判);而是为了保卫城邦,纠正权势人物的横蛮无理,以及修改那些即将把共和国引向灭亡的法律。为了履行这些职责,我曾仔细考虑,并竭尽所能拟出方案。不幸的是,我发现有些人居心不良，非常反对我这些公正的方案，简直是要剥夺我办好事的一切机会，还要剥夺别人对我进行帮助的可能，甚至连别人听我说话的机会都不给。因此，既然我已经看到自己无法为共和国利益效劳，又不能为全城人民谋福利，从而使我看不到有什么继续保持这个官职的理由，这或是因为我不称职，或是别人认为我如此，我只好自行引退回家，请人民另举贤明，让品德比我更高尚或者运气比我更好的人接替。”说完他就离开大厅，像是要回家的样子。

于是政务会议成员中那些局中人和其他一些爱搞新鲜名堂的人就一起掀起一阵骚乱。执政团成员和各同僚闻讯一起赶来，看到正义旗手弃位而去，就又恳求、又以命令式的口气把他留住，一定要他回到政务会议大厅。当时大厅里正是一片混乱：许多显贵公民遭到痛骂和威胁；有一位工匠抓住卡尔洛·斯恃罗齐的脖子，如果不是旁边的人们拼命把他拉开的话，他肯定是会把他打死的。制造最大骚乱、挑动全城搞暴力行动的人就是本内德托·德利·阿尔贝尔蒂。他从宫殿的一个窗口大声叫喊，要人们拿起武器。在很短时间内，各个庭院里就站满了拿着武器的人。于是那些同僚们刚才在恳求之下不同意接受的东西，现在在威胁面前只好接受了。与此同时，各区首长也在他们的大厅里召集大批公民，讨论如何反抗执政团的命令，保全他们自己。但当他们听到外边已经闹起来了，并得悉政务会议的决策之后，就都逃到自己家里躲了起来。

不论谁都别幻想：一旦把群众煽动起来闹事之后，还能够随心所欲地控制他们或是能够制止他们搞暴力行动。萨尔韦斯特罗本

想制定法律使城邦安宁，但事与愿违，全城的人的情绪已经激动到这个程度，结果家家关上店门，公民都在自己家里修筑防御工事许多人把值钱的东西搬到教堂和修道院里，人人似乎都在担心可怕的灾难马上就要到来。各工匠行会都集合一起，增选一位官员，于是长官们就召集他们的同僚和这些官员一起开会，讨论了一整天如何才能在各派都满意的条件下使城中骚乱平息下来。但因意见分歧很大，未能取得任何结果。第二天各工匠行会把旗帜扛了出来。执政团心里明白，唯恐出事，于是立即召开会议研究对策。但他们刚刚集合在一起，喧嚣之声又起。转眼之间，各工匠行会的旗手在大批手持武器的人们簇拥下，已经占领了各个庭院。针对这个局面，政务会议为了使各工匠行会和平民对纠正坏事抱有希望，并且尽可能使他们自己避免被指控为肇事者，于是就把大权（在佛罗伦萨，这项大权叫作“巴利阿”）授予诸执政、诸同僚、八专员、各区首长以及各工匠行会官员，请他们为了整个城邦的福利改组城邦政府。这件事正在进行安排之中，有些人扛着几面行会旗帜和一批群众，为了亲自报复圭尔夫派不久前对他们的伤害，就离开其余的人，擅自洗劫并焚烧拉波·达·卡斯蒂利翁基奥的家宅。而这位拉波，在了解到执政团为反对圭尔夫派而采取行动，并看到平民已经武装起来之后，他无计可施，只有躲藏或逃跑。他先逃到圣克罗切教堂，后来又打扮成一个修道士逃到卡森蒂诺。在那里，人们常听见他自己责怪自己：当初不该同意，等到圣约翰节有把握把政府抓到手中的时候再下手。皮埃罗·德利·阿尔比齐和卡尔洛·斯特罗齐在骚乱一开始时就藏了起来，相信在骚乱过后，由于有许多亲戚朋友关照，他们还有可能留在佛罗伦萨。

拉波的家宅被烧毁。坏事一般开头儿虽难,可是一旦搞起来了,就很容易扩大。因此,许多其他人的房宅,或是由于公愤,或是因为私仇,也遭到同样命运。这些暴民为了得到一批比他们自己更热切的伙伴帮助他们抢劫,就把所有的公共监狱冲开,然后又洗劫阿尼约利修道院和圣灵女修道院,许多公民为了安全,曾把贵重财物存放在这些修道院里。甚至政府会议厅等地也未能逃出这邦破坏者的手。只有一个例外:一位骑在马上的执政,他后边跟着许多手持武器的公民,人们由于尊敬他,群众的愤怒才被压制住了。

第 三 章

政府官员采取反措施以平息骚乱——正义旗手卢吉·圭奇阿尔迪尼恳求行会官员尽力使平民安定下来——庶民制造的严重暴乱——呢绒业行会——庶民集会——一位庶民煽动家的演说——他们当场所作决议——执政团发现庶民的阴谋——针对他们的阴谋采取的措施。

靠执政团的权威以及黑夜的降临,这次平民骚乱才逐渐平息下来。第二天,"巴利阿"解脱了被告诫者,条件是:三年以内,他们不能在政府机关担任任何职务。还废除圭尔夫派制定的有损公民利益的法律;宣布拉波·达·卡斯蒂利翁基奥和他的同伙为叛逆,和他们一起被宣布为叛逆的还有其他许多受到公民普遍憎恶的人。作了这些决议之后,就重新抽签组织执政团;推举卢吉·圭奇阿尔迪尼为正义旗手。这就使人们产生希望,以为骚乱很快就可以平息下去;因为人人认为他们都是十分和气而热爱秩序的人。但店铺仍未开门;公民也未放下武器,仍然成群结队地在城里到处巡逻。因此,执政团就职时就不能像往常那样举行盛大典礼,只是在宫中集会,一切仪式都从简。

这一届执政团认为他们任职之初当务之急是恢复和平;再没有比这个更为得当的了。所以就下令全城收起武器,店铺开门,那些被邀请前来支援的外来人都返回自己的家乡。城内许多地方都派岗哨驻守。这样,只要那些受告诫者保持安静,秩序不久即可恢复。但被告诫者对于要他们等待三年才恢复荣誉很不满意。于是,为了使他们满意,各工匠行会又集合开会,要求执政团为城邦安宁和城邦利益,应颁布法令,规定任何时候都不得把任何公民,不论是执政、是政府同僚、还是区长或任何工匠行会的负责人,作为吉贝林派予以告诫。他们还要求把圭尔夫派的旧选票焚毁,另制新选票。这些要求立即得到同意,不仅是执政团成员,而且各政务会议也都认可了。因此,人们希望这回新激起的骚乱可以平息了。

但是,因为人们不满足于恢复自己原有的东西,而是要进一步占有别人的东西,还要报仇。因此,那些企图在骚乱中混水摸鱼的人就撺掇工匠们说:如果不把他们的武装部队中的某几部分从城里赶出去或加以消灭,他们就永远不会得到安宁。这个惊人的主张被执政团了解到之后,他们立即把各工匠行会官员召来。正义旗手卢吉·圭奇阿尔迪尼对他们发表了如下一段讲话:“各位执政,还有我,如果不是对我们这个城邦的命运早就有所了解,即对外战争一旦结束,内战必然马上开始,那我们对今天出现的情况一定会十分惊讶,也一定会非常生气。但由于我们对这种事已经习以为常了,因而也未感到很为难,对不久前发生的那些动乱,我们都耐心容忍了,这些乱子的出现,大部分并不是由于我们有什么过错;我们曾希望,在我们按照你们的建议作了许许多多重大让步之后,这些动乱也会像已往历次动乱那样很快就可以结束。但我们发现你们仍然没有平静下来,还打算对你们的公民同胞搞新的犯罪行为,企图搞新的放逐。你们这些错误行为越严重,我们的不快当然也就随着增加。说实在的,假如我们能早一点知道在我们这一届执政团任期内我们的城邦就要毁灭的话,毫无疑问,为了避免这种可怕的局面,不管你们是否同意,我们早就逃跑或自行放逐了。但是,因为当时我们还相信和我们打交道的人们是具有某些人道感情的,也还爱祖国,所以我们才自愿地接受了管理国家的重任,以为用我们的和善可以克服你们的野心。谁料想经验竟然告诉我们:我们的行为越是谦恭,作出的让步越多,你们的态度就越是傲慢,你们的要求也就越过分。我们虽然对你们说这样的话,但目的并不是要触犯你们,只不过希望你们能有所改正。让别人给你们讲悦耳的话吧;我们打算提出的,只是对你们有益的忠告。

"现在我们要请问你们,也希望你们能凭着你们的荣誉回答:还有什么东西我们没有答应你们,使你们似乎可以正当地提出任何新的要求呢?你们曾希望取消各区首长的权力,这件事已经照办;你们曾希望焚毁旧选票并改革选举制度,这件事我们也已经同意;你们曾要求使被告诫的人们恢复名誉,这件事我们也早已答应;在你们的请求下,我们还曾宽恕那些烧毁房屋、抢劫教堂的人们;为了使你们高兴,许多高尚的公民已被放逐;在你们的建议下,

对显贵也实行了新的限制。你们的要求有个完的时候吗？试问，你们究竟打算继续滥用我们的宽大多久？难道你们看不见我们忍受失败比你们享受胜利还要有节制得多吗？请问，你们的分裂活动究竟要把我们的城邦带到什么地方去呢？难道你们都已忘记，过去我们的城邦分裂的时候，卢卡的一位卑贱的市民卡斯特鲁乔就曾使城邦屈服了吗？而且，你们请来的雅典公爵，不是也干过这样的事吗？但当公民们团结起来保卫城邦的时候，米兰的一位大主教，甚至一位教皇都未能使我们佛罗伦萨屈服，在打了许多年仗之后，被迫灰溜溜地退走了。

“这个城邦，即使是在战时，许多强大的敌人也不能使它屈服，那么，你们究竟是为了什么，非要在和平时期，通过倾轧不和的行径，使城邦沦于受人奴役的地位呢？从分裂中，你们将来得到的只能是城邦被征服奴役，从你们已经抢到手的财物以及你们即将从我们手中抢到的财物中，将来得到的只能是贫困；因为这些财产是我们为全城公民提供工作的手段，如果你们从我们手里把它抢去，我们就再没有什么办法可为全城居民提供工作机会。更何况，那些用不正当的手段得来的不义之财，也难以长期保存；因此，你们给全城带来的就是贫穷匮乏。现在我，还有这里的各位执政命令，如果这样做还算合乎情理的话，就请你们让头脑冷静下来：——应当知足，对我们已经为你们作出的那些规定应当感到满意。假如你们发现还有其他什么事情需要解决，还可以提出要求，但要有礼貌和守秩序，不可再搞骚动。因为，只要你们提的要求合理，总是会得到批准的。这样你们就不会给那些搞阴谋诡计的人以可乘之机来毁灭你们的国家，并把罪责加到你们身上。”

这一席话,句句表达的都是真情实理,因而在公民的心中产生了较好的效果。他们向正义旗手表示谢罪,说正义旗手对他们的态度说明是一位慈祥的执政,对全城邦来说,他表现了一位好公民的品德。还说不论怎样对待他们,他们都会服从。执政们为了表明自己的意图是诚挚的,就在政府每个高级机构中增设两位公民参政。这批人和各工匠行会官员在一起,考虑一些使城邦恢复平静的办法,并把他们制订的措施向执政府汇报。

这些事情正在进行之中,另一次骚乱却又兴起。而且这一次骚乱比过去任何一次给共和国造成的损失都大。前些日子发生的绝大部分抢劫和纵火案件都是平民中最低阶层的人们干的。那些最胆大妄为的人唯恐大的分歧解决之后,他们就会因为过去所犯罪行而受到制裁;而那些教唆他们犯罪的人也会像往常那样,抛弃了他们。除了这个原因之外还有另一种原因:最低阶层认为他们付出的劳动没有得到应有的报酬,总感觉吃亏,因而对富裕公民和各行业的头头们心怀怨恨。自从查理一世时期开始,全城就分为若干行会,每个行会都有一位指派的首领或官长,并规定凡是各行业从业人员发生民事纠纷都由他们自己的上级解决。前边我们曾提到,这些行会起初是十二个,经过一段时间就增加到二十一个。这些行会逐渐取得很大权力,几年之后,全城邦的行政机构就都掌握在行会手中。因为有些行会比别的行会更受尊重,因而就产生了所谓“大行会”和“小行会”的区分。有七个行会称为“大行会”,十四个称为“小行会”。由于有了这种划分,再加上过去已经提到过的一些别的原因,从而使各区首长妄自尊大起来。这是因为,原来一直把持这个官职的那些公民过去都是圭尔夫派;他们支

持大行会的追随者;迫害小行会和他们的赞助人。我们已经提到过的许许多多纠纷和暴乱都是由此引起的。各行业最初组织行会的时候,人民中最底层和那些庶民所从事的许多行业并未建立行会,而是附属于和他们最接近的那些行业的行会。因此,当他们付出的劳动得不到适当的报酬、或受到他们的雇主压迫的时候,他们就无处找人申诉和纠正,只能去找他们所从属的那个行会的官员;但他们认为在这些官员手中并不能经常得到公正的处理。在这些行会当中,从过去到现在一直拥有数量最多的这类附属人员的,要算呢绒行业行会;这个行会过去和现在一直都是最有势力的团体,他们的权力也最大,并支持大部分庶民和人民中的最底层。

那时,低层阶级,不只是从属于呢绒行会的,还有从属于其他行会的,那些人由于上述原因,经常心怀不满。他们放火抢劫之后,总害怕受惩罚,因而心情总不能平静下来。在夜间,他们在许多地方开会,谈论过去发生的事情,互相交谈他们面临的危险。这时有一个胆子最大也最有经验的家伙,为了煽动其他的人,就说了下面的话:

"假如当前的问题是我们应不应该拿起武器去抢劫焚烧公民的住宅、抢劫教堂财物的话,有些人会认为这样的事应当进一步认真加以考虑;而且,或许宁愿贫困而安全,也不为追求靠不住的利益去冒险;我也是这类人当中的一个。然而,既然我们已经拿起武器,而且已经干了许多犯法的事;依我看来,我们应当考虑的倒是怎样才能把这些罪行撇开,设法避开我们已经干过的事情所引起的后果以保全自己。如果什么事情都不能教给我们怎么办才好,那我就毫不含糊地认为,迫不得已是会教给我们怎么办的。大家看得出来,现在全城都充满对我们的怨恨和愤懑,公民们已经紧密地团结起来,那些执政也经常和官员们聚在一起。你们大家完全可以相信,他们正在想法子对付我们,他们正在研究某种压服我们的新计划。因此,有两件事我们必须注意,有两个问题应当考虑:第一件是如何设法逃脱我们前几天干的事情招来的惩罚;第二件是怎样才能在未来的日子里生活得更舒适更安全。因此,我认为要想使我们的旧罪得到宽恕,就必须犯些新罪,加倍干坏事,多放火多抢劫;在这样干的过程中,还要尽可能多拉一些人加入。因为,犯罪的人越多,受惩罚的人就越少;犯轻罪往往受到严厉惩处,犯大罪、重罪却往往得到奖励。受损害的人很多,也就很少有人寻报复,因为普遍的灾祸总比个别人受害更容易忍受。因此,罪行的数量越是增加,就越容易得到宽恕,而且还会为我们打开一条门路,取得我们为获得自由所需要的手段。看来很明显,好处是肯定的。因为我们的对手既有钱又不团结。他们的不团结会给我们取胜的机会;他们的财富到了我们手里就会使我们得以维持生活。

"不要上当,以为他们祖先的古老血统会使他们比我们高贵;因为所有人类都出于同一祖先,都是同样古老;而大自然也把所有的人都塑造成一个模样。大家都把衣服脱光了,就会看到人人都长得差不多。假如我们穿上他们的衣服,他们穿上我们的,我们就显得高贵,他们就显得卑贱了。由于贫富不同才使我们有贵贱之分。你们当中有些人从内心悔恨自己干过的事,而且下定决心今后洗手不干这种事了;我一想到这一点就非常难过。如果情形真是这样,那就可以肯定地说,我是认错人了;因为你们根本就不应当受耻辱和良心的责难。胜利者,不论是用什么手段取胜的,人们考虑到的只有他们的光荣；良心这个东西和我们毫无瓜葛，不必考虑它。因为，像我们这样的人，常常必须为饥饿、坐牢或杀头而担忧，怕入地狱的想法既不可能也不应当对我们有任何影响。你们只要对人类的行为留神观察，就会看到，所有那些获得巨大权势、取得大量财富的人，不是运用暴力就是运用欺骗的手法。而对于用暴力和欺骗得到的这一切，他们总是千方百计用伪造的所谓正当的收益的美名来掩藏他们取得这些东西时所用的那些可耻的伎俩。那些由于轻率任性或头脑迟钝而不愿意这样干的人，总是陷于受奴役和贫困的处境。因为忠实的奴仆总是当奴仆，诚实的人永远受穷。除非既大胆又不忠实，否则永远也摆脱不了奴役；除非既贪婪又奸诈，不然一辈子也逃不出贫困。上帝和大自然把所有人生的幸福都撒到人间，人们把它抓到手的方法与其说是勤勉不如说是强夺，是恶行而不是善举。因此，只能是人吃人。只有不能自卫的人才活该担惊害怕。所以，当机会来到的时候，我们必须使用暴力。当前正是千载难逢的大好时机，因为公民们眼下仍然处于分裂状态，执政团举棋不定，官员失魂落魄。在他们能作出妥善的安排以前，我们很容易战胜他们。

“用这种办法我们将取得全城的统治权，或者其中很大一部分权力。这不但可以使我们过去的罪过得到宽恕，而且还可以用足够的权威要挟城邦，必要时将来还要大干一场。我承认，这个办法既大胆又危险。但在迫不得已时，大胆就变成审慎；而且在大事业中，勇敢的人从来都不考虑什么危险。在开始时冒些险的事业，到最后总会得到报酬。任何人，不经历某些危险，是不会从困境中摆脱出来的。更何况，显而易见，他们正在人力准备监狱、拷问台和杀人工具。这对我们来说,无所作为将更危险;只有奋力才能拯救自己。因为无所作为则祸患必来;行动起来则不一定。我经常听到你们抱怨说上司如何贪婪、官员如何不公。那么现在是时候了,不但可以从他们的压迫下解放自己,而且还能够使自己变得比他们更为崇高,从而使他们有更多的理由对你们担忧害怕,而不是你们惧怕他们。形势造成的机会是会溜走的;当机会丧失后再想把它找回来,那是徒劳的。你们大家看到我们的敌人正在作准备;我们必须先发制人;谁首先拿起武器谁就一定胜利,一定能消灭敌人、壮大自己。只有这样,我们当中的许多人才能得到荣誉,而我们全体都将得到安全。"

这些人的头脑早就想干坏事了,他这番议论真正是火上浇油;于是他们就决定一旦凑足结伙闹事的人数,马上就拿起武器干起来;大伙发誓互相保护以防任何人被政府的兵力征服。

正当他们筹划如何夺取共和国政权的时候,他们的阴谋被执政团发觉了。执政团抓住一个名叫西莫内的人,从他嘴里了解到阴谋的细节;还说他们准备第二天就发动叛乱。执政府看到危机已迫眉睫,立即召集同僚以及那些和各行会官员一起正在设法促成全城团结的公民们开会。那时天已晚了,他们劝各位执政把各行会的顾问召集起来;顾问们建议第二天一早把佛罗伦萨全部武装力量,各行会执旗官和他们的行会成员,全副武装召集到广场上。在西莫内受拷打审讯时,恰巧有一个名叫尼科洛·达·圣弗里阿诺的人在宫殿里矫正时钟,这个人了解到正在发生的事情;回家之后,他就在东邻西舍逢人就说。于是,圣灵广场立刻就被一千多人占领了。这件事很快又传到其他阴谋分子耳朵里,于是在他们的集合地点圣皮埃特罗.马吉奥雷和圣洛伦佐两个教堂里立即挤满了他们的人,个个手持武器。

第　四　章

庶民采取的行动——他们向执政团提出的要求——他们坚持要执政团离开官殿——执政团撤离官殿——米凯莱·迪·兰多当了正义旗手——庶民的怨言和他们反对米凯莱·迪·兰多的运动——米凯莱·迪·兰多对庶民采取行动并迫使他们遵守法纪——米凯莱·迪·兰多的为人。

7月21日天刚亮,在广场出现的支持执政团的武装部队只有八十多个人,各行业执旗官一个都未露面。这是因为,他们了解到全城都处于叛乱状态,谁都不敢离开自己的家。在广场上出现的头一群庶民就是早已在圣皮埃特罗·马吉奥雷教堂集合起来的那些人;但军队未敢向他们发动进攻。其他群众陆续来到,发现无人抵挡,他们就大声叫喊,要求执政团释放他们那些在押的人。他们决定如果用威胁的办法达不到目的,就要使用暴力。于是就把卢吉·圭奇阿尔迪尼的家宅放火烧毁。执政团怕祸事闹大,就把那些犯人放了。庶民得到这一批人支援后,就把正义大旗从扛旗的人手里夺过来。在这面大旗的权威的庇护之下,他们又烧毁许多公民的家宅;选中的是那些曾在公事或私事方面招惹他们恼恨的人的住宅。许多公民为了借机报私仇,就把这些庶民领到他们的仇人住宅去放火。因为,只要人群中有一个人叫喊一声"到某人的家宅去”,或者,只要扛大旗的人带路朝哪家走,就满可以保证那一家的房子化为灰烬。属于呢绒行业的全部文件都被烧毁。搞了这么多暴力行动之后,为了使这些罪行和某种可赞美的事联系起来,他们就把萨尔韦斯特罗·德·美第奇和其他六十三名公民封为骑士,其中还包括本内德托和安托尼奥·德利·阿尔贝尔蒂,托马索·斯特罗齐以及一些也同他们友好的其他人。不过,许多人接受这份荣誉时是违背自己意愿的。在这次暴乱中有一种引人注目的怪现象:许多人在自己的家宅被烧毁的同一天又被封为骑士,这两种事都是同一帮子人干的。侵害和善意竟然如此紧密相连。这样的怪事竟然也发生在正义旗手卢吉·圭奇阿尔迪尼本人身上。

在这场惊天动地的喧嚣中,执政团发现自己已经被人们抛弃,他们的武装部队、各行会的首领和执旗官等都不理睬他们了,因而使他们极感沮丧;三令五申,也不见有人来帮助。在十六面旗帜中,只有金狮和松鼠这两旗队伍,在焦文科·德拉·斯图法和乔万尼·卡姆比二人率领下应命前来。但由于其他旗帜队伍不来会合,这两支旗帜队伍不久也都撤走。另外,在市民那方面,有些人看到不可理喻的群众的狂暴行为,连宫殿也被放弃,就都躲在家里不敢出门;另一些人则跟着手持凶器的乌合之众,希望由于和这些暴民在一起,自己的或朋友的家宅就可能较易保住。庶民的力量因而大增;执政团的力量则大为削弱。暴乱持续一整天。到夜间,暴民在圣巴尔纳巴斯教堂后面的斯泰法诺宫附近停下来。他们的人数已超过六千。天亮以前,他们已用威胁手段夺得各行会的旗帜。等到早晨,他们就扛着这些旗帜和正义大旗,向总监的宫殿推进。总监拒绝交出宫殿,他们就予以强占。

执政团因为无法用强力遏止这些暴民,就想和他们达成妥协。于是就派了四位同僚到总监宫殿去探问他们的意图究竟是什么。这四位同僚发现庶民的首领们、各行业的负责人、还有一些公民已经决定向执政府请愿。于是他们就带回庶民的四位代表。这些代表提出的要求是:不应允许呢绒行业有一位外籍法官;应当另组织三个行业行会:一个梳毛染毛行会;一个由理发匠、紧身上衣缝制工和裁缝等一类的人们组成的行会;还有一个由平民最底层组成的行会。他们要求从这三个新成立的行会中选出两位执政,由十四个小行会中选出三名。执政团还应当为他们提供一个适当的集会地点。他们还提出下列一些条件:这些行会的成员所欠债务,凡是在五十个金币以下的,两年以内都不要求偿还;凡是银行已借出的款项都不得收取利息,只可收回本金;被放逐或被判刑的人应当得到宽恕;被告诫的人应恢复在政府中任职的荣誉。除了这些以外,还提出许多对他们的朋友们有利的条件。他们还提出一项要求:对他们的很多敌人要进行告诫和放逐。这些要求虽然对共和国来说是既严重又不光彩的,但由于担心暴力行动继续闹下去,所以,经过各位执政、各位同僚和人民会议共同考虑之后,就都答应了。不过要使这些条件完全生效,还要经过公社会议同意。由于不能在同一天召开两次会议,只好拖到明天再议。不过,各行会似乎已很知足,庶民也满意了。两方面都作出许诺:这些法律得到批准之后,一切骚乱都应当停止。

第二天早晨,正当公社会议开会研究这些事情的时候,不耐烦的、反复无常的群众又开进广场;他们在各自的旗帜下,大声发出

可怕的吼叫,使委员会和执政团胆战心惊。执政团成员之一圭尔伦泰·马里尼约利,主要是因为太害怕了,就假装要到楼下去看守大门,从会议厅溜回自己家里。沿路在群众面前无法躲藏;但群众倒也没怎么理睬他;只是在看见他之后,向他说明他们坚持要执政团撤出宫殿,并声明如果他们不照办,就要把他们的住宅烧毁,把他们家里的人杀死。

这时法律已被通过。各位执政都呆在自己的房间里,会议的成员也从会议厅下楼了,但都还没离开宫殿。看来挽救城邦已无希望,他们就在楼下的前厅和院子里呆着。眼看这些暴民如此堕落,而那些本来是可以把他们制止或镇压下去的人却又是如此邪恶或害怕,因而悲愤交加。执政团也是一样,发现一位同事弃离他们,不但求助无门,甚至想找个人商量一下都办不到,为祖国安危担惊害怕、狼狈不堪。正在这不知要出什么事、也不知如何是好的时刻,托马索·斯特罗齐和本内德托·阿尔贝尔蒂两个人,也许是在野心驱使下企图呆在宫里当主人,也许认为采取这个步骤是最可取的,劝他们在冲动的群众面前退让,私自溜回自己家里算了。这样的劝告是从暴乱的首领嘴里说出来的。虽然别人都服从了,但阿拉曼诺·阿奇阿尤利和尼科洛·德尔·贝内这两位执政听了之后却义愤填膺。他们鼓起一些勇气之后说道,如果别人愿意退走,他们没法子;但只要他们的职务仍然在身,同时也未丧命,他们就要留在这里。他们这一争吵使得执政们更加恐惧,平民们愤怒倍增。正义旗手见势不妙,宁愿在耻辱中结束自己的职务也不去冒险,于是就要求托马索·斯特罗齐照顾他,这个人就把他带出宫殿送他回家。其他执政也以同样方式,一个接一个地被送走。阿

拉曼诺和尼科洛,看到只剩下他们两个人,心想与其表现得更勇敢些还不如更聪明些为好,于是也撤走了。宫殿因而落入庶民和指挥战争的那八位专员手中,这几位专员至今仍未放弃自己的权力。

庶民进入宫殿时,正义旗手的大旗是由一位梳毛匠米凯莱·德·兰多扛着的。这个人光着脚走路。身上也没穿什么衣服,后边跟着一大群暴民。他一步步登上楼梯,进入执政团接见室之后,就停下来,回过头来对群众说,"你们看,这个宫殿现在已经是你们的了;这个城邦也已经掌握在你们手里。你们认为应当怎么办呢?"群众回答说,他们愿意推举他为正义旗手和君主;他认为怎样合适就可以怎样统治他们、统治城邦。米凯莱接受了这个命令。因为他是一个冷静而精明的人,与其说他的运气好还不如说他的天赋高。他决定结束骚乱使全城恢复和平。为了使人们的思想不得闲,也为了给自己一些时间安排政务,他下令叫人们去搜索原先由拉波·达·卡斯蒂利翁基奥委任的一位名叫塞尔·努托的巡官。他的追随者大部分都去执行这项任务。他的大权是在群众的拥护下取得的,他打算以公正的行动开始执行他的权力;于是下令任何人都不许放火抢劫;为了使所有的人都有所畏惧,他叫人在宫殿大院里竖起一台绞架。在着手改组政府时,首先撤销各行会官员的职务,另派新人接替;罢免执政团成员和诸同僚的官职;烧毁前任政府搞的那些装有资格的候选人名签的口袋。

与此同时,塞尔·努托被一大群人弄到大院里来。人们把他的一只脚拴吊在绞架上,周围的人把他撕成碎块,一转眼间就把整个尸体撕完,只剩下仍然拴在架子上的那一只脚。

另一方面,那八位指挥战争的专员,在执政们离开之后,认为他们自己就是留下来仅有的城邦的主宰了,因而已经组成了一个新的执政团;但米凯莱得悉后,就命令他们立即离开宫殿;因为他打算表明:用不着他们帮助,他自己就可以统治佛罗伦萨。然后他把各行会的官员召集起来,组成了执政机构;其中四名出自庶民最底层,两名出自大行会,两名出自小行会。此外,他又选定一些人,把他们的名签放入选举袋;把全城邦分成三部分:一部分包括新成立的行会,一部分是小行会,第三部分是大行会。他把老桥附近那些店铺的税收赐给萨尔韦斯特罗·德·美第奇;他本人则收取埃姆波利的岁入;还授予许多公民(都是庶民的朋友)年金,目的主要还不是为了报答他们的功劳,而是为了避免人们对他本人过分嫉妒。

在庶民看来,米凯莱在改组城邦中,过分优待平民中的上层等级,而他们自己在政府中的份额却太少,不足以使他们保有政权。于是,一向大胆妄为的风气,又驱使他们拿起武器,成群结伙大喊大叫着涌进宫殿大院;每个集团都举着自己的旗帜,坚决要求执政团马上下楼考虑采取新办法以增进他们的福利和安全。米凯莱看见他们这样狂妄,不打算招惹他们,但也不再对他们的要求作让步,他责备他们提出要求的方式不好,劝他们放下武器,然后才能答应对他们作某些让步;不然的话,为了城邦的尊严,就不能答应他们的要求。群众听了这个回答,怒火冲天,立即撤到圣玛丽亚·诺韦拉教堂,在那里推举出他们这一派的八位领袖和其他官员,为了保证自己的势力和尊严,还制订了其他规章制度。于是,城邦就出现两个政府,听从两个势力集团的指挥。这些新领袖决定从他们的行会中选出八个人常驻宫殿和执政团在一起;不论执政团作出任何决议，在成为法律之前，必须征得他们的同意。他们从萨尔韦斯特罗·德·美第奇和米凯莱·迪·兰多那里把原先的法令授予他们的一切职位和酬劳都夺过来，分给他们自己这一派里的许多人，以便使这些人能支持他们的尊严。这些决议通过之后，为了使它们生效，就从自己一伙中派了两个人到执政团去，坚决要求政务会议批准；还要挟说，如果得不到批准，就要用武力促其实现。这个代表团以惊人的大胆的言词和目空一切的傲慢态度向执政府说明他们的来意；还谴责正义旗手，说他们曾授予他很高的职位，对他表示过很大的敬意；但他对他们竟然如此忘恩负义、不把他们放在眼里；说到最后就进行威胁。米凯莱再也不能容忍他们这样嚣张狂妄，倒不是由于他出身的微贱，而是因为他意识到自己职位的尊严，决定用非常的手段来惩治他们这种非常蛮横的态度；他抽出自己随身佩带的宝剑，把这两个人砍成重伤，下令把他们逮捕入狱。

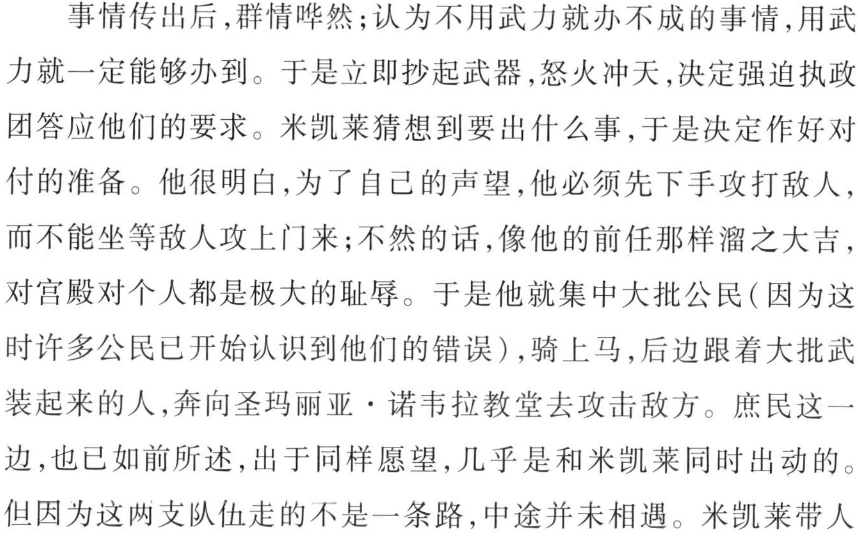

事情传出后，群情哗然；认为不用武力就办不成的事情，用武力就一定能够办到。于是立即抄起武器，怒火冲天，决定强迫执政团答应他们的要求。米凯莱猜想到要出什么事，于是决定作好对付的准备。他很明白，为了自己的声望，他必须先下手攻打敌人，而不能坐等敌人攻上门来；不然的话，像他的前任那样溜之大吉，对宫殿对个人都是极大的耻辱。于是他就集中大批公民（因为这时许多公民已开始认识到他们的错误），骑上马，后边跟着大批武装起来的人，奔向圣玛丽亚·诺韦拉教堂去攻击敌方。庶民这一边，也已如前所述，出于同样愿望，几乎是和米凯莱同时出动的。但因为这两支队伍走的不是一条路，中途并未相遇。米凯莱带人马返回时,发现广场已被对方占领。当前的争夺集中在宫殿一处。交锋后,他很快就把对方打垮,把一部分赶出城外,另一部分被迫扔下武器拼命逃窜或躲藏起来。这样获胜之后,骚乱终于平息。这完全应当归功于正义旗手的才干。他的英勇、审慎、慷慨大度,和他同时代的公民是无法比拟的。他应当算作曾经为祖国作出巨大贡献的少有的几位英雄人物之一。因为,要是他有什么恶意或野心,这个共和国必然早已彻底毁灭,城邦必然遭受比雅典公爵更暴虐的暴政之害。他的善良品质从来都不曾允许任何违背公益的想法进入他的头脑。他的精明审慎使他在处理任何事情上,都能使他那一派人当中的绝大多数对他十分信任;而其余的人,则由于他的权势而怀着敬畏之心。他这些品质使庶民驯服,也使高级的工匠大开眼界,使他们认识到:在克服了贵族的骄横之后,如仍能容忍暴民的讨厌的统治该是多么愚蠢的事。

第五章

关于选举执政团的新规定——城内的混乱——皮埃罗·德利·阿尔比齐和其他一些公民被判死刑——佛罗伦萨因杜拉佐的查理的逼近而感到惊慌——因而采取的措施——焦尔焦·斯卡利的骄横——本内德托·阿尔贝尔蒂——焦尔焦·斯卡利被斩首。

米凯莱·迪·兰多压服庶民之后,新执政团即由抽签方法选出。它的成员中有两个人极其卑鄙下贱。平民看到自己陷入这样的耻辱中，渴望从中解脱出来。9 月 1 日，正当新执政团成员进宫上任、即将退职的旧执政仍未离开的时候，广场上又挤满了手持武器的人。人群中发出吵吵嚷嚷的声音，高呼不许卑鄙下贱的人在执政团中任职。因此，那两个可憎的家伙随即被撤销职务。其中有一个名叫伊尔·蒂拉，另一个叫巴罗乔。另选焦尔焦·斯卡利和弗兰切斯科·米凯莱顶替。由社会最底层组成的行会也解散了，这个行会在政府任职的成员也都被免职，只有米凯莱·迪·兰多，洛伦佐·迪·普乔和少数几个品质较好的人留任，政府里的尊荣职位分成两部分，一部分分派给高级行会人员，一部分分派给低级行会的人；只是从后一种行会中推选五位执政，前一种行会则选四位。正义旗手的职位由双方轮流选任。

政府这样组成后，城邦暂时恢复平静。不过，共和国虽然已从庶民最底层的势力下挽救出来，但低级行会的势力仍然比平民上层势力大。可是，平民上层又不得不迁就这些行会、满足他们的要求，目的是使他们不再支持庶民。所有的人，凡是希望继续压制那些曾打着圭尔夫派旗号在公民头上横行霸道的人，都拥护新成立的政府机构。有这种思想倾向的颇不乏人，其中包括焦尔焦·斯卡利、本内德托·阿尔贝尔蒂、萨尔韦斯特罗·德·美第奇和托马索·斯特罗齐。这四个人几乎已经成了城邦的君主。公众的这种思想情绪，使平民上层和小行会之间早已由里奇和阿尔比齐两个家族的野心开始搞起来的分裂更加深了。这两部分人之间的分裂在不同时期造成许多严重后果，今后我们还要不断提到，因此，我们姑且给他们起个名字，称平民上层这一派为平民派，称小行会这一派为庶民派。这情况持续三年；在这期间有不少人被放逐或被处死。因为政府知道城内城外都有许多人对他们不满,所以使他们经常处于提心吊胆状态。城里有些人或者有所窥伺或者心怀不满;他们或是真的每日都在策划新的反政府阴谋,或是政府怀疑他们要这样做。城外的那些人则由于不受约束,因而经常借助于某位君主或某个共和国,散布各种传闻、企图扩大不满情绪。

贾诺佐·达·萨莱诺这时正在波洛尼亚,在杜拉佐的查理手下当指挥官。查理是那不勒斯王族的后代,因为他策划夺取乔万娜女王的领地,就叫他的指挥官留在波洛尼亚城内;这件事是经过教皇乌尔班同意的,因为教皇也反对乔万娜女王。佛罗伦萨许多被放逐的人也住在波洛尼亚,他们和查理、贾诺佐都有密切来往。这就使佛罗伦萨的统治者经常保持警戒。因此,只要有人对那些受怀疑的人们造谣中伤,他们都很爱听。正当人心惶惶之际,有人向政府透露说贾诺佐·达·萨莱诺即将率领被放逐的人向佛罗伦萨进军,城里也将有大批人搞武装暴动里应外合,准备把城市献给他们。根据这项情报,许多人被控有罪,其中为首的是皮埃罗·德利·阿尔比齐和卡尔洛·斯特罗齐。其次是奇普里阿诺·曼焦内、亚科波·萨凯蒂、多纳托·巴尔巴多里、菲利波·斯特罗齐和乔万尼·安塞尔米等人。除了卡尔洛·斯特罗齐在逃之外,所有其余的人都被扣押。执政团为了防止任何人拿起武器支持他们,就派托马索·斯特罗齐和本内德托·阿尔贝尔蒂二人率领一支强大武装部队在城里警戒。被捕的公民受审问时,虽然无人招出任何情节足以使人民首长判定他们有罪,可是他们的仇人极力煽动群众,使人们反对他们,火冒三丈,势不可当,因此,他们都被判死刑;事实上当然是迫不得已干的。虽然皮埃罗·德利·阿尔比齐

的家庭很高贵，他本人过去的威望也非同一般，在所有公民中，他曾经是最受敬畏最受尊重的人，但这一切都无济于事。过去他有一次摆筵席请了许多公民，有一个人，也许是作为他的朋友，出于好心，为了使他在荣华富贵时学得聪明一些；也许是他的某个仇敌，想以命运变化无常吓唬他，送给他一只大银碗、满满地装着甜食，后来在里边发现一只很大的钉子。当时许多人都看见了，认为这是暗示他要稳住时运的运转：当命运之轮已经把他抬到顶点的时候，如果这个轮子继续运转，必然会把他降到最低处。这个解释后来果然应验：先是他的倾覆，后来又被处死。

这些人被处决后，全城惊慌失措。胜利者和失败者同样担惊害怕。但最严重的后果是因为掌权者疑惧不安的心情造成的。不论发生任何事故，即使是极其微小的，也会使他们同意以新的暴行惩办公民：或是判刑，或是告诫，或是放逐。此外还应当加上同样有害的另一种情况：为了保卫政权，他们还陆续制定新法律新规章。所有这些法规的实施，都是为了伤害反对他们这一派的那些人。他们还指派四十六个人协助执政团清洗共和国中那些有嫌疑的人。他们告诫三十九名公民，把许多平民提高到贵族等级，把许多贵族贬为平民。为了防御外部敌人，他们聘请一位出名的英国军事家约翰·霍克伍德，这个人曾长期在意大利为教皇和其他人效劳。他们听到传闻说杜拉佐的查理为了征服那不勒斯，已经聚集好几队士兵，而且佛罗伦萨的被放逐者有许多已加入其中；这个消息使他们对外部威胁的忧虑更加深了。为了防御这些外来危险，除了已经组成一些武装部队之外，他们还筹措大批款项。当查理到达阿雷佐时，佛罗伦萨人就送给他四万金币，使他答应不去骚

扰佛罗伦萨。查理随即开始他要进行的事业:占领那不勒斯之后,就把乔万娜女王作为俘虏押到匈牙利去了。查理的胜利使佛罗伦萨的主事者又害怕起来,因为他们总难相信他们在他身上使的钱真能买动他;因为这位国王的家族和圭尔夫派长时期很友好,而他们却对这个宗派进行了残酷的镇压。

随着这个疑虑的增长,他们的镇压规模也扩大。可是,镇压越凶,疑虑不但未随之减少,反而增添了。从而使城邦大多数人处于极度不满之中。再加上焦尔焦·斯卡利和托马索·斯特罗齐的蛮横无礼(这两个人在群众中势力很大,官员都怕他们),从而使局势更加严重;因为掌权的人们担心这两个人在庶民中的势力完全有可能把他们鼓动起来反抗政府。因此,事情已很清楚:不但在好人的眼睛里,甚至在一些煽动家看来,这个政府也是够专制暴虐的了。有一天焦尔焦的一个仆人控告乔万尼·迪·卡姆比诺有反对城邦的阴谋,但人民首长却宣布他无罪,这件事终于导致焦尔焦的暴行的完结。审判官因此就决定惩办诬告者,使他受到和被告果真犯罪时所应受到的同样的惩处。焦尔焦·斯卡利不论靠自己的权威或恳求都未能挽救他的仆人,于是就在取得托马索·斯特罗齐的帮助下,带领一群手持武器的人,洗劫了人民首长的宫殿,释放了告发者;人民首长为了保命,只好逃跑。焦尔焦的行动激起全城对他的仇视。他的仇敌都希望能有办法把他除掉,同时也要把城邦从庶民权力下解救出来,——城邦已有三年处在他们的横暴统治下。

在实现这个计谋中,人民首长出力很大。骚乱过去之后,他就前往会见执政们,说道:“你们各位委派给我的任务,我曾很愉快

地接受;因为我认为我应当为那些敢于为保卫正义事业拿起武器的人们服务,而不能赞助那些阻挠正义事业前进的人。可是现在,我既然已经亲眼看到、亲身经历了城邦所作所为以及处事的方式方法;因此,对我原先为取得荣誉和报酬而自愿承担起来的崇高职位,现在我情愿放弃。因为我发觉我已面临危险,为了避免损失,我只好引退。"执政团全神贯注地倾听了人民首长的申诉之后,立即答应补偿他所受损害并保证他今后的安全。他听了很为满意。然后有几位执政召集一些热心公益而又最不受政府怀疑的公民开会。他们针对这些事件作出相应的决议:鉴于焦尔焦最近的暴行既然已使他和广大平民离心离德,现在正是从他和庶民手中把城邦挽救出来的大好时机。他们认为,最好是在群众的激愤尚未平息下去的时候,就抓紧利用时机。因为他们很清楚,往往因为某些细小的情况就能取得或丧失群众的支持。为了更有把握取得成功,他们决定:可能的话要争取本内德托·阿尔贝尔蒂的同意;因为如果没有他的同意,他们认为干这件事就要冒很大风险。

本内德托是最富有的公民之一。他态度谦恭,热爱祖国的自由,对横暴行径嫉恶如仇。因此,他们很容易地就说服他同意他们的观点,赞成搞掉焦尔焦。原先,他之所以敌视平民上层和圭尔夫派而和庶民友好,只是由于前者横蛮暴虐的行径促成的;但当他发现庶民很快也变得同样骄横时,他就立即和他们分手了;庶民干的那些伤害公民的事从来都未曾取得他的认可。就这样,原来使他站在庶民一边的那些动机,现在又促使他和他们分道扬镳了。

把本内德托和各行会领袖争取过来以后,执政团就准备好武装力量,然后把焦尔焦逮捕扣押。托马索逃跑了。第二天焦尔焦即被斩首。这一行动使他那一派万分惊恐,没有一个人敢于流露些微的反对意见;相反,一个个都争先恐后为政府这一措施辩护。在押赴刑场时,焦尔焦在那些不久前还极其崇拜他的平民面前抱怨自己命运不济,抱怨有些公民对他的恶意,过去强迫他尊重并支持一群既不守信用又忘恩负义的乌合之众,今天却又这样伤害他,实在无理。当他看见本内德托也在那些手持武器维持秩序的人群当中时,就说道:“难道你也同意这样伤害我吗,本内德托?假如现在我站在你的地位,而你处在我的境况,我一定会想尽办法不叫任何人伤害你。尽管如此,我还是可以告诉你:今天是我的苦恼的结束,也正是你的麻烦的开始。”随后他就责怪他自己不该这样相信别人,这些人尽管只是听到一句可疑的话、看到一点可疑的动作、闻到一点可疑的气味,就会立刻激动起来、怒火万丈。说完这些话,他就在那些手持武器的仇人的包围中被处死了,他们都为他这个下场而称快。和他关系最密切的一些人也被处决;他们的尸体被群众拖着游街示众。

第　六　章

城内的混乱和骚动——为反对庶民而进行的政府改组——打击支持庶民的人——米凯莱·迪·兰多被放逐——执政府仇视本内德托·阿尔贝尔蒂——昂儒的路易的到来引起恐怖——佛罗伦萨人收买阿雷佐城——本内德托·阿尔贝尔蒂受怀疑、被放逐——他离去时的谈话——其他一些公民被放逐和受到告诫——对米兰公爵乔万尼·加利佐的战争。

焦尔焦之死引起极大骚动。在行刑时，许多人拿着武器支持执政团和人民首长；另外还有许多人，或是受野心驱使、或是为了保卫自身，也拿着武器。全城到处都是互相冲突的派别集团，各有各的打算，都希望在放下武器以前达到自己的目的。旧日的贵族，即所谓“显贵”，难于忍受被剥夺了官场名位的处境，竭尽全力要恢复往日的权势荣华，迫切希望区长的权威能够恢复。平民上层和大行会则对小行会和平民最底层在政府中分掌权力颇为不满。小行会则渴望扩张自己的势力。平民最底层则唯恐失去自己的行会以及通过行会得来的权力。

这些互相对立的观点使佛罗伦萨在整整一年里经常受到各式各样暴乱的困扰。时而是平民上层拿起武器，时而又是大行会或小行会或平民最底层动起干戈。虽然他们住在城内不同地区，却常同时闹起事来。因此，各派别集团之间，或派别武装和政府部队之间就发生许多冲突。执政团有时忍让，有时进行抵制；为了对付这些祸患，曾采取各种不同的治理措施。最后，为了改组城邦，曾召开两次平民大会，多次成立“巴利阿”，历尽千辛万苦，经过多少危机，终于组成一个政府。这个政府把自从萨尔韦斯特罗·德·美第奇当正义旗手以来所有被放逐的人都召回来；某些人从 1378 年成立的“巴利阿”手里得到的官位和薪俸一律被剥夺；政府的尊荣席位又都归还圭尔夫派；两个新成立的行会被解散，所有从属于这两个行会的人都被划为原来的行会。小行会不再有权推举正义旗手，他们在政府中的席位也从原有的二分之一减少到三分之一，完全取消他们所占的高级职位。就这样，平民上层和圭尔夫派重新掌握政府。庶民控制政府是从 1378 年开始的，到 1381 年这次

变动发生后,他们的大权就失掉了。

这个新成立的政权机构对公民的危害并不比以前的小,它开始掌权时也并不比庶民开始掌权时少讨人厌。因为,这个新机构一成立,平民上层就有许多人被放逐,因为这些人曾因捍卫庶民权益而出了名;大批庶民领袖也和他们一起被放逐,其中还包括米凯莱·迪·兰多。米凯莱虽然曾在城邦面临无法无天的暴民胡作非为的紧急关头,运用他的权威保卫城邦从而造福全城,但这一切并不能使他从现在掌权的一派的狂怒中逃脱。他当初那样尽忠职守显然并未使他的同胞公民产生多少感恩的心情。不论君主或共和国政府,往往都会犯忽视恩人的大错。人们看到这样的事例无不十分惊讶;因此,一旦他们开始觉察到统治者忘恩负义时,往往就要奋起反抗。

因为本内德托·阿尔贝尔蒂一贯厌恶放逐、处决等做法,所以现在发生的这些事情他当然也十分憎恨。于是,不论在公开场合还是在私下里,他都谴责这类事情。政府领导人开始怕他,因为他们把他看成庶民最亲密的朋友之一,认为当初他同意处决焦尔焦并不是因为他不赞成他的行径,只不过是为了除掉他自己在政府中的一个争权的对手。他的言论和行动都进一步增加了他们对他的疑心。因此,整个统治集团所有成员都盯着他,渴望抓住一个机会把他除掉。

在这种情况下,对外事务他们就不十分重视了;因为国外后来发生的一些情况只能引起人们担心,倒还不至于造成什么危害。这时昂儒的路易已进入意大利,目的是要为乔万娜女王恢复那不勒斯王国,赶走杜拉佐的查理。他的到来吓坏了佛罗伦萨人。因为查理按照老朋友交情的惯例，要求佛罗伦萨人支援；而路易这次来到之后，则像寻找新盟友的人们那样，要求佛罗伦萨保持中立。佛罗伦萨人为了表面上看起来好像是按照路易的要求办事，同时却在实际上帮助查理，于是就解除了约翰·霍克伍德爵士的军职，把他送到和查理友好的教皇乌尔班那里服役。但这个花招立即被识破，路易认为他本人受到佛罗伦萨人很大的侮辱。正当路易和查理之间的战争在普利亚境内进行之际，又有部队从法国开来支援路易。这支部队到达托斯卡纳后，即被阿雷佐城内的一些被放逐者带到那座城里，从效忠查理的人手中把该城夺占。但当他们准备像改变阿雷佐政府那样刚要着手改组佛罗伦萨政府时，路易就死了。于是在普利亚和托斯卡纳，一切事情都随着改变。因为查理既然已经保住险些就要丧失的王国，于是佛罗伦萨人，刚才还在担心自己的城邦难保，这时却又从为路易驻守阿雷佐的人们手里收买了这座城。查理夺占普利亚之后，接着就去占领匈牙利，他是匈牙利王位的继承人，把妻子和两个未成年的孩子拉迪斯劳斯和乔万娜留在后边。他接管匈牙利之后不久就被人刺杀。

佛罗伦萨得到阿雷佐之后，举行了大规模的庆祝活动，就像任何城邦在打了真正的大胜仗之后进行盛大庆祝那样。这可以用来炫耀国家和私人财富。许多家族竭尽全力和国家比排场的富丽堂皇。阿尔贝尔蒂家族胜过所有其他家族，他们搞的竞技大会和游艺会简直像一位君王办的派头，不像任何私人举行的。人们对这个家族本来就已相当眼红，这样一来，人们对他们的嫉妒就更厉害；再加上政府对本内德托的怀疑，终于促成他的毁灭。统治者对他再也无法容忍；因为看样子像是随时可能发生什么事，然后本内德托在他的朋友们的支持下,就能夺回大权,把政府成员赶出城去。正在猜忌怀疑之际,又发生了一件事:在本内德托担任行会执旗官时,他的女婿菲利波·马加洛蒂在选举时中了签,当了正义旗手。政府认为这样就更增强了本内德托的势力,从而使国家处于更大的危险中。因此对他的恐惧也就更加严重。他们急于设法挽救局势,同时又要避免造成大骚乱,于是就诱使菲利波的亲戚,也是他的仇敌贝塞·马加洛蒂到执政府去,指出菲利波还不到规定的担任这个职务的年龄,他既不应当也无能力担任这个职位。

执政团成员对这个问题进行审查,部分人是出于仇恨,另一部分则是为了避免他们内部分裂,最后宣布:菲利波无资格担任这个高位,另抽签选出巴尔多·曼奇尼代替。这个人十分反对庶民权势,也是本内德托的死敌之一。他上任之后就建立一届"巴利阿"改组城邦,宣布放逐本内德托·阿尔贝尔蒂,他的家族其余的人都被告诫,只有一个叫安托尼奥的除外。本内德托离去之前,把全家族的人召集一起,看见他们的举止态度都很难过,就对他们说道:

"咱们家族的各位父老兄长:你们看到了命运怎样毁灭我并怎样威胁你们。这件事我一点都不感觉奇怪,你们也不必吃惊。因为,凡是处在群小包围之中,但仍想正直处事的人,还要竭力保存众人企图破坏的东西,那他总会有这样的遭遇。我的爱国心过去曾促使我站在萨尔韦斯特罗·德·美第奇一边;后来又促使我和焦尔焦·斯卡利分手;仍然还是我的爱国心,现在又使我不得不憎恶当今掌权的人。因为无人惩罚他们,所以他们就不容许任何人指责他们的错误行径。他们把我放逐就可以使他们自己从恐惧中解脱出来,这一点我倒还满意。他们不但怕我,而且还怕那些他们认为能觉察得出或已经知道他们那些暴虐而丑恶的行径的人们。他们选择我作为第一个打击对象，目的是为了可以更放手地欺压你们。我并不是为我个人的遭遇而悲伤，因为，在祖国还自由的时候赏赐给我的那些荣誉，在她受奴役时也不能从我身上抹去。回忆起过去的生活将使我永远感到愉快；远远超过被放逐的忧伤痛苦。使我深感遗憾的就是我们的祖国现在成了一小撮奴役它的人们的贪婪和骄横的牺牲品。我也为你们难过，因为从今天起不会再叫我受的祸害，恐怕要在你们头上重新开始，甚至比对我更加凶狠恶毒。因此，还是让我们互相安慰勉励吧。要下定决心经受任何厄运的折磨，并抱这样的态度：当灾祸降临到你们头上的时候（灾祸不会太少），每个人都应当清楚：你们并不是罪有应得。”

为了使自己的品德在国外不致造成比在国内不好的印象，他作了一次瞻仰基督陵墓的长途旅行；在回国的途中死在罗德岛。他的遗体运回佛罗伦萨。曾经迫害过他的那些人尽可能隆重地予以安葬——尽管在他活着的时候，他们曾对他百般诽谤中伤，很不公正。

在城邦发生这些不幸期间，阿尔贝尔蒂家族并不是唯一的受害者。还有许多家族被放逐、被告诫。被放逐的有皮埃罗·贝尼尼、马泰奥·阿尔德罗蒂、乔万尼和弗兰切斯科·德尔·贝内、乔万尼·本奇、安德雷阿·阿迪马里等家族，和他们一起被放逐的还有许多属于小行会的人。被告诫的有科维尼、贝尼尼、里努奇、福尔米科尼、科尔比齐、马内利和阿尔德罗蒂。按照过去的习惯，成立一届“巴利阿”是有一定期限的。当被推举出来的公民们已经实现了规定的目标之后，即便还不到规定的期限，他们出于好意和自重还是要自动辞职的。为了按照这样的人人称赞的好传统办事,在这一段时间内成立的这个“巴利阿”成员认为他们已经办完了期望他们完成的一切,于是就打算引退。但当群众知道他们的意图之后,就拿起武器跑到宫殿里,坚决要求他们在放弃权力以前,还应当放逐、告诫许多人。这件事使执政团极为不快。但他们并未把这个心情全部表露出来,而是设法用许愿的办法讨好群众,直到集中了足够的武装力量之后,才采取一些行动使群众产生恐惧,终于使他们放下在疯狂中拿起的武器。尽管如此,还是要在一定程度上使这些怒气冲冲的乌合之众得到一些满足、同时也为了削减庶民行会的权力,于是就规定,庶民行会原先在政府中占有三分之一高位,今后只能占有四分之一。还规定可以由特别对政府忠诚的两位执政授权正义旗手和另外四个人一起,不断地推荐优秀公民,把他们的名签放入选举袋,每届执政团任期内,可从中抽选两人。

这届政府自从1381年成立、直到现在进行改组,已持续六年;城邦内部和平一直保持到1393年,未发生任何动乱。在这期间,乔万尼·加利佐·维斯康蒂——一般都称他为维尔图伯爵——把他的叔叔贝尔纳博关押起来,从而在整个伦巴第地区当了君王。由于他用欺诈手段成为米兰公爵,乃进而企图凭借武力成为全意大利之王。1391年他开始向佛罗伦萨发动猛烈进攻;但由于在战争进行期间发生了各式各样的变化,从而使他本人的处境常常比佛罗伦萨人还危险。佛罗伦萨人虽然进行了可钦佩的英勇抵抗,但如果他(维尔图伯爵)还能活下去的话,它作为一个共和国必然早已被灭亡了。事实是这样:如此强大的敌人在佛罗伦萨人中间所引起的恐怖虽极巨大，但造成的祸害却微乎其微。因为公爵占领了波洛尼亚、比萨、佩鲁贾和锡耶纳之后，就准备了一顶王冠，打算在佛罗伦萨加冕，成为全意大利之王。但这时他却去世了，竟未来得及尝尝胜利果实是何滋味，佛罗伦萨人也未曾吃上巨大灾祸的苦头。

第 七 章

马索·德利·阿尔比齐——他的暴政激怒平民——平民求助于韦里·德·美第奇——韦里的谦逊——他拒绝当君主，并安抚平民——韦里和执政团的谈话——被放逐的佛罗伦萨人力图回城——他们潜入城内掀起骚乱——他们有些被杀，其余的在圣雷帕拉塔教堂里被捕——被放逐者在米兰公爵支持下搞的另一次阴谋——阴谋被发觉，闹事者受惩处——佛罗伦萨人进行的各种事业——占领比萨——和那不勒斯国王打仗——取得科尔托纳。

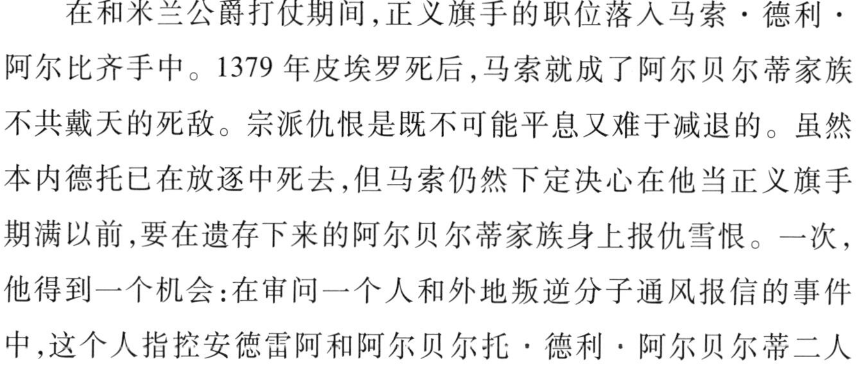

在和米兰公爵打仗期间，正义旗手的职位落入马索·德利·阿尔比齐手中。1379年皮埃罗死后，马索就成了阿尔贝尔蒂家族不共戴天的死敌。宗派仇恨是既不可能平息又难于减退的。虽然本内德托已在放逐中死去，但马索仍然下定决心在他当正义旗手期满以前，要在遗存下来的阿尔贝尔蒂家族身上报仇雪恨。一次，他得到一个机会：在审问一个人和外地叛逆分子通风报信的事件中，这个人指控安德雷阿和阿尔贝尔托·德利·阿尔贝尔蒂二人也干这种勾当。于是马索立即抓住这个机会,把这两个人逮捕。消息传开后,群情激动。于是,执政团在调集一支武装部队之后,就召集公民开大会即武人集会,成立了一届“巴利阿”;在“巴利阿”的权威下,许多人被放逐,并重新改制政府各机构成员候选人名单。在被放逐的人当中,阿尔贝尔蒂家族的成员几乎都包括在内;各行会有不少人受告诫,有些被处决。各行会和平民最底层受到这么大伤害,认为自己的尊荣的职位和活路都被剥夺了,于是就拿起武器闹事。他们有一部分人集中在广场;另一部分跑到韦里·德·美第奇家里——萨尔韦斯特罗死后,韦里就是这个家族的首领了。执政团为了安抚聚集在广场或宫殿大院里的那些人,就派里纳尔多·姜菲利阿齐和多纳托·阿奇阿尤利举着圭尔夫派和平民的大旗去当他们的领袖,这两个人属平民阶级,他们和庶民的利害关系比任何其他的人都密切。那些到了韦里·德·美第奇家里的人们,则恳求韦里出来主持政府,从那些破坏共和国的和平与安全的公民的暴政下把大家解放出来。

所有撰写这一段时期历史事件的人们都一致认为:如果韦里多一点野心,少一点正直,毫无疑问,他必然会十分顺利地当上了城邦的君主;因为当时加在各行会和他们的朋友们头上的那些无情的措施,不管是对是错,反正在这些人的心中激起来很大的报复情绪,他们唯一的迫切要求就是有一个人能当他们的领袖。而且向他反映公众心情的也大有人在;像和他在相当长的一段时期内已经十分亲密的安托尼奥·德·美第奇就竭力劝他出掌共和国大权。对此,韦里却回答说:“当您还是我的仇敌的时候,您曾对我进行种种威胁,但从未使我惊慌;现在您已经是我的朋友了,您的这些劝告,也不会使我受到任何伤害。”然后他就转向那一大群人,劝他们别懊丧;因为,假如他们能听从他的劝告,他就将当他们的辩护人。说完他就朝广场走去,很多公民陪同前去。他一直走到执政团的接待厅里,对各位执政讲了大致如下的一段话:说他自己能活到今天,得到佛罗伦萨公民们如此爱戴,这使他很高兴;但他们现在对他的看法却不是他过去所作所为所应当得到的,因而又觉得很遗憾。因为他过去从未做过任何事情能使人们理解为他好闹派别活动或有野心;他很难想象为什么人们会认为他是一个心怀不满的人,有意挑动冲突;或者认为他是一个野心家、企图篡夺政府的大权。因此,他恳求大家不要因为群众这样冲动,对他本人作出不适当的估计,从而使他受到伤害,因为他将尽到自己最大努力使他们的权力得以恢复。然后他就劝告大家要有节制地运用自己的好运气;因为,与其为了享受完全的胜利而招致国家的毁灭,还不如在城邦安全无恙的条件下享受不完全的胜利为好。

执政团极口称赞韦里的行为,恳求他尽力设法避免武装冲突,并一口应承只要他和其他公民认为哪些事最应当办,他们就一定照办。然后韦里就回到广场。跟在他后边的那些群众在那里和多纳托、里纳尔多二人带领的群众会合。韦里告诉聚集在一起的各行会的人们说:他已看到执政团对他们的态度十分友善,许多事情已在研究,只是由于时间过于短促、不少官员又不在场,因而尚未考虑完毕。因此,他恳求大家放下武器,服从执政团;并向他们保证:谦逊将导致成功,傲慢会招来失败;恳求总比威胁为好;假如大家能听取他的劝告,他们的权益和安全是可以确保、不致受到损害的。他就是这样诱导群众安安静静地回家了。

骚乱平息后，执政团派兵驻守广场；征召了两千名最可靠的公民，平均分成若干旗，命令他们随时作好准备，一旦有需要，立即出动支持执政团；凡未受征召的人一律禁止使用武器。采取了这些预防措施之后，执政团就把许多在最近这次骚乱中最胆大妄为的各行会的成员予以放逐或处决；为了赋予正义旗手这个职位更大的权威和尊严，规定凡是四十五岁以下的人都无资格担当这个职位；为了保护城邦，还作了许多其他规定。对这些规定所针对的对象来说，看来十分严厉；甚至对和执政团友好的人们来说，也是极其可憎的。因为在他们看来，一个政府为了自卫竟然需要使用这么多暴力，很难叫人相信它会是好的或牢靠的。不但对于阿尔贝尔蒂家族仍旧留在城里的人、还是对于感到受这些措施之害的美第奇家族，而且对于许多其他家族来说，这种暴行都使他们感到深恶痛绝。

第一个试图反抗暴政的人是亚科波·阿奇阿尤利的儿子多纳托。他的权势虽说很大，和马索·德利·阿尔比齐的权势比较起来，与其说是旗鼓相当，毋宁说是比他还高一筹；（马索在担任正义旗手期间，由于事态的变化发展，他几乎已经是共和国首脑了）但在人们普遍不满的情况下，他也无法安生；但他又不能像许多别的人那样利用社会灾难谋求私利；于是他就决定想办法把被放逐的人们弄回国内，至少也要使被告诫的人们恢复职位。他到处和别人联系，一个一个地向他们散布自己的观点；说明如果他提出的这些变动不能实现，人们一定得不到满足，派别之间的激烈斗争也不可能缓和下来；他宣称，假如他能当上执政，就一定会把这些事情付诸实施。在人类事务中，要想办件大事，拖延使人厌倦，急于求成又往往冒险。多纳托·阿奇阿尤利为了避免使人厌倦,决定铤而走险。他的同族米凯莱·阿奇阿尤利和他的朋友尼科洛·里科韦里都在执政团任职。在多纳托看来,事情竟然如此凑巧,真是机不可失。于是他就请求他们二位在政务会议上提出一项法律,其中包括为一些公民恢复名位。在他的请求下,这两位执政把这个问题向他们的同僚提出了;他们回答说,最好不要搞什么新花样,这样的建议不见得有什么好处,但招致危险却是肯定的。多纳托已经试过所有其他办法,但都没有用。因此,当他听到他们这样的回答之后,十分恼火;于是就向他们表示:他们既然不允许用和平的方式治理城邦,那他只好想法子用武力解决。他这话使他们大为生气,传到政府首脑们那里,多纳托即被传讯。他来到后,他原来委托的那两个传话的人当场证实了他原来说的话,于是他就被放逐到巴尔莱塔。阿拉曼诺和安托尼奥·德·美第奇二人也被放逐。同时,所有这个家族中属于阿拉曼诺后裔的这一支以及其他许多在庶民中影响较大的人(虽说这些人都是低级工匠)也都被放逐。这些事情发生在马索·德利·阿尔比齐改组政府两年以后。

这时,国内有许多心怀不满的公民;其他一些人则被放逐到附近各城邦。在后一部分人当中,住在波洛尼亚的有皮基奥·卡维丘利、托马索·德·里奇、安托尼奥·德·美第奇、本内德托·德利·斯皮尼、安托尼奥·吉罗拉米、克里斯托法诺·迪·卡尔洛内以及两位属于最低阶层的人;所有这些人都是大胆的年轻人,他们下定决心不顾任何危险也要回到自己的城邦。皮杰洛和巴罗乔·卡维丘利是住在佛罗伦萨城里的两个受告诫的人,他们偷偷告诉上述那些想回家乡的人们说,他们如果回到城里,可以先藏在他们家里,以后再找机会出来杀死马索·德利·阿尔比齐、号召人民武装起义;因为人民一肚子不满,一定会积极行动起来,特别是因为他们将得到里奇、阿迪马里、美第奇、马内利等家族以及许多其他家族的支持。住在波洛尼亚的被放逐者在这些美好的希望鼓舞下,于 1397 年 8 月 4 日,按照事先作好的安排偷偷潜入佛罗伦萨城内而未被发觉。然后就派一个他们自己人去监视马索的行踪,计划在刺死他之后就发动群众起义。这个人看到马索出了自己家门正往圣皮埃罗·马焦雷教堂附近一个药剂师的家里走去,后来进去了。于是负责盯梢的这个人立即跑去找其他阴谋者报信。这些人闻信立即抄起武器朝药剂师家赶来,但发现马索已经走了。

这第一次图谋虽然失败了,但他们并不气馁,接着又向旧市场冲去,在那里杀死敌党一名,一面高声呼喊"人民!"、"武装起来!""要自由!""杀死暴君!"等口号,一面又向新市场冲去,在卡利马拉大街尽头又杀死一个人。一面向前冲一面仍然喊着这些口号;但发现并无一人拿起武器参加起义,于是他们就在洛贾·尼吉托萨大街停下来,站在一处高坡上,有许多群众围拢,这些人并不是前来支持他们,而是来看热闹的。他们鼓动大伙儿拿起武器,把自己从压迫深重的奴役中解救出来;他们声明,是全城的怨恨不满,而不只是由于他们个人的不平,才使他们奋起要解救全城;他们曾听到许多人祈祷上帝给一个机会报仇雪恨,还曾发誓说只要有人带头,他们就一定抓住时机一起干;但是现在有利的时机既已到来、带头的人也已有了,大家却好像是茫然不知所措,互相瞪着眼,好像宁愿等到那些力图为他们的自由而奋斗的人们被屠杀、等到自己身上的锁链铆得更牢靠的时候再说；他们感到奇怪的是：那些从前遇到一星半点儿小事立刻就拿起武器的人，如今在这么多的深重灾祸的重压之下却无动于衷；当他们满可以运用自己的力量使那些被放逐的人们回家乡、使被告诫的人们恢复在城邦的荣誉时，他们却甘心容忍这么多公民被放逐、这么多同胞受告诫。

这些话虽然句句是真情实理，但在听这些话的人们身上却未发生任何作用；这也许是因为他们受顾虑的约束，也许是因为看见起事者刚才杀了两个人因而憎恶党派斗争。企图鼓动人们闹事的这些人看到自己的言语和行动都不足以把任何人鼓动起来，于是就认识到：企图解放一群已经下定决心受奴役的人该是多么危险的事。但这时已为时太晚了。他们看到成功无望，就撤到圣雷帕拉塔大教堂里，把自己关在里边，这倒不是为了保全性命，只不过为了拖延死期。执政团最初听到关于闹事的消息时，曾很担心，派武装部队把宫殿保护起来；但当他们已摸清情况、查明闹事者都是什么人、躲在哪里之后，就不再害怕了；他们派出人民首长带领一支足够的武装人员去捉他们。教堂的大门未费多大气力就被冲开。一部分阴谋分子因拒捕当场被杀，其余的被逮捕审讯。但除了巴罗乔和皮杰洛·卡维丘利二人外没发现有谁有牵连，于是就把这两个人处决了。

这件事发生之后不久，又发生一件更重大的事件。我们从前曾提到过，佛罗伦萨人那时正在和米兰公爵打仗。米兰公爵感到只用公开的武装力量还不能征服佛罗伦萨，于是就求助于阴谋诡计。当时伦巴第境内到处都有被放逐的佛罗伦萨人，他在这批人帮助下搞了一项阴谋，佛罗伦萨城里也有许多同谋者。参与阴谋的人们决定:被放逐的人们当中凡是能够拿起武器打仗的,大部分都要从离佛罗伦萨城最近的那些地点出发,通过阿尔诺河进入城里,然后和住在城里的朋友们会合迅速冲到政府首脑们的住处,把他们杀死后,就按照自己的意愿改组共和国。像搞阴谋活动往往发生的情况那样,人太少了不足以成事;人太多了又往往难于保密。住在城里的阴谋者当中,有里奇家族的一个名叫萨米尼阿托的,当他寻找别人参加时,就找到一位告发者头上去了。他把这事秘密告知萨尔韦斯特罗·卡维丘利;以为这个人以及他的朋友们所受委屈之多,一定足以使他忠于这项起义计划。但这个人因为特别怕吃眼前亏,却不重视将来报仇雪恨的希望,于是就把全部情况向执政团告了密。执政团逮捕萨米尼阿托,逼他招供了全部细节。不过,并没有抓到参与阴谋的人;只有托马索·达维齐,因为他刚刚从波洛尼亚来到佛罗伦萨,不了解已经发生的情况,所以一进城就被逮捕了。

萨米尼阿托和托马索按其罪行受到应得的惩处之后,又由许多公民组成一届"巴利阿",他们追查犯罪者并采取保卫城邦安全的各种措施。他们宣布里奇家族的六个成员为叛逆;此外还宣布阿尔贝尔蒂家族的六个成员,美第奇家族的两个、斯卡利家族的三个、斯特罗齐家族的两个、属于较底阶层的宾多·阿尔托维蒂,贝尔纳尔多·阿迪马里以及其他许多人为叛逆。他们还告诫阿尔贝尔蒂、里奇和美第奇诸家族的全体成员十年内不得担任公职,只有少数几个人不在内。在未被告诫的阿尔贝尔蒂家族成员中有安托尼奥,因为人们认为他很安分和善。不过,在对整个阴谋案的怀疑尚未完全解除之际,却发生这样一件事:有一位修道士因为在案件清理过程中被发现经常往返于佛罗伦萨和波洛尼亚之间,政府就把他抓起来。他交代说他经常给安托尼奥带信,于是安托尼奥立即被捕。虽然开始时他矢口否认对阴谋知情,但终于在修道士的控告下服罪,被罚了一大笔款之后放逐到距佛罗伦萨城三百英里以外的地方去了。为了使阿尔贝尔蒂家族不致经常使城邦遭受危险,就把他们全族所有十五岁以上的成员尽行放逐。

这些事情发生在1400年。两年之后,米兰公爵乔万尼·加利佐逝世。陆续打了十二年的战争随即结束,这事前已提到。这时,佛罗伦萨政府力量已较前强大。由于国内外都无敌人,就开始征服比萨的事业。在光荣地完成这件大事之后,城邦的和平局面从1400年一直持续到1433年,未出现任何动乱。只有在1412年,当阿尔贝尔蒂家族越过不许他们逾越的界线之后,曾成立一届"巴利阿",作了些新的规定加强城邦防务,并对违者课以重罚。在这个时期内,佛罗伦萨人还曾和那不勒斯王拉迪斯劳斯打仗;拉迪斯劳斯发现自己处境危险,就把属于他本人治下的科尔托纳城割给佛罗伦萨。但未过多久,他的势力就又恢复,再次和佛罗伦萨打起来,这一次给佛罗伦萨带来的灾难比上次大得多。如果不是拉迪斯劳斯于1414年去世因而使战争结束,就像伦巴第战争因米兰公爵之死而结束那样的话,他也会像那位公爵那样,使佛罗伦萨陷于丧失自由的巨大危险之中。和拉迪斯劳斯国王打的这一仗结束后给佛罗伦萨带来的幸运并不比上一次小。因为国王占领罗马、锡耶纳、全部边区和罗马尼阿之后,就只剩下佛罗伦萨一地有待征服,正在这时他却死了。如此说来,死亡倒总是比别的朋友给佛罗伦萨带来更大好处,比他们自己的勇气更有效地挽救了他们

自己。国王死后,佛罗伦萨对内对外保持了八年的和平。在这八年的末尾,和米兰公爵菲利波打起仗来,同时派别斗争又在佛罗伦萨暴发。只是在政府垮台之后,才又平息下来,那届政府从1381年持续到1434年,曾建立很多丰功伟绩,取得了阿雷佐、比萨、科尔托纳、里窝那和蒙泰普尔恰诺等城市。如果公民们能保持团结一致、旧日的派系斗争不再复活的话,佛罗伦萨还可能取得更大的成就。本书下一卷将专门描述这些派系斗争。

第四卷　美第奇家族的兴起

公元 1422—1434 年

第　一　章

共和政体特有的弱点：放肆和奴役——这个看法适用于佛罗伦萨城邦——乔万尼·迪·比奇·德·美第奇重建其家族权威——米兰公爵菲利波·维斯康蒂设法和佛罗伦萨达成友好条约——佛罗伦萨人对他的提防——为防备公爵而采取的措施——宣战——佛罗伦萨军被公爵的军队击溃。

共和政体，特别是那些组织得不健全的共和政体，常常变换统治者和体制结构。这并不像许多人设想的那样，是自由或镇压造成的后果；而是奴役和放肆使然。因为不论贵族还是平民——前者执行的是奴役制，后者则是行为放肆——都只是在名义上尊重自由，实际上他们既不愿服从法律，也不愿服从行政长官。不过，当一位既善良又英明而且又有势力的公民出现（这种情况很少）、由他制订出能够平息或约束这些互相敌对的倾向的法令从而防止他们闯祸的时候，这样的政府才可以算得上是自由的，它的规章制度也才能是稳定可靠的。因为,既有好的法律作基础,又有好的规章实施法律,因而不必像其他政府那样,只靠某一个人的品德来维持政权。古代许多寿命很长的共和国就是具有这类优异的法律和规章制度。但是那些经常从暴君统治转变为群氓放肆、又由放肆转变为暴君统治的共和国,从来都未曾得到这些好处、如今也是不能得到的。这是因为,这两种情况都会给自己制造强大的敌人,从而使它本身既不可能、实际上也从未有过任何稳定性。因为,暴政不可能使好人高兴;而放肆行为则使有头脑的人们憎恶。前者极易引起祸患,后者则几无好处可言。在前者,是骄横的人掌握过多的权力;在后者,则是愚蠢之辈擅权专横。因此,不论前者后者,为了繁荣发展,都需要求助于某些个人的品德和运气;而这些人可能由于死亡而消失,也可能因为不幸的遭遇而无法效劳。

这样看来,焦尔焦·斯卡利于1381年死后,在佛罗伦萨成立的政府,似乎首先是靠马索·德利·阿尔比齐的才智,后来又是由尼科洛·达·乌扎诺的英明得以延续下来。城邦由1414至1422年,一直保持平静;因为国王拉迪斯劳斯已经去世,伦巴第已分裂为几个部分,从而使佛罗伦萨既无内忧又无外患,没有任何事情引起不安。继尼科洛·达·乌扎诺掌握大权的是巴尔托洛缪·瓦洛里、内罗尼·迪·尼吉、里纳尔多·德利·阿尔比齐、内里·迪·吉诺和拉波·尼科利尼。由于阿尔比齐和里奇两家族的争吵而形成,后来又不幸被萨尔韦斯特罗·德·美第奇复燃起来的宗派斗争一直未熄灭。这是因为,虽然暴民最拥护的宗派只持续三年时间,在1381年就已被镇压;不过,由于这一派包括的人数特别多,以致从未根绝,尽管从1381年到1400年期间一再成立的"巴利阿”并对这一派的领袖们的迫害几乎已经使它化为乌有。受到这样迫害的第一批家族有阿尔贝尔蒂、里奇和美第奇。这几个家族经常不断在人员和金钱方面受到损失;即使他们还有人留在城里,这些人也都被剥夺担任政府高位的权力。一再的镇压措施已使这一派受尽侮辱,几乎使其灭绝。尽管如此,仍然有不少人对往日所受伤害耿耿于怀,复仇之念仍存心中,既未如愿以偿,也扑灭不了。统治城邦的那些平民上层,或可称之为新贵族的人们在和平时期的统治中犯了两大错误,终于招致他们这一派的垮台。第一个大错是:由于长时期大权在握,他们已变得很骄横;第二:他们彼此之间的互相猜忌,以及不间断地长期掌权,使他们放松了对那些可能伤害他们的人们应当保持的警惕。他们就是这样,每日每时以丑恶行径一再激起人民群众的仇恨;他们或是由于繁荣昌盛而对危险的威胁放松警惕;或是由于相互之间的妒忌助长这些危机的滋生。这样就给美第奇家族恢复势力的机会。

第一个重新得势的人是乔万尼·迪·比奇·德·美第奇。他由于成为最富有的人物之一,又是一个乐善好施的人,于是就在掌权者的同意下,担任了政府最高职位。这件事使人民群众极为满意,大家觉得现在才算有了一位保护者。这种情况引起掌权的一派中有见识的人士的警惕注视;因为他们觉察到城邦旧时代的那种情绪正在死灰复燃。尼科洛·达·乌扎诺并未忘记向其他公民提出这个问题,他向他们说明:对一个已经有这么大势力的人物再加以抬举,是极其危险的。他说:趁祸患初萌即着手处置还比较容易;等到它发展壮大再下手可就极端困难了;而且乔万尼有几种特点远远超过萨尔韦斯特罗。尼科洛的同事们对他这番谈话无动于衷。这是因为他们都嫉妒他的名声,而且很愿意用抬高别人的办法来贬低他。

佛罗伦萨的情况就是这样,对立情绪已经变得明显了。这时乔万尼·加利佐的次子菲利波·维斯康蒂,由于他哥哥去世,已当上伦巴第全境的君主。他认为自己什么事都可以干,于是就急于要收复当时正在督治托马索·达·卡姆波·弗雷戈索治理下享受自由的热那亚。但他又认为,在和佛罗伦萨人恢复友好关系、使他们了解他的好意以前,就着手进行这件事或其他任何冒险事业,都是不得策的;如果能得到他们的支持,利用他们的威望,他相信一定能达到目的。于是就派遣使节团前往佛罗伦萨说明他的意图。佛罗伦萨许多公民反对他这个计谋,但又不愿意破坏和米兰至今已维持多年的和睦关系。他们深知,对菲利波来说,和热那亚打仗会有许多好处;但对佛罗伦萨却没什么用。另外一些人则倾向于迁就菲利波的计划,但要给他的行动规定一个范围:将来他一旦越出这个范围,天下人就都能看出他那卑鄙的诡计;这样,当条约被撕毁之后,佛罗伦萨再和他打仗就更站得住理了。他们对这个问题进行了激烈的争论,最后还是和米兰订立了友好的条约,条约中菲利波保证不干涉马格拉和帕纳罗二河靠佛罗伦萨这一边的任何事务。

条约签订后不久,公爵就夺占布雷西亚,不久又进占热那亚。这些情况和佛罗伦萨那些主和派的估计相反,因为他们原来认为布雷西亚会有威尼斯人防守,热那亚也会有能力自卫。菲利波由于和热那亚的督治签订的条约,得到了坐落在马格拉河靠佛罗伦萨这一边的塞雷扎纳和其他一些地方,条件是,假如他打算让渡这些地方，就应把它们让给热那亚。这件事很清楚：他已经破坏了和佛罗伦萨签订的条约；而且，他还和教皇驻波洛尼亚代表签署另一项条约，从而违反了他以前所作不越过帕纳罗河的保证。这些情况使佛罗伦萨公民十分担心。由于顾虑到还可能出现其他问题，他们考虑要为自卫采取措施。

佛罗伦萨人的不满传到菲利波耳朵里之后，他就派一个使节团来到佛罗伦萨，目的也许是为了替自己辩解，也许是为了摸一摸佛罗伦萨人的情绪，也许是为了麻痹他们使之无所作为；使节向佛罗伦萨人表示他们这样疑虑重重，使公爵感到十分惊讶；如果他们认为公爵办的事有哪些使他们不安，他都愿意撤销。这个使节团的到来并未产生任何其他结果，只是使佛罗伦萨公民分成两派：一派是那些名望最高的人，他们判断最好是武装起来做好挫败敌人阴谋的一切准备；如果菲利波按兵不动，就不必跟他打仗，但必须为保持和平局面作出努力。另外有许多人，或许是出于对当权者的嫉妒，或是害怕和公爵闹翻，认为这样随便怀疑一个盟国不好，不必对公爵的行动产生这么大的不信任。他们说，如果佛罗伦萨任命十人出来负责并雇用武装部队，这些行动本身显然就等于宣战。而向这么强大的一位君主宣战必然会导致城邦的灭亡，却不可能有得到任何好处的希望。即使占领一些地区，也不可能保住；因为中间还隔着罗马尼阿，而教皇的近邻是不容许侵犯罗马尼阿的。然而，主战派的观点最后还是占了上风。任命了十人委员会，雇用了军队，而且还增征新捐税。由于给社会底层增加的负担比上层阶级重，因而全城怨声载道，纷纷谴责大人物的野心和贪欲。他们宣称，大人物是为了压迫人民和满足私欲才主张打仗的，他们

动机不正、师出无名。

这时佛罗伦萨和公爵之间尚未公开决裂,但每桩事都足以引起怀疑。教皇驻波洛尼亚代表因为害怕当时正住在波洛尼亚要塞里的一个名叫安托尼奥·本蒂沃利的波洛尼亚流放者,就邀请菲利波派兵进驻该城。其地接近佛罗伦萨领土,从而引起佛罗伦萨公民极大忧虑;但引起全城居民更大的惊恐、并终于造成向公爵宣战的充分理由的却是公爵派遣大军征讨富尔利这件事。富尔利君主焦尔焦·奥尔德拉菲临死时,留下幼子蒂巴尔多交给菲利波监护。而这孩子的母亲因为怀疑这位监护人,就把孩子送到她父亲伊莫拉君主卢多维科·阿利多西那里。但富尔利公民又强迫她服从她丈夫生前的遗嘱,把她儿子从他的天然监护人手中要回来放在公爵看管之下。针对这一情况,菲利波为了把自己的意图隐蔽得更严密一些,就设法使费拉拉侯爵派圭多·托雷洛作为他的代理人,率领军队去夺取了富尔利政权,从而使这片领土落入公爵手中。当这个消息传到佛罗伦萨、再加上公爵的军队已到达波洛尼亚时,佛罗伦萨主战派的言论就大大加强了。但仍有许多人反对,其中包括乔万尼·德·美第奇。他公开大声疾呼,说即使公爵的阴谋诡计已昭然若揭,佛罗伦萨最好仍然按兵不动,让公爵首先发动进攻,这比自己先动手攻击他为好;因为前一种情况不但能使全意大利所有的君主认为佛罗伦萨有理,而且本城邦的人也会这么看;但如果佛罗伦萨首先向公爵发动攻击,公众舆论就会像支持佛罗伦萨那样支持他。更何况,作为发动进攻的一方,佛罗伦萨如想请求别国支援恐怕很难办到;而作为被攻击者则不然;而且,进行自卫的一方作战往往比攻打别人者强有力。主战派却认为坐等敌

人攻上门来不合适,最好打出去找敌人;好运气经常站在进攻者一方,而不会帮助只知防御的人;即使眼下要多花些钱,但到对方家门口去打仗总比在自己家门厮杀遭受的损失小。这个观点又占上风。于是决定由十人委员会运用他们权限以内可能提供的一切手段,从公爵手里救出富尔利。

菲利波探悉佛罗伦萨人已决定夺取他已承担要防守的那些地方,于是就把对伊莫拉的一切个人顾虑搁置一旁,认为卢多维科为了保护自己的领地必然要进行各种准备,因而可能无暇顾及他的外孙的利益。佛罗伦萨部队还在莫迪利阿纳时,阿尼约洛已率军队到达伊莫拉,当时严霜已将护城河封冻,河上已可过人,他趁黑夜率军队过河,占领该城,把卢多维科捉住押往米兰。佛罗伦萨人发现伊莫拉已入敌手,而且战争也已公开宣布了,于是就把军队派到富尔利,把城市四面包围。为了使公爵的部队不能解救这座城,他们雇用阿尔贝里戈伯爵,这个人每天率领部队从他自己的领地赞戈纳拉出发一直扫荡到伊莫拉城门口。阿尼约洛·德拉·佩尔戈拉发现佛罗伦萨军队已占领强固据点阻止他去解救富尔利,就决定攻占赞戈纳拉。他认为佛罗伦萨人决不会让这个地方失守;为了解救它,他们一定会放弃围困富尔利的计划,在很不利的条件下前来和他会战。这样,公爵的部下就强迫阿尔贝里戈提出求和条件。他的回答是:假如佛罗伦萨人十五天以内不来解救他,他就放弃赞戈纳拉。佛罗伦萨军营和城内都了解到这件不幸的事情之后,都迫切希望不能让敌人得到他们想得到的好处,结果反而叫敌人得到更大好处:因为佛罗伦萨人放弃对富尔利的包围去解救赞戈纳拉。在和敌人遭遇后很快就被打垮。这倒不是因为敌军英

勇，主要是天气太坏；因为他们在滂沱大雨和深深的泥泞里行军许多小时之后就和敌人遭遇，而敌人却正是以逸待劳、精力充沛，因此三两下子就被敌人打垮。尽管这次大败在全意大利都出了名，却未牺牲多少人，只有卢多维科·德利·奥比齐和他的两个部下从马上掉下来，淹死在泥塘里了。

第二章

佛罗伦萨人对主战派的牢骚不满——里纳尔多·德利·阿尔比齐鼓励公民——为继续进行战争所采取的措施——上层阶级企图剥夺庶民在政府中的席位——里纳尔多·德利·阿尔比齐在公民集会上发表演说建议恢复显贵的权力——尼科洛·达·乌扎诺希望乔万尼·德·美第奇能站到他们一边——乔万尼不同意里纳尔多·德利·阿尔比齐的劝告。

赞戈纳拉战役的失败使佛罗伦萨全城充满惊慌失措的情绪，而以当初主战的显贵感受最深。因为他们觉察到他们的政敌现在活跃起来，而他们自己则被解除武装，丧失朋友，受到平民反对。人们在街头巷尾用尖刻的语言污辱他们，抱怨捐税过重，说当初本来就不该打仗等等。还说，“啊！他们成立十人委员会是为了吓唬敌人。他们从公爵手里把富尔利解救出来了吗？没有！他们的计谋却被人家发现了。他们为什么要打仗？他们并不是为保卫自由而战，因为他们根本就不爱自由。只是因为过去上帝很公正地把他们的权力缩小了，他们想扩大自己的权势；许多人就是利用战争来压迫全城人民，这次战争并不是唯一的一次。过去和国王拉迪斯劳斯打的仗也属于这一类。他们现在要跑到哪里去寻找支持呢？要到教皇马丁那里去吗？可是他们过去曾当着布拉乔的面嘲笑他；去找乔万娜女王吗？他们过去已抛弃了她，迫使她投奔阿拉贡国王接受保护。”除了这些责难之外，群众在激怒之下还说了许许多多常常会说的怪话。

执政团看到群众如此普遍不满，就决定邀请一些公民来座谈，想用温和的话语安抚民众的激动情绪。在这次集会上，马索的大儿子里纳尔多·德利·阿尔比齐，凭着自己聪明能干，再加上人们因为怀念他父亲对他本人也很尊敬，从而使他渴望在政府里得到最重要的职位，就趁这个机会发表了长篇演说。他说：判断某些行为是否正确，单看效果如何是不对的。因为事先经过周密考虑、业已成熟的计划，也常常产生不好的结果。某些很坏的建议，有时也侥幸产生好结果；如果我们加以称赞，那就只会是鼓励犯错误的人，这样必然给共和国带来大祸；因为坏意见并不总是能够碰巧产生好结果。根据同样的道理，对一个明智的决议因为后果不好就加以责怪，这也是不对的；因为这样做只会打击公民提意见、讲真话的积极性。然后他就说明原来所作关于出战的决定是妥当的；还说，如果佛罗伦萨人不在罗马尼阿首先发动进攻，公爵必然会在托斯卡纳首先攻打他们。但是，既然上帝愿意叫佛罗伦萨人民吃败仗；在这个情况下，如果听任自己泄气，损失就会更大；但大家如果鼓起勇气面对逆境并在其力所能及范围内善于利用各种手段，那就不至于感到有多大失败：公爵那方面也不会认为取得多大胜利。他向大家保证：他们不必因为眼下要花的钱和随之而来的捐

税担心;因为将来的战费不会像过去那么大,捐税当然也就会减少,因为打防御战所需要的各种准备比打进攻战要少得多。他劝大家学习祖先在逆境中英勇不屈、在任何敌人面前敢于自卫的伟大气概。

公民们在他的鼓舞下,聘请布拉乔的儿子奥多伯爵当指挥官;还聘请他父亲的门徒尼科洛·皮奇尼诺和他一起负责指挥。这位尼科洛是曾经在他父亲手下服过役的人们当中最有名最出色的一位。除了这两个人之外,他们还委派了其他一些将领;给在上次打败仗时丢掉马匹的那些官兵重新配备马匹;还委派二十名公民负责收税。这些收税官发现显贵们由于最近的失败十分气馁,于是就鼓起勇气毫不留情地榨干他们的钱。

显贵们感到这些捐税负担很重。开始时,为了讨好,他们并未抱怨说自己有什么特殊困难;只是一般地指责捐税不公平,要求采取一些减免措施。但在政务会议上他们这个意见被拒绝了。不仅如此,为了把收税法搞得尽可能厉害些,使人人都尝到它那不公平的滋味,他们竭尽全力横征暴敛,甚至规定可以把拒绝向税官交税的人依法处死。这项规定引起许许多多可悲的冲突,不少公民因此流血甚至丧生。人人都已意识到,要解决问题只有诉诸武力一途了;有头脑的人们都担心大祸即将来临。这是因为,社会上层本来惯于受人尊敬,现在却受到猪狗般对待,无法忍受;其余的人则希望捐税能平均负担。在这种局势促使下,许多上层公民聚在一起探讨,认识到由于过去缺乏警惕、鼓励了人们对政府的行动妄加指责,听凭一直只不过是暴民头目的那些人干涉政务;因而做出决议:为了自己的安全,有必要采取措施恢复政权。这个问题经过反复讨论后,决定再约一个时间开一次会。到时候,在执政团成员洛伦佐·里多尔菲和弗兰切斯科·姜菲利阿齐的允准下,七十多位公民就在圣斯蒂芬教堂集合。乔万尼·德·美第奇未出席。这也许是因为他受怀疑未被邀请,也许是因为他持有不同观点,不愿介入。

里纳尔多·德利·阿尔比齐在会上又发表演说。他说明城邦情况,并指出:自从他们的祖先于 1381 年从庶民手中把城邦大权夺回以后,如何由于他们的疏忽大意,再次使城邦落入庶民势力支配之下。他向大家追述了自 1378 年至 1381 年掌权的那个政府的罪恶行径;所有在座的人都应当痛心哀悼,因为有一些人的父亲和另一些人的祖父就是被那个暴虐的政府处死的。他敢向大家断言:眼下他们又已处在同样危险之中,城邦正在同样的混乱中沉沦;群氓已经利用自己的权威把沉重的赋税强加在他们头上;如果这些人不受到更强大的力量或更好的规章的制约,他们很快就要指派各级官吏了;果真出现那样的情况,就要夺占在位的人的职位,从而推翻那统治城邦四十二年并曾创建如此光辉业绩的政府;到那时,公民们将受群氓的专横统治,在混乱和危险中度日,或屈从于某个可能自封为君王的独夫的指挥下。基于这些原因,他主张:所有热爱祖国、珍惜自己荣誉的人们都应当醒悟,应当记起巴尔多·曼奇尼的品德:就是他打垮了阿尔贝尔蒂家族,把城邦从当时面临的危险中拯救出来。当前下层群众之所以敢于这样大胆妄为,其原因就在于选举范围太宽;这是他们自己的疏忽大意造成的,这样搞的结果就使宫殿里充满下流之辈。他总结说:因此,消除祸患的唯一途径就是把政权交还显贵,并把行会的数目由十四

个减为七个,一方面减少庶民的席位,一方面增加显贵的权力,以便缩小小行会在政务会议上的权力。由于显贵和庶民宿怨极深,他们绝不会支持庶民。他还指出一点:大家应当懂得,根据不同的时代,利用不同的人,这样才能把事办好。他们的祖先既然曾利用庶民削弱显贵的势力,那么在今天,当显贵已被贬低、受压抑,而庶民却变得如此蛮横的时候,最好就是利用显贵的帮助来约束庶民的骄横。为了达到这个目的,他们既可以公开干,也可以不公开干,因为他们当中有几个人是十人委员会成员,可以在不致引起注意的情况下,把军队调进城里。

里纳尔多受到大家极口称赞;会议全体一致同意他的意见。许多人发言响应,其中尼科洛·达·乌扎诺说,"里纳尔多的主张完全正确;他建议采取的纠正措施,如果采纳后不致引起全城彻底分裂的话,也是很好又可靠的。如果我们能够吸引乔万尼·德·美第奇加入我们这一行动,我确信这个目的就一定能够达到。因为他是低层群众的首领和靠山;如果能把他拉过来,这帮乌合之众将无法和我们对抗。但是,如果他不同意,那就除了动武之外,不可能再有别的出路。不过,一旦拿起武器,我们就要冒被打垮的危险;即使胜利,也许无法收取胜利的果实。"然后他就很谦逊地提醒他们,有一次他曾对他们说过的话;当时祸患还很容易消除,但他们那时不愿意采取行动;以致事到如今,即使想采取同样行动,却不得不冒招致更大祸患的危险了。因此,唯一可行的办法只能是把乔万尼争取过来(如果这件事可行的话),此外已无路可走。于是大家就委派里纳尔多去拜会乔万尼·德·美第奇,试试能不能劝他站到他们这边来。

里纳尔多接受任务，用尽一切他所能说的最有说服力的话语劝乔万尼同意他们的观点；并恳求他千万不要用支持一群大胆妄为的乌合之众的办法使他们把政府和城邦彻底毁灭。乔万尼听了之后回答说，他认为一个聪明的好公民的职责就是避免对城邦已行之有素的规章制度进行更改；再没有任何别的事情比更改制度对人民为害更大的了。因为这样一改，势必有许多人受到触犯；而当某些人存在不满情绪时，就要经常担心可能出现某种不祥的事件。他说，他觉得他们的决定似乎可能造成两种极其有害的后果：其中之一是，把名位给予那些从来都未曾享有过名位的人，但这些人对这种荣誉并不重视，因而再丢掉时也不会感到可惜；另一个后果是，从一贯享有名位的人们手中夺走他们的荣誉，他们将永远不能甘心，只有把名位归还他们之后才算完事。因此，显而易见，对一方造成的伤害，比赐给另一方的好处还大。所以，不论提出这个建议的人是谁，他将得到的朋友必然是少数，而制造的敌人却是一大批。他的敌人将很坚决要伤害他，而他的朋友却不可能同样热心地保护他。因为人类天生更喜欢报仇而不是报恩，仿佛报恩只会给自己带来不便，而报仇则既能称心又能得到好处。然后，他又把话特别转向里纳尔多，说道："至于你，假如你能记起过去历次事变，了解我们这个城邦有的人办事是如何狡诈，你就不会这样积极地进行这件事了。因为提议干这种事的人，在你的帮助下从平民手里夺取大权之后，还会在平民的帮助下夺去你的权力；因为到那时，平民就已经变成你的敌人了。过去在本内德托·阿尔贝尔蒂身上发生的事就会在你身上发生，本内德托曾在并非他的朋友的人们的劝说下，同意搞垮焦尔焦·斯卡利和托马索·斯恃罗齐，

但不久,他自己也被同样一批人放逐。”于是他劝里纳尔多对这类事情还是要深思熟虑;要努力学习他的父亲。他父亲当时为了使全体公民受益,曾把盐价降低,提出的先决条件是:凡是欠税少于半佛洛林的人,缴不缴都随便;另外,在各委员会开会期间,不许债主向任何人强行索债。他最后说,至于他本人,他还是想让城邦政府维持现状。

第 三 章

乔万尼·德·美第奇得到群众拥戴——比阿焦·德尔·梅拉诺英勇不屈——扎诺比·德尔·皮诺卑怯可耻——佛罗伦萨人得到法恩扎君主的友谊——佛罗伦萨和威尼斯结盟——实行“卡塔斯托”的起因——富裕公民对新税则很不满——和米兰公爵讲和——“卡塔斯托”引起的新动乱。

这些事件以及有关情况在平民中传开之后,使乔万尼的声望大增,而提出这种建议的人却遭人憎恶。但乔万尼不动声色,以便尽量少鼓励那些想利用他的威望搞变革的人们。他对每个人谈话时都明确表示:鼓动宗派分裂是不可取的,最好是消灭宗派;不管人们期望于他的是什么,反正他总要尽力争取全城邦的团结统一。但他这种态度竟然冒犯了他自己那一派里边的许多人,因为他们希望他能表现得更活跃一些。有这种想法的人当中包括阿拉曼诺·德·美第奇。他这个人急躁好动,不断鼓动乔万尼支持同党、迫害政敌;责备他态度冷淡,办事迟缓;说敌对分子之所以敢于搞诡计反对他,原因就在于此;而敌对分子这些诡计迟早有一天要把他自己和他的朋友们搞垮。他还用类似的话竭力鼓动乔万尼的儿子科斯莫。但不管别人怎样向他流露或预示,他都不为所动;尽管这时党派对立已公开化、全城的分裂已很明显。

在宫中为执政团办事的,有两位官员,即塞尔·马尔蒂诺和塞尔·帕戈洛。后者支持尼科洛·达·乌扎诺那一派,前者支持乔万尼那一派。里纳尔多看到乔万尼不愿意加入他们那一派,认为罢掉塞尔·马尔蒂诺的官可能会好一些,这样可以使整个宫中官员完全受他控制。他这个意图被敌党探悉之后,结果塞尔·马尔蒂诺反而被留任,塞尔·帕戈洛却被免了职。这件事对里纳尔多和他那一派打击很大,使他们十分恼火。如果当时城邦没有受到战争威胁以及最近在赞戈纳拉打的败仗,这件事本来很可能引起极其有害的后果,使平民不敢那么胆大妄为。因为当佛罗伦萨城内的事态正在这样发展时,阿尼约洛·德拉·佩尔戈拉率领公爵的军队,已经把罗马尼阿境内原属佛罗伦萨的一切城镇,除了卡斯特罗卡罗和莫迪利阿诺两地,全部予以占领;这部分是由于这些城镇实力虚弱,部分是因它们的指挥者举措不当。在这次战役的过程中,发生了两件事:一件说明英勇不屈如何受人崇敬,甚至敌人也加以称赞;另一件可以说明怯懦怕死如何受人鄙视。

比阿焦·德尔·梅拉诺是守卫蒙泰佩特罗索要塞的司令。要塞被敌人包围后,他看到处处已是熊熊烈火,要塞已无法保住,就从一处尚未着火的地方把一些稻草和衣服等物扔出来,然后把他的两个小孩子扔在上边,对敌人说道,“这是命运赏给我的财产,你们拿去吧!这些东西你们可以从我手里夺走。但我的意志你们是永远夺不到手的，因为它关系到我的名誉和光荣，我决不放弃。”围攻要塞的人们跑过去抢救孩子，还搭好梯子、吊好绳子叫孩子的父亲逃命。但他不逃。他宁愿在烈火中烧死，也不在祖国的敌人的帮助下苟延性命。这是一件值得万人称颂的古代英雄佳话，是其他任何事例都无法比拟的。像这样的事例实在太少了，我们因而更加敬佩。人们把凡是在要塞的灰烬中能够扒出的东西都搜罗出来供给两个小孩子使用，并精心照顾把他们送到他们的亲友家中。共和国对这件事也是很感激的，只要孩子们还活着，他们的一切费用都由共和国包下来。

在加莱阿塔要塞发生的另一事例正好与此相反。扎诺比·德尔·皮诺是那里的长官。他连起码的抵抗都没有就把要塞拱手交给敌人。此外，还给阿尼约洛·德拉·佩尔戈拉出主意，叫他离开罗马尼阿的阿尔卑斯山，转到托斯卡纳的小山中去，因为在那里打仗危险较小、取胜机会较多。阿尼约洛无法忍受这个人卑鄙下贱的气质，就把他交给自己的随从；他们对他严加斥责之后，不给他任何东西吃，只给他一张纸，画着许多蛇；对他说，他们要把他这个圭尔夫派变成吉贝林派。这样饿了几天之后，他就死了。

这时奥多伯爵和尼科洛·皮奇尼诺进入拉莫纳河谷，意欲劝说法恩扎君主站到佛罗伦萨一边，至少也要劝得他能够阻止阿尼约洛·德拉·佩尔戈拉不断对罗马尼阿的入侵。但因为这个河谷的天然地形十分险要，山民好战，结果奥多伯爵在那里被杀害，尼科洛·皮奇尼诺被俘押往法恩扎。不过，佛罗伦萨人在这次失败中却幸而得到也许在胜利中都得不到的东西；因为尼科洛彻底说服法恩扎君主和他的母亲，竟然使他们成了佛罗伦萨的朋友。签订盟约后，尼科洛·皮奇尼诺就被释放。但他自己却未能像他劝别人的那样去做。因为当他和这个城邦谈判时，在提出关于聘请他的问题上，也许是因为对方提出的那些条件不够充足，也许是因为他感到别处的条件更好一些，结果他突然离开他的驻地阿雷佐，进入伦巴第，投奔公爵手下服役去了。

佛罗伦萨人了解到这情况后十分吃惊，由于一再失利使他们极为沮丧；认为自己已经失去独力作战的能力。于是就派使节到威尼斯，恳求威尼斯人援助他们反对如此强大的敌人；因为如果听任公爵继续壮大，则不但对佛罗伦萨，而且对威尼斯都是危险的。他们劝威尼斯人效法弗兰切斯科·卡尔米纽奥拉的榜样，弗兰切斯科是当时最出色的军人，原来在公爵手下服役，后来辞退不干了。但威尼斯人犹疑不决，因为他们不知道这个人办的这件事有多大程度的真实性；认为他与公爵的敌对是假装的。正在他们犹疑不定时，人们发现公爵借助于弗兰切斯科一位仆役之手，在食物里放上毒药叫他吃了，他虽未被毒死，但也已十分危险。这件事真相大白之后，威尼斯人才把疑虑抛开。由于这时佛罗伦萨人仍在向他们求援，于是两国就订立盟约，规定两国合力打仗，战费由双方共同负担；凡是将来在伦巴第境内占领的地方都归威尼斯占有，凡是在罗马尼阿和托斯卡纳境内占领的都归佛罗伦萨；并聘请卡尔米纽奥拉为同盟军总司令。盟约签订后，战争随即在伦巴第开始，进展十分顺利；几个月后就从公爵手中夺回许多地方；还攻占布雷西亚城。这次攻占该城当时被认为是最辉煌的战绩。

战争从1422年持续到1427年。在这些岁月里，佛罗伦萨公民深受捐税负担之苦，因而决定先作些修订，以便将来彻底修正。

为了做到按公民财产不同合理负担税款,于是提出建议:不论何人,凡拥有财产一百佛洛林,一律交纳半佛洛林。这样,个人的捐献将由一条固定不变的规定决定,而不再由派别任意决定。由于这项新税法对有钱有势的人们抽的税很重,于是他们就竭尽全力阻止它变成正式法律。只有乔万尼·德·美第奇一个人公开表示支持,于是这项法律就在他的支持下通过了。为了确定每人应付税款的数额,有必要对其全部财产进行估价。佛罗伦萨人称这种估价为“阿卡塔斯塔雷”,这个名词应用在这件事上就是“估算”或“评价”的意思,因此,这项新税法就被称为“卡塔斯托”。对豪门富户说来,这个新的估算方法对他们的霸道形成强有力的遏制。从此之后,他们就再也不能像从前那样压榨较低阶层、也不敢在政务会议上发出威胁不许他们讲话了。因此,新税法通过后,人心大快,只有豪门富户深恶痛绝。但是,由于人们的愿望永无满足之日,得到一项好处往往促使他们想得到更多的好处。新税法虽已规定合理负担,但平民还不满足;又进一步要求把这项规定应用到过去的年月;要求按照“卡塔斯托”的规定,调查富户过去少交了多少捐税,现在都要补交,要作到和别人过去交纳的一样多:过去由于规定不合理,别人曾被迫典卖财物交纳税捐。

这个提案比实行“卡塔斯托”使显贵受到的震惊更大。为了自卫,他们无尽无休地对这项提案进行诋毁,声称这简直不公到了极点:不但不动产要征税,而且动产也要征;人们的动产今天有,明天就没有了;还说有许多人把财宝收藏起来,“卡塔斯托”也摸不着它;有些人丢下私事不管、为共和国效劳,应当减轻赋税负担;他们为国效劳就足以抵偿了;城邦不但要他们出力而且还要他们出

钱,这是不公平的,因为对别人只要求出钱一项。主张实施“卡塔斯托”的人们则回答说:虽说动产有变化,但捐税也可以随着变化,经常进行估算就可以弥补这方面的漏洞;至于某些人有藏匿的财产,这个问题根本就无必要提出,因为对不生利的财产抽税是不合理的;如果那些财产能生利,那它就不难被查出。那些不愿意为共和国效力的人尽可以辞职不干;因为共和国无疑会找到足够的热爱祖国的公民为它效劳,他们不但情愿出钱,而且也乐于为国家出谋献策;参加政府工作的好处和荣誉极大,对参加者来说,参政本身就是最充足的报酬了,完全用不着以此为借口要求少交自己应交的那一份捐税。他们最后又指出一点,说道:但是,真正的抱怨的原因还没有提到:因为那些被“卡塔斯托”触犯了的人们后悔了,他们悔恨现在已经不能在他们不受损失的条件下使城邦继续忍受战争带来的各种痛苦了,因为今天他们必须和别人一样作出捐献了;假如这项法律早就实施了的话,他们就决不会和拉迪斯劳斯国王或菲利波公爵打仗了;那两次战争并不是因为有必要非打不可,只是要把公民搞得贫困不堪。

这场激烈争论后来被乔万尼·德·美第奇平息下去了。他说:“算陈年老账不好,除非我们能从中学到些什么、以指导当前。如果说过去的捐税制度不合理,我们也不应当忘了,由此我们已找到使它合理分摊的方法,我们希望这个新方法成为团结而不是分裂公民的手段。有的人想算过去的捐税老账,要想课以和今天一样的新税,那就只能导致分裂。满足于适可而止的胜利的人总是最成功的。那些业已压服别人而仍嫌不足的人,十有八九是要失败的。”他说了这一番话后,争吵平息下来,没有人再考虑追溯老账使之公平合理的问题了。

和公爵之间的战争仍在继续,最后由于教皇代表斡旋才告结束、恢复和平。但开始时公爵不遵守协议条款,于是两国盟军又拿起武器再战,在马克洛维奥会战敌军并将其击溃。在这次打败仗之后,公爵又提出缔和,威尼斯人和佛罗伦萨人也都表示同意。后者之所以同意是因为他们嫉妒威尼斯人,认为他们自己花了这么多钱打仗只不过是为了扩张别人的势力;前者同意停战,则是由于他们发现公爵被打败之后,卡尔米纽奥拉变得很冷淡,不愿再为他们的事业卖力了,因而认为再信赖他已不保险。于是就在 1428 年签订条约,使佛罗伦萨恢复了原来在罗马尼阿境内的领地;威尼斯人保有布雷西亚,此外,公爵还把贝加莫及附近乡村割给他们。在这次战争中,佛罗伦萨共支出军费三百五十万金币,使威尼斯的领土和威力大为扩张,给自己城邦带来的却只是贫困和分裂。

由于和邻国已处于和平状态,国内的纷争随即重新开始。显贵富户难于忍受"卡塔斯托",又不知道如何把它踢开,于是他们就竭尽全力使更多的人反对这项措施,以便为自己提供更多盟友协力把它废除。他们向收税官发出指示,说按法律规定,应当把"卡塔斯托"扩展到佛罗伦萨近邻各属国的财产,看看有无佛罗伦萨人的财产藏匿其中。因此各附属国就奉命在某一限期之内将财产清单填好呈报。沃尔泰拉人对这一措施切齿痛恨,派人前来向执政团申诉。但执政团官员却在盛怒之下把这十八名申诉者关进监狱。沃尔泰拉人因为怕他们那些被捕的同胞受害,倒未采取任何暴力行动。

第　四　章

乔万尼·德·美第奇去世——他的为人——沃尔泰拉反叛——沃尔泰拉恢复效忠——尼科洛·福尔泰布拉乔攻打卢卡——在卢卡战争问题上的争论——和卢卡打仗——阿斯托雷·姜尼和里纳尔多·德利·阿尔比齐被任命为军事委员——阿斯托雷·姜尼的暴行。

大约就在这时,乔万尼·德·美第奇病倒。他感到自己末日将临,就把两个儿子科斯莫和洛伦佐叫到面前,向他们提出最后忠告说,“我明白,上帝和大自然在我出生时就已经给我规定的大限眼看就要到了。我死时可以瞑目,因为我知道我离开你们时,你们的身体健康,生活富裕,又有这样高的社会地位;如果你们按照我走过的道路继续走下去,你们在佛罗伦萨必将受到人人尊敬爱戴。此时此刻,最使我引为自慰的就是回忆起我这一生,从来还未曾有意识地冒犯过任何人;而是一贯尽到自己最大努力为所有的人谋福利。我希望你们也这样做。至于城邦事务,如果你们希望在平安中度过一生,就要使自己的收入合乎法律规定,而且同胞们也认为给你们这一份是合适的,这样既可以不冒风险,也不致引起别人嫉妒;因为对任何人说来,引起别人憎恶的并不是人家给你多少,而是你强求占有多少;你们如果能这样做,所得的份额就会比强求额外多占的人所占有的还要多些;强求多占的人们反而常常把自己原有的东西都丢掉,未丢掉以前也老是为之忧虑不安。由于我

采用了这样的办法处世，尽管身处众多敌手和各种利害冲突的包围之中，但仍然不仅保持了自己的名望，而且还增加了自己的势力。假如你们也走这样一条路，必然也会得到这样的好运气。不然的话，你们的下场也会像我们这个时代的某些人那样，使本人和全家都遭毁灭。”

乔万尼对他的两个儿子谈完这些话之后不久就死了。他的死使人人感到惋惜，这也是他那许许多多出众之处应当得到的。他富有同情心，不只对向他提出要求的人们进行施舍，贫穷的人们即使不向他请求，他也经常救济他们的急需；他爱所有的人，表扬好的，也可怜坏人的弱点；他从来都不追求政府中的名位，但却享有一切；未经邀请，他从不进宫殿；他热爱和平，避免战争；把人们从困境中解救出来，帮助他们过幸福日子；他从未假公济私，而是常常解囊奉公；他身居高位却谦恭有礼；他不是能说会道的人，但有非同一般的智虑明达之见；他的举止言谈似有些忧郁，但谈起来之后，很快就活跃愉快、风趣横生。他死时家财万贯，但更拥有好名声和人们对他良好的祝愿。他身后留下的财富和声誉，他儿子科斯莫不但继承并保存了下来，而且还发扬光大。

沃尔泰拉的那些使者在监狱里呆腻了，为了获得自由，就答应按佛罗伦萨提出的要求办事。他们被释放回到自己城邦之后，正赶上他们那些新长官上任。在抽签选举出来担任这项职务的人们当中，有一位名叫朱斯托的，是一位庶民，在他那个阶层中拥有很大的势力，也是被佛罗伦萨关押起来的使者之一。由于在公事方面和私人身上他都曾受到佛罗伦萨的伤害，因而心中燃起对佛罗伦萨的愤恨，再加上一位贵族乔万尼·迪·孔图吉和他在政府中的同僚们进一步煽动，要他凭借各位长官的权威和他本人的名望，鼓动人民使国家摆脱佛罗伦萨的控制，并自立为君主。在这些人的促使下，朱斯托拿起武器，骑马走遍全城，捉住佛罗伦萨派驻该城的人民首长，并在人民同意下，当了沃尔泰拉的君主。这情况使佛罗伦萨人极为不快；而当时他们刚刚和公爵讲和，双方都还未曾违犯和约，他们认为这正是收复沃尔泰拉的时机；为了不致失掉这个时机，立即任命里纳尔多·德利·阿尔比齐和帕拉.斯特罗齐为军事委员，派他们率领军队前往讨伐。这时，朱斯托已料到佛罗伦萨人将向他进攻，于是就请求卢卡和锡耶纳出兵支援。后者声称因为他们和佛罗伦萨订有盟约，拒绝协助；而且帕戈洛·圭尼吉认为他自己曾和公爵友好并曾站在他那边打仗，从而可能已丢掉和佛罗伦萨之间的友谊，现在正打算重新和佛罗伦萨修好；因此，他不但拒不支援朱斯托，而且还把他的使者抓起来，作为俘虏押送佛罗伦萨去了。

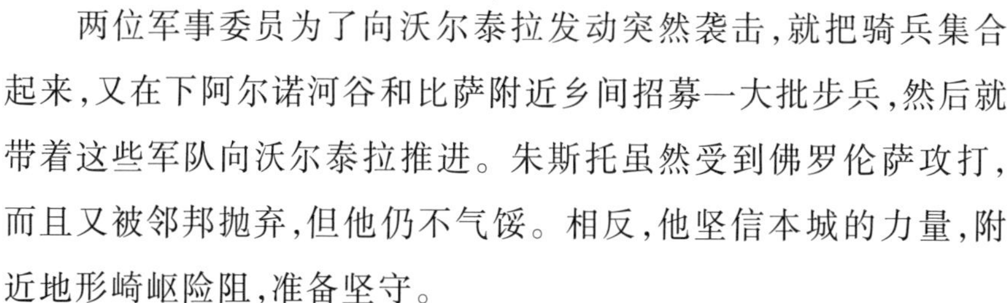

两位军事委员为了向沃尔泰拉发动突然袭击，就把骑兵集合起来，又在下阿尔诺河谷和比萨附近乡间招募一大批步兵，然后就带着这些军队向沃尔泰拉推进。朱斯托虽然受到佛罗伦萨攻打，而且又被邻邦抛弃，但他仍不气馁。相反，他坚信本城的力量，附近地形崎岖险阻，准备坚守。

在沃尔泰拉住着一位名叫阿尔科拉诺的，就是曾经力劝朱斯托统治城邦的那位乔万尼·孔图吉的兄弟。这个阿尔科拉诺在贵族中颇有势力，他把一些知心朋友召集一起之后，对他们说，就目前事态而论，可以肯定，上帝已降临来把他们救出困境了；因为，只要他们拿起武器，罢掉朱斯托的官，把城市献给佛罗伦萨，他们就可以有把握地取得全城主要官位,本地自古以来的全部特权也能保持下来。他在把这些人争取过来之后,就和他们一起来到朱斯托所住宫殿;一部分人留在楼下,阿尔科拉诺带着另外三个人上楼走进会议室,发现朱斯托正在和一些公民在一起,就把他拉到一边,好像是有什么重要的事情要向他汇报似的;一面和他谈着各种问题,一面就把他带到楼下的房间里,拔出刀来就向他砍去;但他们下手慢些,未能阻止朱斯托拔出自己的武器重伤他们当中的两个人;但终因寡不敌众,朱斯托被刺身死,尸体被扔到大街上。阿尔科拉诺和他的同党把城邦献给佛罗伦萨那两位军事委员;两位委员带着身边的军队,立即占领了城市。但沃尔泰拉的境况比以前更坏了,除了发生其他一些不利的事情之外,近邻地区大都背离了它,从而使沃尔泰拉降低到副主教辖区的地位。

沃尔泰拉城几乎在同时失而复得。如果不是由于有一个人的野心作祟,当时就再没有任何重要情况足以引起一场新的战争了。尼科洛·福尔泰布拉乔(布拉乔·达·佩鲁贾的一位姊妹的儿子)在佛罗伦萨和公爵打仗期间,曾在佛罗伦萨一边服役,参加过大多数战役。和平恢复后,他被解雇。在沃尔泰拉事件发生时,他正带着自己的人马驻扎在富切基奥,佛罗伦萨那两位军事委员又雇用了他和他手下的部队。有人认为,里纳尔多和他一起带领部队远征时,他曾劝里纳尔多在某种借口下去攻打卢卡人:并向他断言,只要他这么干了,佛罗伦萨一定会同意远征卢卡,而且还将派他当总司令。在收复了沃尔泰拉、尼科洛也回到他的驻地富切基奥之后,也许是在里纳尔多的劝告下,也许是他自己的主意,尼科洛于 1429 年 11 月,带领三百骑兵和同等数量的步兵,夺占属于卢卡的两个要塞鲁奥蒂和科姆皮托,然后开到平原上,抢劫居民大量财物。这次入侵的消息传到佛罗伦萨之后,全城各阶层的人都是一群一群地在议论这事件;几乎所有的人都赞成远征卢卡。在显要人物中,主张远征的有美第奇家族和他们那一派,和他们站在一起的还有里纳尔多,这或许是由于他认为这样做对共和国有利,也许是由于他个人期望被委任为总司令这个野心的驱使。尼科洛·达·乌扎诺和他那一派则反对出征。

在战争问题上,同一批人、同一个城邦,尽管是在不同的时间,竟然有如此截然相反的意见占上风,实在令人难以置信。同样是这些官员和平民,在十年和平时期,一直都在谴责为反对菲利波公爵而进行的战争,说这是为了保卫自由;但在耗费了那么多钱财、遭受了那么多困难之后的今天,却竭尽全力坚持要打卢卡;这一仗如果打胜,就要剥夺那个城邦的自由。而当初拥护和公爵打仗的人们,现在却又反对这次远征。万千群众都特别热衷于觊觎别人的财物,却不怎么担心保存自己的财产;极容易被贪图他人财物的欲望牵着鼻子走,却不怕丢掉自己的。这后一种说法似乎难以使人相信,直至被事实证明之后才行;而前一种令人向往的获得好处的期望,尽管非常可疑、最多也是可望而不可即的,却常常像事实那样使人珍爱。由于尼科洛·福尔泰布拉乔拔城略地大发横财以及卢卡附近那些教区长来信所说情况,佛罗伦萨人又受美好的希望所鼓舞。佛罗伦萨派往维科和佩斯恰的那些代表曾来信说,如果允许他们接管那些请降的要塞,整个卢卡地区很快就可全部拿到手。不过,在这里还应当补述一点:卢卡的总督曾派一位使节到佛罗伦萨,控诉尼科洛对他们的进攻,请求执政团不要向一个一贯

和他们友好相处的邻邦发动战争。这位使节名叫亚科波·维维阿尼,不久前曾因阴谋反对卢卡总督帕戈洛·圭尼吉而被关押。帕戈洛虽然发现他有罪,还是饶了他的命;而且因为他认为自己既然宽恕了对方,对方也必然不介意所受惩处,因而又信任他了。可是亚科波对过去蒙受的危险耿耿于怀,却不考虑别人对他的宽恕。于是在他到达佛罗伦萨之后,就在暗中鼓动公民们向卢卡开战。在他的怂恿下,再加上其他的希望,执政团就召开了政务会议,共有四百九十八位公民出席;城邦主要负责人当着这些公民的面讨论了这个问题。

第一位在大会上发言支持远征的就是里纳尔多。他说明夺占卢卡必将带来的好处;而且威尼斯和公爵都为他们这次远征开了路,因而这一事业无可非议;而且教皇正忙于那不勒斯的事,也无暇进行干涉。然后他又指出这次远征的有利条件:卢卡眼下正在遭受它自己一位公民的奴役,已经失去往日为保持自由而战的那种天生的充沛活力和迫切的愿望了;因此,它那些平民很可能为了驱除暴君而把城邦献给佛罗伦萨,不然就是那位暴君因为害怕平民而归顺。他还让大家回想起过去卢卡总督所干的损害共和国的事,对佛罗伦萨人如何不怀好意;假如教皇或公爵向佛罗伦萨发动战争,那么在如何对待这个暴君的问题上,佛罗伦萨将陷入进退两难的处境。他从而得出结论说,佛罗伦萨从没有进行过一项事业像这一次这样具有这么十分便利的条件,这么肯定地有利,这么受到支持,认为无可非议。

尼科洛·乌扎诺答辩说,佛罗伦萨从没有进行过一桩比这次更不正义、更危险、孕育着更多的罪恶的计划。首先,他们要去攻打的是一个圭尔夫派城市，它一向和佛罗伦萨友好相处，并曾多次冒着巨大危险把被佛罗伦萨放逐出去的圭尔夫派接收到他们的怀抱中；在过去历史上，当卢卡还属自由时，他们一次都不曾伤害佛罗伦萨。如果说奴役卢卡的人，像过去的卡斯特鲁乔和今天的总督，曾经为害佛罗伦萨的话，那也只是这些暴君的过错，并不是卢卡全城的责任。假如他们去攻打暴君而不致伤害老百姓，那他也不会有多大顾虑；但这一点是不可能办到的。因此，他不能同意大家去抢劫一个一贯与佛罗伦萨友好的城市。不过，由于当前人们通常很少顾及甚至毫不考虑事情是否公正，他现在就单纯从佛罗伦萨本身利害得失的角度谈谈这个问题：他认为，凡是不致轻易招致有害后果的事都可以算是有用的；但他想象不出，一件必然有害而其用处却并无把握的事情如何能算是有好处的；所谓必然有害，就是说这件事必将耗费大批财物；他预见到，这样庞大的开支，即使对一个得到长时期休养生息的城邦来说，也足以使他们大为震惊；更何况他们这个城邦已经被旷日持久消耗巨大的战争拖得精疲力竭。可能得到的好处就是夺占卢卡；他承认这是一件了不起的事业。但是，这件事所冒的风险之大，难以估量，在他看来，征服卢卡简直是不可能的。他无法使自己相信威尼斯人或菲利波公爵会甘心情愿让他们夺占卢卡；因为前者只是表面上同意，以避免显得忘恩负义，因为他们刚刚不久以前在佛罗伦萨资助之下获得了庞大的领土；至于公爵，当他看到佛罗伦萨再次陷入新的战争和耗费巨大时，一定会十分高兴；等到佛罗伦萨在各方面都遭受失败、精疲力竭时，他将再次前来攻打它；即使他们实行计划，攻打卢卡进展顺利、很有希望取得成功，公爵也不会放过机会挫伤他们的事

业:他或者在私下里以金钱资助卢卡人;或者表面上解散自己的军队,然后使他们装成兵游子,派去解救卢卡。

因此,他希望大家放弃这种打算,采取另一种办法对待卢卡暴君,以便尽可能多地给他制造敌人。削弱卢卡的办法,最好是使它处于这位暴君统治之下,受他压榨盘剥、搞得精疲力竭。这些事情如果安排得当,不久之后,那个城市必将达到使他无法控制的地步;当那个城市感到无法治理自己时,它必然会落到佛罗伦萨统治之下。但是他看到他的发言并不能使在座的人高兴,大家都不注意听。尽管如此,他还是向他们作了这个预言:佛罗伦萨开始打的将是一场耗费巨资的战争,国内会招致极大的危险;而且不但当不成卢卡的主人,反而会把卢卡从暴君之下解救出来,把它从一个软弱的、受压迫的友好城市变成一个独立自主、但与佛罗伦萨为敌的国家;将来有一天还会变成佛罗伦萨共和国发展道路上的一大障碍。

这个问题经过双方发言辩论之后,就像往常那样进行表决。在全体到会的公民中只有九十八票反对远征。这样作出支持战争的决议之后,就委任一个"十人委员会"指挥战争,还雇佣军队,骑兵步兵都有。阿斯托雷·姜尼和里纳尔多·德利·阿尔比齐被委任为军事委员;尼科洛·福尔泰布拉乔同意把他占领的那些地方交给佛罗伦萨之后就被聘请为远征军指挥官。两位军事委员带领军队到达卢卡境内之后就分兵两路:一路在阿斯托雷率领下沿平原展开,向卡马伊奥雷和皮埃特拉桑塔挺进;另一路在里纳尔多率领下朝山区开去;他们设想当卢卡公民看到周围地区都已被占,就会轻易投降。但两位军事委员的行动不适当。这并不是说他们未能占领许多地区,而是因他们在战争指挥上失当而受到指责。阿斯托雷·姜尼确实有充分理由应受指责。

皮埃特拉桑塔附近有一个肥沃而人口稠密的盆地,名叫塞拉韦扎。盆地的居民听说这位军事委员来了,就前来拜见,请求他接受他们大家作佛罗伦萨共和国的忠实臣民;阿斯托雷假装接受他们的要求,但立即下令他的军队把盆地一切关隘和险要据点全部占领,把居民都集合在大教堂里当俘虏关押起来;然后就让他的部下对整个地区抢劫破坏,极尽贪婪残忍,连神圣不可侵犯的处所都不加区别对待;对妇女不论已婚未婚,一概奸污。这些事情传到佛罗伦萨后,不但官员们恼火,全城公民也都很不满意。

第　五　章

塞拉韦扎居民向执政团请愿——对里纳尔多·德利·阿尔比齐的责难——军事委员换人——菲利波·布鲁内来斯基建议水淹卢卡近郊——帕戈洛·圭尼吉请求米兰公爵支援——公爵派弗兰切斯科·斯福查前往——帕戈洛·圭尼吉被放逐——佛罗伦萨军队被公爵的军队打败——卢卡得胜后夺取的地方——结束战争。

有几个塞拉韦扎盆地的居民从军事委员阿斯托雷的魔爪下逃出,来到佛罗伦萨;在大街上逢人就诉说他们的苦难。有些公民或是出于对阿斯托雷恶行的气愤,或是因为属于敌对派系,劝这些难民到十人委员会去控诉,以便惩罚这个军事委员。他们跑到十人

委员会那里,要求接见,他们被接见后,其中的一个人就说了大致如下的一段话:

"诸位大人,我们相信,当你们了解到你们的军事委员如何夺占我们的家乡、如何对待我们这些老百姓的时候,执政团一定会相信我们、同情我们。我们盆地的居民一向都是圭尔夫派,这一点你们那些古老的家族的年谱就可以充分证明;过去,每逢你们的公民遭受吉贝林派的迫害,我们那里一向都是他们最安全的避难所。我们的祖先和我们自己对佛罗伦萨共和国这个名称从来都非常崇敬,认为它就是我们这一派的首领。当卢卡城在圭尔夫派手中时,我们曾甘心情愿接受它的统治。但当卢卡受到这位抛弃了自己的老朋友投靠吉贝林派的暴君的奴役时,我们是被迫而不是自愿地服从他的。上帝知道,我们经常祈求赐给我们一个机会使我们能表示对我们自己老宗派的依恋的感情。但人们的期望该是多么盲目啊!我们原来期望能够保障我们的安全的人,竟然要把我们毁灭。我们一听说你们城邦的旗帜正朝我们盆地前进时,我们就急急忙忙去迎接你们的军事委员,不是把他当作敌人,而是当作我们古代君王的代表来欢迎,把我们的盆地、我们的人和财产一起交到他手里,相信他的诚意;我们相信,即使他没有一位佛罗伦萨人的灵魂,至少也会有"人"的灵魂吧。

"各位大人必能原谅我们,因为我们无法忍受他的暴行才被迫前来申诉的。你们的军事委员除了外表上还像个人之外,并没有一点人味儿;只是名义上是个佛罗伦萨人,实际上根本不是。他比任何害人虫都更恶毒,比任何野兽都更残忍,比任何妖魔都更恐怖,是人类头脑难以想象出来的。他叫我们集合在我们的大教堂里之后，假装要向我们讲话，却把我们都当囚犯关押起来。然后他就下令焚烧、摧毁整个盆地，抢走我们的财物；蹂躏所有的地方，破坏所有的东西；奸污妇女，糟蹋处女；把她们从母亲的怀里拖走，交给他的士兵发泄兽性。假如我们曾对佛罗伦萨人民进行过任何伤害从而应当受到这样的对待，或者我们是在进行武装抵抗之后被打败的，那我们就没有这样多的理由到这里来申诉了；在那种情况下，我们只能责怪我们自己，认为我们自己或许是由于举措不当或许是由于狂妄自大才招来这次应得的大祸。但我们是赤手空拳、主动把自身奉献给他的，而他却是如此冷酷无情，如此野蛮而残忍地对我们进行烧杀淫掠，这是我们无法忍受的。虽然我们本来可以在伦巴第全境到处控诉佛罗伦萨的罪行，在整个意大利诉说我们的悲惨遭遇，我们并不希望利用一个坏蛋的卑鄙下流、背信弃义的行为来诽谤这样一个公正而虔诚的佛罗伦萨共和国。假如在我们被彻底摧毁以前就已经了解到这个坏东西的残忍和贪欲，我们必然会竭尽全力使他得到满足（尽管事实上他是贪得无厌，无法满足的），也许破费我们一半财产就可能把另一半保全。但时机已经错过，所以我们才不得不前来向各位大人乞求帮助，乞求解救你们这些属民的灾难，这样别人就不致由于我们的先例而不敢归顺到你们城邦的权威之下。假如我们所遭受的这样悲惨到极点的灾难还不足以触动你们、使你们伸出援助之手的话，那就请上帝帮忙吧，但愿上帝的震怒能使你们有所畏惧，因为上帝曾亲眼看见他自己的庙宇遭劫被烧，亲眼看见他的子民在他的怀抱中受骗上当。”

说完这些话之后，他们都扑倒地上，号啕痛哭，苦苦哀求把他

们的家乡和财物还给他们。假如执政团不能使他们恢复荣誉,至少也要使丈夫和妻子团聚,使孩子们回到双亲身边。官员们对这次暴行的情况早已了解,现在又亲耳听到这些受难者亲口说的这些话,激起他们的同情。于是下令立即召回阿斯托雷,经审问证实有罪,立即告诫罢官。执政团派人搜查塞拉韦扎居民被劫夺的财物,所有搜到的东西都归还原主;后来一有机会又陆陆续续把其余的部分也都予以赔偿。

对里纳尔多·德利·阿尔比齐也有许多责难。说他带兵打仗并不是为佛罗伦萨人民的利益,而是为个人谋私利;说他一当上军事委员,立即放弃夺占卢卡的打算;因为对他本人说来,抢劫乡村、使自己的庄园牛马成群、屋里堆满战利品就够了;他对自己的随从给他抢来的那些东西还嫌不足,又从他的士兵们手里收买了许多;因此,他已经从一位军事委员变成一个商人。这些诽谤的话传到他的耳朵里,使这位虽然骄傲但还正直的人给惹火了,表现得和他应有时尊严很不相称。他对公民们和政府官员愤激异常,既不要求也不等待上级批准就回到佛罗伦萨,跑到十人委员会诸委员面前说道:他很清楚,为一群放肆的人和一个分裂的城邦办事是多么困难、多么危险,因为前者轻信种种传闻,后者则常常采取不适当的措施。他们忽视对善行的奖励;但对任何稍有可疑的事,立即大加责难;因此,取胜得不到称赞;有错误则受到众人指责;一旦打败仗就要招致整个城邦谴责;由于同派的人嫉妒、异党分子的仇恨,结果就遭到迫害。他承认,当前的卑劣的造谣中伤,使他失掉耐心、脾气变坏;但他还是要讲清楚:他从来都没有因为害怕捏造的指控而拒绝去干他认为对城邦有益的事情。不过,他确信长官们

今后会更妥善地保护公民同胞，以使他们继续热情地为城邦繁荣富强而努力。他还说，由于佛罗伦萨从来在打胜仗之后都不举行凯旋式报答取胜的人们，但至少也应当保护他们不受诽谤中伤既然官长们自己也都是公民，随时都有受到虚假控告的可能，那他们就不难体会：一个正直的人在诬蔑诽谤的重压之下该是多么痛苦。

十人委员会成员就情况许可的范围内，尽力抚慰他的辛酸的心情；把远征的任务委托给内里·迪·吉诺和阿拉曼诺·萨尔维阿蒂。他们二人未扫荡四乡，而是率部队直逼卢卡城下。因为当时天气已极寒冷，部队就在坎潘诺莱安顿下来。在各位军事委员看来，这只是浪费时间；他们希望部队能再开近卢卡城一些，但军队拒绝听命。尽管十人委员会不接受他们的任何遁词，坚持要他们傍城扎营，但军队还是不听。

那时住在佛罗伦萨的有一位很出名的建筑师，名叫菲利波·迪·塞尔·布鲁内莱斯基，全城到处都有他经手设计的建筑物。他的功绩是如此卓越，所以在他死后，就在主要教堂里为他竖起一尊大理石雕像，底座上还刻有铭文。至今，凡是阅读这篇铭文的人，仍能体会到他那出众的才华。这位建筑家当时指出：由于塞尔基奥河和卢卡城的相对高度不同，可以引出河水把城周的地区淹没、使该城处于一片汪洋的包围中。他关于这个问题的推论讲得非常清楚，看来十分明显，围城部队必将因此处于极其有利的地位。十人委员会听了之后就很想试试。但试验的结果却和他们原来的期望相反，给佛罗伦萨部队的营地造成极大混乱。在我们的人挖的引水渠道的方向，卢卡人筑起很高的土堤防堵。一天晚上，他们把水渠本身的堤岸挖开，首先使河水不能按建筑师原先设计的方向流，随即把水引向平原，使它泛滥，从而迫使佛罗伦萨军队不但不能像他们希望的那样逼近城下，反而要驻扎到更远处的阵地上。

这个计划失败之后，经过改选的十人委员会就委派乔万尼·圭奇阿尔迪尼为军事委员，他率领军队全速向前推进，在卢卡城外扎营围困。帕戈洛·圭尼吉发现自己已被敌人紧紧包围，就在当时锡耶纳驻卢卡代表安托尼奥·德尔·罗索的劝告下，派萨尔韦斯特罗·特伦托和莱奥纳尔多·本维西去米兰请求公爵支援。但因发现公爵不愿意答应，于是他们就偷偷向公爵保证，说他们代表人民愿把他们的统治者献出，使公爵占领卢卡城；同时还向他讲明，假如他不马上按他们的劝告行事，过不了多久就不可能再有这样的机会了；因为帕戈洛正打算使城邦投降佛罗伦萨，而佛罗伦萨正迫不及待地要接管。公爵听了这话大吃一惊，于是就把一切其他考虑统统搁置一边，指使当时正在他手下服役的弗兰切斯科·斯福查伯爵公开提出要求，要到那不勒斯去，获准后，他就率领军队直奔卢卡。不过，佛罗伦萨人早已洞悉这一奸计；因为担心后果严重，就派伯爵的朋友博科奇诺·阿拉曼尼去找伯爵，以便挫败这个阴谋。伯爵到达卢卡后，佛罗伦萨军队就把营地转移到利布拉法塔去了；于是伯爵立即进逼佩夏。帕戈洛·迪阿切托是那里的副总督，这个人只是由于害怕而不是出于更好的动机，逃到皮斯托亚去了。如果不是由于有乔万尼·马拉沃尔蒂（军队是委托他指挥的）进行抵抗，这个城市可能就已经陷落了。伯爵未能得逞，就又到布吉亚诺的博尔戈城，将其攻占，并焚毁同一邻近地区的斯蒂利阿诺要塞。

佛罗伦萨人得知这些灾难情况之后,认为现在必须求助于过去行之有效的补救办法。他们知道在对付雇佣军时,如果用强力达不到目的,就可以用贿赂这一手,而且常常行得通。于是他们就向伯爵提出:如果他撤离该城,把那座城市交给他们,就可以得到一大笔钱。伯爵了解已不可能再从卢卡那边得到更多的钱财,就决定谁给钱就要谁的,于是和佛罗伦萨达成协议:他不把卢卡交给他们,因为那样做有伤体面,他不能同意;但可以撤走他的部队,放弃该城,条件是给他五万金币。协议达成后,为了诱使卢卡人在公爵面前替他说情,他就同意他们把暴君赶走。

我们在前边已提到,安托尼奥·德尔·罗索是锡耶纳派驻卢卡的使节。他在伯爵授权下,设法把帕戈洛·圭尼吉搞掉。在这个阴谋中为首的是皮埃罗·琴纯米和乔万尼·达·基维扎诺。伯爵当时住在距城不远处的塞尔基奥河上,帕戈洛的儿子兰齐劳和他住在一起。阴谋者的总人数大约有四十人,他们在夜间手持武器来找帕戈洛。帕戈洛听到他们的吵嚷声,吃惊地朝他们走来,问他们来意如何。皮埃罗·琴纳米听了之后回答说,他们长时期受他统治、被他带领着树敌打仗,不是死于饥饿就是死于刀枪下;现在他们已下定决心今后自己治理自己,要求他把金库和城市的钥匙交出来。帕戈洛说财宝业已消耗殆尽,但钥匙和他本人都可交给他们任意处置;只是恳求一点:既然他的统治从开始直到目前并未发生流血事件,他希望在结束时也能如此。弗兰切斯科伯爵把帕戈洛和他儿子一起带到公爵那里,后来他们就死在狱中。

伯爵离去时把卢卡从暴君手下解救出来,也使佛罗伦萨人不再害怕他的军队了。卢卡人准备进行防守,佛罗伦萨部队也恢复

对城市的包围。他们委派乌尔比诺伯爵指挥部队,这位伯爵加紧围攻卢卡,迫使卢卡人再次要求公爵支援。于是公爵又派尼科洛·皮奇尼诺前往;和上次派弗兰切斯科伯爵时用的借口一样。当他到达卢卡时,佛罗伦萨军队和他的军队遭遇,接着就在塞尔基奥河的渡口处打了一仗,佛罗伦萨军队大败,军事委员只带着少数人马逃到比萨。这次大败使佛罗伦萨人很沮丧。由于发动这次战争是由平民大多数完全认可的,这回他们可不知道该责备谁了,于是就责骂那些被委派指挥战争的人,重弹上回对里纳尔多的责难之词。他们责难最严的就是乔万尼·圭奇阿尔迪尼;声称如果他当时曾打算在弗兰切斯科伯爵离开卢卡时就结束战争,本来是完全可以办到的;但他并未这样办,因为他接受了贿赂;说他曾寄到家里一大笔钱;还指名道姓地说那笔款是托哪些同伙带回家的,谁替他接收的等等。这些责难和控诉提得如此严重,以致人民首长在舆论的促使和反战派的压力下,只好对他进行传讯。乔万尼虽然满怀激愤,但还是出庭了。不过他的朋友们,考虑到他们自己的地位,就设法使人民首长放弃了这次审讯。

卢卡人在这次大胜之后,不只收复原来属于他们的那些地方,而且占领了除了比恩蒂纳,卡尔奇纳亚,里窝那和利布拉法塔以外的整个比萨地区。而且,如果不是在比萨城内搞的那个阴谋被发觉的话,他们连比萨也都占领了。佛罗伦萨人又准备再战,委派斯福查的弟子米凯莱托当指挥官。公爵那方面,在取得这次胜利后,继续扩大战果,为了组成更大的力量反对佛罗伦萨,就劝使热那亚人、锡耶纳人和皮昂比诺的长官为保卫卢卡结成同盟;聘请尼科洛·皮奇尼诺为盟军指挥官。他采取的这个步骤等于公开宣布自己的意图，于是佛罗伦萨和威尼斯又恢复同盟。战争随即在托斯卡纳和伦巴第境内公开打起来。在两地都打了几仗，互有胜负。最后双方都精疲力竭，于 1433 年 5 月间达成停战协议，规定凡是被佛罗伦萨、卢卡和锡耶纳占领的原属别人的许多堡垒全部都要放弃，各方都恢复原有地盘。

第　六　章

科斯莫·德·美第奇，他的为人和作风——科斯莫的伟大招致官员妒忌——尼科洛·达·乌扎诺的意见——佛罗伦萨人互相诽谤中伤倾轧不和——尼科洛·达·乌扎诺之死——正义旗手贝尔纳尔多·瓜达尼采取措施反对科斯莫——科斯莫在宫中被捕——他担心被杀害。

在战争进行期间，城邦内部相互间恶意敌视的气氛仍经常存在。乔万尼死后，科斯莫·德·美第奇更积极地参加城邦公务；在对待本派朋友方面，比他父亲的态度更加热情而大胆，从而使那些对乔万尼之死感到高兴的人们在体会到他儿子将成为一个什么样的人物之后，就明白他们毫无理由这样得意。科斯莫极其精明而有远见；言谈举止严肃端庄、谦恭有礼，对人极其豁达大度、仁慈宽厚。他从不攻击各派和统治者，对所有的人都很宽厚。由于他慷慨助人，乐此不疲，各阶层公民都把他引为同道。他这种作风使政府官员办事增加了困难，而他本人则常常希望用这些做法使自己能像任何其他公民那样在佛罗伦萨生活得既安全又受人尊敬；假如他的对手在野心驱使下强迫他走上另一条道路,那么他自己的武装力量和朋友们的支持就会使他更为安全、更受尊敬。阿韦拉尔多·德·美第奇和普乔·普奇这两个人在树立科斯莫的权威方面起了很大作用;前者得力于他的大胆,后者依仗他那非同寻常的精明远见足智多谋,从而抬高了科斯莫的地位。确实,普乔的智慧和谋略极受推崇;因此,科斯莫这一派名声大振,与其说是靠科斯莫的名望,毋宁说是靠普乔的名声起作用。

攻打卢卡的事业就是由这么一个分裂的城邦进行的;党争的剧烈程度并未因为对外战争而减少,反而加深。虽然支持战争的是科斯莫这一派,但被委派去指挥战争的却有许多是对立一派的人,因为他们在城邦中势力较大。阿韦拉尔多·德·美第奇和其他一些人由于无法阻止他们这样干,就竭尽全力对他们进行诬蔑诽谤。每当战争中出现失利情况(这种情况是屡见不鲜的),他们从来都不说这是命运不好或敌方努力的结果;一口咬定说这是因为军事委员们愚蠢无能。就是这种做法助长了阿斯托雷胡作非为;也就是这种做法激起里纳尔多·德利·阿尔比齐的愤慨,使他未经批准就擅自放弃军事委员职责,这个做法还迫使人民首长传讯乔万尼·圭奇阿尔迪尼;而且,许多官员和军事委员受到的责难也莫不由此而起。真有其事的坏事被夸大,莫须有的则捏造出来;不管是真是假,人民一概听信,因为这些人几乎全部都是官员的仇敌。

所有这些事情和这些异乎寻常的做法对尼科洛·达·乌扎诺和他们那一派其他领袖们说来都是一清二楚的;他们也常在一起商讨,想找出个什么法子加以解决,但毫无结果;虽然他们很明白

听任这种情况发展下去很危险，而要采取某些步骤铲除或减少这种情况，却又极感困难。尼科洛·达·乌扎诺是最早为此感到气愤的人。当对外战争正在进行、内部也发生矛盾之际，尼科洛·巴尔巴多罗打算劝他同意搞掉科斯莫，于是就到他家里去拜访。发现他一个人在书房里闷坐沉思，就用他所能提出来的最好的理由，竭力要说服他同意里纳尔多的意见、把科斯莫驱逐出境。尼科洛·达·乌扎诺作了如下的回答：

"假如您以及和您抱有同样见解的人们长着银白色的胡子、而不是像人家形容的那样只长着金黄色的胡子，那么，对您本人、对您的家庭、甚至对咱们共和国都会有些好处；因为，一位具有长期经验的须发斑白的人提出的建议会比较明智一些，对全体公民的好处也更大一些。依我看，那些议论要把科斯莫逐出佛罗伦萨的人，最好是考虑一下他们自己的力量有多大，科斯莫的力量有多大。您提到一个贵族党、一个庶民党的问题。假如这两个名称和实际情况相符，谁胜谁败的问题仍然是极难定的。而我们这个城邦的贵族昔日被庶民打垮的事例在我们身上引起的应当是忧虑不安的心情而不是希望。而且，我们还必须小心的是：我们这一派是分裂的，而对立一派却是团结的。首先，内里·迪·吉诺和内罗内·迪·尼吉这两位首要的公民从没有充分表露他们的爱憎情绪，我们还看不出他们究竟是偏向我们这一方，还是偏向对方。还有许多家族、甚至家庭，都是分裂的；许多人是因为妒忌自己的弟兄或亲戚而站到我们的对立面去了。我现在只给你举出两三个最重要的例子，请你回想一下，等你有空闲时，还可以想想其他例子。在马索·德利·阿尔比齐的儿子当中，有一个叫卢卡的，就是由于

妒忌里纳尔多，结果投到敌对一方的怀抱里去了；在圭奇阿尔迪尼这个家族里，在卢伊吉的儿子当中，就有皮埃罗成了乔万尼的敌人、支持我们的政敌；托马索和尼科洛·索多里尼由于忌恨他们的叔叔弗兰切斯科而公开反对我们。因此，假如我们能仔细考虑一下我们自己的情况，和对方的情况，就会明白我们并不见得比他们更有理由被称为“贵族”。假如说称他们为庶民党是因为庶民跟着他们跑，那么，由于这一点就使我们处于更加不利的地位，而他们则处于更有利的地位；因为如果诉诸武力或投票竞选，我们都无力和他们抗衡。

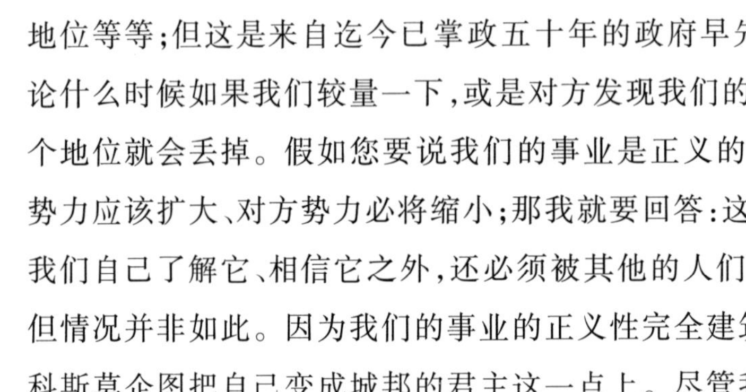

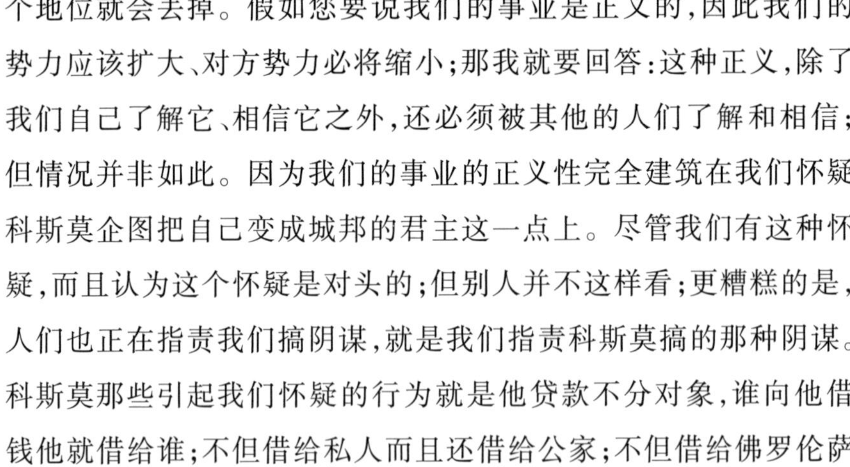

“不错，我们至今仍保有自己的尊严、我们仍坐上座、有优先地位等等；但这是来自迄今已掌政五十年的政府早先的名望。不论什么时候如果我们较量一下，或是对方发现我们的弱点，我们这个地位就会丢掉。假如您要说我们的事业是正义的，因此我们的势力应该扩大、对方势力必将缩小；那我就要回答：这种正义，除了我们自己了解它、相信它之外，还必须被其他的人们了解和相信；但情况并非如此。因为我们的事业的正义性完全建筑在我们怀疑科斯莫企图把自己变成城邦的君主这一点上。尽管我们有这种怀疑，而且认为这个怀疑是对头的；但别人并不这样看；更糟糕的是，人们也正在指责我们搞阴谋，就是我们指责科斯莫搞的那种阴谋。科斯莫那些引起我们怀疑的行为就是他贷款不分对象，谁向他借钱他就借给谁；不但借给私人而且还借给公家；不但借给佛罗伦萨人而且还借给那些外籍的雇佣兵；此外，不论哪位公民向政府要求救助，他都解囊周济；而且，他依仗和全城人们的利害关系，把他的朋友一个接一个地推举到较高的荣誉位置上去。因此，如果要我们提出驱逐他的理由，我们只能说他仁慈宽厚、慷慨大方、人人敬爱。

“现在请您告诉我，有什么法律禁止人们虔诚、豁达大度、乐善好施的呢？有什么法律能反对这样的行为、对这样的人判罪呢？虽然这些都是志在篡夺大权者所采取的花招，但人们并不相信这一点？而且我们也并没有足够的力量去使人们这样认为。因为我们的行为已使自己失掉信用；而且整个城邦的人很自然地都有所偏颇，由于多年来闹派别纠纷而风气很坏，对这样的指控也不注意。即使我们能在驱逐他这件事上取得成功，这在一个支持我们的执政团之下倒是容易办到的；但事后，我们将处在他那无数朋党的包围之中，他们将不断责难我们，迫切要求把他召回城里；我们又怎么能阻止他、不许他回来呢？这件事根本就无法办到，因为他的朋友太多；而且全城的人都对他们抱好感，我们将永远不得安生。尽管我们可以把我们发现的他的第一批朋友也驱逐出境，但驱逐多少就要制造多少敌人；因此，在短期内他必然要回来；其结果必然是这样一个简单的事实：我们把他赶出时他还是一个好人；但他回来之后，对我们来说，就会变成一个坏人；因为他的性格必将被那些把他召回的人败坏，他为了报答他们的恩惠，也不能违抗他们。也许你们想把他弄死，但这件事你们不可能得到长官们的同意，因为他的财富再加上你们的思想堕落，总会使他得救。我们就是假定他已被处死，或者在被放逐之后不回来了；我也看不出咱们的共和国会有所改善；因为当我们把城邦从科斯莫手中解救出来之后，它立刻就会落入里纳尔多之手。而我最殷切期望的，却是任何一位公民，不论在势力或权威方面都不要超过其他的人。但

假如他们二人当中必须有一个人压倒对方的话,我不知道有任何理由使我偏爱里纳尔多而不拥护科斯莫。我只想说,但愿上帝保佑我们的城邦吧,不要叫任何一位公民篡夺它的主权。但是,假如我们罪孽深重、理应受到这样的惩罚,那我就要乞求上帝发慈悲,还是从里纳尔多手中把我们救出来吧。

"因此,我恳求您,千万不要劝别人采取无论如何都是有害的办法;也不要幻想,和几个人联合在一起就能够反对多数人的意志;因为公民们有些是由于无知、有些则是由于恶意,随时都准备出卖我们这个共和国;而命运又特别关照他们,已经给他们找到一位买主。我劝您还是听我的忠告,力求做一个稳健的人。至于自由的问题,您将会发现,在我们自己一派内值得怀疑的地方一点也不少于对手。当事情闹起来的时候,您哪一边都不沾,双方都不会对您有意见;这样您才能使自己过安逸的生活,而又不致伤害任何别人。"

这番话使巴尔巴多罗急迫的心情缓和下来,从而使城邦在和卢卡作战期间保持了平静。但在战争结束后,尼科洛·达·乌扎诺已去世,城邦处于和平环境、又无任何约束,于是不健康的情绪就以可怕的速度滋长起来。里纳尔多自认为自己现在已是一派的领袖,经常不断向他认为可能当上正义旗手的每位公民恳求、鼓动他们拿起武器、把城邦从这样一个人手中解救出来,由于少数人存心不良、广大群众浑浑噩噩,这个人必然要使城邦屈从他的奴役。里纳尔多这些行径,再加上对方进行的种种活动,使城邦充满不安情绪。因此不论何时成立一个政府机构,组成这个机构的各派成员的人数都要向公众公布;在抽签选举执政团时,全城都激动起来；交政府官员审理的每一个案件，不管多么微不足道，都必然成为各派争论的题目；国家机密被泄露，不论好事、坏事都成了支持和反对的对象；善人和恶棍同样受到攻击；没有任何一位官员能够圆满完成自己的职责。

在这样的混乱局面中，里纳尔多急于缩小科斯莫的势力。当他了解到贝尔纳尔多·瓜达尼很可能被推选为正义旗手时，就替他清偿所欠税款，使他不致因拖欠公款而被取消担任这个职务的资格。抽签选举不久就举行了，可巧命运对我们城邦不利，使贝尔纳尔多当选为九至十月份的正义旗手。里纳尔多立即前往拜访，向他表示：显贵一派和期望过安适生活的人们知道他当选这个尊贵的职位之后如何兴高采烈；现在要看他如何采取行动使大家殷切的期望得以实现了。然后他又夸大分裂的危险，极力表明要想得到团结统一的福祉，除了搞掉科斯莫之外，毫无其他办法；因为只有科斯莫一个人，利用手中巨额财富诓得众人拥戴，使他们这些人受压抑；如今科斯莫的势力已经如此强大，如果再不加以阻止，他必然很快就要当上君主了。为了防止这样的大灾难，一个好公民的职责就应当是把人民召集到广场上，使他们的国家重获自由。里纳尔多然后又提醒新旗手：萨尔韦斯特罗·德·美第奇当年如何能够限制圭尔夫派的大权，尽管这样做是不义的，圭尔夫派的祖先曾为他们这一派流过血，政府就是属于这一派的；还说，萨尔韦斯特罗当时既然可以站在非正义的立场上反对那么多人；那么，他们现在既是站在正义方面、又只反对一个人，当然就更容易成功了。他鼓励贝尔纳尔多说，他保证他的同党一定会拿起武器支持他；劝他不必担心拥戴科斯莫的那些庶民，因为他们的支持对科斯

莫来说并不会起多大作用，正如过去焦尔焦·斯卡利在同样情况下，庶民的支持不曾起任何作用一样。至于科斯莫的财富，就更不用担心了；因为当他本人落入执政团手中之后，他的财富必将同样受到控制。总而言之，他断定采取这个步骤必将使共和国团结统一、得到安全，并将使新正义旗手得到荣誉。贝尔纳尔多简单地回答说，他认为有必要分毫不爽地按照里纳尔多的意见去办。由于眼下时机正好适合采取行动，他将着手准备兵力；由于里纳尔多已给他打了保票，他将得到众同僚的支持。

贝尔纳尔多上任之后，先使他的下属作好准备；再和里纳尔多商量妥当之后，就召唤科斯莫去见他。科斯莫的朋友们虽然竭力劝他不要去，他还是应召前往，这与其说是因为他相信执政团的仁慈，还不如说是因为他相信自己无辜。他一进宫立即被捕。里纳尔多带着许多武装人员，并在几乎全部党羽的簇拥之下，向广场进发；执政团这时也把平民召集起来，成立由二百人组成的一届“巴利阿”，改组城邦。他们毫不拖延，立即着手研究城邦改革事宜和是否处死科斯莫的问题。许多人希望把他放逐，另一些人主张把他处死；还有一些人一言不发，这也许是出于对他的同情，也许是害怕其他到会的人，因此，这些意见分歧使他们未能得出结论。

宫殿高楼上有一个大房间，名叫阿尔贝尔盖蒂诺，占了整整一层楼，科斯莫就囚在这间屋里。看守他的是费德里戈·马拉沃尔蒂。科斯莫在这个地方听得见政务委员会集会、从广场传来的武器碰撞声以及经常为召集“巴利阿”而敲响的钟声；他听到这些，十分担心自己的安全；更使他不安的是他私人的仇敌可能利用某种特殊手段把他害死。他几乎不吃任何东西，四天之久只吃了一小块面包。费德里戈看出他很焦急不安，就对他说道，“科斯莫，你是害怕别人毒死你；但你这样不吃东西，显然不久就会饿死。假如你认为我会参与这种残暴行径，那你就误解我了。我认为你的生命并没有多大危险，因为宫殿内外都有你的许多朋友。但是，如果你终于真的丢掉性命，请你相信，他们必然是用别的办法害你，决不会是通过我干的；因为我绝对不会使自己的手沾上任何人的血，更不用说你的了，因为你从来就没有伤害过我。因此，请你打起些精神，吃些东西吧；为你的朋友和你的祖国把生命保存下来。为了使你吃得更放心，我将和你同吃你的那份饭。”科斯莫听了这些话大为放心，眼含泪水拥抱亲吻了费德里戈，诚挚地感谢他的好心和热情；答应他如果将来有机会，他决不会忘恩负义。

第　七　章

科斯莫被放逐到帕多瓦——里纳尔多·德利·阿尔比齐企图恢复贵族统治——里纳尔多·德利·阿尔比齐掀起新动乱——里纳尔多拿起武器反对执政团——他的计谋受挫——教皇尤金尼斯在佛罗伦萨——他竭力调解两派争端——下令召回科斯莫——里纳尔多和他的党羽被放逐——科斯莫光荣归来。

科斯莫的情绪多少恢复过来了。正当公民们为他的事争论时，费德里戈为了消遣，把正义旗手的一位相识带到他这里来和他一起吃晚饭。这个人是一位有趣的谈笑风生的人物，他的名字叫伊尔·法尔纳加乔。因为科斯莫和这个人关系很密切,在快吃完饭时,就想利用他这次来访的机会办一件有用的事。于是就向费德里戈示意叫他离开这间屋子一下;费德里戈心领神会,假装说餐桌上缺些什么,他要去取,就出去了,留下他们两个在一起。科斯莫在对伊尔·法尔纳加乔说了一些表示友情的话之后,就交给他一张小纸条,请他到圣玛丽亚新慈惠院院长那里去取一千一百金币,其中那一百是给他的,另外那一千请他交给正义旗手,请求他找个适当机会到这里来看他。法尔纳加乔接受这项使命,把钱送到了。于是贝尔纳尔多就变得仁慈一些,科斯莫被判放逐到帕多瓦;这违背了里纳尔多的意图,他一直坚决主张把科斯莫处死。美第奇家族的阿韦拉尔多和许多其他成员也被放逐,和他们一起被放逐的还有普乔和乔万尼·普奇。为了堵住那些因科斯莫被放逐而心怀不满的人们的嘴,他们赋予指挥战争的八人委员会和人民首长以一届"巴利阿"的大权。科斯莫被判决后,即于 1433 年 10 月 3 日拜谒执政团,执政团给他规定了禁止他越过的界线,劝他千万不要越界,否则执政团将对他本人和他的财产采取更严厉的措施。科斯莫以愉快的表情接受了对他的处置,并向执政团保证:不论他们决定把他送到哪里,他都甘心情愿呆在哪里。他恳切地提出要求说,他们既然保住了他的性命,就希望能保护他不致受害,因为他知道在广场上的那些人当中有许多是想害死他的。他还向执政团保证:不论他到什么地方,他本人和他所有的一切财产都将为城邦、为人民、为执政团效力。正义旗手恭恭敬敬地陪着他,一直留他在宫中呆到天黑,然后就带他回到自己家里吃晚饭,后来就派大批武装部队护送他到被放逐地点。这一大队人马不论走到哪

里，科斯莫都受到体面的接待，威尼斯人还公开来拜访他，不是把他当作一个被放逐的人，而是像对待一位最高级的人物那样尊敬他。

佛罗伦萨在失掉这样一位人人敬爱的伟大的公民之后，全城似乎深为沮丧，得胜的人们和受打击的一方同样都很害怕。里纳尔多似乎已预感到自己将来的灾难；为了使自己和同党不致显得没有精神，就召集许多公民和他的朋友们开会，对他们说：由于他们听任自己被敌人的乞求、眼泪和金钱征服，他已经预见到他们的末日即将到来；而且大家好像还没有意识到不久之后他们自己就得向别人乞求和哭诉了；但到那时，他们的乞求将无人理睬，他们的眼泪也将引不起人们的同情。至于他们得到的那些钱，到时候他们必须要用自己的苦役、放逐和死刑偿还本金和利息。对他们来说，当初什么都不干都比让科斯莫活下来而且让他的朋友们留在佛罗伦萨好得多；因为对犯大罪的人要么永远不去触动他；要么就把他干掉。事到如今，别的办法一概都没有了，只有在城内加强自己的武装力量，好在敌人重新闹事时——过不了多久他们就要闹了——可以用武力把他们赶走，因为他们自己并不掌握充分的行政权力放逐敌方。他说，应当采取的补救办法，就是他早就主张的：重新取得贵族的友谊，把城邦所有的荣誉职位都归还他们、让给他们，利用贵族党使自己强大起来，因为敌对一方已经和庶民勾结在一起了。用这种办法，他们将成为全城邦更强大的一方，因为他们将拥有更大的能量、更多的才干广博的人才和扩大了的影响。假如这仅有的最后一条补救办法大家不接受，他就不知道还有任何其他办法可以使政府在这么多敌对分子的包围中保持下去。也

不知道如何才能避免他们自己和全城的毁灭。

出席会议的马里奥托·巴尔多维内蒂反对这个计划,理由是贵族傲慢和令人无法忍受的天性。他还说,为了逃避想象中的来自庶民的威胁,而把自己重新置于必然的暴政之下,这简直是太愚蠢了。里纳尔多看到大家不愿意接受自己的建议,深深为自己和自己这一派的不幸而伤心;只好把这一切归罪老天、认为是天命注定的,而不是因为人的无知和过错。正在这无计可施的关键时刻,人们查到阿尼约洛·阿奇阿尤利写给科斯莫的一封信,他在信里向科斯莫透露说城邦情绪对他有利;劝他说,如果可能,就可以煽起一次战争,并设法争取内里·迪·吉诺的友谊;因为他认为城邦目前财政困难,由于找不到任何人帮忙,公民们必然会想起他,希望他回来;假如能把内里从里纳尔多那里离间出来,他们那一派必将大为削弱、丧失自卫能力。这封信落入政府官员手中,阿尼约洛被捕、受刑、然后被放逐。但是这个案件并未把科斯莫的同党吓坏。

在科斯莫被放逐将近一年的时候,已是1434年8月末,尼科洛·迪·科科被选为下两个月的正义旗手,和他一起被选上的还有八位新执政,都是科斯莫党人。这件事使里纳尔多和他的同党很惊恐。按惯例,新执政团上任、旧执政团卸任,在选举后三天才进行。里纳尔多趁这个机会又把他们这一派的领导人召集一起,竭力向他们说明危险马上就要到来,这是肯定无疑的;唯一的补救办法就是拿起武器,指使尚未解职的正义旗手多纳托·韦卢蒂把人民召集到广场上,成立一届“巴利阿”。然后由旗手剥夺新选出执政团掌政的权力,另委派别人;焚毁现用的选举袋,另行拟定新抽签选举办法，拉一批友好的人。不少人认为这个办法稳妥而必要；另一些人则认为这样做法太粗暴，很可能招来大祸。在不喜欢这种做法的人当中有帕拉·斯特罗齐。他是一位和善、温和而厚道的人，搞学问倒还适合，让他搞限制异党、镇压暴乱这类的事可就不大相宜了。他发言道：大胆而诡诈的决定开始时似乎很有成功的希望，后来执行起来就会发现困难重重，而最后的结果又往往有害。他认为新执政团的心中充满对对外战争的忧虑（因为公爵已陈兵罗马尼阿边界），无暇顾及内争；而且，假如对方要搞什么行动，决瞒不过群众的视听，还会有充分的时间拿起武器，为了公共利益，还有充分时间采取任何必要的步骤；由于这些步骤是在不得已的情况下采取的，因而不致引起人民太大激动，对自己的危险也更小一些。于是会议决定：让新执政团就职，监视其行动，如果发现他们搞什么反对他们自己这一派的活动，每个人就要拿起武器，到宫殿附近的圣普利纳里广场集合，然后再开赴任何有必要开去的地方。里纳尔多的同党作出这个决定之后，大家就散了。

新执政团就职后，正义旗手为了猎取好名声并制止别人搞反对他的活动，就把他的前任正义旗手多纳托·韦卢蒂投入监狱，罪状是他曾挪用公款、损公肥私。然后他就试探他的同僚对科斯莫的看法，当了解到他们都希望他回来之后，他就和美第奇派的领袖们交换意见，在他们的建议下，传讯了敌党头头里纳尔多·德利·阿尔比齐、里多尔福·佩鲁齐和尼科洛·巴尔巴多罗。这次传讯后，里纳尔多认为再拖延就危险了，于是就带着一大批武装人员从自己家里开出来，不久里多尔福·佩鲁齐和尼科洛·巴尔巴多罗也带着人前来会合。他们率领的这些武装人员中，有几个是公民，还有一大批是当时在佛罗伦萨的散兵游勇。所有这些人都按原订计划在圣普利纳里广场集合。帕拉·斯特罗齐和乔万尼·圭奇阿尔迪尼虽然也都召集了大批的人,但他们都呆在自己的家里。里纳尔多派一个送信人去找他们,要求他们到广场会合,批评他们不该拖延时间。乔万尼回答说,他留在家里可以阻止他弟弟皮埃罗出去保卫宫殿,这就等于在帮助本派反对敌人方面出了足够的力了。经过多次联系之后,帕拉才骑着马来到圣普利纳里广场,只带着他的两个手下人,步行着,也未带武器。里纳尔多一看见他,就严厉斥责他疏忽大意,说他拒绝和别人一起来,不是因为缺乏原则就是因为没有勇气。所有希望保持像他本人至今一直保持着的性格的人都应避免受到这两种指责的;假如他认为他对自己一派采取这样可憎的行动将来能使敌人在胜利之后宽恕他、不把他处决或放逐,那他就是在欺骗自己。至于他(里纳尔多)本人,不论发生任何情况,他都可以引为自慰的是:他知道在这次危机到来之前,在任何会议上他都未曾玩忽自己的职守;发生危机之后,他也曾竭尽所能以武力来排除危机。而帕拉和其他一些人则不然,当他们考虑到他们曾有三次背叛自己的祖国时,他们是会深感悔恨的。第一次是他们救了科斯莫的命,第二次是他们未能听取他的忠告,现在是第三次,他们未能按事先的约定拿起武器前来保卫国家。帕拉听了这些斥责之后只是小声说了一句什么,连旁边的人都没听清楚,然后就回家了。

执政团了解到里纳尔多和他的同党已拿起武器,又看到自己被抛弃了,就叫人把宫殿大门关闭。由于无人可以商量,他们不知道该采取什么措施才好。不过,里纳尔多由于没有等到原指望会来和他会合的其他武装人员，因而延迟了来到广场的时间，这样就失掉获胜的时机，从而给了执政团作自卫准备的勇气，也让许多别的人来和他们聚集在一起。这些人建议应当想法子诱使敌方放下武器。于是，一些最不致引起怀疑的人就代表执政团去见里纳尔多；向他说道，执政团不知道由于什么原因致使他的朋友们拿起武器集合一起；各位执政从来都未曾想过要冒犯他：如果说他们曾谈起科斯莫的事，也并没有打算要召回他。因此，假如他们是因为害怕这件事而拿起武器的话，他们这种顾虑可以立即消除，因为如果他们到宫殿里去，一定会受到和蔼的接待，执政团将倾听他们的一切申诉。这些话并未使里纳尔多改变主意，他要求执政团成员为了自身的安全辞掉职务，还说，然后为了双方的好处，城邦政府将进行改组。

当人们的权力相同而意见却相左时，要想作出一项好的决定，真是谈何容易。里多尔福·佩鲁齐受到前来交涉的那几位公民一番话的影响，说道，他所希望的只不过是阻止放科斯莫回来；既然这件事执政团已经答应他们，他认为这就算已经取得了足够的胜利；他并不希望为取得更大的胜利而使全城流血；因此，他准备服从执政团。说完他就带着自己手下那些人走进宫殿，在宫中受到热情欢迎。就这样，由于里纳尔多在圣普利纳里广场耽误了时间，帕拉缺乏勇气，再加上里多尔福的离弃，从而使他们这一派失掉一切成功的机会。当公民的热情冷却下来之后，连教皇的权威都不可能再使它重燃起来。

当时教皇尤金尼斯四世正住在佛罗伦萨，他是被罗马人驱逐出来的。当他了解到佛罗伦萨这次动乱之后，认为自己担任的圣职的最恰当的责任就是进行调停；于是就派高级主教、里纳尔多最亲密的朋友乔万尼·维泰莱斯基去请他来和自己面谈。他相信自己对执政团是有影响的，足以保证里纳尔多的安全并满足他的要求，不至于使公民受损害或流血。里纳尔多在他这位好友竭力劝说下，带着自己所有的追随者到达教皇的住处圣玛丽亚新慈惠院。尤金尼斯告诉他，执政团授权给他调解他们双方的纠纷；如果他能放下武器，一切都将安排得使他满意。里纳尔多已经看到帕拉缺乏热情，里多尔福·佩鲁齐又不坚定，已经找不到更好的出路，于是就把自己交给教皇，认为教皇陛下的权威无论如何总是可以保证他本人的安全。尤金尼斯然后就派人告诉尼科洛·巴尔巴多罗和其他留在外边的那些人，叫他们放下武器，因为里纳尔多正跟教皇商讨和执政团达成协议的条件。人们听到这话之后，立即解散，放下武器。

执政团看到对方已放下武器，就继续利用教皇和他们谈判条件，同时却在暗中派人到皮斯托亚山区调动步兵，再加上他们可能集结的其他一些部队，趁黑夜开进佛罗伦萨；占领全城所有军事要地之后，就召集人民到广场上，成立一届新的“巴利阿”，这届“巴利阿”毫不迟疑，立即下令把科斯莫以及跟他一起被放逐的那些人们召回国内；并把敌党的里纳尔多·德利·阿尔比齐、里多尔福·佩鲁齐、尼科洛·巴尔巴多罗和帕拉·斯特罗齐以及其他许许多多公民驱逐出境，以致全意大利除极少数城镇外，都有这次被放逐的一些人，意大利境外还有许多地方有大批被放逐者。由于这次事件以及类似的其他事件，佛罗伦萨失去了大批优秀人物、大量财富和工业。

教皇看到在他的劝告下放下武器的人们遭受这么大的灾难，非常不满意；他安慰里纳尔多说，由于他对自己的信赖，反而受到这样的伤害；但劝他还是耐心一些，等待有利的转机。里纳尔多回答道："应当信任我的人不信任我，再加上我对您的无限信任，结果把我自己和我的一派都搞垮了。但我主要应当怪罪我自己，你本来是一个被自己的国家放逐出来的人，我竟认为你能够把我安全地保留在我们国内。命运变化无常，我是有许多经验的；由于我从来就不太相信自己能兴旺发达，因而在逆境中也并不感觉特别难受。而且我也知道，当命运之神高兴的时候，她就会对我好一些；但如果时运永远不变，我也并不是非常渴望住在个人势力竟然可以凌驾于法律之上的这样一个城市里。只有那样一个国度才是最令人向往的：在那里，人们可以安然享受财产和友谊，而不是像另外一种地方那样，这些东西会轻易地被夺走；在那里，朋友们由于害怕丢掉自己的财产，在最需要朋友的关键时刻，反而被迫互相背弃。而且，对好人说来，祖国有难，只是耳闻总比眼见好受一些。应当认为：一个光荣的被放逐者总比在国内当奴隶更受尊敬。"他说完之后就离开教皇，满怀激愤，一面责怪自己、责怪自己采取的措施和朋友们的冷酷无情，一面就登上被放逐的征途。

另一方面，科斯莫接到召他回来的通知后，就回到佛罗伦萨。任何一位得胜凯旋的公民，也很少像他这次从放逐中归来这样，有这么多的人成群结队前来欢迎，这样毫无保留地向他表示崇高的敬意；全体公民一致同意，欢呼他为人民的保护人、祖国的慈父。

第五卷　内部纷争和教皇干预

公元 1434—1439 年

第　一　章

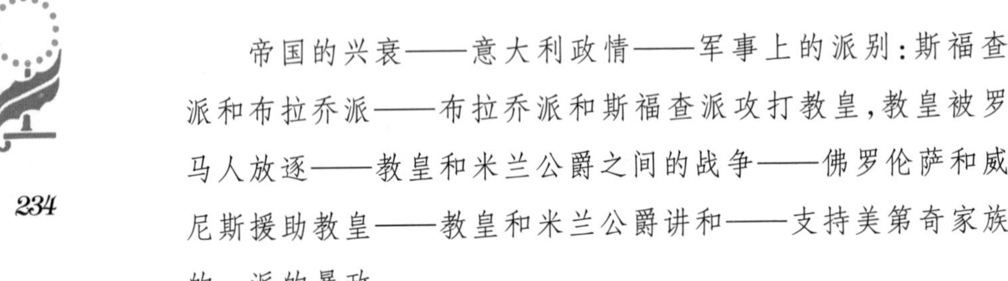

帝国的兴衰——意大利政情——军事上的派别：斯福查派和布拉乔派——布拉乔派和斯福查派攻打教皇，教皇被罗马人放逐——教皇和米兰公爵之间的战争——佛罗伦萨和威尼斯援助教皇——教皇和米兰公爵讲和——支持美第奇家族的一派的暴政。

可以看得出来，在兴衰变化规律支配下，各地区常常由治到乱，然后又由乱到治。因为人世间的事情的性质不允许各地区在一条平坦的道路上一直走下去；当它们到达极尽完美的境况时，很快就会衰落；同样，当它们已变得混乱不堪、陷于极其沮丧之中，不可能再往下降时，就又必然开始回升。就是这样，由好逐渐变坏，然后又由坏变好。究其原因，不外是英勇的行为创造和平，和平使人得到安宁，安宁又产生混乱，混乱导致覆亡；所以，乱必生治，治则生德，有德则有荣誉、幸运。因此，圣明之士已觉察到：军事上取得辉煌成就之后接着才是产生优秀作品的年代;各城邦各地区的伟大的军人必然是在伟大哲人之前出现。武力既已夺得胜利、胜利又已赢得和平,只有无可厚非地耽迷于文字著作中最能软化昂扬的尚武精神;在一个井井有条的社会里,也只有懒散闲荡具有最大危险性和欺骗性。当雅典派哲学家戴奥哲尼斯和卡尔内阿德斯作为使节来到罗马元老院时,卡托[①]就已看出这方面的问题。这是因为,他觉察到罗马青年如何热情地赞美他们、追随他们;他知道,这样华而不实、懒散闲荡,会给国家带来何等危害;于是他就制定一条法律:不准任何哲学家进入罗马。各地区由于这种原因遭到毁灭。人们从覆亡的苦难中吸取教训,变得聪明一些:如果不是被特别强大的力量所挫败,他们还会从乱中求治。这些原因使得意大利先是在古托斯卡纳人、后是在罗马人的统治下,轮番处于幸与不幸之中。虽说在罗马的废墟上后来从未产生过任何可以和它古代的辉煌成就比美的事情(在一个组织得很好的君主国治理下,或许有可能作出这样光辉的贡献),但在一些后来新兴起的城市和政府中却也出现了许许多多富有英勇气概和才智的业绩;尽管没有一处地方曾经取得对所有其他地区的统治权,但在它们自己当中还是很好地保持了平衡并调节了关系,从而能使人们在自由中生活,并能抵御蛮族侵犯他们的国家。

在这些政府中,佛罗伦萨政府所辖地区虽小,但它的势力和权威并不亚于任何其他城邦。由于佛罗伦萨地处意大利中部、富饶

① 卡托(公元前234年—前149年),罗马政治家、将军、作家,注重提倡正直、朴实的道德。——译者

而又有应急的准备,佛罗伦萨人既能抵御那些被认为有理由进攻他们的人,又能支持他们的盟国决定胜负。因此,即使没有出现过长期和平的年代,但由于这些政府的勇武功绩,各地区并未遭受战争灾难的破坏。虽说各城邦经常不断以武力互相攻打,因而使这种局面不能称为和平;但在这些武装冲突中,既无大批人死亡、又无很多城市被抢劫或统治权被推翻,因而也不能称为战争。这是因为,军事行动已落到这步田地,以致战争开始时无人害怕,继续进行也无危险,结束时无损失。在别的地区,军队的活力往往因长期的和平而丧失殆尽;在意大利则不然,是那些连绵不断、不足挂齿的武装冲突把它的军事力量耗费掉了。在我们即将说到的1434年至1494年的历史事件中,可以很清楚地看到这一点。我们从中可以看到意大利如何让蛮族再次侵入,如何再度被他们征服。我们意大利各位君主对内对外所作所为虽然比不上古人的品德高尚和伟大那样值得景仰,但是,他们的其他一些方面也许值得引起我们同样的注意;因为我们看到如此众多的生气蓬勃的人民如何受制于那些松懈混乱的武力。而且,如果说在我们详细记述这个被糟蹋的世界上发生的许多事件时,并无必要去描绘战士如何勇武、将军如何英明、公民如何爱国等等;但我们还是可以看一看这些君主、武士和各共和国的领导者,为了维护他们从来都不配得到的荣誉,如何利用诡计、欺骗和狡黠手段指导他们的行动。懂得这些,或许并不比学习古代史知识的用处小;这是因为,假如说学习古代史可以激发开明的头脑进行仿效;那么,了解近代这些事却可以使我们懂得应当避免和反对什么。

意大利被它的一些统治者糟蹋到这步田地，每当诸王公一致同意，和平得以恢复时，那些拥有武装部队的人们却很快又把它搅乱。因此，战争既不能赢得光荣，和平也不能带来安定。就是这样，1433 年两国同盟和米兰公爵之间取得停战协议之后，一心要打仗的武夫却又把他们的矛头指向教会。当时在意大利有两股武装势力：一股是布拉乔派，一股是斯福查派。后者的首领是斯福查的儿子弗兰切斯科伯爵；前者的头目是尼科洛·皮奇尼诺和尼科洛·福尔泰布拉乔。几乎全意大利所有的武装力量都集结在他们这两派的旗帜之下，不是在这边就是在那边。在这两派当中，斯福查派声望最高；这一方面是因为伯爵本人勇武善战，一方面也是因为米兰公爵答应把他的私生女玛东娜·比安卡嫁给他；联姻的前景大大地加强了他的势力。伦巴第境内的和平实现之后，由于各不相同的原因，这两股武装力量都向教皇尤金尼斯发动进攻。尼科洛·福尔泰布拉乔攻打教会是因为老布拉乔一向与教会宿怨很深；伯爵攻打教会则是受到他个人野心的驱使。于是尼科洛攻打罗马；伯爵占领马尔凯区。

罗马人为了避免战祸，把教皇尤金尼斯从城内逐出。教皇历尽艰难逃了出来之后，来到佛罗伦萨。由于他已被各位君主弃置不顾（他们原来都已迫不及待地放下武器，这时谁都不想为教皇再拿起来），他看到自己的处境十分危急，于是就和伯爵达成协议，把马尔凯区的主权割让给他。虽说伯爵夺占马尔凯区这件事已是对教皇的伤害，但他竟然还要侮辱教皇；割让该地的协议签字后，他在那里写给他的代表的信中，曾按意大利习惯用拉丁文写道，“Ex Girfalco nostro Firmiano，invito Petro et Paulo.”①而且，他得到割让地之后还不满足，坚持要委任他本人为教会执旗官，教皇也同意了。因为尤金尼斯极怕再打起仗来使他遭受危险，只好接受屈辱的和平。伯爵这样和教皇和解之后，就去攻打尼科洛·福尔泰布拉乔。历经好几个月，打了许多仗。这些战争给教皇和他的臣民造成的损失，比对交战双方造成的损失还大。最后，在米兰公爵的干预下，双方达成停战协议并作了安排，结果双方都成了教会领地上的君主。

在罗马熄灭的战火又在罗马尼阿点燃起来。这次战争是巴蒂斯塔·达·坎内托发动的。他在波洛尼亚杀害格里福尼家族的一些人，赶走教皇派驻该城的长官，并把反对他本人的那些人也一起放逐了。为了使自己能够保持政权，他请求菲利波支援。教皇为了报仇，也请求佛罗伦萨和威尼斯出兵协助。双方都争得援军，于是不久之后在罗马尼阿境内就出现了两支大军对垒的局面。尼科洛·皮奇尼诺指挥公爵手下的部队；加塔梅拉塔和尼科洛·达·托伦蒂诺指挥威尼斯和佛罗伦萨部队。两军在伊莫拉城附近遭遇，随即打了一仗；威尼斯和佛罗伦萨联军被击溃。尼科洛·达·托伦蒂诺被俘后押往米兰，几天之后就死在那里。这可能是他因打了败仗伤心所致，也可能是被某种不正当的手段所害。

公爵在这次得胜之后，或许是因为近来打了许多仗已精疲力竭，或许是认为盟国吃败仗后不会急于再战，就不再追逐好运、扩

① 意为“尽管不合彼得和保罗的心意，还是离开了我们的‘菲米阿奴斯大隼’。”“大隼”显系指教皇。——译者

大战果;从而给教皇和他的同盟者恢复元气的时间。于是他们就委任弗兰切斯科为部队指挥官,开始攻打尼科洛·福尔泰布拉乔,企图把他逐出教会领地,以便结束这场一开始就对教皇有利的战争。罗马人发现教皇得到如此庞大的军队的支持,就设法和他和解;和解达成后,允许他的代表进驻城内。在尼科洛·福尔泰布拉乔占有的地方当中,有蒂沃利、蒙泰菲阿斯科内、卡斯泰洛城和阿斯切西。福尔泰布拉乔由于未能守住阵地,就逃到阿斯切西城里,被伯爵团团围住。尼科洛在城内顽强防守,看情况可能要使战争拖延很长;公爵认为必须防止盟国取胜,并说,如果此事不能成功,过不了多久他就不得不照顾自己的领土免遭攻占了。他决定把伯爵的围城部队引开,于是命令尼科洛·皮奇尼诺带领部队通过罗马尼阿开入托斯卡纳。盟国认为保卫托斯卡纳比夺占阿斯切西更为重要,就命令伯爵率军队前往阻止尼科洛通过。这时尼科洛已率领军队抵达富尔利。伯爵依照命令调动部队,开至切泽纳,留下他弟弟利昂内在马尔凯区进行的战争并守卫他自己的领土。正当尼科洛·皮奇尼诺企图通过、伯爵也正进行堵截之际,福尔泰布拉乔奋勇攻打利昂内,捉住他本人,打垮他的军队;并进一步扩大胜利战果,立即占领马尔凯区许多地方。这情况使伯爵极感为难,以为自己的领土已全部失陷;于是他留下一部分部队牵制皮奇尼诺,自己带着其余人马追击福尔泰布拉乔,发动攻击后把他打败。福尔泰布拉乔在战斗中被俘,不久即因伤致死。这次胜利把被福尔泰布拉乔夺占的全部教会领地都收复交还教皇,并迫使米兰公爵求和;在费拉拉侯爵尼科洛·达·伊斯特的调停下签订和约:公爵把原先夺占教会的领地全部归还教会,把自己的部队撤回伦巴第。

巴蒂斯塔·达·坎内托，像所有依靠别人的武力并在别人的认可下保持自己的政权的人们那样，在公爵的军队撤离罗马尼阿之后，他不能靠自己的力量保住波洛尼亚，只好逃走；他的敌党领袖安托尼奥·本蒂沃利则回到自己的国家掌政。

所有这些事件都发生在科斯莫被放逐期间。科斯莫回到佛罗伦萨之后，那些曾出力把他弄回的人以及大批受过敌党伤害的人，一致下定决心无论如何也要牢牢掌握政权。11 至 12 月执政的那一届执政团，对上届执政团所做有利于他们这一派的那些事情还不满足，又把某些已被放逐的人的放逐地点作了更改并延长他们的放逐期限，另外又放逐了一批。除了这些坏事之外，还应看到：公民感到苦恼的主要是因为他们的财富受损失、亲人受害、私仇未报，而不是因为他们所属的派别的利益受到损失。因此，假如在这些放逐处分之外再加上流血，这些惩罚也就和屋大维和苏拉[①]的迫害措施差不多了，而实际上他们也并非没有污点。例如，安托尼奥·迪·贝尔纳尔多·瓜达尼被判斩首，另外还有四个公民，其中包括扎诺比·德伊·贝尔夫拉泰利和科斯莫·巴尔巴多里，越过禁止他们越过的界线、逃到威尼斯；威尼斯人重视和科斯莫·德·美第奇的友谊胜于他们本身的荣誉，就把这四个人逮捕引渡给他，后来就受到卑鄙的处决。这些事情使他们那一派的势力大大增强；而他们的政敌看到如此强大的威尼斯共和国竟然对佛罗伦萨这样低声下气，因而十分惊恐。不过，据说威尼斯之所以这样做，

① 渥大维(死于公元前 87 年)，罗马执政官，苏拉的追随者。苏拉(公元前 138—前 78 年)是罗马大将，独裁者。曾发布很多“公敌宣言”迫害其政敌。——译者

主要并不是因为他们对科斯莫有多么深厚的友谊，只不过是为了在佛罗伦萨内部制造纠纷，用流血事件更十拿九稳地造成佛罗伦萨公民之间的分裂；因为威尼斯人很清楚：再没有任何其他事情比佛罗伦萨人的团结统一对威尼斯人的野心形成更大的障碍了。

城邦清除了自己的敌人或可疑的敌对分子之后，掌握政权的人们现在又开始采取措施加强自己这一派：他们向那些能为他们效劳的人们施加恩惠；于是，被上届政府放逐的阿尔贝尔蒂家族和所有其他被放逐者都被召回。除少数例外，所有贵族都被贬为平民；被放逐者的财产在他们自己人当中均分，每人只交纳少量谢礼。然后用新法律和附加条款加强他们自己的地位；拟订新的抽签选举办法，把敌对分子的名条从选举袋中抽出，把自己朋友的名条放进去。他们还从敌人的毁灭中得到经验教训，考虑到政府中重要职位的人选如果只凭抽签决定，就不能确保政府稳定；于是就决定执掌生杀大权的职位永远只能从他们这一派的领袖当中推选；决定由“阿科皮阿托里”——为实行新选举办法的抽签选举而选出来的人——和即将退职的执政团成员共同推举新官员。他们赋予八名近卫处决犯人的权力；规定被放逐者放逐期满后，除非得到执政团成员和同僚共三十七人中三十四个人的同意，否则一律不予召回；还规定：与被放逐者书信来往都算非法行为；对当权的一派的任何冒犯，即使是一言一语、一举一动，一概严惩不贷；如果佛罗伦萨还有上述各项规定都未能触及的任何可疑分子，就对他们课以重税。就这样，在很短时期中，他们就把敌对分子不是放逐就是搜刮得穷困不堪；从而在政府中牢牢掌握大权。为了使本城邦不致缺少外援、也为了使其他城邦得不到外援用以反对佛罗伦

萨，他们就和教皇、威尼斯以及米兰公爵签订攻守同盟条约。

第 二 章

乔万娜二世去世——昂儒的雷内和阿拉贡的阿尔方索都一心要得到那不勒斯王国——阿尔方索的军队被热那亚人击溃、本人被俘——阿尔方索成为米兰公爵的阶下囚，取得公爵的友谊——热那亚人憎恶来兰公爵——热那亚人内部分裂——热那亚人依靠弗兰切斯科·斯皮诺拉驱逐公爵派驻该地的总督——反对米兰公爵的同盟——里纳尔多·德利·阿尔比齐劝公爵对佛罗伦萨开战——阿尔比齐的一段话——公爵采取对佛罗伦萨有害的措施——尼科洛·皮奇尼诺被任命统帅公爵的部队——佛罗伦萨备战——皮奇尼诺在巴尔加城外被击溃。

正当佛罗伦萨处于上述情况时，那不勒斯女王乔万娜去世了，在遗嘱中指定昂儒的雷内继承王位。阿拉贡国王阿尔方索这时正在西西里；在取得许多贵族同意后，他正在准备夺取那不勒斯王国。那不勒斯官员则和许多贵族联合起来支持雷内。教皇不愿意让任何一方取得这个王国，打算由他自己派一位总督去治理那不勒斯。

这时阿尔方索已进入这个王国境内，并受到塞萨公爵的接待。他还带着一批特地请来为他效劳的王公（他已经占领卡普亚，塔兰托的君主以他的名义在那里驻守），企图征服那不勒斯；并派舰队攻打已公开宣布支持那不勒斯的加埃塔。因此，那不勒斯人要求公爵支援，公爵说服热那亚人承担他们的防务。热那亚人为了使他们的主上满意，也为了保护他们自己拥有的货物，就在那不勒斯和加埃塔两地装备了一支强大的战船队。阿尔方索了解到这些情况后，也扩大了他自己的海军，并亲自率领前往迎战热那亚舰队，在蓬齐奥岛附近遇上热那亚舰队之后，展开了一场海战。阿拉贡人战败，阿尔方索和跟随他的许多王公都被俘虏；热那亚人把他们押送到米兰公爵菲利波处。

这次胜仗使意大利各君主大为震惊，他们妒忌公爵的实力，认为他这次胜仗可能会给他造成很好的机会使他在全意大利称王。但和人们看法正相反：公爵走的却是一条与此相反的道路。阿尔方索是一个极其机敏的人，一旦有机会和菲利波当面交谈，他立即向他指出：公爵支持雷内、反对他阿尔方索，这完全是违背公爵本人的利益的。因为，雷内一旦当上那不勒斯国王，必然会邀请法国人到米兰来，以便在紧急情况下，手边会有人支援，用不着为友军的到来再去恳求别人让通过；但他如果不摧毁公爵、把公爵的领地变成法国的一个行省，就不可能得到这个有利条件。但是，如果阿尔方索他当上那不勒斯的君主，就会产生与此截热相反的结果；因为到那时他阿尔方索所害怕的只有法国人，因而不能不崇敬、热爱甚至服从那些有力量让他的敌人通过的人。所以，那不勒斯国王的称号应当给他本人（阿尔方索），但实力和大权则可操在菲利波手中。因此，不是他自己，而主要是公爵应当考虑究竟走哪条道路危险，走哪条道路有利；除非公爵宁愿满足一己的偏见而不打算使自己的领土得到安全的保证。一种方案可以使公爵成为一位自由

自在的君主；而另一种方案则将把他自己置于两位强大君主之间；这样一来，他不是丧失他自己的土地，就是要经常处于惶恐之中，不得不像一个奴仆那样屈从于他们。公爵听了他这番议论，深受触动，立即改变了主意，释放阿尔方索，并派他很体面地去热那亚，然后去那不勒斯；这位国王从那里又到加埃塔。该城得悉他已获释后，属于他那一派的一些贵族立即夺取了政权。

热那亚人看到公爵对他们毫不关照，就把国王释放了，而且叫他们遭受危险并负担军费却为他自己捞取声誉；他还把释放国王的荣誉完全归于自己，却使他们因俘虏国王以及使国王吃败仗受损害而遭到憎恨；因此他们异常愤慨。在热那亚城享受自由独立期间，有一位长官在平民的赞同下被推举了出来，称为“督治”，他倒不能算一位绝对的君王，他一人无权决定政府大事；但是作为城邦的首脑，他可提出一些应由官员们或政务会议讨论并作出决定的问题或大事。在这个城邦里有许多势力极大的贵族家庭，要使他们遵守法纪极不容易。这些家族中势力最大的是弗雷戈索和阿多尔纳两家，他们使这个城邦发生内部纷争；使各种规章制度无法实行。为了争夺上边提到的那个最高官位，他们采取的手段是治理得有条不紊的社会所不能允许的，而且在多数情况下都是以武力达到目的。因此，常常是一派胜利了，另一派就要受压迫；在争权中失败的一方有时还求助于外国武装力量；对于他们自己无权统治的国家，就宁愿让它屈从外人统治。于是就发生了这样的情况：不论是谁，只要统治了伦巴第，一般也就统治了热那亚。阿拉贡国王阿尔方索当俘虏的时候，情况就是这样。

在热那亚那些出力促使共和国臣服菲利波公爵的头面人物中

有一位是弗兰切斯科·斯皮诺拉。像这类情况常发生的那样，当他使自己的国家屈从他人奴役之后，不久他本人就受到公爵的怀疑。他因此深感气愤，就不干了，自愿流放到加埃塔。正当海军作远征准备时，他在那里，参加了工作，在海战中又表现得极其英勇；因此他认为自己已再次立了功，足以取得公爵的信任并允许他安然不受搅扰地呆在热那亚了。但公爵对他的怀疑仍未消释，因为公爵不能相信一个在保卫自己国家自由独立时表现得如此动摇不定的人会对他本人忠诚；于是弗兰切斯科·斯皮诺拉再次下定决心试试自己的运气，如果可能，就使自己的国家恢复自由，使自己也恢复体面安全。因为他看得清楚，自己已经丧失同胞公民对自己原有的热情；除非自己痛下决心、冒着生命危险去弥补完全是由他自己给城邦招来的不幸，否则群众对他的热情是无法恢复的。他发现公爵由于释放了国王引起人们普遍愤慨，认为现在正是实现他的计谋的有利时机；他知道有些人和他自己有同样的想法，于是就把他的想法和他们讲了，他讲的道理取得了他们合作的保证。

盛大的圣约翰节日①到了，公爵新派的长官阿里斯梅诺预定在这一天到达热那亚；当他已经在前长官奥皮奇诺和许多热那亚公民的陪同下到达时，弗兰切斯科·斯皮诺拉认为再拖延就不好了，于是就带着他的同谋者，个个手持武器从他家里出来，大呼要自由的口号。看到公民们和平民一听到号召，立即热烈响应，纷纷出来集合，真是令人惊叹；以致可能由于某种原因支持菲利波公爵的那些人不但没有时间拿起武器，甚至来不及考虑如何逃跑了。

① 6月24日。——译者

阿里斯梅诺带着一些热那亚人逃到为公爵据守着的堡垒里；奥皮奇诺心想，驻守宫殿的两千名武装部队听他指挥；如果他能及时赶到宫中，就有可能使他自己得到安全或促使他的朋友们进行自卫；于是就朝宫殿走去。但还没等他到达广场就被人杀死，人们把他的尸体切成小块抛掷全城各处。热那亚人把政府交到主张自由独立的官员手中，不几天后就收复被公爵占据的堡垒和其他要塞，从而完全摆脱了公爵的奴役。

这些事件起初虽曾使意大利诸君主震惊，唯恐公爵的势力过于强大；但现在，他们看到事态已发生转变，就感到有希望，可以对公爵加以约束了；于是，佛罗伦萨和威尼斯不顾新近和公爵订立的盟约，就又和热那亚结盟。里纳尔多·德利·阿尔比齐和佛罗伦萨被放逐的其他重要人物，看到局势起了变化，认为现在已有希望诱使公爵攻打佛罗伦萨了，里纳尔多到达米兰后，就对公爵讲了下面一段话：

“我们这些人过去曾经一度是您的敌人，现在却满怀信心地来到您这里，恳求您帮助我们回到我们自己的国家；不论您或任何别的人，只要考虑到世事变化的无常，就不致感到这样的事有任何稀奇；关于我们过去对您采取的行动以及现在对自己的国家怀抱的意图这两方面，我们都可以举出许许多多显而易见的理由。任何好人都不会怪罪另一个力图保卫自己祖国的好人，不论他为此采取的是什么方式；我们过去并没有伤害您的任何打算；我们只是为了保存自己的国家，使它不受伤害。我们恳求您明察：当我们同盟各国取得伟大胜利、您真的急欲讲和时，我们是否更愿意取得和解；因此，我们认为我们过去从来没有做过任何一件事情使我们完全丧失争取您的支持的希望。我们过去曾顽强抵抗您用以攻打我们城邦的那些军队,现在我们却又劝您派这些军队再去攻打我们的城邦;我们的国家也决不能因此对您抱怨。因为只有当城邦对它的公民一视同仁、而不是只支持一小撮人,却把大批子孙抛弃的时候,这个城邦才值得受到全体公民的爱戴。并不是所有反对自己国家的武装行动一概都应当受谴责。因为,一个社会虽然包括许许多多人,但它还是可以比作一个人的身体;人体生有许多疾病,而这些疾病又是除了用火和钢之外,别无其他办法可治疗的;社会也常常出现许许多多严重的弊病,只能用刀枪加以解决;一个善良的、慈悲的公民,为了使这个社会继续存在下去,就应当给它开刀医治;见病不治的态度才应当受到责难。

“对于一个共和国来说,还有比奴役为害更大的病症吗?还有什么能够有效地铲除这种病害的治疗办法吗?战争都是不义的,但有必要打的仗就是正义的;当只有暴力能为获得解救提供希望时,暴力本身就是慈悲的。我不知道还有哪一个国家比我们的国家更有这个需要;也不知道除了把我们这个国家从奴役中解救出来之外,还有别的什么更伟大的同情。因此,我们的事业是正义的,我们的目标也是仁慈的;这一点您自己和我们都很容易相信。而最充分的正义是在您这一边,因为佛罗伦萨在和您庄严地签署了和平条约之后,却又毫不犹豫地和反叛您的那些人结了盟。因此,如果我们的正义事业还不足以激发您去攻打他们的话,您自己的义愤也应当鼓励您这样做;当您看到现在正有方便条件进行这一事业时,您就更不应犹疑了。您或许对过去记忆犹新,您看到过佛罗伦萨人的力量,他们曾顽强地进行自卫,但您现在不必为此担心；当然，假如他们今天仍然像过去那样奋发图强、勇敢战斗，引起您的顾虑也是很自然的。但现在一切都和过去完全不同了；因为这个城邦近年来已经把它绝大部分财富和工业驱散了，它还会有什么强大的力量呢？而且，这个城邦的平民当中最近又因发生了许许多多互相仇视的事件而起纷争，还用得着担心他们会有什么不屈不挠的斗志吗？至今仍然遍及全城的分裂将使富裕公民不可能像过去那样向城邦捐输款项；因为当他们看到靠捐献可使自己获得声望、荣誉和私利，或者在战时花费的钱财有希望在和平恢复后收回的时候，他们是会按自己能力大小自愿作出贡献的；但现在，当他们不论在任何情况下都要受压榨的时候——在战时受敌方伤害；在平时受狂妄的统治者欺压——他们就不会那样慷慨了。除此之外，人们对他们的统治者的贪欲感受到的痛苦要比对敌人的掠夺感受到的深刻得多；因为敌人为祸时，人们还有希望终有一天从中解放出来；但对本国统治者的祸害，则不可能抱这样的希望。

“因此，在上次战争中，您必须与整个城邦作战；而在今天，您的敌手则只是其中一小部分。过去，您是在试图从大批好公民手中把他们的政权夺走；而今天您所反对的只是一小撮败类。过去，您是在竭尽全力剥夺整个城邦的自由；而今天，您的光临却是为了使他们恢复自由。过去和现在情况这样不同，如果设想您采取行动的后果会和过去完全相同，这显然是毫无根据的；因此，您现在有一切理由预计胜利将能轻易取得；您也不难想见，这样做将大大增强您自己的政权。到那时，将使全托斯卡纳和您保持友好关系，而且将对您负有巨大的义务，这样，在为您的事业效力时，它对您的用处必将超过米兰。而且，尽管在过去的情况下，您这样夺取城邦会被认为是野心和不义之举；但在今天，人们必将认为这完全是公正而仁义的行动。因此，请不要错过这个时机。请相信，尽管过去您反对佛罗伦萨的计谋曾遇到许多困难、耗费巨大并丢失体面；但这一次，您将轻易取得难以估计的好处和光辉的名声。”

要想劝说公爵攻打佛罗伦萨本来是用不着费许多唇舌的，因为他和佛罗伦萨之间的世仇和他那盲目的野心早已把他鼓动起来了；而且，最近佛罗伦萨和热那亚建立联盟进一步使他深受刺痛。不过，当他想到过去的耗费，为进行新战争必须采取的冒险措施，想起在最近这次战争中所受的损失以及被放逐的人们那些虚幻的空想等等，也使他放心不下。当他得悉热那亚反叛时，曾立即派遣尼科洛·皮奇尼诺率领他所有的骑兵和能招募到的步兵向热那亚推进，打算在该城公民把一切安排妥当并成立一个政府以前，就抢先把它夺回；因为在城里还有一个要塞有人替他驻守，他信得过这个要塞的力量。不过，尼科洛虽然把山里和波泽韦里谷地据壕防守的热那亚人赶跑，迫使他们躲到城里；但由于守城公民抵抗十分顽强，他发现这个障碍无法克服，因而被迫撤退了。针对这个情况，公爵在佛罗伦萨那些被放逐者的建议下，命令尼科洛从东边攻打热那亚人，从热那亚领土上与比萨接界处入手，竭尽全力推动战争前进，认为采取这个计划将表明是促使局面展开的最上策。于是尼科洛就包围并攻占塞雷扎纳，为了进一步使佛罗伦萨人震惊，他一路还大肆破坏，一直挺进到卢卡；还扬言要到那不勒斯去支援阿拉贡国王。这些新情况发生后，教皇尤金尼斯就离开佛罗伦萨到达波洛尼亚，在那里竭力促使盟国和公爵之间达成和睦安排。

对公爵明确表示，如果他不同意签署一项和约，教皇就要派弗兰切斯科·斯福查去支援盟国，因为斯福查现在是他的盟友，在他手下服役、领取薪饷。教皇虽然尽到最大努力进行调解，但仍未成功；因为公爵认为如不让他占有热那亚，任何建议都不愿听；而盟国则已下定决心，应让热那亚保持自由。因此，双方别无出路，只好准备把战争继续打下去。

这时尼科洛·皮奇尼诺已到达卢卡；佛罗伦萨人正不知该采取什么措施为好，随即命令内里·迪·吉诺带领他们的军队进入比萨领土，劝说教皇答应叫弗兰切斯科伯爵带领军队和他会合。二人会合后即率领军队在圣贡达停止前进。后来皮奇尼诺要求那不勒斯允许他进入国境；被拒绝后，他就威胁要强行过境。敌对两军的人数和指挥官的能力都旗鼓相当。那时正是12月，双方都不想拿自己的前途在恶劣天气中碰运气，相持数日按兵不动。尼科洛·皮奇尼诺听有人对他说，他如能趁黑夜攻打维科皮萨诺，一定可以轻易把它占领；于是他就首先发起进攻；失败之后，在附近地区大肆破坏，然后又洗劫并焚毁圣乔万尼阿拉韦纳城。他这些行动虽然作用不大，却激励他继续干下去；他获悉伯爵和内里都还在他们的营房里毫无动静，这就更助长了他继续进军的劲头，于是又攻打卡斯泰洛境内的圣玛丽亚和菲莱托，占领了这两处地方。佛罗伦萨军队仍然按兵不动；这倒不是因为伯爵胆小不敢出战，而是因为教皇仍然在竭力进行调停；佛罗伦萨政府为了尊重教皇，仍然拖着没有作出打仗的最后决定。佛罗伦萨人出于慎重采取的这种态度被敌方认为只是由于胆怯，于是他们就更大胆地把军队推进到巴尔加，决定进行围攻。他们发动的这次新的进攻使佛罗伦萨

人把其他一切考虑都搁置一旁，下定决心不但要解救巴尔加而且还要攻入卢卡领土。于是伯爵追击尼科洛·皮奇尼诺，在巴尔加城外追上他的部队，一场激战随即展开，把他打败，迫使他解除对该城的包围。

威尼斯人认为公爵已撕毁和约，就派他们的将领乔万·弗兰切斯科·达·贡扎加到吉阿拉达达，这位将领严重蹂躏了公爵的领土，迫使公爵不得不把尼科洛·皮奇尼诺从托斯卡纳召回。这一情况，再加上击退尼科洛的胜利，使佛罗伦萨人更壮起胆子，试图收复卢卡。因为他们害怕的只有公爵，而公爵正在和威尼斯人打仗，卢卡人曾经把敌人接入城内，并允许敌人攻打佛罗伦萨人，他们没有理由抱怨佛罗伦萨。

第　三　章

佛罗伦萨向卢卡开战——卢卡一位公民向庶民讲话，鼓励他们抗击佛罗伦萨人——卢卡人决定进行自卫——他们得到米兰公爵的支援——佛罗伦萨和威尼斯签订的条约——盟军司令弗兰切斯科·斯福查拒绝为威尼斯人效劳渡过波河打仗，回到托斯卡纳——威尼斯对佛罗伦萨的背信——科斯莫·德·美第奇在威尼斯——佛罗伦萨和卢卡缔和——佛罗伦萨在教皇和波庇伯爵之间调解成功——教皇为圣雷帕拉塔教堂举行奉献仪式——佛罗伦萨宗教会议。

伯爵于1437年4月间开始攻打卢卡；佛罗伦萨人则打算在攻

打别人以前先收复自己的失地，于是就夺回卡斯泰洛境内的圣玛丽亚以及所有被皮奇尼诺夺占的地方；然后才进入卢卡境内，包围卡马伊奥雷。这个城市的居民虽然忠于他们的统治者，但由于害怕眼前的危险胜于对遥远的朋友的情谊，于是就投降了。佛罗伦萨人以同样方式取得马萨和塞雷扎纳。5 月底，他们才开始向卢卡进军，一路放火焚烧城镇，毁坏正在成长的庄稼和已收打的粮食、树木、葡萄园等等，还赶走牛群，为了伤害敌方，他们什么也不放过。卢卡人发现已被公爵抛弃，又无希望保住乡村，就把郊区放弃，在城内挖沟筑堡加强防御。由于城内驻军充足，他们很放心，认为可以防守一个时期；在此期间，可能会发生一些事件使他们得救，就像上次佛罗伦萨人攻打他们的时候曾经发生过的情况那样。他们唯一放心不下的就是庶民思想不坚定，由于对被围困已很厌烦，庶民关心的主要是自身的安危而不是别人的自由，因而很可能迫使他们在敌人面前作毁灭性的屈辱投降。为了激发他们起来进行自卫，就把他们召集到广场上，一位最年长最受尊敬的公民给他们讲了下边一段话：

“你们大家一定很明白，凡是人们在迫不得已的情况下做的事情，都是既不应当受谴责也不应当受赞扬的。因此，假如你们责怪我们，认为目前的战争是因为我们把公爵的军队接入城里并让他们去和佛罗伦萨人打仗而引起的，那你们可就大错而特错了。你们都很了解：佛罗伦萨人和咱们早有冤仇，这并不是因为咱们曾伤害过他们，也不是因为他们怕咱们，而是因为咱们自己的软弱和他们自己的野心；我们的软弱使他们产生了可以压迫我们的希望，他们的野心又促使他们这么干。因此，如果你们认为你们的任何功德能够使他们的野心熄灭，或者认为对他们的任何冒犯会引起他们更大的仇恨，这都是不切实际的想法。他们力图剥夺咱们的自由，咱们必须下定决心进行自卫。他们为了达到奴役我们的目的是什么事情都干得出来的；我们虽然感到悲痛，但也不必惊讶。因此，当他们攻击我们、夺占我们的城镇、烧毁我们的房屋、蹂躏我们的乡村的时候，我们也会很悲伤。

“但是，有谁的头脑如此简单，竟然会对这些事情感到意外呢？假如我们有力量，我们同样会这么对待他们，甚至还要更厉害。他们现在公开对我们宣战了，理由是因为我们把尼科洛接进我们城里；但是，即使我们并未接他进城，他们还是会向我们宣战的，只不过另找一个借口罢了；即使我们把这场灾祸向后推，也极有可能酿成更大的灾难。因此，你们决不可推想战争是因为尼科洛的到来而引起的，宁可说这是因为大家的运气不好和他们怀有野心。因为，当时我们不可能拒绝公爵的军队进城；既已让他们进了城，我们也无力阻止他们去侵略别人。你们知道，如果没有强大的盟国支援，我们是没有能力进行自卫的，而能够向我们提供最有力最可靠的援助的只有公爵。他过去曾帮助我们恢复自由，因此我们有理由期望他这回也能保卫我们的独立。他一向都是我们的宿敌最大的对头。因此，假如我们为了避免激怒佛罗伦萨而惹恼公爵，我们就会失掉最好的朋友，从而使敌人的势力更强大，使他们更想欺压我们。所以，我们与其为和平而失掉公爵，还不如把目前的战争打下去，从而得到公爵的支持；更何况，因为我们是为了公爵才陷入危险的；所以，只要我们不放弃自己的正义事业，就完全有理由期待公爵前来援救。你们大家都知道佛罗伦萨人曾一再

很猛烈地攻打我们,我们则曾光荣地守住了。我们不只一次丧失了一切希望,只能指望上帝和在长期战斗中的伤亡,这两者都曾证明是我们的朋友。既然这两者过去就曾解救过我们,现在为什么不能呢?那时全意大利都已抛弃我们,而今天我们却有公爵的支持;而且,我们有理由设想威尼斯人不会急于攻打我们,因为他们并不愿意眼看着佛罗伦萨的势力增长。

“在上次战争进行时,佛罗伦萨人还比较自由:取得外援的希望也比较大,他们自己也比较强大;而我们那时在各方面却都很虚弱;因为那时我们受暴君统治;今天我们则是为保卫自己而战;过去我们进行自卫,光荣属于别人;现在却属于我们自己;那时佛罗伦萨内部是和谐的,现在则是分裂的,全意大利到处都有被他们放逐出来的公民。即使我们目前不具备这些有利情况所提供的希望,极端的困境也迫使我们必须坚决进行自卫。担心任何敌人入侵是有理由的,因为所有的敌人都追求自己的光荣并要毁灭我们。但在所有的敌人当中,你们最应惧怕的是佛罗伦萨人。因为即便我们向他们投降、向他们进贡、甚至让他们管辖我们的城邦,他们也不会满足;他们一定要占有我们所有的财产和人,以便用我们的鲜血满足他们的暴虐,用我们的财物满足他们的贪欲。因此,我们应当不分贵贱,同仇敌忾。因此,当看到他们毁坏我们的庄稼、焚烧我们的城镇、夺占我们的要塞时,你们不必忧虑;因为,只要我们保住我们的城市,其他一切都自然可以有救;假如我们把城市丢了,其余一切也都不会对我们有什么用处;只要我们保住自己的自由独立,敌人想控制其他地方必将十分困难;一旦自由丧失了,其他一切即使保住了也都无济于事。因此,请大家拿起武器;打仗的

时候要牢记：胜利的报酬就是安全，不只是城邦的安全，还有你们一家老小、妻子儿女的安全。”

讲话的人所说最后这几句得到了人们极其热烈的响应；一个个都保证宁死也不放弃自己的正义事业，决不屈从任何丧权辱国的条件。随后大家就着手进行保卫城市的各种安排。

与此同时，佛罗伦萨的军队也没有闲着。他们给乡村造成无数的祸害之后，迫使蒙泰卡尔洛要塞投降；然后又围困乌扎诺要塞，目的是使卢卡人四面受围、丧失争取外援的希望，在饥馑中被迫投降。这个要塞里有大批驻军防守，非常牢固，要夺取它绝非轻而易举。卢卡人看到自己处境危在旦夕，不出所料，他们立即向公爵求援；百般恳求劝说，要劝得公爵派兵支援。他们夸大自己的功德和佛罗伦萨人的罪过；向公爵指出：如果公爵诸友邦看到他保卫卢卡，他们将更依附于他；如果公爵听任卢卡被敌人征服，他的朋友们必将和他离心离德；假如卢卡人丧失了自由和生命，公爵也必将随之失掉荣誉和朋友；并将失掉一切本来甘愿为他而蒙受危险的人的信任。他们恳求得声泪俱下，为的是即使公爵不会由于感激他们而有所触动，也可能出于对他们的同情而保卫他们。公爵因为和佛罗伦萨是老冤家，对卢卡又负有新义务；而且，最重要的，他不愿使他取得的这么大的一块地盘落到他的宿敌手里，于是就决定，或是派一支强大的军队到托斯卡纳，或是猛烈攻打威尼斯人，以便迫使佛罗伦萨人放弃进攻卢卡而去解救威尼斯。

佛罗伦萨很快获悉公爵正准备进兵托斯卡纳。他们因此担心自己的事业可能要失败。为了把公爵牵制在伦巴第境内，他们要求威尼斯人竭尽全力进逼公爵。但威尼斯人也因为曼图亚侯爵已抛弃他们投向公爵而感到惊慌，他们觉得自己已处于几乎毫无防御的状态，所以就答复说，“我们在战争中的任务不但不能增加，甚至原有的任务都已无法担当，除非把弗兰切斯科伯爵派到我们这里当我们军队的指挥官，而且还有一个特殊条件：即伯爵必须答应亲自率领军队渡过波河。如果他不答应过河，我们就拒绝执行原来承担的任务，因为如果没有指挥官，我们就无法把战争进行下去；而除了伯爵之外，我们又不信任任何其他的人。而且，除非他答应按我们认为需要的时间进行战争，否则即使他来也没有用。”佛罗伦萨人认为应当在伦巴第境内大力进行战争；但他们又看到，如果他们失去伯爵，攻打卢卡的事业就毁了。而且他们看得很清楚，威尼斯人提出这样的要求，与其说是对伯爵真有需要，还不如说是为了破坏这次远征。在伯爵这方面，盟国不论何时需要他进入伦巴第，他倒是都愿意去；只是不愿意改变他原来承担的任务的主旨，因为他不愿意牺牲公爵答应和他联姻的希望。

因此，佛罗伦萨人为两种互相矛盾的想法感到很为难：既想攻占卢卡，又怕和米兰打仗。就像常常发生的情况那样，惧怕的情绪最强烈；于是他们就同意在夺占乌扎诺之后，就叫伯爵进入伦巴第。但另外还有一个难题没有解决，由于他们无力控制与此有关的局面，因而造成的疑虑不安比前一个还大：伯爵不同意渡过波河，而威尼斯人又偏偏拒绝按照任何其他条件接受伯爵。佛罗伦萨人看到无法作出其他安排，只好双方都大方一些，都作些让步，于是就劝伯爵通过给佛罗伦萨执政团写封信答应过河，暗示这一私下的许诺不会使他公开承担的任务归于无效，而且他仍然可以不渡河。这样一来，威尼斯既然已开始战争，就只好把仗继续打下去;佛罗伦萨人所担心的祸患则可防止。另一方面,他们对威尼斯人说,这封私信肯定有足够的约束力,因而他们也应当满意。因为如果他们可以使伯爵不致和他的岳父闹翻,这样做是很好的;而且如果没有明显的必要,就不应当把这封信公开;因为不论对威尼斯还是对佛罗伦萨说,公开都是不利的。于是就决定伯爵率军队进入伦巴第。他占领乌扎诺,在卢卡四围筑起工事围困居民,随即把围困的任务交给其他军事委员,他本人则率军队越过亚平宁山,向勒佐挺进。威尼斯人这时看到他这样进军,非常吃惊;为了摸清他的意图,一定要他立即渡过波河和其他军队会合。伯爵拒绝从命。威尼斯人派去和他谈判的代表名叫安德雷阿·毛罗切诺,他和伯爵之间展开了激烈的舌战,互相斥责对方狂妄自大、背信弃义。争吵了半天,终于因为一方并未承担这项军事任务,另一方也未承诺支付军费,于是双方不欢而散,伯爵回到托斯卡纳,那位代表回到威尼斯。

佛罗伦萨已派伯爵到比萨境内扎营,还希望能劝说他再去攻打卢卡,但发现他不愿意去。因为公爵在了解到伯爵因为照顾到和他本人的关系已拒绝渡过波河之后,认为也不妨利用他去解救卢卡,于是就恳求伯爵尽力使佛罗伦萨和卢卡达成和解;假如可能办到,还要把他本人包括在和解范围之内;同时公爵还宣称,已经答应他的婚事可以在他认为适当的时候隆重举行。这个联姻的前景打动了伯爵的心;因为公爵既然没有儿子,联姻会使他有希望当上米兰的君主。由于这个原因,他对战争渐渐地不大卖力了;并宣称,除非威尼斯人实践支付军费的诺言并保留他在他们部队中的指挥地位,否则他就不再打仗;还说单单清偿欠债还是不够的,因为他还打算在自己的领土上过和平生活;除佛罗伦萨外,他还要和其他国家结盟,他必须关心自身的利益;他狡黠地暗示:如果威尼斯人抛弃他,他就要和公爵达成协议。

伯爵这些欺骗狡诈的做法使佛罗伦萨人十分恼火,因为他们看到远征卢卡的计划业已受挫;而且,万一伯爵和公爵结盟,佛罗伦萨自己的领土就难以保住,他们因此胆战心惊。为了劝说威尼斯人保留伯爵的统帅地位,科斯莫·德·美第奇亲自去威尼斯,希望用自己的威望说服威尼斯人;他在威尼斯元老院用了很长的时间和他们讨论这个问题,向他们说明意大利各城邦的状况、各地军队部署情形以及公爵占有的压倒优势;他最后总结说,假如伯爵和公爵的兵力联合起来,威尼斯人将被迫退回海上,佛罗伦萨则必须为保卫自己的自由而战。对此,威尼斯人回答如下:他们很了解自己的实力,也了解意大利各城邦的力量;他们认为不论发生任何情况,他们都有能力进行自卫;他们并没有出钱雇人为别人打仗的习惯,佛罗伦萨既然使用伯爵为自己服役,那就应当由佛罗伦萨给他报酬:至于为了他们自己那些领土的安全,应当做的是抑制伯爵的骄横而不是给他报酬;因为人的野心是无止境的,假如现在他还没有为他们打仗就给他报酬,那他不久将提出更无理更危险的其他要求。因此,看来需要克制他的骄横,而不是任其发展到无法收拾的地步;还说,假如佛罗伦萨人因为怕他或出于其他动机而希望和他保持友好关系的话,他们自己就应当给他报酬。科斯莫一点也没有达到目的就回来了。

佛罗伦萨人把他们所能找到的最有分量的论据都搬出来,竭力拉住伯爵为盟国带兵,阻止他辞去。伯爵本人也并非不愿意这

样做，只是和公爵联姻的愿望使他感到左右为难，任何细小的事件都足以使他决定走哪一条路；不久之后，这样的事果然发生了。伯爵曾委托伊尔·富尔拉诺代管他在马尔凯区的领地，这个人是他的主要佣兵队长之一；他受到公爵很大的影响，终于脱离伯爵，投到公爵那里当指挥官去了。这一情况促使伯爵抛开其他一切考虑，一心要保住自己的安全，就和公爵达成协议；其中有一条规定，不许他干涉罗马尼阿和托斯卡纳境内事务。后来伯爵又催促佛罗伦萨和卢卡讲和，竭力说服他们非这么办不可。佛罗伦萨人看到别无其他办法，就在1438年4月同意和卢卡签订和约，其中规定卢卡保持独立，佛罗伦萨保有蒙泰卡尔洛和其他几个要塞。事情过后，佛罗伦萨人极感气愤，向意大利各地发函，发泄满腹的牢骚，假装说既然上帝和众人都反对卢卡归属他们，他们只好和它讲和。就是丢失自己合法的领土的人也很少像他们这样，由于得不到别人的领土而大发牢骚。

佛罗伦萨人现在虽然手上有大量事情要做，但他们还是好管闲事、注视着邻国一切活动，也没有忽视装扮自己的城市。前已提到，尼科洛·福尔泰布拉乔已经去世。他曾娶过波庇伯爵的一位女儿为妻，波庇在他这位女婿死后，占有圣塞波尔克罗的博尔戈和附近一带其他一些要塞；尼科洛在世时，波庇伯爵就曾以他的名义代为治理；他宣称这些地方是他女儿的一份产业，拒绝交给教皇。教皇则要求他交出来，因为这些地方原先都是为教会保有的产业。在他拒绝交出后，教皇就派高级主教带领军队去占领。这位伯爵感到自己抵挡不住，就把这些地方献给佛罗伦萨，佛罗伦萨人拒不接受；但当教皇回到佛罗伦萨之后，他们就在教皇面前为伯爵说情。这时又出现其他困难:高级主教进攻卡森蒂诺、夺占普拉托韦基奥和罗梅纳,把这些地方也献给佛罗伦萨;佛罗伦萨人也不接受,说是除非教皇同意他们把这些地方再交还伯爵才行;对这个意见,教皇踌躇了好一阵之后,终于让步,条件是佛罗伦萨人必须说服波庇伯爵把博尔戈交还给他。这样,教皇得到满足。佛罗伦萨人这时已建成他们命名为圣雷帕拉塔的大教堂。这项建筑工程很久以前就开始了,是为了便于他们以后在里边做礼拜的。他们要求教皇陛下为这个教堂举行奉献仪式。教皇欣然应允。佛罗伦萨人为了炫耀城邦的财富和大教堂的壮丽辉煌,并对教皇表示更崇高的敬意,就修筑一个高六英尺,宽十二英尺的步廊,从教皇的住处新圣玛丽亚慈惠院,一直通到他将举行奉献仪式的那座新教堂。上铺华美的褶皱绒布,为教皇陛下和他的宫廷成员提供便利,他们从这上面走到新建教堂,由许许多多派来参加仪式的民政官员和其他军官陪同。例行的奉献仪式完成后,教皇为了表示对这个城市的情谊,还赐给正义旗手朱利阿诺·达万扎蒂,也是一位声望最高的公民以骑士的称号。执政团为了表示在恩惠方面不减于教皇,授予这位新封的骑士治理比萨一年的职权。

当时罗马教会和希腊教会之间存在某些分歧,以致在举行宗教仪式时彼此不能完全一致。在最近召开的巴塞尔宗教会议上,西方教会高级教士就这个问题作了长篇发言,会上作出决议,应作出努力使皇帝和希腊高级教士前来出席巴塞尔宗教会议,力求使希腊和罗马两教会和解。虽然这一决议有损希腊帝国的尊严;对他们的教士来说也是一种侮辱;但因当时他们正在遭受土耳其人的欺压,担心自己无力自卫,为了将来向罗马求援时更好说话,他们还是屈从了。于是，皇帝、大主教以及其他高级教士和希腊贵族们，为了响应巴塞尔宗教会议决议，就一起来到威尼斯。但因当时威尼斯正流行瘟疫，他们害怕，于是又决定到佛罗伦萨去解决他们之间的分歧。罗马和希腊的高级教士一直开了好几天会，进行多次长时间的讨论，希腊教士终于作出让步，同意采用罗马教会的仪式。

第　四　章

意大利的新战争——尼科洛·皮奇尼诺和米兰公爵合谋欺骗教皇、夺取教会许多地方——尼科洛攻打威尼斯人——佛罗伦萨人的惧怕，采取预防措施——威尼斯向佛罗伦萨和斯福查求援——反对米兰公爵的同盟——佛罗伦萨决定派伯爵支援威尼斯——内里·迪·吉诺·卡波尼出使威尼斯——他在元老院的讲话——威尼斯人异常高兴。

卢卡和佛罗伦萨之间已恢复和平，米兰公爵和斯福查伯爵之间也已建立友谊；于是人们感到和平已有希望。虽然在那不勒斯王国，除非昂儒的雷内和阿拉贡的阿尔方索之间有一方被打垮才有可能得到安宁，但就整个意大利来说，武器有希望要搁置起来了。虽然教皇因为失掉大批领地而感到不满，而公爵和威尼斯人的野心仍然很明显；但人们还是认为，教皇将由于必要、其他的人则因为已经厌倦战争，都会赞成和平。但是，一种与此不同的情绪却占了上风：公爵和威尼斯人都不满意自己的现状，从而使战争又打起来,伦巴第和托斯卡纳再度遭受战争恐怖的折磨。公爵骄傲的思想不能容忍威尼斯人占有贝加莫和布雷西亚;又听说威尼斯人继续不断在进行武装活动,在日常操练中还常骚扰他的某些领土,这就更加使他恼火。他认为自己不但能够约束他们;而且,如果能劝说教皇、佛罗伦萨人和伯爵放弃和威尼斯的联盟,他还能收复已失去的一切土地。于是他就决定从教皇手中夺取罗马尼阿;他想教皇不会为害于他;佛罗伦萨人则因为看到战火逼近,或是为了自保不敢进行干预;即或他们出兵干预,进攻他也不容易;公爵还了解,因为卢卡的事,佛罗伦萨人很怨恨威尼斯人;因此,他判断他们不会为了威尼斯的缘故,积极拿起武器反对他自己。至于弗兰切斯科伯爵,他认为他们二人之间新建立的友谊和联姻的期望会使他不致轻举妄动。为了尽量避免招致别人抱怨,避免引起怀疑,以麻痹对方,特别是因为他和伯爵订有条约,伯爵因此不能攻打罗马尼阿,于是他就命令尼科洛·皮奇尼诺假装出于他本人的野心,去执行这项任务。

公爵和伯爵签署协议时,尼科洛正在罗马尼阿。他为了执行公爵的指示,就假装因为公爵和他自己的宿敌弗兰切斯科伯爵勾结起来而万分恼火,带着自己的部队撤到位于富尔利和拉文纳之间的卡穆拉塔,在那里修筑防御工事,似乎是打算在那里呆一些时间,或等到有什么新的冒险事业之后再采取行动。尼科洛伪装的愤慨情绪到处传开之后,他就对教皇说,公爵曾受到他无数恩惠,现在却如此忘恩负义;还说公爵相信:由于他自己拥有意大利几乎全部的武装力量,手下又有两位最重要的指挥官,因而有办法使自己成为全意大利唯一的统治者。但是,如果教皇陛下愿意,公爵自以为属于他的这两位将领中的一位将变成他的敌人，另一位也就对他无用了。这是因为，假如教皇能给他一笔钱并按时发给他薪俸，他将攻打伯爵为教会驻守的领地，迫使伯爵自顾不暇，不能帮助公爵实现他的野心了。教皇完全听信了尼科洛这些话，因为这些话听起来似乎很有道理，于是就送给他五千金币，还答应将来给他许多好处，使他本人和他的孩子们成为一些地区的统治者等等。虽然有许多人告诉教皇说尼科洛是在骗他，但他一点都不相信；甚至对任何怀疑尼科洛说话不诚实的谈话，教皇都不能容忍。

拉文纳城是由奥斯塔西奥·达·波伦塔替教会驻守的。尼科洛因为自己的儿子弗兰切斯科抢劫了斯波莱托，使教皇大失体面，认为再拖延将是不利的，于是就决定攻打拉文纳。这也许是因为在他看来这个城市不难夺取，也许是因为他和奥斯塔西奥已私下勾结；因此，攻城不到几天，它就投降了。然后他又夺占波洛尼亚、伊莫拉和富尔利。而且，更值得注意的是，他还拿下这一带地方的二十个堡垒，这些堡垒都是有人为教皇驻守的，连一个都没留下，全部落入他手中。他这样伤害教皇还不满足，决定除了用他的这些行动愚弄他之外，还要用语言加以嘲笑；于是就给教皇写了一封信，说他干的这一切都是教皇陛下应得的报应；这是因为教皇曾恬不知耻地妄想离间他和公爵这样的知交；还说教皇曾在全意大利散发信件，明确宣布他已弃绝公爵、站到威尼斯一边。尼科洛占领罗马尼阿全境之后，就把它交给他儿子弗兰切斯科照管，他本人则率领大部兵力进入伦巴第境内，在那里和公爵其他部队会合后，一起攻打布雷西亚外围地区；不久之后即攻占了，随即开始对城市本身进行围困。

公爵企图使威尼斯处于毫无外援的状态，就向教皇、佛罗伦萨和伯爵表示了歉意；并向他们表明：如果说尼科洛所作所为违反了条约，这些勾当也同样违背了他本人的意愿；他还派遣秘密使节向他们保证：一旦有适当时机，他将用使人信服的证据证明尼科洛搞的这一切都是违反他本人指示的。伯爵和佛罗伦萨人都不相信他这一套，他们很有理由认为他搞的这些鬼把戏都是为了在他降服威尼斯人之前，不让他们接近。而威尼斯人又十分骄傲，以为单凭他们自己的力量就可以抵抗公爵，因而不屑于乞求任何外援，只是在他们自己的指挥官加塔梅拉塔率领下进行这场战争。

如果不是在罗马尼阿和伦巴第发生的事件阻住弗兰切斯科伯爵，他本来是打算在佛罗伦萨人的同意下率军队支援国王雷内去的。而佛罗伦萨人由于和法兰西王朝有旧谊，也会欣然同意；但是公爵却完全站在阿尔方索一边。由于各自都在本国附近进行战争，因而不愿应承到远处去打仗。佛罗伦萨人看到罗马尼阿已被公爵的军队占领，威尼斯人又已战败，仿佛从别人的处境中预见到自己前途不妙，于是就请求伯爵进入托斯卡纳，到那里再一起考虑应当如何抵御公爵已经比以前更加强大的势力；他们要伯爵相信：假如公爵的骄横不受到点约束，用不了多久，意大利各国必将全部被他征服。伯爵深感佛罗伦萨人的担心有理有据，但因为他本人有和公爵联姻的愿望，故而按兵不动；公爵体会到他这个愿望之后，就极力向他保证：如果他不和公爵进行武装冲突，他的这个愿望必然会尽早实现。这时公爵的女儿已到结婚年龄，公爵曾多次进行举行婚礼的各种适当准备，但又在某些借口下，一次又一次地把准备工作撂下来。这一次为了使伯爵更信得过他，除了在口头上答应之外，又以行动佐证，把原先已在婚约中答应支付给他的三万佛洛林送交给他。

在伦巴第境内进行的战争现在已比以往任何时候都更加激烈。威尼斯不断丧失领土，他们在河上装备起来的战船队也已被公爵的军队掳获。维罗纳和布雷西亚周围地区已全部被占领，两座城市本身也已受到紧紧包围，一般认为迅将陷落。曼图亚侯爵多年来曾担任他们这个共和国武装部队的指挥官，这时突然出乎人们意料地辞职不干，投奔公爵手下服役。因此，威尼斯人在战争开始时由于自高自大而拒绝采取的步骤，在战争进行中间，却又因惧怕而不得不采取了。因为他们很明白，除了佛罗伦萨和伯爵的友谊之外，他们不可能从别处得到任何帮助；于是就主动向二者表示要求援助，尽管这样做不免有失体面而且忧虑不安，他们很怕得到的答复和佛罗伦萨以前从他们这里所得到的答复一样，在攻打卢卡和处理伯爵的问题的过程中，佛罗伦萨要求威尼斯人支援时曾遭拒绝。

然而，出乎他们的意料，他们发现佛罗伦萨人很容易地就被劝得答应给予援助，按他们过去的行为是不应得到的。佛罗伦萨人之所以肯帮助，是由于对宿敌的仇恨远超过对一向的老朋友忘恩负义的不满。他们预见到威尼斯必将陷入困境，因而向伯爵说明：威尼斯的覆亡必将招致他自己的垮台；假如他认为公爵在走运时会比处于逆境时对他更加器重，那他就是受骗上当了；公爵是因为怕他才答应把女儿嫁给他的；出于不得已才答应他的这件事，只有出于不得已才会履行诺言；因此，要让公爵老处于这种不得已的状态才是上策。而这只有支援威尼斯才能做到。因此，他应当看到：

一旦威尼斯被迫放弃他们在内陆的领土,他自己不但会丧失由他们那里得来的好处,而且还会失掉那些惧怕他们的人所能提供的便利。而且假如他好好地研究一下意大利各国的情况,他就会看到,有些国家贫困不堪,有些则对他怀有敌意。正像他常常提到的那样,单靠佛罗伦萨的支持还是不够的。因此,不论从哪方面考虑,都是使威尼斯在大陆上保有实力为好。这些意见,再加上伯爵对菲利波的怨恨——伯爵认为:公爵答应和他联姻这件事是欺骗他——这样就劝得他同意签署一项新条约;但他仍然不同意渡过波河。协议是1438年2月达成的,威尼斯人答应支付战费的三分之二,佛罗伦萨支付三分之一;双方都承担责任保卫伯爵在马尔凯区所占各地。这个联盟的兵力还不只这些,法恩扎君主以及潘多尔福·马拉泰斯塔·达·里米尼的几个儿子和皮埃特罗·贾姆帕戈洛·奥尔西尼也都入了盟。他们又竭力以慷慨的条件争取曼图亚侯爵加入,但因公爵对他友善、给他的薪俸更多,因而未能把他争取过来;而法恩扎君主在参加盟约后不久,也在更有利的条件引诱下,投到公爵那边去了。这些不利的情况使他们不能很快地解决罗马尼阿境内的麻烦,因而颇感失望。

伦巴第的情况是这样:布雷西亚被公爵的军队紧紧包围,人们一直在担心它会在饥馑逼迫下投降;同时,维罗纳也受到巨大压力,同样的命运也在等待着它。而且,假如这两座城市有一座失陷,所有其他作战准备都将是徒劳无益的了,已经花费的开支也就全部白费了。对此,除了派伯爵率兵进入伦巴第之外,已无其他补救办法。但采取这个步骤又有三重障碍:第一,必须说服伯爵渡过波河并在最有利的地区进行战争;第二,由于伯爵远离佛罗伦萨本土作战,佛罗伦萨人就几乎完全受到公爵的威胁,他可以从他的任何一个要塞派兵出击,用一部分兵力牵制伯爵,用另一部分兵力把佛罗伦萨的被放逐者带进托斯卡纳,佛罗伦萨当时的政府最害怕的就是这批人;第三,究竟通过哪一条道路使伯爵平安进入帕多瓦领土和威尼斯军队会师为好。在这三个难题中,特别是有关佛罗伦萨自身安危的第二个问题最为严重。但因为认识到在目前情况下这样做极有必要,又被威尼斯人磨得受不了——他们接连不断地要求派伯爵前往支援;并表示,如果不派伯爵前往,他们必将被迫放弃一切希望,于是佛罗伦萨就决定不顾自身安危也要去解救盟友。走哪一条路线的问题仍然没有解决;为了沿路的安全,他们决定请威尼斯提供保障。佛罗伦萨原先派去和伯爵交涉并劝他渡过波河的人是内里·卡波尼,因此又决定派他再出使威尼斯,以便使这件事所能提供的好处更合乎执政团的心意;尽一切可能保障军队通过时的安全。

内里在切泽纳登舟前往威尼斯。他到达后所受到的尊荣接待,是任何君主都不曾得到过的,因为这个共和国的存亡似乎取决于他的到来和他将参与作出决定的一些问题。在元老院中有人为他作过介绍之后,他就当着督治的面发表了下列一段讲话:

“最尊贵的君主阁下,佛罗伦萨执政团一向把公爵的巨大势力看成是你我两个共和国毁灭的根源,两国的安全要依仗两国各自的实力,也有赖于它们相互之间的信任。假如贵国杰出的执政团也曾抱有同样见解,我国的状况必将较目前为好,贵国也不致像今天这样遭受这样的危险。由于在我国的危急关头贵国对我国既不信任又不支援,因而在你们目前的危难中我们未能前来援救,你们心中也明白,因而不便向我们开口;因为你们无论处在顺境逆境,都未能体察我国的本意。你们并未看到,那些曾多次在行动上引起我们仇恨的人,永远也不会得到我们的关注;而那些曾经以行动得到我们的友谊的人,也不会永远完全丧失向我们提出要求的权利。我们对你们最尊贵的执政团的情谊是尽人皆知的,你们常常看到伦巴第境内到处都是你们的军队和我们给你们金钱上的支持;我们对菲利波和他那个家族的宿怨也是人所共知的。随着岁月增长的爱和恨,决不可能因为新近发生的任何友好或鄙视的举动而从我们心头根除掉。我们一向认为,今天还是这样认为:我们现在满可以保持中立,一方面既可以使公爵极感高兴,又使我们自己不致招来巨大危险;因为,假使他在摧毁贵国之后,成为全伦巴第的主宰,我们在全意大利仍然会有足够的势力,因而不必担心自己的存亡;因为任何实力和领土的扩张都将助长相互间的仇恨和妒忌,从而导致战争和城邦的肢解;我们也很清楚:如果我们不介入这些纷争,就可以避免大量开支和紧急的危险;如果我们为支援你们而介入战争,战场将极其轻易地由伦巴第转入托斯卡纳境内。

“但是,我们这些意见和顾虑,立刻就被我们对威尼斯元老院和威尼斯人民历史悠久的情谊所完全压倒;我们已下定决心前来援救贵邦;充满热情,就像我们自己受到攻击、为保卫本国而拿起武器那样。所以,佛罗伦萨元老院认为,应当首先解救维罗纳和布雷西亚。为了达到这个目的,没有伯爵是不行的,所以就曾首先派我去劝他进入伦巴第,哪里最需要就在哪里进行战争。因为你们知道:他并未承担任何渡过波河的义务。为了劝他渡河,我曾向他一再提出:这是当前局势本身提出的迫切要求,这些论证也会说服我们自己。他是一位威武无敌、礼仪出众的人物。他看到佛罗伦萨人对你们如此慷慨义气,因而下定决心要胜过我们。因为他看得很清楚,在他离开之后,托斯卡纳将遭到多么严重的危险;但既然连我们都已决定优先考虑你们的事业,他也下定决心使他的个人考虑服从你们的需要。所以,我到这里来,就是向你们提供他的效劳,他将带领七千骑兵和两千步兵,这些军队已作好一切准备,不论敌人在哪里,他们都可以立即向敌人冲去。我请求你们,我们佛罗伦萨各位首长和伯爵本人也请求你们,由于他的军队已超过他原来答应提供的人数,希望你们能慷慨协助,给他提供经费;使他不致因前来支援贵国而后悔,也使我们不致因为曾劝他前来而感到不快。"

内里向元老院发表这段讲话时,人人注意倾听,有如幻想中的神谕那样扣人心弦。听众深受感动;平时他们在类似的情况下,一向严格遵守礼仪,要等到元首致答词之后才能有所表示;但这一次他们却控制不住自己了,内里话头刚落,他们就都从座位上站起来,高举双手,多数人的眼睛还含着泪水,对佛罗伦萨人的慷慨相助的行动和使节的不寻常的使命表示感谢;并保证:如此高尚的行为将使他们永世不忘,不但他们本人将牢记在心,连他们的子孙后代也将感恩不尽;还说从今以后,他们本国的一切都将和佛罗伦萨人共享。

第　五　章

弗兰切斯科·斯福查前往援助威尼斯,解救维罗纳——

他试图解救布雷西亚，但失败了——威尼斯舰队在加尔达湖上被皮奇尼诺击溃——皮奇尼诺被斯福查打败，他逃跑的方法——皮奇尼诺突袭维罗纳——维罗纳的情况——斯福查收复该城——米兰公爵准备和佛罗伦萨作战——佛罗伦萨人的忧虑——与他们为敌的枢机主教维泰莱斯基。

威尼斯元老院对内里·迪·吉诺的感激表示平静下来之后，他们就在他的协助下，开始考虑伯爵应当采取哪条路线进军以及如何供应他的部队等问题。有四条各不相同的路线：一条通过拉文纳，沿海岸前进；但由于这条路有许多地方被大海和沼泽阻断，因而未被采用。第二条路最直接，但路上有一座名叫乌切利诺的堡垒，是为公爵所据守的；部队要通过必须先把它攻下；而为了保证布雷西亚和维罗纳及时得救又不能费很多时间去攻占它，因此，走这条路也不方便。第三条路沿湖边通过，但因波河涨水已泛滥湖边，这条路已无法通行。第四条路通过波洛尼亚到蓬泰普莱德拉诺，琴托和皮埃韦，然后再通过邦德诺和菲纳莱之间的地带到达费拉拉，从那里再由旱路或水路进入帕多瓦地区和威尼斯部队会合。这条路上虽有不少困难，有些地段还可能遭受敌军阻击，但最后还是因为这条路坏处最少而被选中。伯爵接到指令后即开始进军，以最快的速度行军至6月20日，终于到达帕多瓦地区。这样一位军威显赫的指挥官到达伦巴第境内之后，使威尼斯和所有它的属地都充满希望。不久前还担心自己是否能生存下去，这时却又开始考虑如何征服新地区了。

在伯爵着手进行其他活动之前，急忙先去解救维罗纳。尼科

洛为了挫败他这个计划，也率军队抵达位于维琴察和维罗纳两地之间的索阿韦要塞，从索阿韦一直到阿迪杰河沼泽地还挖了一条战壕防守。伯爵发现通过平原的道路已被切断，就决定通过山路进军到达维罗纳；他想，尼科洛一定会认为这条路山高路又崎岖不平，无法通过；即使他不作这样的判断，想来堵截也已经来不及了。于是伯爵就带着八天的粮草走山路，最后带领军队到达索阿韦南边的平原上。就是在这条路上尼科洛也曾修筑了一些工事阻击他，但因工事数量太少，未能起到拦阻作用。他发现敌人已出乎意料地通过到达，为了避免作战失利，就渡到阿迪杰河彼岸。于是伯爵未遇任何抵抗就进入维罗纳城。

伯爵成功地解救了维罗纳、巧妙地完成了第一个进军目标之后，现在又努力以同样方式解救布雷西亚。这个城市紧靠加尔达湖，虽然在陆地上已被围困，但供应物品仍可由水路运到。因为有这个情况，公爵已在紧靠湖边的地方集结大批军队，在获胜初期就已将布雷西亚周围所有可用来解救该城的那些地方全部占领了。威尼斯人在湖上也有一些战船，但数量较小，敌不过公爵的舰队。因此，伯爵认为用他的陆上部队支援威尼斯的战船队还是可取的策略，他想用这个法子比较容易地夺取布雷西亚周围那些封锁城区的据点。于是他就在湖边的巴尔多利诺堡垒外边扎营围困，认为拿下这个堡垒之后其余的必将投降。但时运不佳，他的部队有很大一部分病倒，只好放弃这一计划；于是他就改变方案，转到泽维奥，这是属于维罗纳的一个要塞，这地方有益健康、供应充足。尼科洛见伯爵撤走，为了不失时机地控制整个湖区，就带着一支精锐部队离开韦加西奥的营地向加尔达湖挺进，十分猛烈地攻打威尼斯舰队,几乎掳获全部舰只。由于这个胜利,湖边几乎所有的要塞都落在他手里。

威尼斯人遭到这次失败,十分惊恐,担心布雷西亚会因此投降,于是一再写信并派人到伯爵那里,求他前往解救。伯爵看到所有从湖上前往支援的道路已都被截断,旱路上到处也都是尼科洛修筑的战壕、棱堡和其他防御工事,要想从旱路去解救也肯定会自取灭亡。于是他就考虑,既然他曾通过山路成功地解救维罗纳,未尝不可以用同样的方法去解救布雷西亚;随即决定走山路。伯爵作出这个决定之后,就离开泽维奥,通过阿克里河谷到达圣安德雷阿湖,再从那里推进到加尔达湖边的托尔博利和佩内达,然后又进军滕纳,把这个要塞包围,因为这地方是在进军布雷西亚之前必须占领的。

尼科洛了解到伯爵的进军计划之后,就率领自己的军队到达佩斯基埃拉。然后他就和曼图亚侯爵一起,带着一队精选的士兵前往迎战,交锋后被击溃,部下被俘不少,其他的四散奔逃,有的逃到舰队那里,有的逃到主力部队那里。这时已天黑,尼科洛逃到滕纳。他知道如果在那里等到第二天早晨,必然会落入敌人手中;因此,为了避免这个几乎可以肯定是致命的灾难,就决定作一次冒险的尝试:在他自己所有的随从人员中只有一个荷兰仆人还和他在一起,这个人力大无比、而且一向对他十分忠诚;尼科洛劝使这个人把他装在一条口袋里背在肩上、装作替主人扛货物的样子,把他背到一个安全的地方。敌军已将滕纳层层围住,但由于前一天的胜利,秩序很乱,也未设岗哨,于是这个荷兰人化装成一名骑兵,未受任何阻拦就从这些敌兵中间穿过,把他的主人安全地背到自己的部队。

假如伯爵慎重地利用了这次幸运地取得的胜利机会，布雷西亚就能从中得到更大的救助，威尼斯人从中得到的好处也会更持久一些；但因为他们轻率地放过时机，因而使胜利的欢庆转瞬即逝，布雷西亚仍然未脱离困境。尼科洛回到自己队伍之后，下决心要以不同一般的战绩来洗涮他的失败造成的坏印象，并剥夺威尼斯人解救布雷西亚的机会。他熟知维罗纳城堡的地势，又从他俘虏的敌人口中了解到这个要塞的防御很差，再次夺占并不困难。他立即意识到命运又给他提供一个机会，使他可以重获最近丢掉的桂冠；把敌人从新近的胜利中得到的欢乐变成在继之而来的灾难中的悲伤。

维罗纳城位于伦巴第境内，在形成意大利和德意志分界线的山脉脚下；因而一部分建在山上，一部分在平地上。阿迪杰河发源于特伦托山谷，进入意大利后，不是径直穿越，而是沿山脚向左弯曲进入维罗纳、穿过市区，将市区分成两部分，在平原上的那部分比山上那部分大得多。在阿迪杰河靠山的那边有两座堡垒，很难攻克，这倒不是因为堡垒本身实际力量有多强，主要是因为它们所占地势险峻，居高临下，控制整个地区：一个堡垒名叫圣皮埃罗，另一个叫圣费利切。在阿迪杰河另一边，在平原上，还有另外两座背向城墙的堡垒，二者相距约一英里，一个叫老堡，一个叫新堡；还有一道墙接连两座堡垒；如果把这道墙比作弓弦，城墙就可以比作弓背。这两道墙之间的这一部分市区人口异常稠密，叫作圣泽诺的博尔戈。尼科洛·皮奇尼诺计划夺取这些堡垒和博尔戈，他希望不用太费劲就可以取得胜利。这一方面是因为守卫者经常疏忽大意,他们最近打了胜仗可能使他们更加麻痹;而且还因为,在战斗中,当敌人认为某种事情不可能办到时,这种事就更容易成功。

皮奇尼诺带着一批精选的士兵,在曼图亚侯爵陪同下,趁黑夜扑向维罗纳,用梯子偷偷爬上城墙,夺占新堡,然后率领军队进入,突破圣安托尼奥城门,把所率骑兵全部接应到城里。当新堡岗哨被屠杀时,驻守在老堡的威尼斯守军听到一阵喧嗓,城门被突入时又听到一片骚嚷;他们知道敌人已经来到,于是立即发出警报,号召人民拿起武器。市民在一片混乱中被惊醒,有些最大胆的人拿起武器急忙赶到长官的场院里。这时尼科洛的部队业已劫掠了圣泽诺的博尔戈并继续前进。人们已弄清楚他们是公爵的军队,但因大家毫无防备,就劝威尼斯长官们到堡垒里躲避,这样既可保住他们自己又可保住这个地区;为了争取较好的命运,保住他们自己的生命和如此富裕的一个城市,总比为了力图排除当前的灾难而前去送死并招致全城被洗劫为好。长官们和全部威尼斯人听了这话之后,就都逃到圣费利切堡垒里去了。在第一流公民中,有些为了避免遭受敌兵洗劫,前往谒见尼科洛和曼图亚侯爵,乞求他们考虑,与其不体面地占领一个贫困的城市,不如占领一个富裕的城市,脸上增光;特别是因为市民并未用自卫的办法取得原占领者的好感,也未以此招致当前城市主人的仇恨。侯爵和尼科洛支持他们的意见,并在当时士兵们放肆劫掠的情况下,尽最大努力保护他们的财产。由于他们确信伯爵必将竭尽全力收复这座城市,于是就尽一切可能夺占所有堡垒;那些夺取不了的,就挖壕沟设防栅使之和其余地区隔绝,以便把敌人关在大门之外。

弗兰切斯科伯爵带着自己的部队驻扎滕纳。最初有人向他报

告上述情况时，他根本不肯相信；但后来又有一些人使他确信这事，如果再怀疑这些人就会成为笑话了。他决定竭尽全力以异乎寻常的速度补救由于疏忽大意造成的灾祸。尽管部下所有军官都劝他放弃维罗纳和布雷西亚，进军维琴察，以免在目前处境下被敌人包围，但他不听，坚决要尽力收复维罗纳。在讨论这些事情时，他曾告诉威尼斯军事委员和贝尔纳尔多·德·美第奇（他是作为佛罗伦萨军事委员来到这里的），他可以保证：只要还有一座堡垒能守住，他就一定能够收复那座城市。他把部队集中起来之后，立即全速奔向维罗纳。尼科洛了解到他前来的消息之后，根据人们告诉他的情况，认为伯爵打算进军维琴察；但当发现伯爵不断向自己的驻地逼近、直奔圣费利切时，就准备据守这个要塞，然而为时已经太晚了，因为防栅尚未设置完毕，他的兵员也已四散各处打家劫舍或向居民敲诈勒索去了，因而未能及时把军队集合起来挡住伯爵的军队冲入要塞。伯爵占领要塞后即率军队进入城内，幸运地将全城收复，使尼科洛大量损兵折将、丢尽体面。尼科洛本人和曼图亚侯爵先躲到城堡里，又避到乡间，最后逃到曼图亚。他二人在那里收集起残兵败将，急急忙忙赶到布雷西亚和那里的围城部队会合。就是这样，在四天之中，维罗纳就曾两次易手：先失给公爵，又从他手中夺回。伯爵取得这次胜利之后，因气候已到冬季，天气严寒；他带着部队首先克服了许多困难把供应品投进布雷西亚城内，然后就回维罗纳在营房里过冬，下令趁冬季在托尔博利修造战船，以便春回大地时，能够尽全力一劳永逸地解救布雷西亚。

公爵发现战争停止了一段时间，夺占布雷西亚和维罗纳的希望已成泡影，这都是佛罗伦萨人出的主意和他们花的钱造成的；他

又看出威尼斯人过去对佛罗伦萨人的伤害既不足以使他们疏远，他本人向他们所作许多许诺也未能使他们亲近自己；于是公爵就决定进兵托斯卡纳，以便使佛罗伦萨人更深刻领会他们采取的方针所造成的后果；尼科洛和佛罗伦萨被放逐者也竭力劝他采取这个步骤。尼科洛之所以这样劝他，是因为他打算收复被布拉乔占据的地区并把伯爵从马尔凯区赶走；佛罗伦萨被放逐者则是希望返回家乡；二者都竭力用某些适当的论据劝公爵采取适合他们各自心愿的步骤。尼科洛主张再派他本人到托斯卡纳，并继续围困布雷西亚，因为他已完全控制加尔达湖，那些堡垒粮草充足；假如伯爵再发动什么新的进攻，各堡垒的军官都能够进行抵抗；看情况，他如果不先解除布雷西亚之围，不大可能有什么新的行动，而解除布雷西亚之围又是根本不可能的。因此公爵完全可以在不放弃伦巴第境内的进攻的同时，在托斯卡纳进行战争；他认为：他一进入托斯卡纳，佛罗伦萨人将被迫立即召回伯爵以避免彻底毁灭；不论他们采取什么步骤，其后果必将是公爵的胜利。那批被放逐的佛罗伦萨人则断定：假如尼科洛率领他的军队进抵佛罗伦萨，那些受尽重税盘剥、受尽大人物蛮横欺压的佛罗伦萨人民决不会进行抵抗；他们还指出向佛罗伦萨推进的有利条件，因为里纳尔多和波庇伯爵友好，经过卡森蒂诺推进的道路必将为他们敞开。公爵本来就有意这样做，经过他们共同劝说，就决定付诸实施。在威尼斯人那方面，虽然当时正是严寒的冬天，他们仍然一再催促伯爵率领全部兵力前往解除布雷西亚之围。伯爵认为这样做不可能，劝他们等到来年春天再说；在此期间应当尽全力增强舰队实力，到时候可以水陆两路一起支援布雷西亚。威尼斯人听了很不满意，在

供应物资方面拖拖拉拉，结果部队里大批士兵开了小差。

佛罗伦萨人了解到这些情况，看到战争已威胁到自己头上，而在伦巴第境内又没有多大进展，因而极感惊恐；另一方面，对教会军队的疑虑也使他们感到很不安；这并不是说教皇已是他们的敌人，而是因为看到这些军队主要是受高级主教乔万尼支配，而这个人是他们的死敌。科尔内托的乔万尼·维泰莱斯基起初是一位使徒公证人，后来当了雷卡纳蒂的主教，再后又当了亚历山大里亚的大主教，最后当了枢机主教，称为佛罗伦萨枢机主教。这个人胆大而狡猾；在拥有很大势力之后，即被任命统帅教会全部武装力量，执行教皇的一切行动计划；不论在托斯卡纳、罗马尼阿，还是在那不勒斯王国或罗马都是这样。因此，他不论对教皇、对教皇的军队都有很大的权威；以致教皇不敢支使他，而教会军队则除了乔万尼一人之外，不听任何别人调遣。当尼科洛进兵托斯卡纳的计划传至佛罗伦萨时，这位枢机主教正在罗马，这就引起佛罗伦萨人加倍担心。因为自从里纳尔多被放逐之后，他已经变成共和国的敌人，他发现，凡是经他手所作的一切安排，不但一概被忽视，而且往往被改变成对他不利的东西，甚至促使部队放下武器，从而给他的仇敌放逐他的机会。政府考虑到这些情况，认为，假如尼科洛进入托斯卡纳，里纳尔多也跟他会合；那么，使里纳尔多复职并给他补偿可能是较好的对策。由于他们摸不清尼科洛究竟为什么离开伦巴第，而且是在一项任务即将完成时却又去执行另一项完全没有把握的任务，这就使他们更加放心不下；他们觉得他的行动和他们设想的很不相同；因此，只能推测他又制定了什么新计谋或企图搞什么诡秘的阴谋。他们把这些忧虑告知教皇，教皇这时才感到赋予

枢机主教太大的权力是一个错误。

第　六　章

教皇监禁枢机主教、帮助了佛罗伦萨人——在战争如何进行的问题上，伯爵和威尼斯人意见不一致，佛罗伦萨人从中调解——伯爵意欲进入托斯卡纳阻击皮奇尼诺，被威尼斯人劝阻——尼科洛·皮寄尼诺进入托斯卡纳——他攻占马拉迪并在佛罗伦萨邻近地区进行抢劫——马拉迪概况——巴尔托洛梅奥·奥尔兰迪尼的卑怯——圣尼科洛要塞英勇抵抗——圣尼科洛要塞投降——皮奇尼诺企图夺占科尔托纳未逞。

正当佛罗伦萨人焦急不安之际，命运向他们显示了从大主教的诡计下解救自己的方法。为了发现是否有人搞阴谋反对国家，共和国对各地一切通信联系进行了极其严密的监视。有一次在蒙泰普尔恰诺截获了这位大主教背着教皇写给尼科洛的一些信件。虽然这些信件是用异常的字体书写的，意思十分复杂、无法弄清楚其含义，但这些信件的晦涩难解以及整个事情的面貌已使教皇十分震惊；因此他决定逮捕枢机主教本人；他把这项任务交给帕多瓦的安托尼奥·里多；这个人是圣安杰洛要塞的司令。他接到教皇指示之后不久，就找到执行任务的一个好时机。大主教决定要去托斯卡纳后，准备第二天就离开罗马，命令这位要塞司令早晨站在吊桥上等候，大主教路过时将和他谈话。安托尼奥认为这是个好时机，于是就布置手下的人们到时候如何行动，然后自己就在吊桥上等候大主教到来。这座吊桥和堡垒相通，为了安全，可以根据情况需要吊起或放下。大主教果然准时来到；安托尼奥假装为了谈话方便，把他拉到吊桥上，然后给手下人一个信号，于是他们立即把桥吊起。就这样，转瞬之间，这位枢机主教就从指挥许多部队的司令官变成要塞司令的阶下囚。大主教的随从起初曾进行威胁，但当他们得知这是执行教皇的命令之后，就不再闹了。要塞司令用好话安慰这位大主教，大主教回答说，“一位大人物逮捕另一位大人物之后就不会再释放，应当抓的人就不应当再放。”不久之后他就死在囚室中。教皇任命阿奎莱雅大主教洛多维科指挥他的武装部队。他起初不愿意介入同盟各国和公爵之间的战争；现在却愿意参加了，答应提供四千骑兵和二千步兵保卫托斯卡纳。

佛罗伦萨人虽已消除这一使他们焦急不安的原因，但仍然担心尼科洛到来；也恐怕由于伯爵和威尼斯人之间的分歧在伦巴第境内引起混乱。为了进一步了解他们双方的意图，佛罗伦萨就指派内里·迪·吉诺·卡波尼和朱利阿诺·达万扎蒂带着协助安排即将开始的战役的使命前往威尼斯；并命令内里在摸清威尼斯人的意见之后，就到伯爵那里去了解他的打算，并劝他采取对盟国最有利的步骤。这两位使节刚到费拉拉，就听说尼科洛·皮奇尼诺已带着六千骑兵渡过波河。他们听到这个消息后就加速赶路，到达威尼斯后，发现执政团已完全决定不等春天到来就要去解救布雷西亚。他们说这是因为“这座城坚持不了那么久，舰队的准备工作到那时也不能完成；这座城如果看不到能很快得救，就要向敌人屈服；这样就会使公爵获取全胜，使威尼斯丧失所有内陆领地。”内里随即去维罗纳摸清伯爵的意见。伯爵争辩说，有许多理由可以说明春天到来之前进军布雷西亚不但毫无好处，甚至有害，因为把布雷西亚的形势和当前严寒的季节联系起来考虑，这样进军除了使部队徒劳往返造成混乱之外，不会有任何其他结果；而且，到适当时候还不得不把军队拉回维罗纳休整，恢复在严寒中受到的损失，准备夏季需用的物资；从而把战争所需要的时间白白浪费在往返调动上。奥尔萨托·朱斯蒂尼亚尼和乔万尼·皮萨尼是威尼斯派往维罗纳和伯爵商讨这些事情的代表。后来和他们达成协议：威尼斯支付伯爵九万金币作为明年军费，每名士兵还要发四十金币；伯爵立即率领全军出发攻打公爵，迫使他为了自保把尼科洛召回伦巴第。协议达成后，两位使节回威尼斯。威尼斯人由于承担筹措这么一大笔军费的义务，在军粮供应方面就拖拖拉拉。

与此同时，尼科洛·皮奇尼诺仍在赶自己的路，到达罗马尼阿后，在那里说服潘多尔福·马拉泰斯塔的儿子们背弃威尼斯，投到公爵手下服役。这一事态在威尼斯引起很大不安，在佛罗伦萨引起的惊恐更大，因为他们原先曾想靠马拉泰斯塔家族的支援以抵抗尼科洛；现在他们既已投向敌方，佛罗伦萨人怕他们当时仍然驻扎在马拉泰斯塔领地上的指挥官皮埃特罗·贾姆帕戈洛·奥尔西尼可能被解除武装从而失去作用。伯爵也震惊，因为他怕尼科洛进入托斯卡纳之后，会使他丧失马尔凯区。于是他为了赶紧照顾自己的事情，就急忙赶到威尼斯，有人把他介绍谒见督治之后，他就说明，盟国的利益要求他到托斯卡纳去，因为战争应在有敌人的指挥官和军队的地方进行，而不应当在只有敌人的守军和城镇的地方进行；因为只要敌军被消灭，战争就算结束；如果只顾夺取城镇而使敌方武装部队保留完整无缺，往往会使战争更猛烈地再度爆发;如果不有力地抗击尼科洛,托斯卡纳和马尔凯区必将失守;如果两地不保,也就不可能保住伦巴第。他认为伦巴第所遭到的危险并没有这样紧急,所以他不愿意丢下自己的朋友和属民不管;而且,他进入伦巴第时是以一位君主的身份来的,他不愿意在回去时却只不过是个佣兵队长。督治听完后回答说:十分明显,如果他离开伦巴第、甚至只是重渡波河,所有威尼斯的内陆领地必将尽行丧失;在那种情况下,他们就不愿意再花钱保卫这些地方了。因为企图保卫一个将来必然会丢失的地方岂不是太愚蠢了;而且,单单丢失土地总比既失地又丢钱好些,也少丢脸并少受些伤害。如果结局真的要使他们失去内陆领地,那时就会看得清楚:威尼斯的声望在保卫罗马尼阿和托斯卡纳的事情上是何等重要。

在这些问题上,他们和伯爵的意见大相径庭;因为在他们看来,谁能在伦巴第取胜必将在其余地区取胜;他们还认为,既然尼科洛已带兵出去,公爵的领土已处于几乎毫无防备的状态,因而目前可轻易取胜,在公爵能够召回尼科洛或为自己找到任何其他补救办法之前,他可能早就被打垮了。不论是谁,只要仔细思考这些情况,就会看出:公爵派尼科洛去托斯卡纳,别无其他原因,就是想要使伯爵放弃原计划,把兵撤走,这样就可以使已经打到公爵家门口的战争转移到更远的地方去。假如伯爵真的去追赶尼科洛,除非出于十分迫切的需要他会看到他的计划成功,并因采取这一步骤而高兴。但是,假如伯爵留在伦巴第,听任托斯卡纳境内的事情去发展,公爵必将发现他自己行动不慎,不但丢掉在伦巴第境内的领地,而且在托斯卡纳也毫无所获;但已经为时太晚了。双方都发表了自己的见解,最后决定先等几天,看看马拉泰斯塔家族和尼科

洛签署协议之后产生的结果如何再说；同时也看看佛罗伦萨是否能利用皮埃罗·贾姆帕戈洛的力量，教皇是否像他应承的那样热切地要参加同盟。在作出决定后没过几天，就已经弄清楚：马拉泰斯塔家族签署协议并不是因为对盟国有恶感，主要是因为他们怕尼科洛；又了解到皮埃罗·贾姆帕戈洛已率领手下军队朝托斯卡纳开去；教皇也比以往任何时候更愿意支援盟国。这些有利的消息驱散了伯爵的忧虑，他同意留在伦巴第；内里·卡波尼则应带领自己手下一千骑兵和其他方面的五百骑兵回到佛罗伦萨；还进一步商妥：假如托斯卡纳境内的情况需要伯爵前往，内里将给伯爵写信，伯爵接信后可排除其他一切考虑率军队前往。内里在4月间带着军队回到佛罗伦萨，贾姆帕戈洛同一天和他会师。

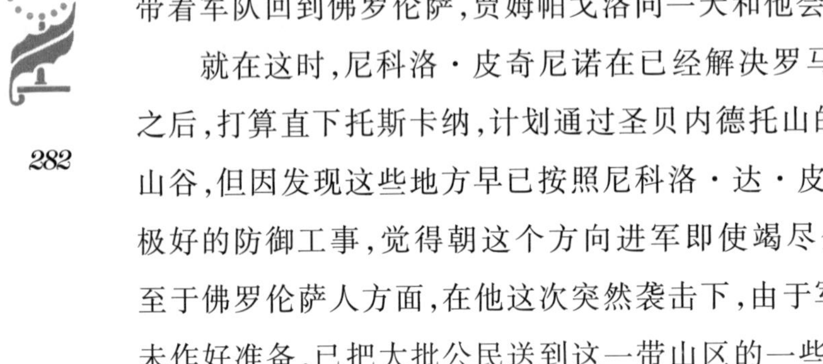

就在这时，尼科洛·皮奇尼诺在已经解决罗马尼阿境内事务之后，打算直下托斯卡纳，计划通过圣贝内德托山的山隘和蒙托内山谷，但因发现这些地方早已按照尼科洛·达·皮萨设计，修筑了极好的防御工事，觉得朝这个方向进军即使竭尽全力也是白费。至于佛罗伦萨人方面，在他这次突然袭击下，由于军队和指挥官都未作好准备，已把大批公民送到这一带山区的一些峡谷中，还派了为临时应急而招募的一些步兵保护他们。其中有一位军官名叫巴尔托洛梅奥·奥尔兰迪尼，还是一位“骑士”，被委派防守马拉迪要塞和附近各隘口。尼科洛·皮奇尼诺因为发现圣贝内德托驻军指挥官很英勇，无法通过，于是就想到驻守马拉迪要塞的那位官长是个胆小鬼，走这条路一定容易通过。马拉迪要塞位于托斯卡纳和罗马尼阿交界的山脉的脚下。它虽然没有城墙，但那条河、那些山以及当地居民这些条件使这个地方十分牢固，这地方的农民忠实勇猛，冲刷两岸的急流使河岸成为高悬的陡壁，如果河上的小桥有人把守，从山谷逼近要塞简直是不可能的；在靠山一边，悬崖峭壁垂直笔立、坚不可摧。虽然这地方有这么多有利条件，但巴尔托洛梅奥·奥尔兰迪尼本人的卑怯使他部下的士兵也都成了胆小鬼，因而使要塞无法守住。他刚刚听到敌人来到的消息，就放弃阵地，带着全体人马逃跑了，一直逃到圣洛伦佐镇才停下来。尼科洛进入这个被遗弃的要塞时，还怀疑它怎么无人防守。占领了这个新地方，他很高兴，从这里又直下穆杰洛山谷，在谷中又占领一些堡垒之后，到达普利恰诺即停止进军。后来又从这个地方出发，扫荡了直至菲埃索莱山脉的一带地方；他越来越大胆，竟然渡过阿尔诺河，在距佛罗伦萨不到三英里的地带抢劫破坏一切。

佛罗伦萨人却并未因此气馁。他们首先关心的是保障政府的安全。在这个问题上他们完全用不着担心，因为科斯莫受到人民普遍的爱戴；而且，他们把政府的关键职位只限由几位最高阶层的公民掌握，他们的警惕性使群众保持着很好的秩序，即使群众有所不满或要求变革时，也能如此。由于在伦巴第签订的盟约，他们知道内里将带来什么部队，还可指望教皇的军队前来支援。这些前景使他们在内里·迪·吉诺到来之前一直保持着勇气。内里到来后看到城内混乱惊惶，于是决定立即出兵前往抵挡尼科洛。他率领自己部下的骑兵和一队完全是从平民中招募的步兵，从敌人手里夺回雷莫莱，随即在那里扎营，制止敌军劫掠；使居民觉得有希望把敌人从这一带完全赶跑。尼科洛发现，佛罗伦萨虽然没有武装部队，却并未发生骚乱，还了解到城里异常镇静，因而认识到自己在这里是浪费时间，于是决定搞些别的行动引诱佛罗伦萨人派兵追赶自己，从而得到交锋的机会；假如他能打胜，一切就都可以如愿以偿了。

当敌军进入穆杰洛时，原先和佛罗伦萨结盟的波庇伯爵弗兰切斯科就背弃佛罗伦萨、投奔尼科洛。尽管佛罗伦萨人在一了解到他的打算之后，曾立即给他加官晋级，使他成为统辖他附近所有地区的军事委员，以便把他留住；但由于他对自己那一派特别亲密、对里纳尔多和前政府极其有感情，任何威胁利诱他都无动于衷，因此，当他刚刚了解到尼科洛已到达附近地区时，立即投奔到他的麾下去了。后来还十分热心地劝他不要入城，最好移兵卡森蒂诺；向他指出这一带地方如何强固，从这里如何易于袭扰敌人。尼科洛听从他的劝告，到达卡森蒂诺，占领罗梅纳和比比埃纳，然后在圣尼科洛要塞外边扎营围困。这个要塞座落在将卡森蒂诺和阿尔诺河谷分隔开的大山脚下，由于其地势高峻、防守严密，虽然尼科洛动用石弩和其他投石器接连不断进行轰击，仍难攻下。围困二十余日。在此期间，佛罗伦萨人已把所有部队集中，在费吉内还集中了三千骑兵，分别由皮埃罗·贾姆帕戈洛·奥尔西尼，军事委员内里·卡波尼和贝尔纳尔多·德·美第奇几位指挥官率领。圣尼科洛城堡派出四名传令官到他们这里来求援。军事委员们研究了该地的位置之后认为，要解救这个城堡，从任何其他方向去都不行，只有通过亚平宁山区，朝阿尔诺河谷方向前往，由于山顶距敌较近，易于被敌人抢先夺占；佛罗伦萨部队距之较远，难于抢先；而且进兵时必然被敌发觉。如果走这条路，等于孤注一掷，其后果必然是全军覆没。于是，军事委员在表扬了他们的忠诚之后就命令他们：无力再坚守时就投降。尼科洛围困要塞三十二天之后才

将它拿下。他为了取得这么点进展竟耗费了这么长的时间,这是他这次远征失败的主要原因。因为要是他当初把部队留在佛罗伦萨附近,几乎就可以使佛罗伦萨政府丧失强迫人民提供金钱的一切权力,要是敌人逼近,佛罗伦萨不可能那样容易地集结部队并采取其他警戒措施;但由于尼科洛离得很远,他们却都办到了。更何况,假如他当时以大军逼近,特别是当佛罗伦萨人看到战争似将拖得很久时,城内许多人就会急于签订和约以解除对尼科洛的恐惧。原来波庇伯爵是为了向他的宿敌圣尼科洛居民进行报复才劝尼科洛·皮奇尼诺离城他去的,而尼科洛是为了讨好他才采纳他的意见的;这样做的结果招致二人的毁灭。为了满足私情常常耽误大事,这种情形是常有的。

尼科洛为了继续追求好运气,又占领了拉西纳和基乌西。波庇伯爵劝他在这些地方驻扎下来,说这样就可以把他手下的人马分布在基乌西、卡普雷塞和普雷韦各地,控制了亚平宁山脉这一支脉,这样就可以随意下山进入卡森蒂诺、阿尔诺河谷、基阿内河谷或塔韦雷河谷,同时又可以对敌人的任何活动处于有备无患的状态。但尼科洛考虑到这些地方太贫瘠,对他说,“可是我的马匹不能吃石头啊。”于是就进抵博尔戈圣塞波尔克罗,这里的人很友好地接待他;但当他到达卡斯泰洛城时,由于这个地方的人和佛罗伦萨友好,尼科洛无法诱使他们归顺。他打算将佩鲁贾置于自己控制之下,就带领四十名骑兵前往;因为他本人就是佩鲁贾一名公民,所以受到很友好的接待。但不几天之后就受到怀疑;尽管他竭力对佩鲁贾的教皇代表和人民施加影响,但终未成功。后来就从他们那里取得八千金币,回到自己的部队。然后他又对科尔托纳暗中施计，企图诱使它脱离佛罗伦萨，但因事情败露，计谋落空了。事情是这样：该地为首的公民中有一位名叫巴尔托洛梅奥·迪·森索的，被指派到一个城门守夜；他的一位同乡朋友告诉他，说如果他去值夜，一定会被杀害；巴尔托洛梅奥问他是怎么回事，从而了解到事情的原委，随即向当地官长汇报了，官长捉住搞阴谋的主犯并在各城门倍增守卫的兵力，一直守候到尼科洛预定要来的时刻。尼科洛发现图谋业已败露，就又回到自己的营地去了。

第　七　章

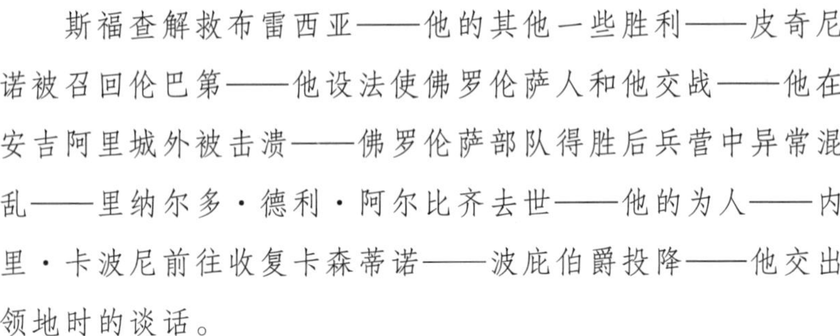

斯福查解救布雷西亚——他的其他一些胜利——皮奇尼诺被召回伦巴第——他设法使佛罗伦萨人和他交战——他在安吉阿里城外被击溃——佛罗伦萨部队得胜后兵营中异常混乱——里纳尔多·德利·阿尔比齐去世——他的为人——内里·卡波尼前往收复卡森蒂诺——波庇伯爵投降——他交出领地时的谈话。

托斯卡纳境内正在发生的事情对公爵没有什么有利之处，与此同时，他在伦巴第境内的事务发展情况更坏。季节刚刚转暖、军队可以行动时，弗兰切斯科伯爵立即率领军队开赴战场。威尼斯的战船已再次布满湖上，伯爵决定首先把公爵的水上武装力量赶走；认为，这件事一旦成功，剩下的事就好办了。于是他就和威尼斯舰队联合攻打公爵的舰艇，并予以摧毁。他的地面部队攻占了为公爵把守的那些堡垒。公爵派去围困布雷西亚的军队听到这些失利的事件后也就撤退了,从而使在围困中坚持了三年之久的布雷西亚终于得救。伯爵接着去追击敌人。当时敌军正在奥利奥河上的一座名叫松奇诺的要塞外边扎营,伯爵追逐他们,把他们逼退到克雷莫纳。公爵在这个地方重整旗鼓准备抵抗。但伯爵不断进逼,越逼越紧;公爵担心他的领土可能全部或大部丧失。这时他才醒悟到原先派尼科洛进军托斯卡纳是很不幸的一步棋。为了纠正这个错误,他就给尼科洛写信,把发生的情况告诉他,希望他尽速撤出托斯卡纳回伦巴第。

与此同时,佛罗伦萨人在他们各位军事委员的指挥下,也把部队集结在一起;还有教皇的部队加入,一起驻扎在安吉阿里。这个要塞位于塔韦雷和基阿内两个谷地之间的大山脚下,距圣塞波尔克罗的博尔戈四英里处的一条平坦的大路边。这一带地方极适合骑兵展开作战,是很好的战场。执政团听到伯爵的胜利和尼科洛被召回的消息之后,认为用不着再动一刀一枪,用不着再叫马匹扬起灰尘,胜利业已在握,战争即将结束;于是就写信给各位军事委员,希望他们避免作战,因为尼科洛在托斯卡纳呆不了多久了。皮奇尼诺获悉执政团这项指示之后,又认识到他必须尽速回兵伦巴第,不能白白地离开,于是决定和敌人再打一仗,希望能出其不意、攻其不备。他这个决定得到里纳尔多、波庇伯爵以及其他被放逐的佛罗伦萨人的支持。因为他们知道尼科洛撤走后,他们必不可免要遭到毁灭;因而希望尼科洛和敌军打一仗,这可能使他们不是获胜,就是战败,但也不致丧失体面。作出这项决定后,尼科洛就带着自己的部队,在未被敌军发觉的情况下,从卡斯泰洛城到达博尔戈;在博尔戈又招募两千人,这些人相信这位将军的才干和诺

言，打算跟随他抢劫财物。随后，尼科洛即率领部下人马以战斗队形向安吉阿里挺进；当他到达距离目的地两英里处，米凯莱托·阿滕杜洛忽然发现前面烟尘滚滚，立即猜出这必然是敌军逼近，于是立即命令军队拿起武器。

这时，佛罗伦萨军队营地一片混乱。因为军队一向就是疏忽大意、纪律松弛，这时又以为敌人离得很远、忙于逃命、顾不上打仗，因而他们就更加掉以轻心。当时每个人都没有携带武器，有的离开营地到处逛，或是去逃避酷暑，或是去寻欢作乐。靠各位军事委员和司令官尽到最大努力，总算在敌人到来之前，士兵们就已经骑在马上作好迎敌准备。由于米凯莱托首先发现敌人逼近，他也是第一个拿起武器作好抗敌准备的人。他带领自己的部下急忙冲到距安吉阿里不远处一座跨河的桥上。在敌人这次突然袭击以前，皮埃特罗·贾姆帕戈洛已将大路两侧的沟渠填平，还平整了安吉阿里和那座桥之间的土地。米凯莱托已在桥前摆开阵势，教皇代表和率领教会军队的西蒙奇诺在右翼布阵，佛罗伦萨的军事委员们和司令官贾姆帕戈洛在左翼，步兵则沿河岸一线摆开阵势。因此，敌军进攻的唯一路线只有径直冲向桥上；佛罗伦萨部队也无其他回旋余地，只是命令步兵作好准备，假如敌方步兵攻击侧翼骑兵，就用石弓攻打他们，以防他们伤害过桥的骑兵两翼。敌人向桥上冲锋，米凯莱托率军队英勇抵抗；但因阿斯托雷和弗兰切斯科·皮奇尼诺率领精兵猛烈冲杀，他只好被迫后撤，一直被敌军逼至山脚下，这山脚通向较高处的安吉阿里的博尔戈；但敌人后来又在佛罗伦萨军队两翼夹攻之下，被赶过桥去。

战斗持续进行了两小时之久。在这期间，这座桥几度易手，双

方各有胜负，但从这条河两岸情况来看，尼科洛的劣势已很明显：他的军队冲过桥来，佛罗伦萨军队并未被冲散，因为这边地面平坦，调动便利，已疲惫的军队则由生力军接替；但当佛罗伦萨军队冲过桥去时，尼科洛却无法增援他手下那些已饱受折磨的士兵，因为道路两旁的壕沟和土堤妨碍他调动部队；因此，每当他的部队夺占桥梁之后，很快就被对方的生力军打退；但当佛罗伦萨军队占领桥梁、冲过桥来继续沿大路前进时，尼科洛则无法增援他的军队；这一来是因为敌军进攻猛烈，另一方面也是因为地形不便，使他的军队前锋与后卫纠结在一起，乱作一团，结果只好被迫逃跑，全速奔向博尔戈。佛罗伦萨部队一拥而上，缴获大批战马，活捉大批俘虏，夺取大量军用物资。尼科洛的骑兵退到城里去的还不到一千。那些为打劫而跟随尼科洛的博尔戈人，这时自己也成了战利品，全部被俘，被迫交纳赎身费，旗帜和车辆也都被佛罗伦萨人夺去了。

这次胜利对佛罗伦萨的有利之处很大，但公爵所受损失却不多。这是因为，假如他打败了佛罗伦萨人，托斯卡纳将会归他所有；而遭到失败，却只不过使他的部队丢掉马匹和装备，这些东西不用花太多钱就可以重新补充起来；而且，任何在敌人的地区进行的战争从来也还没有像这次这样使进攻者只受到这么小的损失，在这次这么大的失败中，虽说战斗曾进行了四个小时之久，却只死了一名兵士；但他并非死于敌方的刀枪之下，也不是由于他曾进行过什么英勇而光荣的战斗，而只因从马上跌下来，被人们踩死。那时打仗，交战双方的人简直没有什么生命危险，差不多人人都骑在马上，个个穿着护身铠甲，还可以随时用投降的办法保全性命，几乎没有冒生命危险的必要，打的时候有盔甲护身，实在抵抗不过时就投降保命。

在战争进行期间和战后发生的一切情况中可以看出，这次战役确实是那个时代军纪败坏的一个极其突出的例证。敌军战败后被迫撤入博尔戈；佛罗伦萨军事委员们，为了取得彻底的胜利，希望能乘胜追击，但没有一个佣兵队长或士兵听从命令；他们借口看守战利品和照管伤员，作为拒不从命的充足的理由。更加令人吃惊的是，第二天，并未经军事委员同意也不理会指挥官意见如何，大队人马竟然跑到阿雷佐抢劫够了才又回到安吉阿里。这是完全违反军纪和所有从属关系的事，因此，只要有一支稍稍正规一点的部队，必然会轻而易举地而且也是理所当然地夺走他们的胜利，他们确实是太不配取胜了！还有另一件怪事：军事委员本来想把被俘的那些重骑兵扣留下，免得使他们再回到敌军中；但军队竟然违背他们的命令，把他们都放了。这样构成的军队竟然有足够力量取得胜利，实在使人吃惊；而对方竟然被这样一伙乱七八糟的乌合之众打垮，也可见他们太软弱无能了。佛罗伦萨部队往返阿雷佐占用了不少时间，使尼科洛乘机逃出博尔戈退向罗马尼阿，佛罗伦萨的流放者也跟他们一起逃走了；这些人发现返回家乡已无指望，于是就按照各自的方便条件在意大利许多地方定居下来。里纳尔多选择的定居地是安科纳。他既已失掉人间的地位，就想取得进入天堂的许可；为此，他曾去朝拜圣墓。从那里回来以后，在为自己的一个女儿出嫁举行的庆祝宴会上，他突然在席间死去；这是命运之神赐给他的恩典，使他在被放逐的生涯中最少悲伤的一天离开了多灾多难的人间。不论处境如何变化，里纳尔多·德利·阿尔比齐总是一位值得尊敬的人物；假如他能在一个团结统一的城

邦中生活，就会受到更大的尊敬。这是因为，在一个分裂的社会里，他的许多品质对他是有害的；而在一个和睦的社会中，却会给他带来荣誉。

佛罗伦萨部队从阿雷佐返回时，尼科洛业已撤走。军事委员来到博尔戈，当地居民愿意归顺佛罗伦萨，但他们的表示遭到拒绝。正当这件事还在协商之际，教皇代表以为军事委员们企图把这个地方从教会手中夺走。双方以恶言互相斥责；如果误会继续下去，佛罗伦萨军队和教会军队之间就会冲突起来；但后来由于按照教皇代表的要求作出决定，他们又和解了。

塞波尔克罗的博尔戈的事情正在进行之际，据说尼科洛·皮奇尼诺已向罗马进军，另有消息说她是开向马尔凯区。于是教皇代表和伯爵的军队就向佩鲁贾推进，以便根据情况去解救马尔凯区或罗马；贝尔纳尔多·德·美第奇随同前往。内里率领佛罗伦萨部队前往收复卡森蒂诺，在拉西纳城外扎营，随即占领该城以及比比埃纳、普拉托韦基奥和罗梅纳等地；从那里他又进军波庇，从两侧将城市围住，一侧朝向切尔托蒙多平原，另一侧在朝弗隆佐莱方向伸展的小山上。

波庇伯爵发现自己已被抛弃任凭命运摆布，于是就把自己关在波庇城内；他这样做并不是希望取得任何支援，只是想争取到尽可能有利的条件。内里紧紧包围，波庇伯爵提出投降条件，得到合理的答复，即：保证他本人和家属的安全，允许他带走他能够带走的一切；条件是他必须把他的领土和政权让给佛罗伦萨。当他理解到他的不幸遭遇的全部内容时，就站在横跨阿尔诺河靠近波庇的一座桥上，转过身来极其悲痛地对内里说道："假如我曾慎重考虑我自己的地位和佛罗伦萨的强大,现在我就会是共和国的朋友并庆贺你们的胜利;而不致作为一个敌人不得不乞求减轻我的灾难。近来发生的事情给你们带来的是光荣和欣慰,给我招来的一切却充满不幸和悲哀。我也曾一度拥有马匹、武器、属民、权势和财富。现在我舍不得丢掉这一切,难道这有什么奇怪吗?不过,既然你们有力量也有决心统治托斯卡纳全境,我们只好顺从。如果我不曾犯这个错误,就不致遭此不幸,你们的宽宏大量也就无从表现。因此,假如你们能把我从彻底毁灭中挽救出来,你们的仁慈将给全世界留下一个不可磨灭的印象。因此,希望你们的怜悯之心能放过我犯的错误,请允许我保有这仅存的家宅,把它留给我那些祖先的后代,你们的祖先也曾从我的祖先这里得到过无数好处。”对此,内里回答道:“因为你在那些只能办小事的人们身上曾寄托过过多的希望,结果使你犯了反对佛罗伦萨共和国的巨大的错误。根据各方面的情况来看,作为一个敌人,你应当把全部地方交给佛罗伦萨,因为你不愿意作为佛罗伦萨的朋友保有这些地方。你已树立了一个先例,鼓励这样的先例是失策的:因为如果局势变化不同,你就会伤害共和国;我们顾虑的并不是你本人,而是当你身为卡森蒂诺君主时所拥有的势力。不过,如果你能作为一位王公住到德意志去,佛罗伦萨公民一定会很满意;而且,看在你刚才提到的你那些先辈的面上,我们将乐于帮助你。”伯爵听了这些话,十分恼火,他回答道,“我希望和佛罗伦萨人离得更远一些。”他不想再保持一点点谦恭有礼的态度,把自己的领土和所有附属地区全部割给佛罗伦萨,带着自己的珍宝、妻子和孩子离开了,由于丢失自己的祖先曾保持四百年之久的领土而很哀伤。当佛罗伦萨听到

这些胜利的消息时，政府和人民都欣喜若狂。本内德托·德·美第奇发现关于尼科洛到罗马或马尔凯区的消息都不确实，就带着军队回到内里处，然后一起回到佛罗伦萨，接受佛罗伦萨按城邦惯例颁发给得胜公民的最高荣誉；执政团、各区区长和全城人民举行极其隆重盛大的凯旋仪式欢迎他们。

第六卷　从威尼斯同盟到土耳其军队的覆灭

公元 1439—1463 年

第 一 章

关于战争的目的和胜利的作用的探讨——尼科洛扩充部队——米兰公爵设法使弗兰切斯科·斯福查伯爵再次为他效劳——威尼斯人的疑虑——他们兼并拉文纳——佛罗伦萨从教皇手中买下圣塞波尔克罗的博尔戈——皮奇尼诺冬季出征——伯爵在马尔蒂南戈城外他的营地中被围——尼科洛·皮奇尼诺的傲慢狂妄——公爵为对他进行报复和同盟各国媾和——斯福查得到佛罗伦萨人支援。

凡是从事战争的人很自然地总是企图使自己富裕、使敌人贫困；战胜或征服他人的目的也无非壮大自己、削弱对方；否则争取胜利，征服他人也就毫无值得向往之处。由此可知，凡因获胜而招致自身贫困或因征服他人而削弱自己者，必然是已经超越或尚未达到作战的目标。一个共和国或一位君主在打垮敌人取得胜利并获得战利品和赎金时,就使自己因胜利而富裕。如果取胜后使敌人逃掉,或使战利品和赎金为士兵所侵占,这样的胜利必然有害。这样的情况发生时,失败的一方固然不幸,胜利的一方受害更甚。因为失败的一方所受伤害乃是敌方造成,而胜利者的痛苦则系自己人招来的,这很难说得通,因而造成更大的痛苦;尤其是当胜利者考虑到不得不在获胜后强迫人民增加捐税负担时,情形将更加严重。任何统治者,只要还有一点人性,就不能对使臣民遭受折磨的胜利感到高兴。古代治理有条的共和国获胜时,常从敌人手中获取金银财宝充实国库、向人民颁发赏金、减少税收、举行竞技大会、隆重的庆典,使全民同乐。但在我们所叙述的这个时代,打胜仗的结果首先是国库空虚,其次是使人民贫困,而使战胜一方并不能得到免受敌国攻击的保证。这完全是战争方式本身内在的混乱造成的。因为被打垮的军队仅仅是丢掉了他们的装备,人员既未被杀害又未被当作俘虏关押,只不过是把他们对胜利者的反攻时间推迟一些而已,等到他们的指挥官为他们提供新的武器和马匹之后,立即又反攻。此外,赎金和战利品既已被军队所侵吞,得胜的君王当然无法利用这些钱财招募新军队,又不得不从臣民的腰包筹措必要的战费:而这就是人民体验到的唯一的胜利后果。唯一不同的只是统治者在获胜后采取这类措施时并不勉强;在压榨百姓时更不讲求方式方法。这种军队作战造成这样一种后果,无论战胜的一方还是失败的一方,如想再要这些军队效劳,都必须再拿出钱来。因为战败的一方必须重新装备军队,战胜的一方则必须收买军队。因为被打败的军队得不到新装备就无法再打仗,得胜的军队如无新的赏金则拒绝开赴战场。结果,一方从胜利中得

益无多,另一方从失败中遭受损失也不大。战败的一方固然必须重新武装,而获胜者也不能乘胜追击。

由于这些办事的方法如此混乱反常,所以尼科洛在他的失败的消息传遍全意大利以前,就已经重新整编好他的武装部队并以较前更大的精力来袭扰他的敌人了。由于同样原因,他在滕纳惨败之后,竟然在极短时间内又夺占了维罗纳。由于在维罗纳已无敌人阻挠,不久之后他竟然率领大军出现在托斯卡纳境内。到达托斯卡纳之前,他虽然曾在安吉阿里被彻底打垮,但事后他在战场上居然变得比以往任何时候都更加强大。就是因为这一情况,米兰公爵才感到有希望防守伦巴第;而尼科洛不在时,伦巴第似乎已毫无指望了。因为当尼科洛使托斯卡纳全境惊慌失措之际,伦巴第境内的灾难使公爵放心不下,担心在他能够把尼科洛召回抵住伯爵,猛烈进军从而使他得到救援之前,他就已经彻底垮台了。由于这样的想法,公爵就想用策略保证取得用武力无法取得的成功,就求助于过去在类似的情况下往往对他很有用的补救办法。于是就派费拉拉君主尼科洛·达·伊斯特去见当时正在佩斯基埃拉的伯爵,打算说服他:目前进行的战争对他不利。这是因为,假如公爵被打垮,无力保持他在意大利诸城邦中的地位,那么,首先受害的人必然是伯爵。因为到那时,不论对威尼斯还是对佛罗伦萨说来,伯爵将变成一个无足轻重的人物。公爵为了证实自己求和的诚意,答应履行他早已答应过的把他的女儿嫁给伯爵的婚约,把她送到费拉拉,以便在和约签订后就举行婚礼。伯爵回答说,“假如公爵真心希望缔和,他是很容易得到满足的,因为佛罗伦萨和威尼斯同样渴望媾和。但是了解到公爵从来只是在迫不得已的情况下

才讲和，一旦压力消失，马上就又想打仗，实在很难使人相信他。至于说到联姻一事，因为我过去一再受骗上当，现在也很难相信。不过，在和约签署之后，关于这个问题我可以和朋友们商量一下。”

威尼斯人对他们雇用的军队本来就不必要地有所猜忌，这一次当他们了解到这些事情之后，大为震惊，这也不无理由。伯爵觉察到这一点之后，为了消除他们的疑虑，就异常卖力地进行战争；但因为有野心，他的思想也很不稳定；威尼斯人也因猜忌心重而举措不定；结果在夏季剩下的时间里他们并未取得多少进展。当尼科洛再次进入伦巴第境内时，冬季业已降临，各方军队都撤入营房：伯爵带领手下人马去维罗纳，佛罗伦萨军队去托斯卡纳，公爵的军队到克雷莫纳，教皇的军队则进入罗马尼阿。后者在安吉阿里打胜之后，又去攻打富尔利和波洛尼亚，目的是想从尼科洛·皮奇尼诺手中把这些地方夺回，但未成功。因为尼科洛的儿子弗兰切斯科在这些地方作了顽强的抵抗。不过，教皇的军队的到来却使拉文纳人极其恐慌，他们最害怕的就是成为教会统治下的臣民；结果，在他们的君主奥斯塔西奥·迪·波伦塔同意下，归顺到威尼斯势力之下。威尼斯人取得他们的领土之后，为了报答他们、也为了防止奥斯塔西奥以武力夺回他未经审慎考虑就献出的城邦，就把他和他的儿子送到坎迪阿，父子二人后来就死在那里。在这些事情的过程中，教皇虽曾在安吉阿里打了胜仗，但在财政上很匮乏，就将圣塞波尔克罗的博尔戈要塞以两万五千金币的价格出卖给佛罗伦萨。

当时情况就是这样；交战各方都认为严冬将保护他们免遭战

祸,也没有再考虑媾和的事。公爵的情况尤其是如此:由于严冬和尼科洛的到来给了他双重保障,他就不再作任何努力促成同伯爵的和解;他改编了尼科洛的部队,为将来的战斗进行了一切必要的准备。伯爵了解到他这个情况后,就到威尼斯去和元老院商讨来年应采取的方针。另一方面,尼科洛已完全作好准备,又看到敌人缺乏准备,于是不等春天到来,就在严冬天气渡过阿达河,占领布雷西亚全境,只有奥杜拉、阿克里两地未占;一举俘虏了弗兰切斯科部下两千名骑兵,伯爵毫未想到会遭受攻击。不过,使伯爵最焦急的、也是使威尼斯人最震惊的事,就是他手下的一位主将恰尔佩洛内开了小差,不在他手下服役了。弗兰切斯科了解到这个情况后,立即离开威尼斯到达布雷西亚,发现尼科洛在尽全力进行破坏之后,已经退回他自己的营房里。因此,他看到目前战事业已结束,自己也不想再挑起,打算利用冬季和敌人提供的时机改编自己的部队,以便来年春天有力对所受伤害进行报复。为了达到这个目的,他劝威尼斯人把他们驻扎在托斯卡纳境内为佛罗伦萨服役的军队召回、并下令由米凯莱托·阿滕杜洛接替已死的加塔梅拉塔指挥军队。

春天到来时,尼科洛首先率领部队开上战场,在距布雷西亚十二英里的奇尼亚诺要塞外边扎营围困。伯爵率军队前往营救。他们二人之间的这一战役以惯常的方式进行。伯爵担心贝加莫出事,就包围马尔蒂南戈要塞,因为这个要塞位置重要,占领它就能解救被尼科洛紧紧围困的贝加莫城。尼科洛预见到敌人只能由马尔蒂南戈一个方向对他进行阻击,于是就把这个要塞的防御工事搞得极尽完善,致使伯爵不得不以全部兵力来围攻。针对这一情况,尼科洛把军队部署在一个地方,打算借以拦截伯爵的粮秣,他挖壕筑垒,搞成极好的防御阵地,使任何进攻的敌人都要冒极大危险。因此,围困马尔蒂南戈的一方比被围在里边的人更不好受。伯爵因缺乏给养无法保住自己的阵地,想离开也要冒极大危险。因此,公爵的胜利看来已成定局,伯爵和威尼斯人的失败也已无可避免。

但是,命运之神总是有办法帮助自己的宠儿或伤害其对方的;胜利在望使尼科洛·皮奇尼诺冲昏头脑,目空一切、盛气凌人,以致忘乎所以,既不尊重自己又不尊重公爵。他派人带口信对公爵说:他已经在公爵的旗帜下干了这么长的时间,但至今还未曾得到一块足够葬身之地,他希望知道:他的效劳能得到什么样的报酬;靠了他的力量才使公爵控制了伦巴第使所有的敌人屈服;而且,既然胜利已在握,报酬也应当确定下来,他希望公爵把皮亚琴察给他,以便当他对时间拖得很长的服役效劳感觉厌倦时,可以有一个最后的归宿。说到最后,他竟然毫不犹豫地威胁公爵说,如果他的要求得不到批准,他可就撒手不干了。尼科洛这样傲慢狂妄,带有侮辱性的行径,把公爵惹火了;经过进一步考虑,他决定宁愿使这次远征完全失败,也决不答应这位将军的要求。因此,他过去经受的种种危险、敌人对他的一切威胁都未能迫使他办到的事情,现在却由于他的朋友傲慢的行径使他自愿地提了出来:他决定和伯爵妥协。派遣托尔托纳的安托尼奥·圭多·布奥诺到伯爵那里答应把女儿给他、提出和解的条件,伯爵欣然接受,他的有关的同僚也都同意。

条件秘密谈妥后,公爵就派人去命令尼科洛和伯爵签署停战

一年的协定;声称由于经费业已耗尽,他不能为了没有把握的胜利抛弃一定能实现的和平。尼科洛听到公爵作出这样的决定,大吃一惊;他想象不出究竟是什么原因使公爵抛弃夺取光辉胜利的大好时机;他也未曾料到,公爵为了避免报答朋友,竟然愿意挽救敌人。因此,他竭尽全力反对这一决定。公爵为了逼他就范,不得不威胁他说,如果他不服从命令,公爵就将抛弃他,听他手下的士兵和敌人对付他。尼科洛屈服了。但他的情绪就像被迫离开祖国和朋友的人那样,抱怨自己命运不好,抱怨老天和公爵使他丧失了他克敌制胜的机会。停战安排妥当之后,伯爵和公爵的女儿比安卡举行了隆重的结婚典礼,公爵把克雷莫纳城赐给女儿作为她的嫁妆。这件事办完之后,于 1441 年 11 月签署和约。威尼斯派往出席的是弗兰切斯科·巴尔巴迪科和帕戈洛·特罗诺;佛罗伦萨派去出席的是阿尼约洛·阿奇阿尤利。曼图亚境内的佩斯基埃拉、阿索拉和洛纳托三处要塞划归威尼斯。

伦巴第境内的战争结束了。但那不勒斯王国内部的纷争仍然接连不断。由于局势无法控制,使得人们把刚刚放下不久的武器又都拿起来了。在上述这些战争进行期间,除了那不勒斯城以外,阿拉贡的阿尔方索已把整个王国从雷内手中夺了过来。他认为已胜利在握,因而决定在围困那不勒斯的同时,从伯爵手中夺取本内文托和他统治下的临近地区;他认为伯爵忙于伦巴第境内的战争,这事会很容易办到。阿尔方索听到和约签字的消息之后,担心伯爵不但会回来收复失地,而且还可能支持雷内;由于同样原因,雷内本人也希望得到他的援助。果然,雷内派代表到伯爵处乞求他援救他这位朋友、也为他自己向敌人报仇。另一方面,阿尔方索请求菲利波看在他们的交情上，给伯爵找一些别的事情干，使他忙于较大的战争，腾不出手来干涉他们这里的纠纷。

菲利波答应他的要求，他似乎并未体会到这样做是违背了刚刚签署的和约，从而给自己招来极大不利。于是他就向教皇尤金尼斯表示，目前正是收复被伯爵夺占的教会领地的大好时机；并说，为了使教皇有可能利用这个时机，他愿意命令尼科洛·皮奇尼诺到他手下服役，并愿负担他作战用的费用。尼科洛在签署伦巴第和约后，带着他的部队留在罗马尼阿。尤金尼斯出于对伯爵的仇恨和收复失地的渴望，就热切地接受了公爵的建议。虽然上次他曾受过尼科洛的骗，但这次既然有公爵干预，如再怀疑是骗局也不合适，觉得有把握。于是就让他的军队和尼科洛的军队会合，攻打马尔凯区。伯爵受到突如其来的攻击，十分震惊，立即集合军队前往迎敌。就在这时，国王阿尔方索占领了那不勒斯，于是整个王国，除了卡斯泰尔奴奥瓦一地外，已全部落入他手中。雷内留下一支很强的军队守卫卡斯泰尔奴奥瓦，自己出发来到佛罗伦萨，受到极其隆重的接待。在这里停留几天之后，看到自己已无力把战争进行下去，就撤回马赛去了。

这时，阿尔方索又夺取了卡斯泰尔奴奥瓦。伯爵发现自己的领地下马尔凯区受到教皇和尼科洛两支军队的攻击，就请求佛罗伦萨和威尼斯给以人力财力的援助；对他们说，假如在他还活着的时候，他们不下定决心制止教皇和国王的势力壮大；不久之后，他们两国将来必然发现自己的生存受到威胁，因为教皇和国王必将和菲利波联合起来瓜分全意大利。佛罗伦萨人和威尼斯人犹疑了一段时间，他们都在考虑招致教皇和国王仇恨是否得策；另外也是因为他们当时都忙于波洛尼亚境内的事务。安尼巴莱·本蒂沃利奥已把弗兰切斯科·皮奇尼诺从波洛尼亚赶出,他为了防备支持弗兰切斯科的公爵,曾要求威尼斯和佛罗伦萨前来支援。两城邦由于忙于这些事情,不能决定再去支援伯爵。但当安尼巴莱已经赶跑弗兰切斯科·皮奇尼诺,这些事情看来已告一段落之后,威尼斯和佛罗伦萨才决定支援伯爵。不过,为了使公爵放心,他们又提出和公爵恢复旧盟,公爵也未反对;这是因为,虽然他同意当雷内还有武装部队时,应当向伯爵开战,但现在雷内既然已被征服,丧失了整个王国,他就不再愿意使伯爵的领地被夺取了。于是,他不但同意给他援助,而且还写信给阿尔方索,请他最好撤回他自己的王国,停止和伯爵打仗。阿尔方索虽然很不愿意,但因为承认对公爵还负有义务,决定还是要满足他的要求,于是就带着自己的军队撤到特隆托河对岸去了。

第　二　章

佛罗伦萨内部不和——内里·迪·吉诺·卡波尼遭到猜忌——巴尔达乔·德·安吉阿里被刺杀——政府进行对美第奇家族有利的改组——斯福查和皮奇尼诺的进军——尼科洛·皮奇尼诺去世——战争结束——波洛尼亚的骚乱——安尼巴莱·本蒂沃利奥被巴蒂斯塔·坎内斯基杀害,后者又被平民处死——桑蒂被认为是埃尔科莱·本蒂沃利奥的儿子,他被邀请去波洛尼亚统治该城——科斯莫·德·美第奇对他说的话——米兰公爵背信弃义,密谋反对斯福查——战火遍及意大利——米兰公爵的败绩——公爵向伯爵求救，双方和解——公爵和威尼斯答应给伯爵许多好处——威尼斯人想偷偷从伯爵手中夺取克雷莫纳。

当罗马尼阿发生这些事情之际，佛罗伦萨城内并不平静。在政府中名望最高的公民当中，内里·迪·吉诺·卡波尼的势力比其他人的势力更使科斯莫·德·美第奇不放心，因为内里除了在城邦事务中享有大权之外，在军队里还有势力。他常常担任佛罗伦萨军队的指挥官，他的英勇和才干很受军队官兵的爱戴；而许多人记得他和他父亲都曾打过许多胜仗（他父亲曾攻占比萨，他本人曾在安吉阿里打败尼科洛·皮奇尼诺），就更敬爱他；那些不愿意和政府官员打交道的人们对他也是敬畏的。在佛罗伦萨军队指挥官当中，有一位名叫巴尔达乔·德·安吉阿里的，是一位卓越的军人，在当时的意大利，不论就武艺和智谋而论还没有一个人超过他。他一直担任步兵指挥官，在步兵中很有势力，许多人认为：不论他把他们领到哪里，他们就打到哪里。巴尔达乔是内里的密友，内里常常亲眼看到他施展才干，因而对他十分赏识。这在其他公民当中引起极大猜疑，认为无论保留他的军职还是把他辞退同样都很危险，于是就决定把他干掉。而命运似乎也支持他们这个计谋。巴尔托洛梅奥·奥尔兰迪尼这时担任正义旗手。这个人就是曾经被派去把守马拉迪关口的那位；上文曾谈到，那个关口本是坚不可摧的天险，但当尼科洛·皮奇尼诺进入托斯卡纳时，他却极其卑怯地弃关逃命。巴尔达乔对这件罪恶昭彰的贪生怕死事件极为反感；他在许多场合，无论在口头上还是书面上总把这桩丢脸的事

弄得尽人皆知。巴尔托洛梅奥恼羞成怒，不顾一切，定要报仇，他企图用杀人灭口的办法抹掉自己品质上的污秽。

别的一些公民知道巴尔托洛梅奥有这种心情，很轻易地说服他杀死巴尔达乔，一方面可以为自己报仇，同时也使国家摆脱了这个人，留着这个人国家就要冒极大危险；解除他的职务也会引起很大混乱。巴尔托洛梅奥下定决心杀害巴尔达乔。他在宫中自己的房间里埋伏了几名手持凶器的青年；巴尔达乔按日常惯例到宫中和官员商谈军务；这天他一到宫前广场，正义旗手就派人去请他，他毫不怀疑地服从了，在通往执政团办公处的走廊里正义旗手迎上他，共同谈论他的公事，当走近隐藏刺客的那个房间的门口时，巴尔托洛梅奥就向他们发出信号，刺客立即从室内冲出，发现巴尔达乔只身一人、又未带武器，就把他砍死，把尸体从面对海关的那个窗户扔出去，从窗外又抬到广场上，把头割下，暴尸一日，给群众观看。巴尔达乔是结过婚的人，只有一个男孩子，在他本人死后不久孩子也死了；他的妻子安娜莱娜就这样丧失了丈夫和儿子，她多次拒绝改嫁，把自己的家改成修道院，过着退隐的生活；后来又有许多高贵的妇女进这修道院。她过着神圣的隐居生活直至寿终。由她建立并以她的名字命名的这个修道院保留着她一生的事迹，传颂后世。

这个事件削弱了内里的权力，使他失去了势力和朋友。但掌握政府的公民并不感到满足，因为他们掌权已达十年之久，“巴利阿”的权限也早已满期，许多人不论在言论和行动上都有大胆的表现；看来这对他们的安全不利。这一派的领袖们判断，如果打算保持势力，必须采取一些措施来增强它。为了达到这个目的，各委员会于1444年又推举出新的一届“巴利阿”，由它改组政府，授权少数人组成执政团，重建监察院，罢免该院前届主席菲利波·佩鲁齐，委派另一位对他们这一派唯命是从的人接替。还延长被放逐者的放逐期限；把乔万尼·迪·西莫内·韦斯普奇逮捕入狱；剥夺新候选人名单中所有敌对党派人物担任政府高位的权利，和这些人一起被剥夺的还有皮埃罗·巴龙切利的儿子们，塞拉利家族全体成员，巴尔托洛梅奥·福尔蒂尼，弗兰切斯科·卡斯泰拉尼以及其他许多人。他们用这个办法加强了自己一派的权势，贬斥了敌人或被怀疑可能与他们为敌的人们。

他们这样加强并巩固了自己的统治之后，随即把注意力转到对外事务方面。如前所述，尼科洛·皮奇尼诺已被国王阿尔方索抛弃；伯爵则在佛罗伦萨人的支援下扩大了军队，在费尔莫附近向尼科洛发动进攻并把他击溃；尼科洛几乎丧失了全部兵力，后来就逃到蒙泰基奥去了。他在这个地方加强防御，不久之后就又收罗大批人马，竟然能够向伯爵进攻，特别是在应让军队撤入冬令营房的时节。他在冬季大力招募集结军队，在这方面还得到教皇和阿尔方索的支持。因此，春天到来时，两位将领又都上了战场。这时尼科洛的兵力更强，把伯爵竟然逼至绝境。要不是公爵设法挫败他的计划，他早已把伯爵征服了。公爵派人请尼科洛火速前去见他，说要亲自见他一面，以便把极关重要的大事亲口讲给他听。尼科洛急欲听听究竟是什么大事，于是为了追求毫无把握的好处，竟然放弃唾手可得的胜利。他把军队交给儿子弗兰切斯科统率，急急忙忙到米兰去了。伯爵了解到这一情况后，立即抓住这个机会，趁尼科洛不在时发动攻势，在蒙泰洛罗要塞附近交锋后，就把尼科

洛的部队击溃，并俘虏了他的儿子。尼科洛到达米兰后，发现原来是受了公爵的骗，又听说自己的军队已被打垮，儿子被俘，于1445年悲愤而死，终年六十四岁。他是一位勇敢但却不交好运的将领。他留下两个儿子：弗兰切斯科和亚科波，这两个儿子论才干不如他们的父亲，而命运则更不幸；因此，他们这个家族的武装力量后来几乎全部被消灭了。而斯福查则不然，他比较幸运，荣耀日增。教皇看到尼科洛的部队已溃败，他本人也已死去，又难望从阿拉贡国王处得到援助，于是就向伯爵求和；由于佛罗伦萨人从中调解，媾和成功。在整个马尔凯区，教皇只保留奥西莫、法布里阿诺和雷卡纳蒂数地，其余全部由伯爵继续占有。

马尔凯区既已恢复和平，全意大利本来也应当安定下来了，谁知这时波洛尼亚又出了事。波洛尼亚有两个势力强大的家族：坎内斯基和本蒂沃利。前者的首领是巴蒂斯塔，后者的首领是安尼巴莱。这两大家族为了巩固相互间的信任曾一再联姻。但在具有同样野心追求各自目标的人们之间，搞姻亲关系虽无困难，建立友谊却并非容易。波洛尼亚人在赶走弗兰切斯科·皮奇尼诺之后，曾靠安尼巴莱的势力，和威尼斯、佛罗伦萨结盟；在巴蒂斯塔这方面，由于他了解公爵切望取得波洛尼亚的支持，就提出刺死安尼巴莱、使波洛尼亚受公爵控制的建议。双方商妥后，巴蒂斯塔即于1445年6月25日带领手下人袭击安尼巴莱，把他杀死，随后就喊着“公爵！公爵！”的口号，从城内驰过。当时威尼斯和佛罗伦萨的军事委员都在波洛尼亚，他们开始时躲在自己屋里；但后来发现人民不但不支持杀人凶手，反而拿起武器成群结队在广场集合悼念安尼巴莱之死，于是这些军事委员就出去参加他们的活动，把他们能召集的武装部队召集起来，攻打坎内斯基家族。不久就把他们打败，杀死了一部分，把剩下的都赶出城去。巴蒂斯塔未能逃脱，但也未被敌人捕获；他躲在家宅里一个作谷仓用的地窖里。本蒂沃利家族那一派的人找了他一整天也未发现，但知道他并未逃出城去，于是就极力恫吓他的仆人，后来一个马夫透露了他隐藏的地点，从而把他从地窖里拖出来杀了（当时他还是全身披挂），拖着他的尸体游街，最后予以焚毁。由此看来，公爵的权威虽足以怂恿冒险，但因兵力不在手边，无法支援。

巴蒂斯塔之死和坎内斯基家族其他成员逃亡后，暴乱平息；但波洛尼亚全城仍极混乱。因为，本蒂沃利家族没有一位已成年可以掌权的人。安尼巴莱只留下一个儿子，名叫乔万尼，才六岁；人们担心本蒂沃利家族内部可能出现纷争，这样很可能招致坎内斯基家族卷土重来、使城邦和他们这一派同归于尽。正当人心惶惶之际，曾经一度当过波庇伯爵的弗兰切斯科这时正在波洛尼亚，他对城邦掌权的人们说：如果他们打算找一位有安尼巴莱家族血统的人掌握大权，他知道有这样一个人。他接着叙述：大约二十年前，安尼巴莱的堂弟埃尔科莱曾在波庇，结识了城堡里的一位姑娘，她为他生了一个儿子，名叫桑蒂。埃尔科莱曾在许多场合承认桑蒂是他儿子；而且他也没法不承认，因为凡是认识他的人一看见这个孩子，就看出他的相貌和埃尔科莱一模一样。波洛尼亚人相信了他说的这个故事，立即派人到佛罗伦萨去看这位青年，打算争取科斯莫和内里允准，把他带回波洛尼亚。被认为是桑蒂的父亲的那个人早已死了，桑蒂由他舅舅安托尼奥·达·卡斯切塞收养着。安托尼奥相当富有，膝下无儿，是内里的朋友。内里知道这件

事之后，认为既不应当置之不理，也不应当仓促应允；认为最好叫桑蒂和波洛尼亚派来的那些人当着科斯莫的面进行协商。于是就介绍见了面；波洛尼亚来的人对桑蒂不但尊敬、而且很崇拜；可见他们受宗派情绪影响之大。不过，当场并未作出决定；科斯莫只是把桑蒂叫到一边，对他说了如下几句话：

"关于这个问题，任何人的劝告都不如你自己拿主意好；因为你必须选定你内心愿意走的道路。假如你是埃尔科莱．本蒂沃利的儿子，你自然就愿意从事适合于你们那个家族、也无愧于你的父亲的事业；但如果你是安托尼奥·达·卡斯切塞的儿子，你就会留在佛罗伦萨，在毛纺行业的某一部门度过你卑贱的一生。"

这些话对这位青年影响极大。虽然他开始时几乎想拒绝走上这样一条道路，但后来却说他完全听从科斯莫和内里的决定。他们二人同意波洛尼亚人的请求，并为桑蒂准备了适合身份的服装、马匹和仆从。几天之内，他就在大队人马护送下到达波洛尼亚。波洛尼亚人把安尼巴莱的儿子和全城邦的监护重任都交到他手中。他办事极其明智审慎；虽然他的先辈都是被敌人杀死的，但他本人却一辈子过太平日子，死时也受到众人尊敬。

尼科洛·皮奇尼诺去世、马尔凯区和平恢复之后，菲利波打算为他的部队物色一位指挥官，私下和弗兰切斯科伯爵手下一位主将恰尔佩洛内商议；作好安排之后，恰尔佩洛内就要求伯爵准许他去米兰接收菲利波在上几次战争中曾答应给他的一些要塞。伯爵疑心他们正在搞什么鬼；为了防止公爵牺牲他的利益成全自己，就把恰尔佩洛内抓起来；不久之后，就声称查出恰尔佩洛内搞阴谋反对他本人，予以处决。菲利波因此极其恼火。这件事佛罗伦萨人和威尼斯人看了却很高兴，因为他们最担心的就是公爵和伯爵和好。

公爵的愤怒使马尔凯区战火重燃。里米尼君主吉斯蒙多·马拉泰斯塔是伯爵的女婿，想得到佩扎罗；但伯爵在夺占这个城市之后却把它赐给他的弟弟阿莱桑德罗了。吉斯蒙多因为这件事本来就已十分气愤，后来又发现他的敌人费德里戈·迪·蒙泰费尔特罗在伯爵援助下占领了乌尔比诺，这就更使他发火。于是他就和公爵联合，劝说教皇和国王向伯爵开战。伯爵为了叫吉斯蒙多尝尝他如此渴望一尝的战争味道，决定先发制人，立即向他进攻。于是罗马尼阿和马尔凯区又陷入十分混乱的状况，因为教皇、国王和菲利波派来强大的军队支援吉斯蒙多；佛罗伦萨和威尼斯则供给伯爵金钱，尽管未以人力支援。菲利波在罗马尼阿点燃战火仍嫌不足，还想从伯爵手中夺取克雷莫纳和蓬特雷莫利；但后者正由佛罗伦萨人防守，前者也有威尼斯人保卫；因此，战火又在伦巴第境内重燃。在克雷莫纳地区打了几仗之后，公爵的指挥官弗兰切斯科·皮奇尼诺在卡萨莱被米凯莱托和威尼斯军队击溃。这一胜利使威尼斯人有希望夺取公爵各处领地；他们派一位军事委员到克雷莫纳，攻打吉阿拉达达地区，除克雷马外，将该地区全部占领；然后渡过阿达河，席卷直到米兰的大片地区。针对这一情况，公爵求援于阿尔方索，向他指明：如果伦巴第落入威尼斯人之手，他的王国也将受到威胁。阿尔方索答应派兵前往援助，但也说明，如果伯爵不许他通过，军队行动必将十分困难。

菲利波已被逼至绝境，于是求助于弗兰切斯科伯爵，乞求他不要抛弃他这个岳父，他老了，又瞎了眼。伯爵因为公爵向他发动战

争而感到生气。但他又忌妒威尼斯月益强大;而且由于盟国对他的供应不足,他已开始感到缺钱。而佛罗伦萨则由于不必再担心公爵,也不再需要他这位伯爵了;威尼斯人则希望他毁灭,因为在他们看来,如果别人不是借助于他,是不可能从他们手中把伦巴第夺走的。但是,正当菲利波设法要争取他过去,答应叫他统率自己军队,条件是他把马尔凯区交还教皇并退出威尼斯同盟的时候,威尼斯共和国也派大使来见他,对他说:只要他把马尔凯区的战事继续向前推进并防止阿尔方索派兵进入伦巴第,当威尼斯拿下米兰后就把该城给他,还答应他永远当他们武装部队的指挥官。威尼斯提出的这些许诺极大,而且,他们开始打仗时也是为了支援他,使他不致丢掉克雷莫纳,因而威尼斯人向他提出的要求也不小。而他对受到公爵的伤害仍然记忆犹新,从而使得公爵的许诺失去作用。尽管如此,伯爵仍然犹疑不决。因为一方面,他必须考虑对盟国承担的义务,他曾发誓效忠盟友,他们最近又曾帮了他的忙,还有他对自己未来的希望,这一切都至关重要;但另一方面又要考虑到他的岳丈的恳求;而且,最重要的是,他担心威尼斯人那些表面上极为美好的许诺,骨子里可能包藏祸心;他毫不怀疑:假如威尼斯打胜,关于米兰和其他一切许诺都只能完全听凭威尼斯人支配;一个审慎的人,只要能摆脱这种局面,就决不应当陷进去。在他下决心的过程中遇到的这些疑难,后来由于威尼斯人野心暴露才排除掉了;威尼斯人和城内秘密联系,发现有夺占克雷莫纳的机会,借口办别的事情,把军队开到城郊。这件事被为伯爵掌管该城军务的人发觉并采取措施防止了威尼斯人的计划得逞。因此,威尼斯人不但未取得克雷莫纳,而且把伯爵的友谊也丢掉了。伯爵

这时才抛开所有其他考虑，一心和公爵联合起来。

第　三　章

米兰公爵菲利波·维斯康蒂去世——米兰人请斯福查当他们的军队指挥官——米兰成为共和国——教皇竭力要恢复意大利全境的和平——威尼斯人反对这个想法——阿尔方索攻打佛罗伦萨——皮奥姆比诺附近一带变成主要战场——佛罗伦萨兵营供应不足——那不勒斯军队和佛罗伦萨军队中发生纷乱情况——阿尔方索乞和并被迫撤退——帕维亚向伯爵投降——米兰人不悦——伯爵围攻卡拉瓦焦——威尼斯人力图解救——他们在卡拉瓦焦城外被伯爵击溃。

教皇尤金尼斯去世后，由尼古拉五世继位。伯爵命令全军集结在科蒂尼约拉，准备开入伦巴第境内。这时突然传来公爵菲利波逝世的消息，他死于1447年8月最后的一天。这件事使伯爵极为苦恼：他担心自己的军队可能由于欠饷而没有作好作战准备；又害怕威尼斯人，因为他不久前曾抛弃他们、倒向公爵这边，使威尼斯武装部队成了他的敌人；他还提防着他的宿敌阿尔方索；在教皇和佛罗伦萨那里，他也不存在任何指望，因为后者是威尼斯的盟友，前者又曾遭受他本人攻占领地。尽管如此，他还是决定勇敢承受命运安排，随机应变；因为在进行某种事情的过程中，好办法往往随时出现；无所事事则绝无可能。他感到大有希望，因为假如米兰人要抵制威尼斯人的野心，他们除了求助于他本人之外，不可能有任何其他力量可供利用。于是,他就满怀信心地率领军队进入波洛尼亚领土,从那里又进抵莫德纳和勒佐,把军队暂驻在伦扎河上,派人到米兰提出他愿为他们效劳。公爵死后,米兰人当中有一部分倾向于成立共和国;另一部分人主张推举一位君主,在这批人当中,有的赞成要伯爵,有的要阿尔方索。但是,大多数人主张自由,他们占了压倒优势,于是组成一个共和国。原属公国的许多城市拒绝归顺,因为它们也都愿意享有自己的自由独立;即使那些并无此种想法的人也不愿服从米兰的统治。洛迪和皮亚琴察投靠威尼斯,帕维亚和帕尔马宣布独立。伯爵了解到这些混乱情况之后,就进抵克雷莫纳;他的代表和米兰的使节已谈妥请他担任这个新成立的共和国武装部队统帅,给他的酬金和公爵去世时给他的一样;此外他们还让他占有布雷西亚;等到收复维罗纳之后,他就可以占有维罗纳,把布雷西亚交还米兰。

公爵逝世以前,教皇尼古拉就位之后,曾设法在意大利诸王公之间恢复和平。为了达到这个目的,他和前来祝贺他就位的佛罗伦萨使节联合商定在费拉拉召开会议,设法安排长期停战或建立和平秩序。于是,由教皇代表以及威尼斯、米兰公国和佛罗伦萨等国的代表参加的一次会议就在费拉拉开幕。国王阿尔方索未派代表出席,他当时正带着大批骑兵和步兵驻扎蒂沃利,支持公爵;他们二人已商妥:既然伯爵已被争取过来,就要向佛罗伦萨和威尼斯发动公开进攻;在伯爵到达伦巴第以前,派人去费拉拉出席会议签署和平条约。国王虽未出席这次会议,但他已答应不论公爵作出任何决定,他都同意。会议进行了几天时间,经过许多争论之后,决议或者停战五年,或者建立长期和平,不论哪一项协议,公爵都应同意。公爵的使节回到米兰去向他请示时,发现他已去世。尽管如此,米兰人还是同意按会议决议办事。但威尼斯人却拒绝同意;他们抱有极大希望,认为自己可以成为伦巴第的主人,特别是因为公爵刚死,洛迪和皮亚琴察就归顺了他们;他们相信不论用武力或订条约的办法,都可以使米兰丧失权力,然后再进一步向它施加压力,迫使它在任何外援来到之前就向威尼斯投降;他们由于看到佛罗伦萨正在和国王阿尔方索打仗,对这事就更增强了信心。

国王这时正在蒂沃利,企图实现他和菲利波公爵早已商定了的攻占托斯卡纳的计划。他断定,当时已在伦巴第境内开始的战争会给他以时间和机会;他还打算在战争公开打响以前就能在佛罗伦萨境内得到一个立足点,于是就和地处上阿尔诺河谷中的琴尼纳城堡秘密勾结,占领了城堡。佛罗伦萨人获悉这一意外事件,十分震惊;他们看到国王已开始行动,而且要竭尽全力损害佛罗伦萨,于是他们就雇用军队,成立指挥战争的十人委员会,和往常一样进行备战。国王已进入锡耶纳境内,正全力逼迫该城投降。但锡耶纳居民坚决和佛罗伦萨友好,拒绝接纳国王入城内或所辖领土的任何部分之内。他们借口敌人力量强大,他们无力抵抗,因而只为他提供粮秣。国王发现他不能像原先打算的那样从阿尔诺河谷进兵,因为一则琴尼纳已被敌方夺回,再则佛罗伦萨人也已作好一定程度的自卫准备,于是就转向沃尔泰拉挺进,在那一带地方占领许多要塞。从那里又向比萨进军。在盖拉尔德斯卡家族的法齐奥和阿里戈·德·孔蒂的支援下,占领了一些城堡;然后又从这些城堡出兵,进攻坎皮利阿;但因为这个地方有佛罗伦萨军队防守,而且也已到了严冬季节,所以未能攻下。因此,国王在他已占领的

那些地方都留下一些驻军骚扰附近地区,自己带领其余的军队退回锡耶纳境内的营房里。佛罗伦萨人靠了冬季帮忙,尽最大努力招兵买马,得到乌尔比诺君主费德里戈和吉斯蒙多·马拉泰斯塔·达·里米尼任指挥官。这两个人原来虽互相仇视,但由于军事委员内里·迪·吉诺和贝尔纳尔德托·德·美第奇二人明智的领导,保持了团结,因而在天气仍极寒冷时,就都把营房拆掉、率领军队上战场;不但收复比萨境内各处失地,而且还收复沃尔泰拉附近的波梅朗切,从而阻住起初曾席卷马雷马整个地区的阿尔方索部队,使他留下军队驻守的那些地方几乎也都未能保住。

春回大地之后,军事委员们下令全军驻扎在斯佩达莱托,当时的总兵力是五千骑兵和两千步兵。国王率领一支一万五千人的军队进抵距坎皮利阿不到三英里处,但正当人们估计他要攻打该城时,他却朝皮奥姆比诺猛扑过去,因为那个城市防备较差,他打算轻易夺取、从而获得一个军事要地,而佛罗伦萨丢掉这个地方必将感到很严重,因为国王可以利用这个地方对佛罗伦萨进行长期消耗战,把他们拖垮,而他自己则可以从海上得到给养,并袭扰比萨全境。因此,佛罗伦萨人对他这次进攻十分震惊,他们研究采取何种上策对付,结论是如果他们能把军队留在坎皮利阿森林中,国王必将被迫在打败仗后逃走或不体面地溜掉。按照这个意见,他们在里窝那装备了四只大船,在把三百名步兵成功地运进皮奥姆比诺之后,随即在卡尔达内摆好阵势,这个地方易守难攻,他们认为如在平原上的树丛里扎营则很危险。

佛罗伦萨军队依靠从附近地区取得补给,而这些地方人烟稀少、且贫穷,供应他们很困难。结果军队受苦了;特别感到缺乏的是酒，因为附近这一带一点儿酒都不酿造，又无法从较远处购买，因而不可能得到足量的供应。而国王的军队虽然被佛罗伦萨部队紧紧围困，但除了草料之外，其他供应都很充足；因为其他一切都是从海上得到补给。佛罗伦萨人也打算用同样的办法取得供应，就在那四只大船上装满给养物资；但当这些船开近时，却受到国王七艘大船的攻击，两只被截获，剩下的两只被赶跑了。这一不幸使佛罗伦萨军队在取得供应的问题上感到绝望；因此，粮草征发队里有二百人，主要是因为缺酒，竟然投奔国王那边去了。其余的部队也在抱怨，说没有酒就活不下去，因为这个地方的水不好、天气又燥热非常。于是军事委员就决定撤离这块地方，设法夺回现在仍在敌人手中的那些城堡。在敌人那方面，虽然供应并不缺乏，而且人数又大占优势，但仍然感到这次征战是个失败；因为当时在他们部队中正流行着沼泽地区热天常有的疾病，致使部队受到很大损失，情况严重到每天都有许多人死亡，几乎全军都已受传染。这个情况促成双方和平谈判。国王要求得到五万弗洛林并占有皮奥姆比诺。当条件正在谈判时，佛罗伦萨许多公民声言继续打仗耗费太大，这样打下去并无希望争得有利的结局，因而希望取得和平，愿意接受国王提出的这些条件。

但是，内里·卡波尼回到佛罗伦萨之后，把这个问题作了正确的分析，大家这才一致决议拒绝接受国王的条件，把皮奥姆比诺的君主置于自己的保护之下，和他订立攻守同盟，条件是他不能背弃佛罗伦萨，要一如既往那样协助他们防守。国王得悉他们这个决议之后，看到用他那已缩减的兵力已不可能夺取这座城市，只好撤退，就像完全被打垮了的军队那样，一路丢下两千具尸体。国王带着剩下的生了病的军队退到锡耶纳境内,然后又从那里撤回自己国土。一路对佛罗伦萨十分恼火,威胁说来年春天一定和他们再打一仗。

正当托斯卡纳境内发生这些事情时,斯福查伯爵已当了米兰部队的指挥官。他竭力争取也在米兰部队中服役的弗兰切斯科·皮奇尼诺的友谊,以便使他支持自己的事业,或者少跟他过不去。伯爵随即率领部队开上战场。帕维亚市民了解到这个情况之后,深知自己无法抵抗他,但又不愿意服从米兰人,于是就提出接受他的统治,条件是他不把他们交到米兰人手中。伯爵很愿意占有帕维亚,而且认为这个情况正是一个吉兆,因为这样就会使他的计谋蒙上一层色彩。他从未因惧怕或羞耻而不搞阴谋诡计;因为他认为:对伟大人物说来,失败才是可耻的,用欺诈取得的胜利则很光彩。但他还是担心他占领这个城市可能招致米兰人仇视,甚至有可能促使他们投靠到威尼斯势力之下。假如他拒绝接受帕维亚的建议,又担心萨沃伊公爵会取得帕维亚,因为许多公民有意臣服于他。而不论哪种方案都将使他丧失伦巴第的主权。

他考虑的结果是:自己占有帕维亚总比使它落到别人手里危险要小些;于是就决定接受该城人民的建议。他相信自己有办法使米兰人满意;他向他们指出:如果他不同意帕维亚人的意见,他们必将投降威尼斯或萨沃伊公爵,从而给米兰招来危险;帕维亚不论投降哪一方,米兰总归要失掉它,与其让与米兰为敌的任何一国或敌人占有帕维亚,不如让他本人占有,作为他们的朋友和他们为近邻岂不更好。这个问题使米兰人极感为难,他们猜想已经发现伯爵的野心和他所要达到的目的,但又认为还是把自己的担心隐藏起来为好。因为万一伯爵扔下他们不管，他们就不知道除了威尼斯之外，还能向谁求救，而威尼斯人的骄横和暴虐当然是十分可怕的。于是他们就决定不和伯爵决裂，而是要在他的帮助下除掉正在威胁他们的那些祸害，希望在除掉这些祸害之后再解决从伯爵手下解救自己的问题；因为当时他们不只受到威尼斯的攻击，而且还受到热那亚人和萨沃伊公爵的进攻，后者是以菲利波的一个妹妹的儿子奥尔良的查尔斯的名义前来进攻的，但伯爵轻易地就把他打败了。于是就只剩下威尼斯一个敌人。威尼斯有一支强大的武装部队，决心要占领他们的土地。他们已经占领洛迪和皮亚琴察。伯爵在皮亚琴察城外扎营，在长时期的围困之后将该城占领并洗劫一空。冬季到来时，他让军队进入营房，然后又退回克雷莫纳休养生息，和妻子一起度过寒冬。

春天，威尼斯和米兰的军队再次开上战场。米兰人计划首先收复洛迪，然后再和威尼斯讲和。因为战费很大，而且他们对自己的指挥官的忠诚也有所怀疑。所以他们既急于求得和平休养生息，也要操心防备伯爵。于是他们就决定命令军队前往包围卡拉瓦焦，希望从敌人手中夺得这个要塞之后，洛迪就会投降。虽然伯爵认为渡过阿达河攻打布雷西亚地区为上策，但他还是服从了，在卡拉瓦焦外围扎营围困，并修筑牢固工事；如果敌人企图前来解围，在进攻时必然会受极大损失。威尼斯军队在米凯莱托率领下进抵距伯爵营地不足两箭之地，发生多次小战斗。伯爵继续加紧围困要塞，逼得守城军队陷入绝境。威尼斯部队十分焦急，因为他们知道要塞一旦失守，就会使他们的远征全盘失败。他们的军官们在关于解救这座要塞的善策这个问题上，意见很不一致；但除了直接攻打在战壕中的守敌(尽管这样干有许多障碍)之外,再也没有别的什么办法。威尼斯元老院认为这个要塞的重要性超过一切,虽然他们很胆怯,很怕采取任何冒险行动,但最后还是决定不惜冒任何危险也要把要塞解救出来,决不能使它落入敌人手中。

于是他们就决定不顾一切攻打伯爵。第二天早晨就开始攻打防守最弱的一处。在首次冲锋中,伯爵全军立即陷入十分狼狈状况,这在突然袭击下是往往会发生的。但不久之后,伯爵就使他的部队完全恢复秩序,以致敌人为占领外围工事而发起的许多次冲锋都被打退、被赶跑;后来全部敌军都被击溃,在原有的一万二千名骑兵中,只有一千人逃出米兰士兵的手掌。米兰部队随即夺得所有车辆和军用物资。威尼斯军队从未遭受过这样彻底的惨败。在被掠夺的物品和俘虏当中,有一个人蹲在那里,像是避开人们看他;原来他是威尼斯军事委员之一。这位军事委员在整个战争进行期间,并在这次战斗打响之前,一直都在发表蔑视伯爵的言论,还骂他是“杂种”、“贱种”。这回成了俘虏,才想起自己的过失。他被人带到伯爵面前时,因为怕受处罚,愁眉苦脸、惊恐万状,就像通常那些卑劣的人那样(顺利时往往得意忘形,陷于逆境时则失魂落魄、畏畏缩缩)俯伏在地,哭泣着乞求伯爵饶恕他过去骂他的过失。伯爵拉着他的胳膊把他扶起来,鼓励他尽量往好处想,不要害怕;然后对他说:他不明白像他这样一位慎重小心并受人尊敬的人,怎么会以言语毁谤那些不应受毁谤的人以致犯了错误,至于这位军事委员暗讽关于他本人的话,他确实不了解他父亲斯福查和他母亲玛东娜·露奇亚是怎样搞到一起的;他本人当时既不在场,又无机会对这种事进行干预;因而他既不应当受任何责难也不应

当受什么赞扬。不过,关于他本人的言行,他却知道得很清楚:别人对他的行为无可指责。让威尼斯元老院和这位军事委员注意一下今天发生的事,就可以得到证明。最后劝他今后在谈论他人时要放尊重些,自己的言行则应当更小心谨慎些。

第　四　章

伯爵的胜利——威尼斯人和他达成协议——威尼斯人的看法——米兰人对伯爵的愤慨——他们的使者对他讲的话——伯爵的克制和答复——伯爵和米兰人准备打仗——米兰派往威尼斯的使节——威尼斯和米兰结盟——伯爵欺骗威尼斯和米兰——他求助于佛罗伦萨——佛罗伦萨人在这个问题上意见分歧——内里·迪·吉诺·卡波尼反对支援伯爵——科斯莫·德·美第奇意欲支援——佛罗伦萨派使节到伯爵处。

伯爵在这次获胜之后,就进军布雷西亚地区,在占领整个农村地区后,即在距城不及两英里处扎营。威尼斯人有充分理由相信:下一步必然要轮到布雷西亚城遭受攻击了,于是就尽最大努力加强城防工事;随后又收集起残兵败将,并根据条约规定,向佛罗伦萨求援。这时佛罗伦萨和阿尔方索之间的战争已经结束,就派一千步兵两千骑兵前往支援;威尼斯得到援军后,即取得谈判和平的地位。有一段时间这个共和国的命运似乎是:在战争中丧失的,在和谈中又赢回来;因为在战争中失去的东西往往在和平恢复后能取得双倍的补偿。他们知道米兰人对伯爵的猜忌,又知道伯爵希望不只是当他们部队的统帅、而且还要当他们全城邦的君主。他们可以在这二者(一方是为了实现自己的野心而想和他们谈判,另一方则是出于恐惧)之间挑选一个进行和谈。威尼斯人决定选择伯爵为和谈对手,答应帮助他实现他的计谋。他们相信,米兰人将看出他们是受伯爵的欺骗了,为了报复,他们决不再受伯爵支配,宁愿投靠任何别人势力;而且,他们既然已经无力自卫,又信不过伯爵,别无其他办法,不得不投靠威尼斯,从而落入他们掌中。他们作出这项决议之后,就派人去试探伯爵,发现他很愿意讲和。显然,他很希望把卡拉瓦焦胜利的荣誉和好处全部归于自己,而不归米兰人。于是双方达成协议:威尼斯承担每月付给伯爵一万三千弗洛林,直到他夺占米兰为止;并在战争进行期间,向他提供四千骑兵两千步兵。伯爵答应将在最近的各战役中夺取的威尼斯城镇、俘获的俘虏以及其他一切全部还给威尼斯;他本人则只占有公爵临死时占有的领土。

米兰人了解到这个条约之后,在公民当中引起的悲伤远远超过卡拉瓦焦那次大胜给他们带来的欢乐。城邦的统治者很伤心,老百姓抱怨、妇孺哭泣、齐声怒斥伯爵背信弃义伪善狠毒。虽然他们并不期望以恳求或许愿的办法使他回心转意、放弃他那忘恩负义的计谋;但他们还是派使节到他那里,看看他究竟能用什么颜色的外衣掩盖他那无耻的行径。使节们被引见时,其中一位说了大致如下的一段话:

“希望得到好处的人们常常利用恳求、送礼或威胁等办法使对方产生同情、或因对自己便利或因受到威胁而答应满足他们的要求。但对于冷酷无情、贪得无厌的人或自以为势力强大的人说来，这些说法就都不重要了：企图用恳求软化他们、用厚礼收买他们、用威胁吓唬他们，一概无济于事。因此，我们现在觉察到您的傲慢、残忍和野心，虽然为时已晚，但我们到这里来，并不是要提出什么要求，也不是存任何希望——即使我们曾经存在过这种希望——要得到什么。我们只是来提醒您，您过去曾经接受过米兰人给您的许多好处；并要证明：您对米兰的回报是多么没有良心，忘恩负义；最少在灾难重重的情况下，能告诉您这些灾难是怎样产生的、是谁造成的，从而可以得到一些宽慰。您不会已经忘记菲利波公爵去世时您的处境如何不幸：当时国王和教皇都是您的敌人；那时您已和佛罗伦萨和威尼斯断绝关系，由于他们的义愤、也因为他们不再用得着您了，因而几乎公开宣布成为您的敌人。当时您已因进行反对教会的战争而精疲力竭、众叛亲离、求助无门、囊空如洗，难望保住您自己的领地或荣誉。

“在当时这样的情况下，如果不是由于我们米兰人头脑简单，把您接到我们家乡的话，您早已毁灭了。我们是出于对我们的公爵的怀念和尊敬才这样做的；由于您和公爵联姻并恢复结盟，我们曾相信您对公爵的感情会转到继承了公爵权力的人们身上；我们还相信：假如在公爵已经给过您的好处之外，我们再给您一些好处，那么我们企求和您建立的友谊就将不仅会是很牢固，而且会是难分难舍的；在这种认识的支配下，在您原有的采邑之外，我们又把维罗纳和布雷西亚给了您。此外我们还能给您什么呢？还能答应您什么呢？不只是从我们手里，就算从任何别人手里，您还能够得到或希望得到更多的东西吗？您从我们手里得到的是出乎意外的好处;而我们从您手里得到的回报却是不应得的损害。您那卑鄙的阴谋也并不是一直拖到今天才暴露出来的。您刚刚当上我们军队的统帅,立即接管了帕维亚、据为己有,这是任何常理都难容的;这件事已经清楚表明:和您交好会带来什么样的后果。当时我们忍受了您伤害我们的行为,希望这么巨大的利益能够使您的野心得到满足。唉!那些妄想占有全部的人是不会满足于占有一部分的!那时,您也曾许诺把您随后可能征服的地方交给我们占有:这是因为您深知多次让出去的东西有可能一次全部收回,就像在卡拉瓦焦胜利之后发生的情况那样;那次胜利是用我们的金钱和鲜血换来的,但接踵而至的却是我们的毁灭。啊!那些必须谨防自己的压迫者的城邦是多么不幸!但是,必须信赖像您这样毫无信义可言的雇佣军的城邦则更加悲惨!马其顿的腓力曾充当底比斯军队统帅,在战胜底比斯的敌人之后,就变成它的敌人和君主;既然我们未能从底比斯和马其顿的腓力的事例中吸取教益,但愿我们自己的事例能够教育后代!

“我们自知所犯的唯一错误就是我们过分地相信了不应信赖的人。因为您过去的经历,您那不能平静下来的不安分的性格,早就应当使我们有所警惕了;我们也没有理由信任这样一个人,他曾出卖过卢卡的君主、向佛罗伦萨和威尼斯勒索巨款、公然违抗公爵、蔑视国王;而且,除了这一切之外,他还曾扰害上帝的教会,甚至以数不清的暴行亵渎上帝本身。我们当时就不应当心存幻想,以为这么许多有权有势的君王在弗兰切斯科·斯福查身上产生的影响都不如米兰人在他身上产生的影响大;或认为虽然他曾在许多场合对那些权势人物不讲信义,却会和我们保持纯洁无瑕的信义。但是,我们的不慎既不能使您的不忠得到宽恕;也不能抹掉您的臭名,我们公正的控诉将把您的丑恶品质暴露在全世界面前;当我们的武装部队被利用来毁灭我们自己的时候,我们的不慎也并不能使您的良心不受谴责。您将会看到叛逆行径招来的苦难才是您完全应当得到的报应。而且,虽然野心会蒙住了您的眼睛,但全世界目睹您的罪恶行径,将使您不得不睁开眼看看;假如说发假誓、背信弃义、阴谋诡计触怒了上帝;假如上帝仍像过去那样,一贯是坏人的敌人,那么,他自己就会叫你睁开眼睛看看。因此,请您不要确信您肯定会取得什么胜利,因为全智全能的上帝将以正义的惩罚严惩您;而且我们也已经下定决心:誓死保卫我们的自由;即使我们发现我们终于无法保住自由,那时我们宁愿臣服任何别人也不可能屈服于您。假如因为我们罪孽过于深重,尽管我们已下定最大决心,但仍然要落入您的手里的话,那就请您相信吧:以欺诈和奸恶的手段开始的统治,必将在您自己或您儿子一代以耻辱和流血告终。"

在米兰人义正词严的斥责面前,伯爵虽非无动于衷,但他无论在话语上和态度上都没有显出任何异常的激动。他回答道,"你们轻率地发表长篇演说对我进行严重的指控,我很愿意看成是你们情绪太愤激了。假如有一位能够对我和你们之间的分歧作出公正判断的人物在场,我就可以向你们作出详尽的答复。因为事实很明显,我并未作出什么伤害米兰的事;而只不过是提防你们加害于我。你们很清楚,在卡拉瓦焦的胜利之后你们干了些什么:你们不但没有把维罗纳或布雷西亚作为报酬交给我,反而向威尼斯求和,把争端的罪过全部加在我头上,而你们自己却取得胜利的果实,并把和平的功劳和从战争中可能得到的一切好处都归于己。这就充分表明:当达成了你们最初就想达成的协议的时候,你们无权抱怨指责我;假如我再稍稍迟延一步,我也可以有理由像你们现在斥责我这样斥责你们忘恩负义。至于这种指责的内容真假如何,当战争结束之后,你们曾祈求为你们所受伤害报仇的上帝将会向你们表明,上帝并将证明哪一个是他最好的朋友,哪一个拥有最大的正义。"

使节告辞之后,伯爵决定攻打米兰。米兰人则进行自卫的准备,委任弗兰切斯科和亚科波·皮奇尼诺(他们二人由于布拉乔和斯福查两个家族的世仇,帮助米兰人打仗)统帅他们的军队以争取自由,至少在他们能够使伯爵失掉威尼斯人对他的支援以前要这样做;他们认为威尼斯人不会永远对伯爵友好和忠心的。伯爵这方面也很明白这一点,他认为单凭条约对威尼斯人的约束是不够的,更审慎的办法是:还要用利害把他们拴住;因此又和威尼斯人商定分头进行战争:他答应让威尼斯人攻打克雷马;他自己则率领其余部队进兵其他地区。这个安排的好处使威尼斯人很长时间和伯爵联盟,从而使他得以征服米兰全境,并加紧包围米兰城,使城内居民无从得到必需品的供应。他们在绝望之余,派代表前往威尼斯乞求威尼斯人同情他们的不幸处境,应当像两个共和国之间的常有的情况那样,帮助他们保卫自由,反抗暴君;这个暴君一旦变成他们这个城邦的主人,威尼斯对他就再也无法约束了;他们也不要以为他会满足于条约中划定给他的边界,他还想得到米兰所有附属地区。

当时威尼斯人还未占领克雷马,他们打算在改换阵营之前,先

把这件事办成。他们向代表们公开回答说由于和伯爵订有条约，使他们不能保卫米兰人；但私下里却一再向代表们保证要按他们所希望的去办。

伯爵的队伍已逼近米兰城下，正在和居民争夺郊区。这时威尼斯已取下克雷马，认为无须再迟疑，于是就公开宣布支持米兰，和他们订立和约并结成同盟。条件中有一项就是要保证米兰的自由完整无损。协议达成后，他们就下令在伯爵营地的部队撤回威尼斯领土。他们通知伯爵说他们已和米兰签订和约，并给他二十天时间考虑他将怎么办。伯爵并未因为威尼斯采取这一步骤而感到惊讶，因为他早已预料到这样的事情会发生，而且估计每天都可能发生；但当事情真的发生时，他又不禁感到后悔和恼怒，就他他自己抛弃米兰时米兰人所感到的那样。他花了两天时间来考虑如何答复威尼斯派去把与米兰订约事通知他的使节们；在这两天中，他作出决定要欺骗威尼斯人，而并不放弃自己的冒险事业。于是，他表面上接受了和平倡议，派全权大使前往威尼斯认可和约；但暗中却命令他们不要认可，要用种种借口或吹毛求疵的办法拖延时间。为了使威尼斯人更相信他的诚意，他还和米兰人签署了停战一个月的协议，并命令部队撤离米兰，分散到他已占领的那些地方。这个办法使他取得胜利并使米兰被打垮。因为威尼斯人认为和平已有把握，就放松了备战工作；米兰人看到停战协定已经签署、敌人也已撤走，威尼斯又已成为友好国家，就确信伯爵已决定放弃他的计谋。这个想法使他们在两方面受到损害：一方面是疏忽了进行自卫的准备；另一方面是由于已到播种时节，他们在敌人已撤出的农村地区播种了大批粮食，从而使自己陷于饥馑。在伯

爵这方面,一切有害于他的敌人的事当然都对他本人有利,而且时间又给了他喘息和取得援助的机会。

在伦巴第境内的战争进行期间,佛罗伦萨从未宣布支持任何一方,而且在保卫米兰时期或在其后都未曾援助伯爵,因为伯爵从未感到需要并向佛罗伦萨急切求援;他们只是当威尼斯人在卡拉瓦焦溃败之后,曾根据条约规定派兵支援他们。弗兰切斯科伯爵现在孤立无援,不知道该向何处求助,于是就被迫要求佛罗伦萨人迅速支援;他一面公开向城邦求助,一面暗中向朋友们伸手,特别是请求科斯莫·德·美第奇帮忙,因为他和科斯莫之间曾长期保持着坚定的友谊,科斯莫曾经常向他提出诚挚的劝告、进行慷慨支援;这时伯爵已极困难,科斯莫也不抛弃他,而是用自己的钱慷慨相助、鼓励他实现自己的计划。他还希望佛罗伦萨城邦公开支援他,但遇到困难。城邦最有势力的公民之一内里·迪·吉诺·卡波尼认为伯爵如占领米兰对佛罗伦萨不利。他的意见是:伯爵最好签署和约、不再诉诸战争,这样对全意大利的安全有利。首先,他担心的是米兰人可能因为对伯爵很恼恨而完全投靠威尼斯,果然出现这样的情况,就会使所有城邦都毁灭;假如伯爵攻占米兰,在他看来,伯爵既有这么强大的军事优势、再加上如此庞大的领土,对佛罗伦萨本身就是很危险的事;而且在他当伯爵时,已经叫人难以容忍,当了公爵之后必将加倍使人受不了。因此,他考虑对佛罗伦萨和全意大利来说,伯爵最好能满足于他的军事名望;伦巴第则应分为两个共和国,分别治理,这样它就不能合并一起为害别的国家。为了达到这个目的,他认为除了拒绝支援伯爵之外,不会有其他更好的办法;而且要继续保持和威尼斯的联盟。他这些议

论并未使科斯莫的朋友们满意;因为在他们看来,内里之所以这样主张,并不是因为他确信这样做对共和国有利,而是为了防止科斯莫的朋友伯爵升任公爵,担心科斯莫将因此势力太大。

科斯莫在答复中指出,支援伯爵不论对全意大利、对本城邦都大有好处。因为如果认为米兰人能保住他们自己的自由,那是不明智的;因为他们那个社会的性质、他们的生活方式以及他们世代的竞争,使他们不可能组成自己的文官政府;因此,他们只能由伯爵当他们的公爵,或者让威尼斯人当他们的主子;在这两种情况下,究竟是要一个势力强大的朋友还是要一个远为强大的敌人做他们的邻居好呢,谁都不会怀疑哪种情况肯定对佛罗伦萨有利。也不用担心米兰人在和伯爵打仗期间会屈从于威尼斯人,因为伯爵在米兰城内有强大派别支持,而威尼斯人却没有这样的派别;因此,当米兰人无法保卫自己的自由时,他们将更倾向于服从伯爵而不会屈从于威尼斯。

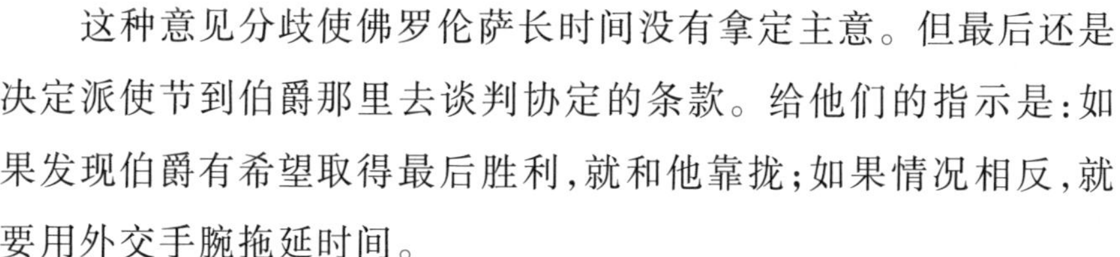

这种意见分歧使佛罗伦萨长时间没有拿定主意。但最后还是决定派使节到伯爵那里去谈判协定的条款。给他们的指示是:如果发现伯爵有希望取得最后胜利,就和他靠拢;如果情况相反,就要用外交手腕拖延时间。

第　五　章

伯爵和米兰人之间进行的战争——米兰人陷于绝境——平民起来反叛政府官员——米兰人向伯爵投降——米兰新公爵和佛罗伦萨结盟;那不勒斯国王和威尼斯结盟——威尼斯

和那不勒斯派使节至佛罗伦萨——科斯莫·德·美第奇给予威尼斯使节的回答——威尼斯人和那不勒斯国王备战——威尼斯在波洛尼亚挑起骚乱——佛罗伦萨备战——皇帝弗里德利希三世在佛罗伦萨——米兰公爵和威尼斯人在伦巴第境内进行的战争——那不勒斯国王之子费兰多进军托斯卡纳攻打佛罗伦萨人。

佛罗伦萨派去见伯爵的使节在抵达勒佐时就听说伯爵已当了米兰的君主。因为,停战协定刚刚期满,他立即率领军队向米兰进逼,企图不顾威尼斯人的反对强行占领,当时威尼斯人除了从阿达河岸前来援救之外别无其他途径,而这条路他又很容易加以阻击,因此,他并不怕威尼斯人前来(因这时又已进入冬季);他确信,在春季到来之前他就会取胜。特别是因为弗兰切斯科·皮奇尼诺已死,只剩下他弟弟亚科波一个人指挥米兰部队。威尼斯曾派使节到米兰使公民们坚定保卫自己的城市的决心,答应他们立即给予强有力的援助。整个冬季,在伯爵和威尼斯军队之间只发生过几次小接触;天气刚一暖和,威尼斯军队立即在潘多尔福·马拉泰斯塔率领下进至阿达河一线;他们在研究为了支援米兰,是否应当冒险和伯爵打一仗。他们的将领潘多尔福深知伯爵的本领和他的军队的勇猛,因而发表意见说冒险打一仗是不适宜的;而且,根据情况也并无必要,因为伯爵的部队眼下粮草极缺,不能在战场上呆多久,很快就得撤走;因此,他主张威尼斯军队就地驻扎下来按兵不动,这样既可以使米兰人感到有希望,又可阻止他们投降伯爵。威尼斯人同意他这一主张,一来是因为这个策略安全可靠,而且也因

为这样可以使米兰处于困境之中，更能逼迫他们早一些接受威尼斯统治；他们感到很有把握：因为米兰人过去受过伯爵多次伤害，他们总不会投降伯爵的。

这时，米兰人已陷于绝境。这个城市本来穷人就很多；这时许多人饿死街头，从而使全城怨声载道，有几处已发生骚乱；政府官员感到惊慌，不得不千方百计禁止群众集会。一般说来，群众下定决心骚乱往往要费很长时间；但是，一旦人们已经下定决心，任何小事都足以激发他们采取行动。一天，有两个穷人正在新城门附近谈论全城的苦难、他们自己的不幸以及为了使自己得救可能采取的方式方法等等；其他的人也开始集拢上来，不久就集合起很大一群人；结果，有人就传说新城门附近的居民已经起来反叛政府了。听到这个消息之后，本来就在等待别人作出榜样的所有的下层居民，立即都拿起武器集合起来，推举加斯帕雷·达·维科梅尔卡托当他们的领袖。然后大伙儿就向政府官员们集聚的地方冲去，向他们猛烈进攻，结果凡是未能逃掉的都被杀死。在被杀死的人们当中有威尼斯使节利奥纳尔多·韦尼埃罗，因为大家都认为他就是造成饥馑的主要原因，他还曾为米兰人的不幸感到高兴。就这样，群众几乎已经成了城邦的主人，他们就考虑下一步应当怎么办才能从四围的战争恐怖中摆脱出来，并取得和平。群众中普遍存在一种想法：认为他们既无能力保住自己的自由，就应当归顺一位能够保卫本城的君主。有人提到阿尔方索国王，又有人提到萨沃伊公爵，还有人提到法兰西国王，但没有一个人提到伯爵，因为群众普遍对他很愤恨。然而，和所有这些意见相反，加斯帕雷·达·维科梅尔卡托却提出伯爵；他详细地作了解释说，假如大家希

望从战争中解脱出来，其他计划都行不通，因为米兰人民要求的是确有把握的、立即可以实现的和平，而不是一个遥远的取得援助的希望。他为伯爵的行为进行辩解；指责威尼斯人和意大利所有的国家，说它们或是出于野心、或是由于贪婪，都反对米兰人获得自由。他说，既然米兰人不得不放弃自己的自由，那最好是服从一位了解他们并能保卫他们的人。这样，虽遭受奴役，却获得了和平，并且不会给他们带来更大的灾难和更危险的战争。群众全神贯注地倾听他的讲话。在他的长篇大论结束后，集合的全体群众一致通过决议：应邀请伯爵入城，派加斯帕雷前往谒见伯爵转达群众的愿望。按照人民的指令，加斯帕雷把使人高兴的好消息带给伯爵，伯爵听了极为满意，于 1450 年 2 月 26 日以君主身份进入米兰，受到极其欢乐的迎接；这些欢迎者不久前还因为对他极端仇视而曾对他进行种种的诽谤。

这件事的消息传到佛罗伦萨时，政府立即传令当时正在途中的派往米兰的使节：他们的使命不再是和伯爵谈判结盟，而是要改为向公爵庆贺胜利。使节依令作了安排，在米兰受到最隆重的接待和最尊敬的礼遇。因为公爵深知，为了对付威尼斯的势力，在意大利只有佛罗伦萨人才是他可能得到的最勇敢最可靠的盟友。佛罗伦萨人这时虽不再担心维斯康蒂家族的势力，却又发现遭到阿拉贡人和威尼斯人的反对。因为那不勒斯的阿拉贡王族君主对佛罗伦萨人经常向法兰西皇族表示友谊存有戒心；而威尼斯人则因看到佛罗伦萨人把对维斯康蒂家族的宿怨转移到他们身上，于是就决定尽可能伤害佛罗伦萨；因为他们知道佛罗伦萨人曾经不断地扰害过伦巴第诸君主。这种种理由使新公爵极乐意和佛罗伦萨联合，也使威尼斯人和阿尔方索国王联合起来反对他们共同的敌人；促使他们同时打起两场仗来：国王和佛罗伦萨打仗、威尼斯和公爵打仗。威尼斯人认为公爵新接管政权，尚无力抵抗他们，即使加上他所能取得的一切外援也是办不到的。

但由于佛罗伦萨和威尼斯之间还保持着联盟关系，而且由于国王在皮奥姆比诺战争之后已和佛罗伦萨签署和约，因而立即公开决裂似乎说不过去，只好等到以后有讲得通的理由证明采取进攻措施有理时再说。由于这些原因，各国都派使节来到佛罗伦萨，他们都代表本国的元首表示，他们和佛罗伦萨订立的盟约并不是为了伤害其他国家，只是为共同防御。然后，威尼斯使节便抱怨说佛罗伦萨曾允许公爵的弟弟阿莱桑德罗带兵进入伦巴第；此外，佛罗伦萨还曾在公爵和曼图亚侯爵订约时予以帮助并出谋划策。使节声称这些行为损害了威尼斯，而且不符合两国政府之间至今仍存在的友好关系；他还和蔼地提醒佛罗伦萨人说：如果一方使另一方受到不应受到的伤害，则另一方将会有正当的理由采取敌对行动；一方破坏一项和约就应当想到会发生战争。佛罗伦萨执政团委派科斯莫·德·美第奇对威尼斯使节所说的话予以答复。科斯莫在一篇既长又精彩的讲话中追述了佛罗伦萨给予威尼斯共和国的许许多多好处；他指出，威尼斯人靠了佛罗伦萨的金钱、武力和谋划的帮助，得以占有如此广阔的领土；他提醒使节说：虽然两国的友好关系是佛罗伦萨促成的，它却也从未做过招致双方互相仇视的事情；因为佛罗伦萨人希望和平相处，如果缔约是为了和平而不是为了战争，他们对缔结条约都十分高兴；他确实对使节刚才说过的某些话感到十分惊讶；因为他看到如此微不足道的小事竟会

触犯了如此伟大的一个共和国；但是，假如这些小事值得引起注意的话，他就必须让所有的人明白，他说，佛罗伦萨人希望他们自己的国家自由并对所有国家开诚布公；而公爵的性格是这样的，他如果需要得到曼图亚侯爵的友谊，是并不需要任何别人支持或劝告的。因此，他担心这些无端指摘的话背后有什么见不得人的动机。尽管如此，佛罗伦萨人仍然愿意向所有的人们明白宣告：和佛罗伦萨交好能够带来多大程度的好处，而和佛罗伦萨交恶却会带来多大程度的危害。

这件事就算这样给压下去了。使节告辞时，显得好像很满意。但威尼斯人和国王之间的联盟使佛罗伦萨人和公爵担心要发生战争，而不可能指望会有长时期持续下去的和平；于是他们两国也结了盟。与此同时，威尼斯和锡耶纳之间又签署条约，并把佛罗伦萨属民全部从他们城市和领地驱逐出境，从而暴露了他们对佛罗伦萨的敌意；不久之后，阿尔方索毫不考虑一年前和佛罗伦萨订立的和约，而且连一点借口也没有，就干了同样的事；威尼斯人企图夺占波洛尼亚，他们把波洛尼亚移民武装起来，还派遣一支相当强大的军队和这些移民合在一起，趁黑夜通过一条普通的阴沟潜入波洛尼亚城内。他们刚一进城，立即高声呼喊；被惊醒的桑蒂·本蒂沃利，听说全城已落入叛乱分子手中。尽管许多人劝他逃走，说即使他留在城里，也已经无法挽救城邦；但他却下定决心对付危险局面，自己拿起武器并鼓励他的部下也拿起武器；聚集了为数不多的朋友之后，就向叛乱者发动进攻，把一部分敌人击溃，杀死的更多，其余的都被赶出城去。由于他这一英勇果敢的行动，人人都认为他已充分证明自己不愧为本蒂沃利家族真正的好后代。

这些事件和实证给了佛罗伦萨人一个战争已迫在眉睫的预兆。于是他们就按过去遇到同样情况时的惯例，成立指挥战争的十人委员会。他们雇用了新的佣兵队长，派出使节前往罗马、那不勒斯、威尼斯、米兰和锡耶纳，请求朋友们支援，刺探可疑人物情况，使动摇的人们下决心，摸清敌人的谋划。从教皇那里，他们只得到一般的友好表示和对和平的规劝；从国王那里，只得到他对驱逐佛罗伦萨籍属民一事的空洞的辩解之词，并答应不论谁申请过境都可安全通过；国王虽曾竭力掩盖他的敌意的种种迹象，使节们还是清楚地感觉到他那不友好的倾向，还看到许多将损害佛罗伦萨的备战活动。佛罗伦萨和公爵的同盟因互相承担义务而得到加强，还通过公爵的关系和热那亚人建立友好关系，过去由于相互采取报复行动而结下的宿怨以及其他一些小争执都得到调停解决。虽然威尼斯人曾千方百计从中作梗，并曾请求君士坦丁堡的皇帝把所有的佛罗伦萨人从帝国领域驱逐出去，但他们并未得逞。威尼斯人带着如此猛烈的仇恨投入这场战争，他们扩张领土的贪欲又如此强烈，以致他们毫不犹豫地要置佛罗伦萨人于死地而后快，尽管佛罗伦萨人曾经促使他们强大起来。

皇帝幸而并未听他们的话。威尼斯元老院禁止佛罗伦萨使节进入他们的领土，借口他们和国王订有条约，未取得国王同意不能接待他们。锡耶纳人用甜言蜜语接待佛罗伦萨使节，深怕在他们的盟国能予以援助之前就被打垮；因而竭尽全力使强国息怒，因为他们无力抵抗大国的进攻。当时有人猜想威尼斯人和国王也曾打算派使节到佛罗伦萨去说明开战的理由，但因佛罗伦萨不准威尼斯使节入境，国王的使节也不愿意单独执行这项任务，从而使这次使命未能完成。威尼斯人由此了解到:尽管他们十分瞧不起佛罗伦萨人,但佛罗伦萨人对他们更不尊重。

在这一片战争恐怖气氛中,皇帝弗里德利希三世前来意大利加冕。他于1451年1月30日在一千五百名骑兵护送下进入佛罗伦萨,受到执政团极其隆重的接待。他在佛罗伦萨一直逗留到2月6日,然后才去罗马加冕。在那里隆重地接受圣职之后,又和皇后举行婚礼(皇后是从水路到达罗马的),然后启程回德意志,于5月间再次路经佛罗伦萨,像他上次到达时一样受到隆重款待。由于他原先曾从曼图亚侯爵手里得到过一些好处,回国途中,就把莫德纳和勒佐两地划归他了。在这期间,佛罗伦萨人并未放松对即将来临的战争进行准备。他们为了壮大自己的声势、恫吓敌人,还和公爵一起与法兰西国王结盟,以便进行共同防御;这一条约在意大利公布时曾大事宣扬。

1452年5月已经到来,威尼斯人认为对公爵的进攻再拖延下去是不利的,遂以一万六千骑兵、六千步兵朝洛迪方向攻入他的领土;同时,蒙特费拉特侯爵在个人野心驱使或是威尼斯人的请求下,也向亚历山大里亚那边发动攻势。公爵集中一万八千骑兵和三千步兵驻守亚历山大里亚、洛迪以及可能受到敌人袭扰的一些其他地点;然后就率部向布雷西亚地区发动进攻,使威尼斯人受到极大骚扰;同时双方都抢劫乡村、蹂躏小城镇。公爵在亚历山大里亚打败蒙特费拉特侯爵之后,就能够集中全部兵力对付威尼斯人并侵入他们的领土。

当伦巴第境内的战争正在这样进行之际——这个战争当然还促使许多其他小事件发生,这些就不值得一一追述了——国王阿尔方索和佛罗伦萨人也在托斯卡纳境内展开战斗；但战果同样不甚显著，既未表现出更高超的智谋，也未招致更大的危险。阿尔方索的私生子费兰多率领一万两千部队进入境内，由乌尔比诺君主费德里戈指挥。他们企图首先攻打基阿纳河谷里的福亚诺要塞；因为他们既已取得锡耶纳的支持，就在这个方向侵入佛罗伦萨领土。这个要塞很小、城墙也很不牢固，其中驻军当然也不会强大；但就当时所有部队的士气来说，这批驻军还算是既忠诚又勇敢的；执政团还另外派二百名步兵前往协助防守。费兰多就在这样防备的要塞外边停顿下来；也许是由于守军英勇，也许是由于他本人无能，竟然用了三十六天才把它拿下来。这段时间使佛罗伦萨能够加强其他更重要的地点的防务，征集兵力，比以前更有效地完成部署。敌军后来进入基阿纳地区，向两个属于公民的私产的小城镇发起攻击，但还是未能攻下。敌人后来又在距锡耶纳不到十英里的基阿蒂边界上的一个名叫卡斯泰利纳的要塞外边扎营围困。这个要塞本来修筑得就不牢固，所处地势更不佳。尽管它有这些弱点，但进攻者却在围困了四十四天之后，还是被迫很不光彩地退走了。当时的佛罗伦萨军队很顽强，这些战争也很危险，今天认为无法防守而被放弃的那些地方，当时竟成了坚不可摧的堡垒。

费兰多在基阿蒂山区驻扎时曾多次进行侵扰，从佛罗伦萨领土上抢走不少财物，他劫掠的地区甚至扩展到距佛罗伦萨城不到六英里的地方，使人民极为惊恐并造成损害。这时佛罗伦萨已派遣多至八千的士兵在阿斯托雷·达·法恩扎和吉斯蒙多·马拉泰斯蒂二人指挥下朝科莱要塞开去，命令这些部队和敌人保持一定距离，免得被迫和敌人对阵。因为他们认为，只要部队没有在对阵战中被打垮，一般说来就不会在战争中被打败；至于那些较小的要塞，虽然打仗时丢掉，缔和时还能收回；较大城镇并无危险，因为敌人也不敢冒险攻打这些大地方。国王还有一支由大约二十艘战船组成的舰队，其中有大战船也有小船，停泊在比萨海面；在围攻卡斯泰利纳时，这支舰队曾停泊在罗卡迪瓦达附近。由于该地长官疏忽，国王占领了该地，然后就在附近地区进行骚扰。不过，当佛罗伦萨派少数士兵到达卡姆皮利阿之后，这种骚扰就被除掉了，他们把敌人困在海滨。

第六章

斯泰法诺·波尔卡里阴谋推翻教皇政府——阴谋家们被发觉并受到惩处——佛罗伦萨收复失地——瓦尔迪巴尼约君主盖拉尔多·加姆巴科尔蒂企图把他的领地转让给那不勒斯国王——安托尼奥·瓜兰迪勇敢反击加姆巴科尔蒂的阴谋——佛罗伦萨人邀请昂儒的雷内来到意大利——雷内返回法国——教皇竭力恢复和平——宣告和平——亚科波·皮奇尼诺攻打锡耶纳。

教皇对这些事并未进一步进行干预，只是竭力使交战各方取得和解。但当他避开了外部的战争时，内部却出现灾难深重的危险。斯泰法诺·波尔卡里是一位罗马公民。他出身高贵、学识渊博，享有盛名；再加以品德高尚，就更超群出众。和所有追求荣誉的人们一样，他也打算尝试或做某些值得人们纪念的业绩；并认为，最好的办法就是把全国人民从高级教士手中解救出来，恢复古代政体。他希望这件事一旦成功，人们将把他看成新罗马的缔造者或第二位国父。各级教士的放荡行径以及罗马贵族和平民的不满情绪，使他受到鼓励，感到自己的事业会有一个好结局。不过，最使他充满信心的却是佩特拉克的诗句。在以“善良的胸怀支配四体”一行开始的一段诗中，佩特拉克写道：

在塔比安山上
有一位骑士——他将受到
全意大利的尊崇和景仰
他将看到赞美舍己为人的诗章

斯泰法诺相信诗人有时赋有神明和预言家的天赋；相信佩特拉克似乎在这几行诗里预言的大事一定会发生，而他本人则正是命里注定要促使这光辉业绩实现的人；因为他觉得自己不论在学识、口才、交游和影响等等方面都在罗马任何公民之上。心中有了这些想法之后，他不够慎重，在言谈举止、生活作风等方面都未能避免使自己的意图流露出来。结果事情被教皇得悉；为了防止出大乱子，教皇就把他放逐到波洛尼亚，并责令该城长官每天传讯他一次。首次受挫后，斯泰法诺并未气馁；相反，他更加热情地要实行他的计划。他利用各种办法，更小心地和他的朋友们取得联系，常常以最快的速度去罗马一趟又回来，以便在规定的时限以内接受传讯。在争取到足够数量的同党之后，他就决定不再拖延、立即起事。和罗马他那些朋友们安排好搞一次晚宴，邀请参与阴谋的人员全部出席；还命令他们到时候每人都把自己最信得过的朋友带去；他本人则定好在宴会开始以前到会。一切都按照他的命令执

行了,斯泰法诺·波尔卡里也按时到达规定地点。夜宴饭菜已摆好,他走了进来,身上穿着金织的服装,脖子上戴着一圈富丽的装饰品,以便在众人面前显得威武庄严、有发号施令的气派。在和同谋者一一拥抱后,他发表长篇演说,激励大家下定决心实现光辉事业。然后就布置应当采取的各项措施:命令一部分人第二天早晨去占领教皇的宫殿,其余的人号召罗马人民武装起义。当天晚上这件事教皇就知道了。有人说这是因为阴谋者中间出了叛徒;又有人说这是因为教皇已知道波尔卡里正在罗马。就这样,就在他们举行宴会的当天晚上,斯泰法诺和大部党羽都被逮捕、后来被判死刑。他的事业就这样结束了。虽然有些人会歌颂他的动机,但他还必定会因不懂事而受到指责;因为像这样的事业,看起来虽说也有些光荣,但几乎总是要身败名裂的。

托斯卡纳境内的战争已经进行大约一年。1453 年春天,各方的军队再次开上战场。公爵的弟弟阿莱桑德罗.斯福查率领骑兵两千前来支援佛罗伦萨。佛罗伦萨人得到这批援军之后,即设法收复失地,未经多大困难就收复一些地方;然后又包围福亚诺。但由于军事委员疏忽大意,城市被洗劫,居民逃散各地,只是在答应豁免他们纳税服役之后,才把他们招引回来,即使这样,还是费了很大气力才办到的。罗卡迪瓦达也已收复;因为敌人发现城市已无法守住,就先放了一把火,然后弃城而去。正当佛罗伦萨军队取得这些战绩时,阿拉贡军队因为不敢接近敌方,就在锡耶纳扎营,多次袭击佛罗伦萨领土。他们到处骚乱抢劫,使居民大为惊恐。国王也并未放弃利用其他手段损害敌方,他通过迂回攻击分散敌军、削弱其战斗力。

盖拉尔多·加姆巴科尔蒂是瓦尔迪巴尼约的君主。他的祖先和他本人一直从佛罗伦萨人手中领取俸禄或受他们的保护。阿尔方索设法引诱他以他的领地和那不勒斯王国境内另一块土地交换。这件事被佛罗伦萨执政团探悉了;为了摸清加姆巴科尔蒂的意图,就派了一位使节到他那里,提醒他说:他的祖先和他本人都接受过佛罗伦萨共和国的恩惠,劝他继续忠于共和国。盖拉尔多假装大吃一惊,向大使庄严发誓,保证他从没有产生过这样的叛逆思想,他很愿意亲自到佛罗伦萨去,保证他说的都是实话,只是因为身体不适,不能亲自前往,他愿把儿子送去当人质。这些保证再加上以儿子作人质的建议,使佛罗伦萨人认为他是受别人诽谤,而那些指控他的人才是既虚弱又诡诈的。可是,盖拉尔多事后却以加倍的热情加紧进行交换地盘的谈判。条件谈妥后,阿尔方索即派遣一位耶路撒冷骑士团的普乔修道士率领大批士兵来到瓦尔迪巴尼约谷地占领要塞和城镇。由于这些地方的居民和佛罗伦萨共和国关系很好,他们很不情愿地屈服了。

除了科尔比诺一个要塞外,普乔修士已经占领几乎整个地区。加姆巴科尔蒂在移交领土时,由一位名叫安托尼奥·瓜兰迪的年轻的比萨人陪同;这位青年异常英勇而雄辩。他对这件事情进行了全面考虑,这个要塞十分牢固、守军又是出名的英勇;他们显然不愿意交出要塞;再加上加姆巴科尔蒂的卑鄙无耻;于是他当即下定决心力阻实现这个阴谋。当盖拉尔多来到要塞入口处,想要把阿拉贡部队引进要塞时,安托尼奥立即双手把他推出去,下令驻军关闭城门,不允许这样一个恶棍闯入,要为佛罗伦萨共和国保住要塞。当这个情况传到巴尼约和附近地区时,居民都拿起武器攻打国王的部队,大家举起佛罗伦萨共和国的旗帜把敌人赶跑了。佛罗伦萨人了解到发生的事情之后,就把盖拉尔多的儿子关进监牢,派部队到巴尼约保卫那一带领土。这些地方原来是由本地君主管辖,现在成为一个副主教辖区。叛徒盖拉尔多好不容易才逃脱,把妻子、家人和全部财产都留在不久前他力图予以背叛的那些人手里。佛罗伦萨人认为这事件极关重要;因为,假如国王真的夺得这片土地,他就会随心所欲地蹂躏塔韦雷河谷和卡森蒂诺,造成极大麻烦,使佛罗伦萨不可能再集中全部兵力对付锡耶纳地区的阿拉贡军队。

佛罗伦萨人除了在意大利境内进行各种准备以便对付敌对的同盟之外,还派遣阿尼约洛·阿奇阿尤利出使法国,请求法王允许昂儒的雷内率兵进入意大利支援公爵和佛罗伦萨;还说,他进入意大利之后,不但可以保护他的友邦,而且还可以设法收复那不勒斯王国;为了达到这个目的,他们还答应向他提供人力和财力支援。当伦巴第和托斯卡纳境内的战争正在进行之际,这位使节和国王雷内达成一项协议:国王答应6月间进入意大利,盟国答应在他抵达亚历山大里亚时,付给他三万弗洛林;在战争进行期间,每月还支给他一万。为了履行这一协议,国王雷内开始向意大利进军。但中途受到萨沃伊公爵和蒙特费拉特侯爵阻拦,因为他们都和威尼斯订有盟约,不许国王过境。佛罗伦萨使节向国王建议,为了保持他的友邦的势力,他应当先撤回普罗旺斯,然后再由海路把一部分部队运入意大利;同时,设法利用法兰西国王的权威使其余部队在公爵的领土上取得一条通路。后来这个计划完全成功了;雷内率部由海路到达意大利,其余部队由于法王从中斡旋,也在萨沃伊境内取得一条通路。国王雷内受到弗兰切斯科公爵极其隆重的接待；把他的法国军队和意大利军队会合在一起，向威尼斯军队展开极其猛烈的进攻，不久就收复克雷莫纳境内的一切失地。他们并不满足于此，又占领几乎整个布雷西亚的领土。威尼斯人在战场上已无法立足，于是就撤到布雷西亚城边去了。

冬季已到，公爵认为应当下令部队退入营房了，于是指定皮亚琴察为雷内军队的驻地。1453 年整个冬季就这样度过，并未再进行任何活动。春天一到，公爵又准备开上战场，把威尼斯在陆地上剩下的领土夺取过来。正在这时，国王却通知他说因有要事不得不返回法国；他这个决定完全出乎公爵意料，使他十分着急。他立即去劝雷内别走，但无论怎样恳求、或作多少许诺，都未能使雷内回心转意。不过，他倒答应留下一部分军队，派他儿子率领来为盟国服役。这件事并未引起佛罗伦萨人不快，因为他们已经收复领土和要塞，不再担心阿尔方索了；另一方面，他们也不希望公爵除了原来属于他的领土之外再占领伦巴第境内任何部分。雷内告辞后，就按原来许下的诺言，派他儿子约翰进入意大利。约翰未在伦巴第逗留，径直来到佛罗伦萨，受到最隆重的迎接。

国王离开以后，公爵就想议和。威尼斯人、阿尔方索和佛罗伦萨人都已厌战，也想议和。教皇仍然像过去一样盼望各方和解；这是因为，一年来土耳其苏丹穆罕默德已占领君士坦丁堡并征服了全希腊。他的征服使基督教世界十分震惊；特别是威尼斯人和教皇，他们已开始仿佛感到穆罕默德部下人马已经打到他们大门口了。于是教皇就请求意大利君主们派使节到他那里，授权谈判全面和平，各国都照办了。但当谈判每一具体问题的细节时，却出现许多争论，妨碍达成和平协议。阿尔方索国王要求佛罗伦萨赔偿他在战争中的开支，佛罗伦萨人反而向他要求一些赔偿；威尼斯人认为他们有权从公爵手中收回克雷莫纳，公爵则坚持收回贝加莫、布雷西亚和克雷马。因此，这些互相冲突的要求看来无法调和。但这批人在罗马未能办成的事情却在米兰和威尼斯两地由双方顺利地解决了；正当罗马在讨论这些问题时，公爵和威尼斯人于1454年4月9日达成一项协议，根据协议，双方都恢复战前各自占有的地区，允许公爵从蒙特费拉特和萨沃伊两地的君主手中收复他们夺占的地方。

他们给其他各国一个月的时间来批准这一条约。教皇和佛罗伦萨以及锡耶纳等小国都在规定期限以内批准这一条约。此外，佛罗伦萨、威尼斯和公爵还签署二十五年和平条约。独有阿尔方索国王对已经取得的结果表示不满。他认为自己未受到应有重视，人们未能把他当作一位主要角色、只把他当成配角，因此他表现得很冷漠，不愿吐露自己的意思。不过，当他接见了教皇的一位代表以及其他各国派来的重要使节之后，终于接受了劝告，这主要是受到教皇的影响，和他儿子一起加入盟约，以三十年为期。公爵和国王还用双重联姻的办法建立双重关系，互相把自己一个女儿嫁给对方一个儿子。尽管如此，意大利仍然保留有战争的种子：阿尔方索提出，除非同盟各国答应他在不伤害各国利益的情况下攻打热那亚人吉斯蒙多·马拉泰斯蒂和法恩扎君主阿斯托雷，否则他将不签署和约。这件事取得各国让步之后，他的儿子费兰多才从锡耶纳回到国内——他这次出兵托斯卡纳不但并未夺得任何领土，反而损失大量兵员。

建立全面和平之后，就只剩下一件令人担心的事：阿尔方索和热那亚之间的仇恨。但后来却发生了完全不同的情况。国王确实未曾公开违反和平条约，但和平却常常遭到雇佣军的野心的破坏。威尼斯人像往常在战争结束之后那样，解聘了亚科波·皮奇尼诺。他和其他一些被解雇的雇佣兵队长一起开进罗马尼阿，从那里又进入锡耶纳地区；在那里停留下来，并占领了许多地方。这些骚乱开始时，即 1455 年初，教皇尼古拉逝世，由卡利克塔斯三世继位。他为了制止在罗马附近爆发的新战争，立即派他的将军乔万尼·文蒂米利阿率领他所能提供的兵力前往。佛罗伦萨和公爵也派去援军去和他的军队会合，一起在博尔塞纳附近攻打亚科波。虽然文蒂米利阿被俘，但亚科波还是被打败了，狼狈溃退到卡斯蒂利奥内德拉佩斯卡亚。如果不是在那里得到阿尔方索的援助，他的军队就会被全部消灭了。这件事很明显说明亚科波的军事行动是根据阿尔方索的命令进行的。后者由于这次并不重要的战争而几乎和盟国疏远了，似乎在已被明显察觉的情况下，为了安抚盟国，就命令亚科波把夺取的锡耶纳各地交还原主，锡耶纳人给了他两万弗洛林作为赎金；然后，那不勒斯王国就把他和他的部队接入王国。

第　七　章

土耳其人的进军震惊基督教世界——土耳其军队在贝尔格莱德城郊被击溃——一次惊人的大旋风的描述——反对热那亚人和吉斯蒙多·马拉泰斯塔的战争——热那亚归顺法兰

西国王——那不勒斯王阿尔方索之死——其子费兰多继位——教皇企图将那不勒斯王国赐给他的侄子皮埃罗·洛多维科·博几亚——颂扬庇护二世——昂儒的约翰和弗雷戈索家族之间在热那亚的动乱——弗雷戈索家族被打败——约翰攻打那不勒斯王国——那不勒斯国王费兰多被击败——费兰多恢复国土——热那亚人摆脱法国的枷锁——昂儒的约翰在那不勒斯王国被击败。

教皇虽然急欲约束亚科波·皮奇尼诺,但也并未忽视进行各种准备以保卫似已受到土耳其人威胁的基督教世界。他派遣使节和传教师到每一个基督教国家,勉励各国君主和人民武装起来保卫自己的宗教,出钱出力来进行反对共同的敌人的伟大斗争。在佛罗伦萨,人们募集大批款项,许多公民都在自己的衣服上绣上红十字表示他们准备为信仰而战;人们举行庄严的列队游行;为了表示决心,人们不论在公开场合或在私下里都不忽视表示极愿意为这一伟大事业出人出钱出主意。但后来听说土耳其军队在围困贝尔格莱德时已被击溃——该城在匈牙利境内,是多瑙河上一个极其强固的城市和要塞——土耳其苏丹也负了伤,人们对这次十字军的热情也就有些减退;教皇和整个基督教世界在君士坦丁堡陷落时所感到的惊恐已不再起作用,于是他们就更慎重地进行战争的准备了。在匈牙利,由于在那场令人难忘的战争中指挥匈牙利军队的将军魏伍德人乔万尼·科尔维诺已经战死,匈牙利人的热情也冷却下来了。

现在再回过头来看看意大利的情况。在1456年,由亚科波·

皮奇尼诺挑起的骚乱平息以后，人间的武器已搁置起来，但老天似乎又向地球开战了。这时出现了极其可怕的大风暴，在托斯卡纳境内造成历史上空前的大灾害；使后人感到异常惊异、不可思议。在8月24日那天，大约在破晓前一小时的光景，在安科纳附近的亚得里亚海上刮起一股旋风，从东到西横扫意大利半岛，在比萨附近再次达到海上。夹带着乌黑的浓云、霎时间天昏地暗、伸手不见五指；这股风暴一路扫荡大约两英里宽的地带；在自然力或超自然力的作用下，这一大团压得重沉沉的浓缩水蒸气爆炸了，其碎片互相猛烈冲击、难以笔墨形容；大团大团乌云浓雾时而冲上九霄、时而落到地面，像是在扭打厮斗，一会儿旋转翻腾、风驰电掣，伴以疾风狂飙，其迅猛超出任何想象；一会儿电光闪闪，煞是可怕，同时不断迸发出浓厚而惨白的火焰。在乌云滚滚、狂风肆虐、电光闪闪时雷声隆隆作响，人类所听过的任何地震、霹雳声都无法与之相比。人人胆战心惊，以为世界末日到了；仿佛大地河山、苍天宇宙，混作一团，将又化成以前的混沌状态。

这一可怕的大风暴掠过之地，无处不是一片触目惊心的空前浩劫。特别是圣卡斯恰诺要塞附近受灾最为惨重，该地距佛罗伦萨约八英里，在作为比萨和格里埃韦二河谷分界的小山上。风暴从这个要塞和同一座山上的博尔戈圣安德雷阿之间的地区通过。后者未受波及，前者也只有少数城垛和住家的烟囱被吹倒。但在两城之间的地带，许多房屋被夷为平地。巴尼约洛城内的圣马丁教堂和圣玛丽亚德拉帕切教堂的屋顶都被刮到一英里以外的地方，但两个屋顶完整无损，就像在那两座教堂上边盖着的时候一模一样。一个赶骡子的人和他那群牲口从路上被刮到附近的山谷里，被人发现时都已死亡。所有的橡树和其他高大的树由于在大风暴中不能弯腰，不但枝条被刮掉，树干也都已连根拔出吹到老远的地方去了。风暴过后，天已大亮，居民看见这一片荒凉景象，吓得目瞪口呆、十分沮丧。这一带已失去一切居住条件：教堂和民宅已变成一堆瓦砾；到处只听到一片悲叹声，有的是因为财产尽毁，有的是因为亲友或牲畜葬身废墟。目睹惨状者无不深感悲痛或充满同情。无疑这是全能的上帝的旨意，要恐吓托斯卡纳，而不是惩处它。因为要是风暴不是通过橡树和榆树地带或稀稀落落的较小的房屋中间，而是指向房屋栉比、人烟稠密的城市，所造成的灾害即使是具有一切恐怖观念的人也是无法想象的。但上帝只是希望这样轻微灾难的例子就足以提醒人们：要知道还有上帝，也要认识上帝的威力。

言归正传。阿尔方索国王对那个和平条约并不满意；而他毫无必要地挑起亚科波·皮奇尼诺对锡耶纳进行的战争又未产生任何重要结果；于是他就决定在盟国和约允许他攻打的那些地方试试，能否采取些什么反对行动。他因而于1456年从陆海两路进攻热那亚，企图剥夺弗雷戈索家族的政权，使阿多尔纳家族复辟。同时又命令亚科波·皮奇尼诺渡过特隆托河攻打吉斯蒙多·马拉泰斯蒂。但后者已在其辖区全境设防，因此并不担心；而国王的这一部分冒险事业也未产生任何效果。他反对热那亚的行动反而招来许多反对他本人和他的国家的战争，这是他始料所不及的。热那亚当时的督治是皮埃罗·弗雷戈索，他感到自己不能抗击国王的进攻，因而决定把自己无力保住的东西交给一位有能力抵抗敌人的人；他希望，由于自己给别人好处，将来也会得到回报。于是，他派遣使节到法国谒见查理七世,把热那亚的政权奉献给他。查理接受了,随即派国王雷内的儿子昂儒的约翰前往接管;约翰不久前刚从佛罗伦萨回到法国,查理认为他熟悉意大利的风俗习惯,一定能够治理热那亚;而且,这样他还可以得到一个机会,进行征服那不勒斯的事业,约翰的父亲雷内原先在那里的政权是被阿尔方索夺去了的。于是,约翰就启程前来热那亚;在那里被接待为君主。所有原属城邦和政府的要塞也都献给他。阿尔方索给自己招来这么一位过于强大的敌人,心里很苦恼、害怕。不过,他却并未因此感到沮丧,而是起劲地推进自己的事业,亲自率领舰队抵达维拉马里纳下游的披尔托港,随即得暴病身亡;从而使约翰和热那亚人避免了一场战争。

费兰多继承他父亲阿尔方索的王位之后,因为在意大利出现如此强大的敌人而感到惊慌。他怀疑国内那些渴望变天的贵族的意向,唯恐他们站到法国人那边去。他也惧怕教皇,深知教皇怀有野心,可能趁他新即王位的机会,设法从他手中把政权夺走。除了米兰公爵之外,他现在不能指望任何别人;而公爵本人也对那不勒斯王国事态同样感到焦虑;他很怕法国人夺占王国之后,必将尽力兼并他自己的领土;因为他深知法国人认为这些领土理应属于他们。于是,在阿尔方索死后不久,公爵就派人带着信件和军队去见费兰多,派去军队是为了向他提供援助并增强他的势力;那封信则是对他进行鼓励,并向他表明:在任何情况下他都不会抛弃他。教皇在阿尔方索死后,企图把那不勒斯王国赐给他的侄子皮埃罗·洛多维科·博几亚。为了给他的计谋找一个说得过去的借口,以便取得意大利各国一致支持,他表示希望把这个王国收回作为罗马教会的领地。因此,他劝公爵不要支援费兰多。但正在交换这些意见并着手实施时,教皇卡利克塔斯去世了;由一位出生于锡耶纳皮科洛米尼家族的名叫艾尼亚斯的人接位,命名庇护二世。这位教皇并无个人利害关系的牵扯;除致力于基督教世界的福利和教会荣誉之外,他毫无其他目的。于是就在公爵的恳求下,为费兰多加冕为那不勒斯王。他认为:与其支持法国人的意见或像卡利克塔斯谋划的那样把王国弄到自己手里,还不如让它留在当时保有者手里,这样建立和平更容易些。费兰多为了报答这一恩惠,就把教皇的一个侄子安托尼奥封为马尔菲亲王,并把自己一个私生女嫁给他,还把本内文托和泰拉奇纳两地归还教会。

意大利的内部纷争就这样看来有可能平息;教皇也准备劝说基督教各国联合起来,像卡利克塔斯曾经计划的那样,进行反对土耳其人的伟大事业。但就在这时,弗雷戈索家族和热那亚君主昂儒的约翰之间却又发生纠纷,这件事引起的战争比刚刚结束的这场战争规模更大也更重要。皮埃特里诺·弗雷戈索住在他的要塞里维埃拉中,他认为约翰未能按照他们这个家族的功劳给予应得的报偿,因为约翰是在他们这个家族的支持下成为城邦君主的。这种想法使双方对立公开化。这是一个使费兰多很高兴的情况,因为他看到这能使他摆脱困境,而且也是使他得到安全的唯一办法。于是他就以金钱和人力支援皮埃特里诺,相信可以把约翰从热那亚赶走。约翰了解到他这个计谋之后,就派人去法国求援,取得援军后即向皮埃特里诺发动攻击;皮埃特里诺由于友军众多,满怀胜利的希望。约翰因此被迫困守城内,皮埃特里诺趁黑夜率军入城,占领一些地区;但天亮时,他手下的人马不是被杀就是被俘,全军覆没;他本人的尸体就是在倒毙者当中找到的。

约翰这次取胜使他感到收复那不勒斯王国已有希望,于是在1459年10月间率领一支强大的舰队由热那亚出发前往,在巴亚登陆;从那里又进抵塞萨,受到当地首领的友好接待;塔兰托君主、阿奎拉人以及其他一些城邦和君主也加入他一边,因而王国大部已落入他手中。针对这个局势,费兰多向教皇和米兰公爵求援;为避免多树敌,他还和吉斯蒙多·马拉泰斯塔签订和约。这件事大大激怒了亚科波·皮奇尼诺,他是吉斯蒙多的宿敌——因此辞掉在费兰多手下指挥军队的职务,投奔敌方。费兰多还派人送钱给乌尔比诺君主费德里戈,并尽速招募了一支在当时说来是相当可观的军队。这支军队在萨尔尼河岸和敌军相遇,在随后的交战中,费兰多的军队被击溃,许多主要军官被擒。在这次大败之后,大部地区已归顺约翰,只剩下那不勒斯城和几个小地方以及一些次要的王公仍归属于费兰多。这一仗打胜后,亚科波·皮奇尼诺建议立即进军那不勒斯;但约翰不同意,说他想首先攻下王国其余地区,然后再攻打政府所在地。他这个决定招致他这番事业的失败。因为他未考虑到:四肢极易听从头脑,头脑却不易顺从四肢。

费兰多在战败后即躲到那不勒斯城里,手下被冲散的那些残兵败将也跟着他进城;他向友邦求援,得到一些金钱和一支小部队。又派人到教皇和公爵那里求援,这次从他们那里取得比上次更慷慨更迅速的支援;因为他们开始十分担心他要丧失王国了。取得援助后,他重新燃起希望,随即率军队从那不勒斯城出征,在王国各地恢复声望,不久就收复被夺占的那些地方。当战争正在王国土地上进行之际,又发生一个情况,它不但使昂儒的约翰失去势力而且也失去使他的事业成功的一切机会。热那亚人对法国人那种盛气凌人、贪得无厌的统治已很厌恶,因而全城一起拿起武器反抗总督,逼得他躲到城堡里。弗雷戈索和阿多尔尼两大家族联合起来反对他,并取得米兰公爵的金钱和部队支援,双方的目的都是为了恢复和保持政权。与此同时,国王雷内带领一支舰队来支援他儿子,打算凭借仍未失守的那个城堡来收复热那亚城。但他的部队刚一登陆立即被彻底击溃,他丢尽脸面被迫退回普罗旺斯。当他父亲战败的消息传到那不勒斯时,约翰大为震惊;但在那些背叛了费兰多的贵族们的协助下,继续进行了一段时间的战争,那些贵族们知道由于自己的背叛,已没有可能再和费兰多取得谅解。在经过很多小接触之后,两支王家军队终于进行了一场大战,结果约翰的军队于1463年在特罗亚附近被击溃。不过,战败给予他的损害还不如亚科波·皮奇尼诺的背弃损害大,皮奇尼诺又投奔到费兰多手下了。约翰被军队抛弃后,被迫躲到伊斯特里亚,再从那里退回法国。这次战争持续四年之久。约翰的失败是因为疏忽大意;他曾常操胜券,但却未采取适当措施稳操。在这次战争中,佛罗伦萨人并没有扮演决定性角色。阿尔方索死后继任阿拉贡王的约翰曾派使节到佛罗伦萨,请求他们按照不久前和费兰多的父亲阿尔方索所签条约中的规定,前往支援他的侄子费兰多。佛罗伦萨人回答说他们并没有这样的义务;他们认为在战争中援助做儿子的是不合适的,这场战争是由当父亲的带着自己的部队开始进行的;而且,这次战争开始时既未和他们商量也未通知他们,继续进行和结束之际也就不用他们帮助。使节们断言条约中的承诺对佛罗伦萨仍有约束力,他们应当对战争的后果负责,随即气冲冲离

开佛罗伦萨。

在这次战争进行期间,佛罗伦萨就是这样对待国外事务,继续保持平静;但国内事务却并非如此,下卷将予详述。

第七卷　对外关系——威尼斯战争——米兰人的阴谋

公元 1453—1476 年

第　一　章

意大利其他各国政府和佛罗伦萨历史的关系——共和制国家常常不统一——有些分歧有害,有些则不然——佛罗伦萨内部分歧的性质——科斯莫·德·美第奇和内里·卡波尼以不同方式取得权势——政府官员选举的改革对科斯莫有利——身居要职的公民对选举改革不满——正义旗手卢卡·皮蒂以强力限制补充提名——卢卡·皮蒂和他的党羽骄横暴虐——皮蒂的官邸——科斯莫·德·美第奇之死——他的慷慨豁达和高兴——他的谦逊——他的智虑明达——他的一些话。

读者看了本书前一卷之后,可能认为我既然早已申明只写佛罗伦萨的情况,却把伦巴第和那不勒斯境内发生的事情说得太详尽了。既然我已未避免这种写法,今后我还是不想避免这类离题的话。因为虽然我并非必须叙述意大利各国情况,但忽略其中值得注意的事件却是不适当的。假如这些大事一概删除掉,不但使我这部历史将难以理解;而且读起来既不是很有教益,也不是很有趣的。因为佛罗伦萨不得不参加的那些战争多半都是由意大利其他城邦或君主的行动引起的;例如,昂儒的约翰和国王费兰多之间的战争,就曾使费兰多和佛罗伦萨人,特别是和美第奇家族之间产生严重的敌视和仇恨情绪。国王抱怨在战争进行期间佛罗伦萨未曾给予援助,反而支援他的敌人;国王的愤怒引来了大祸——这件事读者以后将看到。我们在前文叙述国外发生的事件,已经讲到1463年;现在,为了使读者对本书关于当时国内事件的叙述清楚明了,有必要回溯一下几年前的那段时期的事。

不过,按惯例,我首先想谈谈对即将叙述的事情的一些看法。我认为,那些认为一个共和国会在目标方面保持完全一致的人们,是大大上当了。不错,有些分歧确实使共和国受害,但另一些分歧却对共和国有利。当分歧伴有党派斗争时,它就会危害国家;但当分歧并不夹有党派之争时,则将促使国家繁荣。既然不可能防止产生分歧,那么,一个共和国的立法者至少应当防止派别滋生。由此可见,公民取得名望和权势的办法有两种:一种是通过从事公务,另一种是通过私人关系。前者如为国家打胜仗、夺取领土、细心而精明地完成出使任务、或提出明智的建议取得好结果等办法而获得权势;通过私人关系的办法有:给某些个人好处、在官员面前为他们辩护、以金钱支持他们、以不应得的名位抬举他们,或者用举办赛会和饮宴等办法笼络人心等等,这类办法滋生帮派;这样猎取权势对共和国是有害的,正如前一种为国家出力的办法——

如果其中毫无派性的话——对国家是有益的。因为为国家办事是从公益出发,并非谋求个人私利。为国家办事虽然不能防止产生积年累月的不和;不过,如果背后并无帮派党羽为私利而支持这些人,他们就不致危害共和国,反而会为国家的兴旺作出贡献。这是因为,无论何人,只有在为共和国谋福利时才能取得荣誉,而且双方都在防止对方侵犯共和国的自由。

佛罗伦萨的内部分歧经常伴有党派之争,因此它一向是有害的。居于统治地位的一派只是在受到敌对的一派牵制时才能保持团结。一旦敌对的一派的势力被消灭,政府由于没有反对派的约束力量,无法无天,于是就分崩离析。科斯莫·德·美第奇的一派于 1434 年取得权势,但因受压制的反对派人数众多,而且其中又有几位是势力极大的人物,有所顾忌的情绪使他的一派还能保持团结,约束他们的行动不要超出温和适度的范围;未曾施行任何暴政,也未曾干过任何有意触怒群众的事。因此,无论何时,政府如为恢复或加强自己的势力而要求公民支持,公民们总是愿意满足它的要求。因此,从 1434 至 1455 这二十一年期间,公民曾六次授予这届政府以"巴利阿"大权。

我们常常提到,佛罗伦萨有两位势力很大的主要公民:一位是科斯莫·德·美第奇,另一位是内里·卡波尼。内里的势力是通过为国家效劳获得的,因此他有许多朋友,但很少结党。科斯莫则不同,他有办法利用公私两个方面,因此他不但有许多朋友,而且还有不少党羽。当他们二人都在世时,由于总是团结一致,因此,他们无论向人民要求什么,一向都能如愿,因为在他们身上民心和权力是一致的。但当 1455 年内里去世、反对派从而消失之后,政府感到在恢复其权威方面遇到困难。特别值得注意的是，这些困难竟然都是科斯莫的私人朋友、也是城邦最有权势的人物造成的。因为既然不用担心反对派了，他们就急于要削弱科斯莫的权力。这种前恭后倨的态度就是1456年的不幸事件的肇端；于是，人们在审议委员会上公开劝告当权者不要恢复“巴利阿”的权威，而应当取消选举袋，改用早先规定的投票制，以抽签的办法任命官员。

为了制止这种意向，有两种办法可供科斯莫选用：一种是率领自己的党羽以强力独揽政权，把其他人赶出政府；另一种办法是听任事态自行发展，让他的朋友们看看他们并不能剥夺他的权力，反而使他们自己被剥夺了。他选择了后一条道路。因为他很清楚，无论如何，选举袋里总是装满他自己的朋友们的名字，因而他并不致冒任何风险，只要找到机会就能把政府操在自己手中。由于政府主要职位改由抽签决定，人民群众开始认为他们又恢复了自由，政府官员作出的决定应是根据人民群众的意见、不再受大人物偏见的影响了。与此同时，那些显贵的朋友则都受到贬抑。许多人家过去一向是追随者盈门、礼物堆积；如今则两者都消失了。原先很有势力的人物已被降低到和一向被他们认为下等的人们平等了。过去远在他们之下的那些人这时都和他们平起平坐，再也无人尊敬和服从他们。他们常受人奚落嘲弄。在大街上，不断听到人们毫无敬意地提到他们和共和国。因此，他们发现丢掉政权的并不是科斯莫而是他们自己。科斯莫表面上装作好像并未注意到这些问题；而且，人们不论提出任何有利于平民的提案，他总是第一个表示支持。但使高级阶层最为惊恐、同时也是最有利于科斯莫进行报复的时机，则是恢复1427年财产税（或称“卡塔斯托”）。

这项收税法使个人纳税按法律规定，而不是由一批任命来执行法令的人说了算数。

这项法律既已恢复，就设立一个官职来执行。显贵们就集合在一起去找科斯莫，恳求他把他们和他自己从庶民的权力之下解救出来；恳求他恢复曾经使他自己权力很大并使他们大家也受到尊重的那个政府的声望。他回答说，他很愿意依从他们的要求，不过他希望用正规的方式得到这样的法律，即是说要取得平民的同意，而不是靠强力；如果用强力，他是无论如何也不能同意的。于是他们就在各个政务会议上设法要成立新的一届"巴利阿"，但未能成功。这些显贵就这事又来找科斯莫，极其谦恭地恳求他召集平民开一次大会或武人集会；但他拒绝了这个要求；因为他希望让他们体会到他们犯的错误有多大。当在任上的正义旗手多纳托·科基未征得科斯莫同意就建议召开大会时，属于科斯莫一派的那些执政官对这个主意十分无情地予以嘲弄，使得这位正义旗手实际上神经错乱了，结果不得不辞职。

然而，科斯莫也不希望让事情发展到不可收拾的地步，后来当卢卡·皮蒂（一个大胆敢干的人）任正义旗手时，科斯莫就决定让他采取他认为适当的任何步骤，但出了乱子就归罪于他，而不是科斯莫。于是卢卡刚刚就任，就多次向平民建议成立新的一届"巴利阿"；由于没有成功，他就用傲慢无礼的侮辱人的话要挟各政务会议的成员，随后又采取相应的行动；他在1458年8月间，圣洛伦佐节日前夕，事先在宫殿里部署了大批武装人员，然后在宫殿广场召集平民开大会，强迫群众同意采取一项他明知他们是反对的措施。重新掌权之后，就成立了新的一届"巴利阿"，按照少数几个人的意愿任命了各重要机构的官员；为了使他们用强力夺到手的政府能够开始施行恐怖统治，就把吉罗拉莫·马基雅维里以及其他一些人放逐，还撤掉许多人在政府中的荣誉职位。吉罗拉莫在越过了给他划定的界线之后，就被宣布为叛逆。他在意大利到处游说，想要鼓动各国君主反对他自己的国家；但他在卢尼贾纳时被人出卖，押回佛罗伦萨之后，在狱中被处死。

这一届政府在继续执政的八年期间多行暴虐，使人难以忍受。这是因为，科斯莫这时已年老多病，不能像先前那样料理政务，于是佛罗伦萨就沦为它自己的少数官员的牺牲品。共和国为了报答卢卡·皮蒂的效劳，封他为骑士；他为了向尊奉他的人们表示同样的感激，就下令给至今一直被称为各行业"长官"的人们另一个头衔，称他们为"自由长官"，他们本来是不配称的。他还下令，过去的正义旗手一贯坐在诸教区长右侧，他本人以后应当坐在他们当中。并且，为了看起来似乎上帝也曾参与他们已完成的事业，就举行了公众游行，和庄严的礼拜式，为重掌政权向上帝谢恩。执政团和科斯莫都以丰厚礼物送给卢卡·皮蒂，所有的公民也都争相仿效；因而所赠金钱总数至少有两万达卡之多。就这样；他取得很大的权势；统治城邦的人已经不再是科斯莫，而是他自己了。他日益狂妄自大，开始修建两处极其豪华的大厦，一处在佛罗伦萨，另一处在鲁恰诺，相距约一英里；都是金碧辉煌，有如帝王宫殿。在城里的那一幢的规模，比前此任何私人建筑都宏伟。为了建成这两大邸宅，他采取了一些非常手段。不只是许多官员和私人都给他送礼、供给材料；甚至平民中各阶层群众也都纷纷捐输。除了这个办法之外，任何犯有杀人、盗窃或其他罪行应受法律制裁的亡命

徒，只要能在这两处建筑的装饰和完工方面作出贡献，就可以安然避居在其院墙之内。其他官员，虽说不像他那样大兴土木，但其贪婪暴虐的行径也不在他以下。因此，如果说佛罗伦萨在这期间未曾遭受对外战争的蹂躏，它却饱尝了自己子孙的祸害。在这时期，发生了那不勒斯战争；教皇也在罗马尼阿开始反对马拉泰斯蒂家族的战争，企图从他们手中夺取被他们占据着的里米诺和切泽纳。庇护二世担任教皇时期，就是在这些计划和想要组织一次反土耳其的十字军的意图中度过的。

佛罗伦萨继续处于分裂和动乱之中。由于上述原因，科斯莫一派于1455年开始发生倾轧不和；但也正如前面已指出的那样，由于他精明审慎，还是使它平息下去了；但到1464年，他病情加重，后来就去世了。他的朋友和敌人一致为他的逝世而悲伤。他的政敌之所以难过，是因为他们看到甚至在科斯莫还活着的时候，公民们就贪得无厌；但只有科斯莫一个人还能对他们有所约束，使他们的暴政尚能为百姓所忍受；他们唯恐他一死，城邦就只有毁灭。他们对他儿子皮埃罗也不抱多大希望；皮埃罗人虽很好，但身体很差，又是新近才在政府任职，人们认为他会被迫退让；因此，在无人约束的情况下，那些官员的贪欲更将肆无忌惮。由于这些原因，人们对科斯莫之死，普遍感到哀悼。

在所有留名后世的人们当中，除军人外，科斯莫就算是最卓越最著名的一位了。他不但在财富和权威方面，而且在慷慨豁达、精明审慎等等方面，都超过和他同时代所有的人物。在使他成为本国的王公人物的那些品质当中，有一点就是他那超过任何人的高尚而慷慨大度的品质。在他死后，人们对他的慷慨大方就看得更清楚了；当他儿子皮埃罗打算弄清楚他有多少财产时，就发现任何阶层的公民，都曾借过科斯莫大笔钱财。当科斯莫听说某些贵族处境困难，常常是不用请求，就主动救助他们摆脱困境。他修建的那些公共建筑就足以证明他如何高尚豪爽。在佛罗伦萨他修建了圣马可和圣洛伦佐等女修道院和教堂以及圣韦尔迪亚纳修道院；在菲埃索莱山区修建了圣吉罗拉莫教堂和修道院；在穆杰洛地区，他不但恢复而且还在原地基上重建了一座米诺里修士或众修士修道院。除了这些以外，他还在圣克罗切、塞尔维、阿尼约利和圣米尼阿托等教堂里，修建了华丽的礼拜堂和祭坛。除了修建上述这些大小教堂之外，他还为这些教堂提供礼拜用品、家具和做礼拜适用的器具等。除了这些神圣殿堂之外，还应提一下他的私邸：在佛罗伦萨有一处，其规模之宏伟、建筑之优美，是和他这样一位伟大的公民完全相称的。此外还有四处：一处在卡雷吉，一处在菲埃索莱，一处在卡法朱奥洛，一处在特雷比奥；其规模大小和豪华方面都堪与王宫媲美。他好像单单在意大利显示建筑的豪华堂皇还嫌不足，在耶路撒冷也修建了一所慈惠院，收容穷苦和患病的朝圣者。

虽然他那些府邸也和他的其他事业和行为那样，都有帝王气魄，而且只有他一个人是佛罗伦萨的主宰，但他的精明审慎却使他事事都有节制，他的日常生活从未超过相当好的中等适度的水平；他在言谈，对待仆从、行旅、生活方式、交往等等方面，处处都表现出公民的谦逊态度。这是因为，他深知经常炫耀讲排场会招人妒忌，而富而不夸却易于受人容忍。因此，在为他的两个儿子选择配偶时，他并未寻求和其他君主联姻；给乔万尼只不过娶了科尔内丽亚·德利·阿莱桑德里；给皮埃罗也只是娶了卢克蕾齐亚·德·托尔纳布奥尼；他把孙女儿（皮埃罗的女儿）比安卡嫁给古利埃尔莫·德·帕齐；把南尼娜嫁给贝尔纳尔多·鲁切拉伊。在他所处的时代，还没有一个人像他这样熟谙治国安邦之道。因此，在时运如此变幻无常，在这样一个变动频繁的城邦里，他处于喜怒易变的人民中，竟然能掌握政权长达三十一年之久。这是因为他具有天赋出众的智虑明达，他早就预见到灾祸将降临，因而有机会或是避开灾祸、或是防止形成有害后果。这样，他以十分忠实的态度和巧妙的方式不但克服了家族内和国内人们的野心行动，而且还使许多君主的傲慢态度受挫，因而不论任何国家，只要和他本人、和他的国家结盟，就一定可以战胜他们的敌国或保持本国完整无损；而不论是谁，凡反对他的，则不是丢掉时机，就是损失金钱或领土。

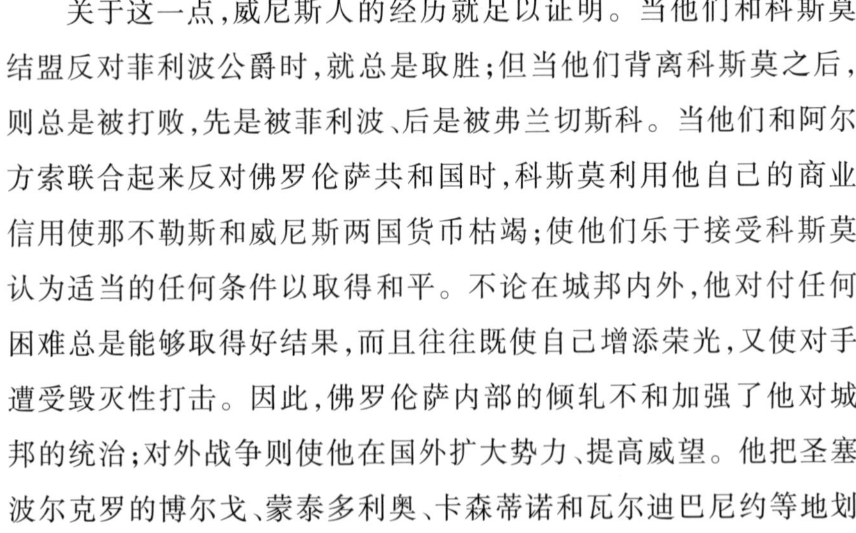

关于这一点，威尼斯人的经历就足以证明。当他们和科斯莫结盟反对菲利波公爵时，就总是取胜；但当他们背离科斯莫之后，则总是被打败，先是被菲利波、后是被弗兰切斯科。当他们和阿尔方索联合起来反对佛罗伦萨共和国时，科斯莫利用他自己的商业信用使那不勒斯和威尼斯两国货币枯竭；使他们乐于接受科斯莫认为适当的任何条件以取得和平。不论在城邦内外，他对付任何困难总是能够取得好结果，而且往往既使自己增添荣光，又使对手遭受毁灭性打击。因此，佛罗伦萨内部的倾轧不和加强了他对城邦的统治；对外战争则使他在国外扩大势力、提高威望。他把圣塞波尔克罗的博尔戈、蒙泰多利奥、卡森蒂诺和瓦尔迪巴尼约等地划入佛罗伦萨的版图。他的品德和幸运战胜所有的敌人，抬高他的朋友的地位。他出生于1389年科斯莫和达米阿诺二圣节。他曾被放逐、被监禁、并曾遇生命危险，这些都充分证明他的早年充满不幸；他曾和教皇约翰一起出席康斯坦茨宗教会议；教皇垮台后，他为了得救，不得不化装逃跑。但在四十岁以后，他就十分幸运了；不但那些协助他处理政务的人、而且那些遍布欧洲经营他的投机商业的代理人，也都分享他的昌隆成功。因此，许多巨额财富都渊源于佛罗伦萨各大家族，犹如渊源于托尔纳布奥尼、本奇、波尔蒂纳里和萨塞蒂等大家族那样。

除了这些人以外，凡是听他劝告和得到他的保护的人也都发了财。尽管他不断花钱修建教堂、举办慈善事业；但他有时还是向朋友抱怨自己，说上帝对自己太好了，自己却从来都没有能够拿出更多的钱来为上帝办事足以报答上帝的恩典；由衷地说，自己已经做到的和能够做到的一切都无法与上帝给予的恩惠相比。他属于中等身材，橄榄色皮肤，面貌可敬；虽不博学，但口才出众，天赋本领极为高强；对朋友慷慨大方，对穷人仁慈；谈论内容广泛，提出意见却很审慎；讲话、答复严肃而机智。里纳尔多·德利·阿尔比齐被放逐初期，曾给他带话说，"母鸡已生蛋。"他回答说，"在离窝老远的地方生蛋，这是做恶。"其他一些反叛者让他知道，他们这些人"并非在做梦。"他说，"这一点我相信，因为我已经剥夺了你们的睡眠。"当教皇庇护二世正力促各国政府参加远征土耳其人的事业时，他说，"我是个老人，年轻人干的事我已经干过了。"当威尼斯使节随同国王阿尔方索的使节来佛罗伦萨对共和国发出抱怨时，他把帽子摘下来，问他们他的头发是什么颜色的，他们说是"白的"，他回答道，"不错，不久之后，你们那些元老院议员的头就和我的一样白了。"在他临死前几小时，他的妻子问他为什么把双

眼合上，他说，“让眼睛挡住死亡到来。”他从放逐中归来之后，有些公民对他说，他是在损害城邦；还说，把这么多信教的人逐出城邦是对上帝的触犯；他回答说，“损害城邦总比毁灭城邦好些；用两码玫瑰色的布就可以打扮成一位绅士；领导一个政府总比玩一串念珠需要更大一些的本领。”他这些言论成了敌党人士诽谤他的话柄，说他爱自身甚于爱国家、留恋现世胜于憧憬天堂。他的话我们还可以引用许多。但因无此必要故而从略。

科斯莫是学者的朋友和保护人。阿尔吉里波洛是个希腊人，是当时学识最为渊博的人物之一，科斯莫把他请到佛罗伦萨给青年人教希腊文学。他在自己家里接待那位使柏拉图哲学复兴的马尔西利奥·费奇诺[①]；由于很爱慕他，还在卡雷吉他的官邸附近送给这位学者一所住宅，使他钻研学问可以更方便一些、他自己也有机会享受和他交往之乐。他的智虑明达和巨大财富，对这二者的运用，还有他那优美的生活作风，使他在佛罗伦萨备受爱戴和尊敬；而且，不但在整个意大利，甚至在全欧洲的各国政府和君主那里，他都极受尊敬。这样，他就给自己的后代打下基础，使他们能够在品德方面比他不差，在财富方面还大大超过他。他们在佛罗伦萨以及整个基督教世界所享有的权威也并非平白无故得来的。在他的生命行将结束之际，他曾甚感痛苦。因为，在他的两个儿子皮埃罗和乔万尼当中，他寄予最大希望的乔万尼不幸早夭；而皮埃罗则虚弱多病，既不能处理公务，又不能照管家业。乔万尼死后，

① 费奇诺（Ficino，Marsilio，1433—1499 年），意大利柏拉图主义者，生于佛罗伦萨，科斯莫·德·美第奇于 1463 年任命他为佛罗伦萨柏拉图学会主席。——译者

当他的侍从们把他从一间房子抬到另一间房子去的时候，他长叹一声对他们说道，“对这么小的一个家庭来说，这所房子实在太大了。”使他那伟大的心感到痛苦的另一件事就是他认为自己未能获取有价值的疆土，未能扩大佛罗伦萨的版图。使他更为痛心的是，他感到他受了弗兰切斯科·斯福查的骗：在斯福查还是个伯爵时就曾答应他，说如果他当上米兰君主，就要为佛罗伦萨征服卢卡；但是，这是一个从未实现的计划。因为伯爵一当上公爵就改变主意：他决定在和平中享受用战争取得的势力，而不愿再去经受战争的疲劳和危险——除非他自己的领土需要他这样做。

这件事就是使科斯莫极感苦恼的根源。他认为他为这位朋友花了很多钱、遭到很多麻烦，结果这个朋友却不讲信用、忘恩负义。由于身体虚弱多病，使他不能像过去一贯那样处理公务又照管家业，只好眼看着家国日趋衰微，因为佛罗伦萨正在它自己的公民手中毁灭；他的家业也在他的代理人和子孙手中衰落。

情况虽说如此，科斯莫还算死于极为荣耀，极享盛名的时候。佛罗伦萨全城和基督教各国所有的君主都为失掉他向他儿子皮埃罗表示哀悼。他的葬礼是以最隆重最庄严的仪式进行的；全城男女老幼都为他送葬，一直把他的尸体送到圣洛伦佐教堂内他的墓地。在城邦政府的指令下，他的石碑上刻着“国父’字样。如果说我在描述科斯莫的一生时，用的不是一般历史撰写方法，而是在采用帝王本纪的体裁，那也不必奇怪；因为对这样一位特殊人物，我不得不多使用一些不平常的颂词。

第二章

米兰公爵成为热那亚君主——那不勒斯国王和米兰公爵竭力为各自的后代确保江山——亚科波·皮奇尼诺在米兰受到隆重接待,不久之后即在那不勒斯被谋杀——庇护二世力促基督教世界远征土耳其人,但落空了——米兰公爵弗兰切斯科·斯福查去世——迪奥蒂萨尔维·内罗尼给皮埃罗·德·美第奇出的不忠实的主意——迪奥蒂萨尔维和其他一些人反皮埃罗的阴谋——平息动乱的努力落空——公众游行赛会——阴谋家反对皮埃罗·德·美第奇的计划——尼科洛·费迪尼向皮埃罗揭发他的敌人的阴谋。

正当佛罗伦萨和全意大利处于上述境况之中,法王路易十一世和他的贵族之间发生严重纠纷。这些贵族在布列塔尼公爵弗兰西斯和勃艮第公爵查尔斯的支持下正在和路易进行战争。他们发动的这次进攻很严重,使路易无法继续支援昂儒的约翰反对热那亚和那不勒斯的事业。而且,由于他迫切需要他所能征集的兵力,就把萨沃纳(这个地方此时仍在法国统治下)给了米兰公爵,并告诉他:假如他愿意,路易就准许他征服热那亚。

弗兰切斯科接受了这个建议。他一方面仗恃国王的友谊助长起来的声威,再加上阿多尔尼家族的支援,就当上热那亚的君主。为了表示对这些好处的感谢,弗兰切斯科叫他的长子加利佐带着一千五百名骑兵到法国,在国王手下服役。弗兰切斯科·斯福查就这样成了伦巴第公爵和热那亚君主；阿拉贡的费兰多成了整个那不勒斯王国的国王。这两大家族又用联姻的方式结了盟；因此，他们认为这样就可以牢牢掌握政权，确保他们终生尽享荣华，死后也可以顺顺当当传给后代。为了达到这个目的，他们认为那不勒斯国王还必须消除他对那些贵族感到不安的根据，那些贵族在他和昂儒的路易作战时曾触犯过他；公爵则应当把他自己家族的世仇布拉乔基家族的追随者消灭掉——这些人曾在亚科波·皮奇尼诺率领下得到过极高的声誉。亚科波·皮奇尼诺当时是全意大利首屈一指的将领；由于他并不据有任何领土，从而使所有占有领土的人很自然地都对他存有戒心；特别是公爵更为不安，因为他心里明白他自己过去的所作所为；因此，他感到只要亚科波还活着，他就既不可能安享自己的财产，也不可能在传给儿子时得到任何程度的保证。为此，国王不遗余力地设法和国内那些贵族和解，千方百计要拉拢住他们，后来果然达到目的；因为，那些贵族也看得明白：尽管顺从国王、信赖国王也会有理由使他们放心不下；但假如他们继续和他打仗，他们必遭毁灭。人类往往十分急于逃避某种危险；因此，实力较小的人往往容易上君王的当。贵族们因为明白继续进行战争的危险，于是就相信了国王的诺言。但在向国王投降以后，他们不久就被国王以各种借口，采取各种方式消灭掉了。这件事使亚科波·皮奇尼诺——他当时正带着自己的部队驻扎苏尔莫纳——非常吃惊。于是，为了使自己不致被国王用同样的手法干掉，他就设法通过自己的朋友从中调解、和公爵言归于好。公爵以极其慷慨的许诺，诱使亚科波只带着一百名骑兵来到米兰和他会面。

亚科波曾多年跟他父亲和兄弟一起服役,先是在菲利波公爵麾下,后来又为米兰共和国服役。因此他通过和米兰公民们的交往,结交了许多朋友,在全城颇有人望。在当时情况下,他在米兰的名声日益升高。因为斯福查家族的兴旺和新近取得的权势已引起人们的妒忌;而亚科波的不幸和长期不在国内却引起人们的同情。大家都渴望见到他。他这次到达米兰时,人们的种种不同的感情都流露出来:几乎所有的贵族都出来迎接他;他走过的街道都挤满公民,急于看他一眼,四面八方都在高呼"布拉乔家族!""布拉乔家族!"人们这样向他致敬却加速了他的毁灭,因为这使公爵对他心怀疑惧,从而更急于把他除掉。为了在尽可能不致引起任何怀疑的情况下办这件事,公爵这时就为亚科波和他的私生女德鲁西娅娜(早已许配给他的)举行成婚大礼。公爵随后又和费兰多安排好要他以高薪聘请亚科波当那不勒斯王国佣兵队长,拨给他十万弗洛林以维持军队。订立契约后,亚科波就在公爵的大使和妻子德鲁西娅娜陪同下向那不勒斯进发。到达后,受到尊敬而热烈的欢迎;在许多日子里,还举行各式各样的庆典来款待他。但在他要求准他到他的部队驻在地苏尔莫纳去之后,国王就邀请他到堡垒里饮宴,宴席结束后,就把亚科波和他儿子弗兰切斯科监禁起来,不久就把他们处死了。我们意大利的君主就是这样,因为妒忌别人身上存在而自己身上却没有的品德,竟然就把人家消灭掉。因此,不久之后,意大利就受尽压迫和摧残,成了这伙人为非作歹的牺牲品。

这时,教皇庇护二世已经解决罗马尼阿境内的问题;看到全意大利已太平无事,就认为这正是率领基督教徒远征土耳其人的大

好时机;他采取了类似他的前辈曾采取过的某些措施。所有的君主都答应给以人力或金钱的支援。匈牙利国王马蒂阿斯和勃艮第公爵查尔斯甚至表示了意欲亲自参加。于是教皇就任命他们二人为远征军统帅。教皇满怀殷切期望,离开罗马来到安科纳,这是事先安排好的全部兵力集结地点。威尼斯人也答应派船只到该地把军队运到斯克拉沃尼阿。教皇驾临该城后,那里不久就汇集了极其众多的人马,结果在几天之内就把城内所存全部粮草以及从附近地区所能收集到的一切供应全部消耗净尽,马上开始闹饥荒。此外,既无款项支给那些缺钱的人,又无武器装备那些赤手空拳者。马蒂阿斯和查尔斯二人也没有来到。威尼斯人派了一位官长带来一些船只,但与其说是为了接运军队,还不如说是为了炫耀自己,为了表明它并非失信而已。教皇处在这样的境况之中,再加上年老多病,于是就去世了;集合起来的军队也都返回各自的国家。教皇是在1464年去世的。后来出生于威尼斯的保罗二世被推举继位。约在此同时,意大利各邦几乎都要更换统治者;次年,米兰公爵弗兰切斯科·斯福查在占据公国十六年之后也去世了,由其子加利佐继位。

正当佛罗伦萨内部纷争不已之际,斯福查之死无异火上加油,促使动乱激化,空前迅速产生恶果。科斯莫逝世后,其子皮埃罗继承财富,接管国家。他召请迪奥蒂萨尔维·内罗尼来协助他。迪奥蒂萨尔维是一位声望很高,势力很大的人物。科斯莫曾对他很信赖;临死时,还曾向皮埃罗推荐,无论治理城邦、照料家业,一切都要听从他的指点。皮埃罗把科斯莫对迪奥蒂萨尔维的看法如实转告他本人;并对他说:虽然他父亲已经去世,但他自己仍然愿意像他在世时那样服从他;因此,无论在有关他的祖产或城邦事务方面,他都要征求迪奥蒂萨尔维的意见。于是皮埃罗就从自己的家务开始,叫人把他家全部财产,包括资产和负债,开出账单交给迪奥蒂萨尔维,以便使他了解财务的全部情况,便于提出适当的处理意见。迪奥蒂萨尔维答应尽心竭力而为。他在审阅了这些账目之后,发现情况十分混乱。于是他既不是出于对皮埃罗的友谊,也不是出于对科斯莫的感激,而是出于他自己的野心,认为用不着费多大麻烦就可以使皮埃罗把他父亲作为遗产留给他儿子的显赫名声丧失殆尽。为了实现这一计谋,他就前往拜访皮埃罗,劝他采取一项措施,这项措施表面看起来十分正确、很适合当时情况;但实际上却包含着对他的权威产生致命打击的后果。他向皮埃罗说明了他的财务非常混乱的情况以后说,假如他希望在城邦保持自己的势力、维持自己在财务上的声誉,解决这些混乱的唯一正确可行的办法,就是把他父亲过去借给国内外无数公民的款项全部收回,因为科斯莫在世时,为了在佛罗伦萨收买党羽、在国外拉拢朋友,在金钱方面极其慷慨大方;人们欠他的债务总数极其庞大。皮埃罗认为这个意见很好,因为他急于把属于自己的财产重新掌握在自己手里,以便应付他必须还付的款项。但他刚一下令回收欠债,公民就十分恼火,仿佛他所要求归还的是他无权要求归还的东西。他们对皮埃罗无礼辱骂,斥责他贪得无厌、忘恩负义。

迪奥蒂萨尔维看到他自己的建议已使皮埃罗遭到群情激昂的反对,就私下和卢卡·皮蒂、阿尼约洛·阿奇阿尤利、尼科洛·索德里尼等人会晤,他们决定一致出力来使皮埃罗丧失在政府中的大权和势力。他们各人都有自己的动机:卢卡·皮蒂是想取得科

斯莫曾据有的地位，因为他当时的地位已经很高，不屑于屈从皮埃罗。迪奥蒂萨尔维·内罗尼则深知卢卡不适于担任政府首脑，认为在除掉皮埃罗之后，城邦大权必然落到他自己手中。尼科洛·索德里尼则希望城邦享受更大的自由，争取作到法律对所有的人都同样有约束力。阿尼约洛·阿奇阿尤利对美第奇家族异常恼火，其原因如下：他的儿子拉发埃洛在一些时间以前曾娶阿莱桑德拉·德·巴尔迪为妻，并得到她带去的一份很大的嫁妆。也许是由于她本人有过错、也许是由于别人处理不当，她曾受到公公和丈夫百般虐待。结果，她的亲族中有一位名叫洛伦佐·德·伊拉里奥内的，出于对她的同情，带着几个武装人员，到阿尼约洛家里把她带走了。阿奇阿尤利家族控诉巴尔迪家族给他们家造成损害，后来这案子就呈请科斯莫处理。科斯莫判决阿奇阿尤利家应当归还阿莱桑德拉的财物，然后由她自己决定是否回到她丈夫那里。阿尼约洛认为，科斯莫在处理这个案件中没有把他当作朋友对待；他过去无法在作父亲的科斯莫身上进行报复，于是这时决定全力搞垮他的儿子皮埃罗。

这些阴谋家所怀动机虽各有不同，表面上却都装作只有一个共同的目标：都说城邦应当由各机构官员治理，而不能听凭少数几个人说了算数。大约就在这时，有一批商人破产，这就使人们更加憎恨皮埃罗，也增加了加害他的机会。据说使这些商人破产的原因，是皮埃罗在人人都没有料想到的情况下，突然决定追索欠款；这件事对于城邦既不光彩，也将促使它毁灭。此外，皮埃罗千方百计给他的长子洛伦佐娶了克拉丽切·德利·奥尔西尼为妻。这件事又使他的敌人抓住机会说：很明显，这是因为他瞧不起佛罗伦萨人,不愿和佛罗伦萨人结亲;因为他认为他自己已经不是人民的一员,而是准备当君主了;因为,凡是不愿意和同胞公民结亲的人,必然是想奴役他们,所以才不屑于和同胞们交好。这些煽动叛乱的头头们认为他们已胜利在握;因为他们为了给自己的目标披上优美的外衣,已经在自己的旗帜上标出“自由”二字,多数公民因受骗上当而追随他们。

在全城人心激动的情况下,有些极端厌恶动乱的人认为,最好是想个法子用新鲜事来吸引人们的注意;因为在无所事事时,谁一鼓动往往就跟着谁跑。为了把人们的注意力从政府的问题方面转移开,他们就趁现在正是科斯莫逝世一周年之际,决定举行两项庆祝活动,其规模之大要和城邦曾经举行过的最隆重的庆祝活动相同。其中一项就是表演由宣告基督降生的明星引路的东方三王的来临;这项活动规模盛大、庄严华丽,以致单是准备工作就占用全城居民好几个月的时间。另一项是举行竞赛大会(这是他们给赛马起的名称),在大会上,全城第一流家庭的青年男子都要参加,还邀请了全意大利最有名的骑手。在佛罗伦萨最出众的青年当中,有皮埃罗的长子洛伦佐,他获得头等奖,这倒不是由于有人偏袒,而是靠他自己的勇敢获得的。这些庆祝活动过去之后,人们的思想又回到原先脑子里考虑的问题上,每个人都比过去更加迫切地追求自己的目标。

结果形成严重的分歧和动乱。随后发生的两件事情则大大助长了动乱的发展。其中之一就是“巴利阿”的权力已经到期;另一件是:弗兰切斯科公爵死后,新公爵加利佐派大使到佛罗伦萨来,要求续订原来由他父亲和本城邦订立的盟约。盟约中有一条,规定佛罗伦萨每年支付公爵一定数额的款项。反对美第奇家族的那一派当中的主要人物抓住新公爵这一要求的机会,准备在政务会议上公开抵制。他们借口盟约原先是和弗兰切斯科、而不是和加利佐签订的,弗兰切斯科既已不在人世,规定的付款义务也就应当停止;而且这件事也毫无恢复的必要,因为加利佐并没有具备他父亲那样的才干,因而佛罗伦萨不可能也不应当期望从他那里取得同样的好处;如果说过去从弗兰切斯科手中没有得到多少好处,现在从加利佐身上就更不会得到什么。他们还说,假如有任何公民为了他个人的目的而要雇用他,那将既不符合民间惯例,也不符合城邦自由的利益。皮埃罗的看法和这些意见正相反,他说:只是贪图省几个钱就抛弃这样一个盟国是非常失策的;对全城邦、甚至对全意大利来说,再没有比和公爵结盟更为重要的了。他还说:只要有这个联盟存在,威尼斯人不论用伪装友善还是公开战争的办法都无法伤害公国;但他们一看到佛罗伦萨人已经和公爵疏远时,他们很快就会准备战争;而且,他们看到公爵年纪轻、新近当政、又没有友邦支持,就会用武力或欺骗的手法,强迫他加入他们那一边;万一发生这样的情况,佛罗伦萨共和国的毁灭就不可避免了。

皮埃罗的意见并未产生任何效果。两派之间的敌视已开始在他们夜间的集会上公开表现出来。美第奇家族的朋友们在克罗切达教堂开会;对立一派则在皮埃达教堂。他们急于搞垮皮埃罗,就劝诱许多公民签名支持他们的计划。有一次,特别是在那次讨论应当采取什么方针的会议上,虽然大家都同意削弱美第奇家族的权势,但当讨论到用什么方法实现这一目标时,大家的意见却各有不同。有一派最温和最通情达理的人认为:既然这一届“巴利阿”

的权力已经结束,大家就应当设法防止其恢复;到那时,大家会看到人们普遍希望由政府各机构官员和各政务会议来统治城邦;在短时间内,皮埃罗的权力必将显著减弱;他在政府中丧失势力的结果,将使他的商业信用也随之破产,因为他的财务情况已经很困难,如果他们能阻止他动用公款,他必然立即破产;这样,他们将不再受他任何威胁;从而不用处死或放逐任何人就可以成功地恢复人们的自由。可是,如果企图以暴力解决,必将招来极大危险。因为人类往往愿意让那自己倒下去的人接受命运安排;但如果他是被别人推倒的,人们就要急忙前去营救。因此,如果他们不采取任何特殊手段去反对他,他就会没有任何理由进行自卫或向人求援;假如他自己到处去求援,那只会对他自己极为不利;因为他这样作只会引起普遍怀疑、从而加速他自己毁灭,而且证明他们这边不论采取任何自己认为适当的步骤都是有理的。

会上许多人认为这样办事太缓慢,因而很不满意;他们认为拖延时间只对皮埃罗有利、对自己有害;假如他们听任事情按通常那样发展,皮埃罗就不可能有任何危险,而他们自己却会招来很多危险,因为反对皮埃罗的那些官员将允许他统治城邦,他的朋友们则会推举他当城邦君主,从而使他们自己不可避免要遭到毁灭,就像1458年发生的事情那样。虽然他们刚刚听到的意见可以说最合乎仁慈宽大的感情,但抓住当前时机下手终将证明是最为保险,因而也是最好的时机,趁现在人们心中正在激烈反对皮埃罗的时候就促使他毁灭。为此,他们应当作出武装自己的计划,还应当取得费拉拉侯爵的支援,免使自己缺乏兵力。假如成立一届有利于自己的执政团,他们就能加以利用。于是他们就决定等待新的一届执政团成立，到时候再看情况决定。

在参与阴谋的人们当中有一位名叫尼科洛·费迪尼，曾多次主持开会。他在最有把握的希望的引诱下，向皮埃罗揭发了全部事实，还交给他一份签过名反对他以及全部阴谋者的名单。皮埃罗发现反对他的人数这么多、身份这么高，感到很吃惊。在朋友们的劝告下，他决定请倾向于支持他的那些人签名。他把这件事交给他最亲信的人当中的一位去办，发现人们的思想极其动摇不定、见异思迁，许多原先曾签名反对他的人现在又签名支持他。

第　三　章

尼科洛·索德里尼中签任正义旗手——这件事引起人们极大的期望——两派都拿起武器——执政团很怕出事——他们对皮埃罗的做法——皮埃罗对执政团的回答——政府改组，支持皮埃罗·德·美第奇——他的敌人四散——卢卡·皮蒂失势——阿尼约洛·阿奇阿尤利给皮埃罗·德·美第奇的信——皮埃罗的回信——佛罗伦萨被放逐者的计谋——他们劝说威尼斯人对佛罗伦萨发动战争。

这些事情正在进行当中，最高官职改选的日期到了；尼科洛·索德里尼中签任正义旗手。伴送他去上任的人，成千上万，其中不但有显赫公民，而且还有平民，气派之大确实惊人。在路上，人们还把一顶桂冠戴在他头上，象征全城邦的安全和自由都寄托在他身上。这件事也和其他许多类似的事情一样，足以证明：当一个人就任某种要职或取得某种权力时,如果引起群众过高的期望,多么不好。因为,人们这些期望由于不可能实现——许多人追求的都是一些无法办到的事情——其后果往往只有耻辱和失望。托马索和尼科洛·索德里尼是弟兄。尼科洛热情奔放生气勃勃;托马索则较为机智,他是皮埃罗的好友。他知道他弟弟所追求的只是城邦的自由和共和国的稳定,并不想伤害任何人;于是就劝他另搞一次投票选举,用这个办法可能使选举袋里装的姓名都是支持他的计划的人。尼科洛采纳他哥哥的建议,从而使他这一任在空想中白白地浪费了;而他那些朋友们,也就是那些主要的阴谋家,却是出于对他的嫉妒,才允许他这么干的;因为他们并不希望政府在尼科洛的掌权时进行改组,认为等到另选正义旗手时再实现他们的目标也并不算太晚。尼科洛的任期就是这样过去了。开始时他兴办了许多事情,但后来一件都未办成。他卸任时的声望大大不如上任时。

这个情况使皮埃罗一派的势力扩大了,他的朋友们增强了信心,过去中立或动摇的人们现在也依附了他。从而形成两派势均力敌的局面。多少个月过去了,双方都未公开露出任何特殊的计谋。皮埃罗一派继续聚集力量;反对派的激愤也与日俱增,他们现在决定用暴力实现他们未曾能够或未曾愿意尝试通过各级官员的办法办到的事情,那就是刺杀皮埃罗。眼下皮埃罗正在卡雷吉卧病。为了达到目的,他们下令费拉拉侯爵把兵带到城市近处,以便在皮埃罗一死,他就可以把兵带到广场,强迫各位执政按照他们的意愿成立一届政府;虽然全体执政不见得支持他们,但他们相信,那些在原则上可能反对他们的人,由于畏惧,可能被诱使屈从。

迪奥蒂萨尔维为了更好地掩盖自己的阴谋，经常到皮埃罗处拜访，和他谈论城邦团结统一等问题，并劝他促成统一。但因为阴谋集团的计划业已全部泄露给皮埃罗；此外，多梅尼科·马尔泰利还告诉他，迪奥蒂萨尔维的弟弟弗兰切斯科·内罗尼曾竭力劝他加入他们那一伙，还曾对他说他们的胜利业已在握，他们的目标几乎马上就要实现了。针对这一情况，皮埃罗决定趁敌党正在拉拢收买费拉拉侯爵的时候，首先拿起武器。于是他就宣布他收到波洛尼亚君主乔万尼·本蒂沃利一封信，通知他说费拉拉侯爵已带领大队人马开到阿尔诺河上，公开声明要进军佛罗伦萨；他就是因为接到这一劝告才拿起武器的。说完之后，他就带领一支强大的队伍开到城里，这时，所有愿意支持他的人也都拿起武器。反对派也拿起武器，但因他们事先并无准备，所以秩序很乱。迪奥蒂萨尔维的住处距皮埃罗的邸宅很近，他觉得待在家里不安全，就首先跑到宫中恳请执政团竭力劝说皮埃罗放下武器；随后又到卢卡·皮蒂处，要他忠于他们的事业。尼科洛·索德里尼表现得最为活跃：他拿起武器，后边跟着住在附近地区的几乎所有的庶民，向卢卡的住处走去；到达后，他劝卢卡骑上马，到广场上去支援执政团；据他说，执政团成员是支持他们一派的；毫无疑问，胜利必然属于他们；他不应当留在家里屈辱地死在敌人的屠刀之下；也不应当可耻地上了那些不愿拿起武器的人们的当；这是因为：果真发生那种情况，他很快就会因为失掉一个永远不可复得的良机而悔恨莫及；假如他要用强烈的手段消灭皮埃罗，轻而易举地就可以办到；假如他渴望达成和解，那么，处于提出条件的地位总比被迫接受人家提出的条件的地位好得多。但他这些话在卢卡身上并未产生任何效

果。卢卡这时主意已拿定,皮埃罗曾以新的条件和许诺劝诱他脱离自己那一派,加入他那边。因为他的一个侄女已经嫁给乔万尼·托尔纳布奥尼了。因此,他劝尼科洛遣散他的追随者,返回家去;还对他说,假如城邦能由政府官员治理(事情肯定会是这样)他就应当知足,所有的人都应当放下武器;因为执政团——其中大部成员是友好的——一定会解决他们之间的分歧。尼科洛发现卢卡很难说服,就自回家去了。但临走前对他说,“我一个人不可能给城邦办成什么好事;但我能容易地预见到城邦将有灾难降临。你刚作的决定将使国家失掉自由;你将丢掉政权;我将丢掉财产;其余的人将被放逐。”

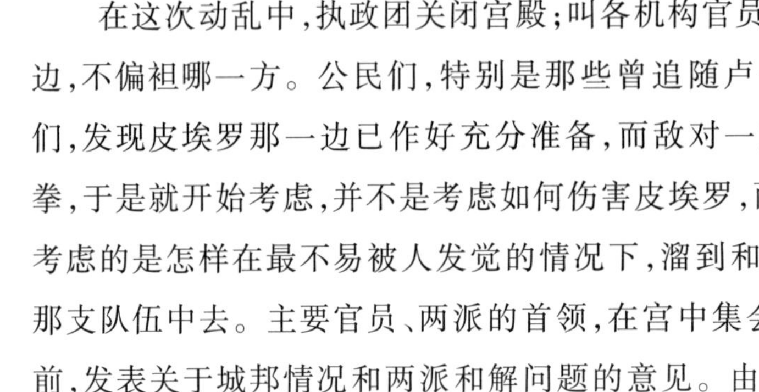

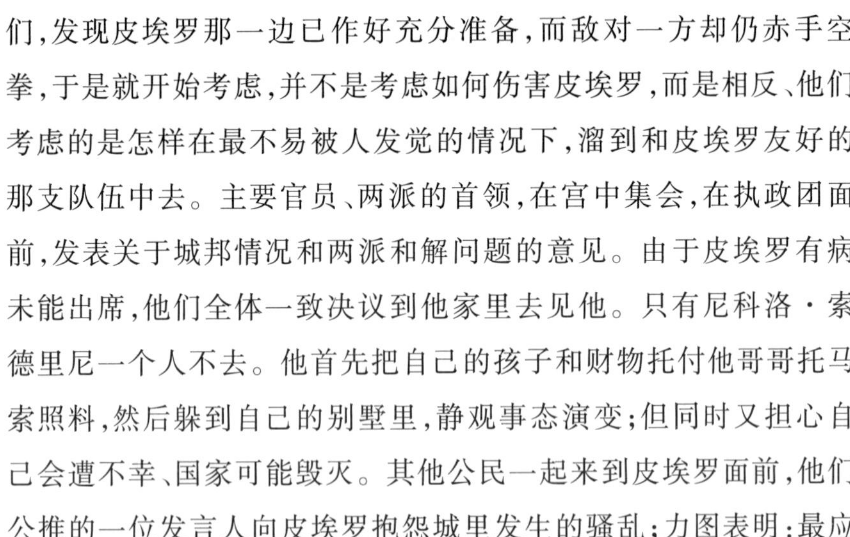

在这次动乱中,执政团关闭宫殿;叫各机构官员都留在他们身边,不偏袒哪一方。公民们,特别是那些曾追随卢卡·皮蒂的人们,发现皮埃罗那一边已作好充分准备,而敌对一方却仍赤手空拳,于是就开始考虑,并不是考虑如何伤害皮埃罗,而是相反、他们考虑的是怎样在最不易被人发觉的情况下,溜到和皮埃罗友好的那支队伍中去。主要官员、两派的首领,在宫中集会,在执政团面前,发表关于城邦情况和两派和解问题的意见。由于皮埃罗有病未能出席,他们全体一致决议到他家里去见他。只有尼科洛·索德里尼一个人不去。他首先把自己的孩子和财物托付他哥哥托马索照料,然后躲到自己的别墅里,静观事态演变;但同时又担心自己会遭不幸、国家可能毁灭。其他公民一起来到皮埃罗面前,他们公推的一位发言人向皮埃罗抱怨城里发生的骚乱;力图表明:最应当受到谴责的就是首先拿起武器的人;还说,因为他们不知道皮埃罗的意图是什么(他显然是第一个拿起武器的人),所以才到这里来听听他的想法,假如他的计划是为了增进城邦福利,他们就愿意给予支持。

皮埃罗回答说,最应当受到谴责的并不是最先拿起武器的人,而是首先惹起人们拿起武器的人。假如他们肯稍回顾一下他们针对他本人采取的行动,就不会对他所采取的行动感到惊奇了;因为他们不会看不出:他们那些深夜集会、招募党羽以及企图使他丧失政权和生命的那些行径,正是迫使他拿起武器的原因。他们还应当看到:既然他的武装力量并未离开他的家宅,他的意图显然只不过是自卫,而不是伤害别人。他所追求的、他所期望的别无其他,只不过是自身的安全和宁静,他的行为也并未表现出任何与此不同的意图,因为在“巴利阿”的权力到期之后,他从未企图采取任何步骤加以恢复;他很高兴由各位官员治理城邦,并对此很感满意。他们也许还记得:不论有无“巴利阿”,科斯莫和他的儿子们在佛罗伦萨都可以受到人们的尊敬;后来在1458年,恢复“巴利阿”的,并不是他的家族,而是他们自己。如果他们现在并不想再成立一届“巴利阿”,他也不考虑。但这一切并不能使他们安心,他看出他们认为,只要他还在佛罗伦萨一天,他们就不可能在这个地方呆下去;他万万没有料到:他一向表现沉着温和,而他自己的朋友或他父亲的朋友们居然认为和他本人一起住在佛罗伦萨不安全;然后他又转向当时都在场的迪奥蒂萨尔维和他的弟兄们,严肃而愤慨地提醒他们:他们曾在科斯莫手中得到过多少好处、受到过多大信任,但他们今天竟然如此忘恩负义。他的话激起在座一些人极大愤慨,要不是他亲自阻拦,这些人一定会当场就把内罗尼弟兄们撕成碎片了。最后他说,他会赞成他们自己和执政团作出的

任何决定;至于他本人,他只希望得到宁静和安全,后来,人们讨论了许多事情,但未作出任何决定,只是一般地认为有必要改组城邦各行政机构和政府。

当时任正义旗手的是贝尔纳尔多·洛蒂,他是皮埃罗信不过的一个人。因此,在他任职期间,皮埃罗不打算做什么事情;这样拖一下也不至于造成什么不便,因为他的任期眼看就要满了。在选举1466年9、10两个月份的执政时,罗贝尔托·利奥尼被委任为最高行政官。他刚一就职,由于各种必要的准备工作早已全部安排就绪,于是立即把群众召集到广场上,成立了一届新的"巴利阿",一致支持皮埃罗。不久之后,他就按照自己的心意指派了政府所有机构的官员。

这件事使反对派首领大为惊惶。阿尼约洛·阿奇阿尤利逃到那不勒斯,迪奥蒂萨尔维·内罗尼和尼科洛·索德里尼逃到威尼斯。卢卡·皮蒂由于相信自己和皮埃罗的新关系以及后者向他所作许诺,就留在佛罗伦萨了。所有逃亡在外的人都被宣布为叛逆;整个内罗尼家族都四散各地。当时在佛罗伦萨当大主教的乔万尼·迪·内罗尼为了逃避更大的灾祸,自动流放到罗马。政府还给在逃的许多公民指定放逐地点。这样做还嫌不够,又下令公民庄严列队游行,感谢上帝保全了城邦政府、重新统一了全城。正在游行时,又有些人被逮捕,遭到严刑拷打;其中有一部分后来被处决或流放。在这次大变动中,就命运无常而论,再没有人比卢卡·皮蒂的例子更为突出的了:转眼之间,他就经历了由胜利到失败、由光荣到耻辱的巨大变化。不久前,他的邸宅还是高朋满座,如今却是空空荡荡、一片凄凉;在大街上,亲戚朋友见到,不但不陪他走走,甚至连向他行个礼都不敢;这些人当中有的失去了在政府里的荣誉职位,有的被没收了财产,每个人都受到威胁;他自己开始修建的那些宏伟的邸宅已被建筑者扔下不管;过去人们给他的是好处,如今却是伤害;过去是荣誉,今天却是羞辱;因此,过去送过贵重东西给他的人们当中,有许多又把东西要回去,说当初只是借给他的;过去惯于吹捧他、说他是出类拔萃的那些人,现在则说他残酷无情、忘恩负义。因此,他现在确实悔恨当初没听尼科洛·索德里尼的忠告:宁可在战斗中光荣牺牲,也不要在胜利的敌人脚下忍辱贪生;但后悔已为时太晚。

这时,被放逐在外的人们开始考虑用种种办法来恢复他们未能保住的公民资格。不过,当时正在那不勒斯的阿尼约洛·阿奇阿尤利决定在尝试其他办法以前,先试探一下皮埃罗,看看能否达成和解;为此,他给他写了如下一段话:

"当我看到命运如何任意把朋友变成敌人、把敌人变成朋友的时候,我不禁哈哈大笑,笑命运之恶作剧。你可能还记得,你的父亲被放逐时,我关心他所受伤害甚于我自身的不幸,因而我也被放逐,而且还曾冒过生命危险;科斯莫在世期间,我一向尊敬、支持你们一家;他去世后,我也从未想过要伤害你。不错,曾经有过这样的事实:因为你有病,你的儿子们又太年幼,我曾因此十分担心,认为改组政府是得策的,目的是在你死后我们的国家不致毁灭;为此也曾采取过一些行动,但并非为了反对你,只是为了城邦的安全;这些行动如果是错了,我认为一定会得到谅解;你会感到我的用意是好的,并考虑到我过去的功劳。鉴于过去我曾长期效忠你家,我也并不担心你们一家现在会对我无情;我也不担心你们会因为我这一点点过错,就把我的许多长处一笔抹煞。"

皮埃罗在回信中说,"你在你现在寄居的地方哈哈大笑,正是我还未哭泣的原因;因为假如你今天在佛罗伦萨大笑,我就只好到那不勒斯去哭了。我承认你对我父亲不错;但你也应当承认你因此得到的报酬也是很优厚的;你受到的恩惠大于我们受到的,正如行动比语言更为可贵。既然你旧日的善心已经得到好报,如今你的恶意也应当得到应有的回敬;这一点是无须大惊小怪的。你伪装爱国也不能使你得到宽恕;因为任何人都不会相信美第奇家族对城邦的爱护、给城邦的好处会不如你们阿奇阿尤利家族。因此,看来理所当然你应留在那不勒斯过丢脸的日子,因为你不懂得如何在自己的祖国享受光荣。"

阿尼约洛因为已经没有希望得到宽恕,就到罗马去了。他在那里和大主教以及其他避难者勾结起来,千方百计破坏美第奇家族在该城的商业信用。他们这些活动使皮埃罗大为恼火;但后来靠朋友们帮忙,他终于使他们的计谋失败。迪奥蒂萨尔维·内罗尼和尼科洛·索德里尼拼命催促威尼斯元老院向佛罗伦萨开战。他们盘算,只要发动进攻,佛罗伦萨政府因刚刚成立、而且不得人心,就会无法抵抗。这时,帕拉·斯特罗齐的儿子乔万尼·弗兰切斯科正住在费拉拉,他是在1434年的大动乱中和他父亲一起从佛罗伦萨被放逐出来的。他有很大势力,也是公认的富商巨贾之一。这些新近被放逐的人向乔万尼·弗兰切斯科指出:假如威尼斯能向佛罗伦萨开战——看来他们很可能会这样干,那么他们这些人回到自己的祖国就非常容易了。不过威尼斯人需要金钱上的支援;如果缺钱,事情就难说了。

乔万尼·弗兰切斯科本人也很想报仇雪恨,于是跟他们一拍即合;答应竭尽全力为这一图谋的成功作出贡献。他们就此去进谒威尼斯的督治;向他诉说了他们被迫忍受放逐之苦;说他们被放逐并无任何其他原因,只不过因为他们希望自己的国家能得到人人平等的法律;城邦应当由官员们治理,而不应当只由几个私人说了算数;还说皮埃罗·德·美第奇和他的党羽惯于实行暴虐统治,他们自己偷偷拿起武器,却诱骗别人放下武器;就是这样用欺诈的手法把他们驱逐出本国。还说,皮埃罗他们这样干还不满足,竟然把上帝搬出来当迫害人的手段;有些人由于听信他们的诺言,留在城里没走,结果上当受骗;因为,正当公众在向上帝庄严祈祷时,他们又逮捕许多公民、并加以监禁、刑讯、处死,使人看来似乎上帝本身也参与了他们的阴谋诡计;这样,他们就在全世界制造了一个可怕的渎神的先例。为了报这些仇,他们除了投奔元老院之外,不知道还有别处能给他们更大的成功的希望。元老院一向享有自由,应当同情他们这些失掉自由的人。他们因此才前来呼吁,希望诸元老以自由人的身份帮助他们反抗暴君;以敬神者的身份反对邪恶分子。他们还提醒威尼斯人说,夺取了威尼斯在伦巴第境内的领土的正是美第奇家族,他们是违背着佛罗伦萨其他公民的意愿这样干的。美第奇家族还曾违背元老院的利益,支持并援助弗兰切斯科。因此,如果说他们这些被放逐者的不幸还不足以促使元老院发动反佛罗伦萨的战争,那么威尼斯人民的正当义愤和报仇雪耻的心愿也应能说服他们。

第 四 章

威尼斯和佛罗伦萨之间的战争——和平恢复——尼科洛·索德里尼之死——他的为人——佛罗伦萨的过火行为——从1468至1471年国外大事——西克斯图斯四世继任教皇——他的为人——皮埃罗·德·美第奇因佛罗伦萨官员的暴虐行为而感到难过——他对主要官员的讲话——皮埃罗·德·美第奇恢复秩序的计划——他的去世,他的为人——声望很高的一位公民托马索·索德里尼公开宣布支持美第奇家族——贝尔纳尔多·纳尔迪要在普拉托掀起的骚乱。

威尼斯元老院议员们听了佛罗伦萨那几位被放逐者说的最后一段话,非常激动,于是就决定派贝尔纳尔多·科利奥内将军带兵去攻打佛罗伦萨领土。军队集合后,和费拉拉侯爵博尔索派埃尔科莱·达·埃斯蒂带来的援军会合。交战初期,由于佛罗伦萨一方事先未作准备,敌军得以焚毁多瓦多拉城关地区并抢劫附近农村。但由于佛罗伦萨已把与皮埃罗为敌的人们放逐,还和米兰公爵加利佐以及那不勒斯国王费兰多恢复旧盟,他们就委派乌尔比诺侯爵费德里戈统帅全军——由于和这些友邦保持亲善关系,因而敌军的攻势并未使他们感到多大焦虑。费兰多派他的长子阿尔方索前来支援佛罗伦萨,加利佐则亲自出马;二人各率一支相当的部队,都在卡斯特罗卡罗会师,这地方是一个属于佛罗伦萨的要塞,位于由托斯卡纳南下罗马尼阿的亚平宁山脉的山脚下。这时,敌军已向伊莫拉退去。两军之间进行几次小接触;但双方都按照当时打仗的习惯,任何一方都不发动进攻,也不包围任何城镇或给对方进行大战的机会;双方都躲在自己的帐篷里,表现出十分怯阵。这情况使佛罗伦萨人普遍不满;他们感到自己陷入一场耗资巨大的战争,但却不可能得到任何好处。于是政府官员就这种无精打采的行动向被派去充当远征军军事委员的人们抱怨,军事委员们回答说:加利佐公爵应对这种有害状况负全部责任;他权力很大,但毫无经验,既不能提出任何有用措施,又不愿意听取有能力的人们的意见;因此,只要他留在军队里,军队就不可能有任何勇武有力的行动表现。

因此,佛罗伦萨官员就对公爵说:公爵亲自率领军队前来支援,从许多方面看来都是有利和有好处的;这件事本身就足以使敌军惊恐。但他们又考虑到公爵本人和他的领土的安危,比他们眼前的利益更为重要;这是因为:只要公爵本人和他的领土平安无事,佛罗伦萨人也就无所畏惧,一切都会顺利;但是,假如公爵的领土被侵,佛罗伦萨就会感到不安、担心会发生种种不幸。他们使他确信:他们认为公爵长期离开米兰是不够慎重的,因为他新掌政不久,而且周围还有不少强大的敌对分子和靠不住的邻邦;要是有人阴谋反对他,就可以趁机谋反,因此,他们劝他还是回本国去,只留下一部分军队跟佛罗伦萨人一起打仗就行了。他们这一建议加利佐很中听,于是他立即撤回米兰去了。佛罗伦萨的将军们这时既已无人妨碍手脚,为了证明他们原来所说的未能有所作为的原因是真实的,就下令部队逼近敌军,从而展开一场正规战斗;持续半日之久，双方都未认输。只打伤了一些马匹，抓了一些俘虏，但无一人死亡。这时已入冬季，照例是军队退入营房的时候。于是巴尔托洛梅奥·科利奥内退到拉文纳，佛罗伦萨军队退到托斯卡纳，国王和公爵的军队也分别退回自己的领土。由于这次军事行动并未如那些被放逐者所愿，没有在佛罗伦萨引起任何骚动；他们用钱雇来的军队这时又已拖欠薪饷，因而只好议和，很顺利就达成协议。那些进行反叛活动的佛罗伦萨人就此丧失希望，因而又四散各奔东西。迪奥蒂萨尔维·内罗尼退到费拉拉，受到博尔索侯爵迎接款待。尼科洛·索德里尼去拉文纳，依靠威尼斯人给他的一点养老金过活，后来就老死在那里。人们认为他是一位公正而勇敢的人。但过于小心谨慎，不能当机立断，因而在他当正义旗手时失掉胜利的时机，后来虽很有意再起，但为时已晚。

和平恢复后，佛罗伦萨那些仍然是胜利的一方的人们仿佛感到，除了镇压敌对分子之外，还必须压迫一切可疑的人，否则就不能确信自己已经取胜似的；于是就说服当时的正义旗手巴尔多·阿尔托维蒂，剥夺了许多人在政府中的荣誉职位，另外还放逐了一些人。他们放肆滥用权力，骄横专断，好像命运之神和上帝已经把城邦交给他们任意宰割似的，皮埃罗因为重病在身，对上述情况很不了解，即使知道一点，他也无法纠正。他的病情已严重到只能说说话，别的一概不行了。他力所能做的就是，告诫首要官员，恳求他们处事态度温和一些，要适可而止，不要用暴力造成城邦的毁灭。为了使全城人民快乐些，他决定以豪华的场面来大事庆祝他儿子洛伦佐和克拉丽切·德利·奥尔西尼的婚礼，极尽隆重铺张的夸耀和双方高贵门第相称，大摆宴席、举办舞会以及各种古装演出等等，一连进行了许多天。庆祝活动结束时，为了显示美第奇家族和佛罗伦萨政府的豪华气派，又举办两次军事表演的阅兵典礼，一次是人们骑在马上表演野战中的队形变换；另一次是表演攻城战役。在这些表演中，一切都进行得井井有条、光辉夺目。

正当佛罗伦萨发生上述情况时，意大利其余地区虽然太平无事，却对土耳其人的势力深感忧虑：土耳其人这时正在继续攻打基督教徒，业已夺占内格罗蓬特，使基督教徒大受损失、名声扫地。这时费拉拉侯爵博尔索逝世，由其弟埃尔科莱继位。教会的死敌吉斯蒙多·达·里米尼也已去世，由其弟（他父亲的私生子）罗贝尔托继位，这个人后来成为意大利名将之一。教皇保罗 1471 年逝世，由西克斯图斯四世继位。此人原名弗兰切斯科·达·萨沃纳，出身极其微贱；但他凭着自己的才干，后来竟然当了圣法兰西斯骑士团团长，随后又任枢机主教。他是第一个显示一个教皇能胡作非为到什么程度的人；他干的那许许多多的事，过去一向认为是犯罪行为，现在却由于是教皇干的也就不算邪恶了，真可谓前无古人。在他的家庭成员中，有一个叫皮埃罗，另一个叫吉罗拉莫；一般人都相信这两个人是他自己的儿子，但他却用另外的名称称呼他们，以便使他自己的人格少受些非议。皮埃罗原来是个神甫，后来竟升至枢机主教的尊贵职位，拥有圣西克斯图斯这样一个头衔。教皇还把富尔利城给了吉罗拉莫；这个城市是从安托尼奥·奥尔德拉菲手里夺来的，而后者的祖先多少代都是这个城市的主人。他这些野心勃勃的行径反而换来意大利许多君主的尊敬，一个个都想方设法争取他的友谊。米兰公爵把他的私生女卡苔丽娜送给吉罗拉莫；还把伊莫拉城作为她的嫁妆送给他，这个城市是他从塔

德奥·德利·阿利多西手中夺来的。新的姻亲关系还在公爵和国王费兰多之间建立起来：国王的长子阿尔方索的女儿爱丽萨贝塔和公爵的长子乔万－加利佐结合。

意大利既无战事，各位君主主要的事情就是互相监视，并以联姻、结盟、交好等方式加强各自的势力。但当意大利正在休养生息时，佛罗伦萨却在经受着它自己的首要官员的严重压迫。皮埃罗因重病在身，也无法约束这些官员的野心。不过后来，他为了减少良心的痛苦，并且，如果可能的话，也叫他们对自己的行为感到耻辱，于是就派人把他们请到自己家里，向他们讲了如下一段话：

"我从没有想到过会有这一天：我的朋友们的行为竟然迫使我向往过去和敌人相处的日子，甚至情愿自己并未取胜，而是被打败了。我过去曾相信和我交往的人们会对自己的贪欲有所约束；在报复了敌人之后，也会因为能够在自己的国家里安享荣华而感到满足。但现在我发现自己是大大地受骗了；我对人类的野心，最少是对你们所有的人的野心毫无认识。你们当上了这么伟大的一个城邦的主人，原来在许多公民中分享的高官厚禄和尊荣，如今都由你们这些人占有了，还不知足；你们这几个人还分享敌人的全部财产；有办法把公共负担都压在其他一切人的身上，而你们自己却豁免了；还享有所有的有利可图的公职，但仍不满足，却仍要依据恶劣的惯例来加重每个人的负担。你们抢夺邻居的财物，贪赃枉法，自己却逃避法律制裁；你们欺压胆小怕事的人、放纵骄横霸道的人。全意大利也没有哪个地方像我们城邦这样，存在着这么多惊人的暴虐和贪婪的事例。难道我们的城邦养育我们就是为了要我们毁坏它吗？难道我们取得胜利就是为了使城邦毁灭吗？难道城邦给我们尊荣就是为了叫我们使它名声扫地吗？现在，我凭着一切善良的人都应当信守的誓约向你们保证：假如你们今后继续为非作歹，以致使我真的悔恨不该取得胜利的话，那我就要采取某些措施，使你们痛苦地悔恨自己不该滥用这次胜利。"

这些官员用适合当时情景的话应付了几句，但事后并未放弃他们那些罪恶行径。因此，皮埃罗只好派人把阿尼约洛·阿奇阿尤利秘密请到卡法吉奥洛，和他长时间讨论了城邦的状况。无疑，要不是因为皮埃罗逝世，从而使事情未能办成的话，他本来就要把被放逐的那些人召回以便制止这些人巧取豪夺的行为。这项崇高的计划落空了，他因经受不了肉体上的病痛和精神上的苦恼而去世了，终年五十三岁。他的善良和美德并未得到他的同胞的尊重和理解；这主要是因为他直到临终前几年一直协助科斯莫工作，而科斯莫死后那少数几年他完全是在国内倾轧不和和体弱多病中度过的。皮埃罗的遗体安葬在圣洛伦佐教堂里靠近他父亲坟墓的地方；丧礼极其庄严隆重，适合他那高贵身份。他留下两个儿子：洛伦佐和朱利阿诺。虽说每个人都有希望在将来成为对共和国有用的人；但因为他们太年幼，有头脑的人感到十分担忧。

在佛罗伦萨政府任职的主要官员中，托马索·索德里尼是一位十分出众的人。他的智虑明达和威望不但在国内，而且在国外也是人所共知的。皮埃罗死后，全城的人都瞩望于他。许多公民到他家中拜访，把他当作政府首脑；外国一些君主写信给他。但他在公正无私地估量了自己的家族和美第奇家族的命运之后，决定不回答各国君主的来信；并通知公民们不应当到他家里而应当到美第奇家去拜谒，为了用行动表示他这一忠告是诚心诚意的，他把所有显贵家族首领都邀请到圣安托尼奥女修道院，同时把洛伦佐和朱利阿诺·美第奇二人也一起带去。他在会上发表了严肃的长篇讲话，说明本城邦和意大利的情况以及各国君主的见解如何；使他们确信，如果大家希望在佛罗伦萨过和平和统一的生活，摆脱内部纠纷和对外战争，就必须尊重皮埃罗的两个儿子并维护他们一家的声望。因为人们遵循习惯已经认可的老办法从不会后悔，而一采取新办法很快就会取消掉；经验证明，维持一个曾经战胜敌党忌恨而继续存在下来的政权比较另树立新政权容易；因为无数的意想不到的因素会把新政权推翻。托马索的讲话结束后，洛伦佐发言。他虽很年轻，但说话很谦虚谨慎，却使在场的人一致预感到他将成为一位大人物，正像后来得到证明了的那样。因此，公民们在离开以前都发誓把这两个孩子看成自己的儿子，两兄弟也答应把他们当父辈看待。从此往后，洛伦佐和朱利阿诺就被大家尊若王子，他们俩也决定按照托马索·索德里尼的指点行事。

这时国内外正是一派太平景象，没有战争干扰普遍的安宁。但忽又发生一桩意外的骚乱，似乎是预示未来的凶兆。在卢卡·皮蒂一派遭倾覆的那些家族中，有一个纳尔迪家族，他们的首领萨尔韦斯特罗和他的弟兄们已被放逐，后来又因为在巴尔托洛梅奥·科利奥内领导下参加战争而被宣布为叛逆。萨尔韦斯特罗的弟弟贝尔纳尔多年纪轻，机敏而大胆；由于贫困，无法减轻被放逐的不幸，而和平局面又使他返回城邦的一切希望成为泡影，于是他就下定决心要用一些方法使战火重新燃烧起来；因为微不足道的开端往往会产生巨大的后果，一般人往往不愿意开创新事业，而较易于继续从事业已开端的事。贝尔纳尔多在普拉托有许多熟人，在皮斯托亚地区，特别是在帕兰德拉家族当中则更多，这个家族虽在乡间，人数却十分众多；而且，他们和其他皮斯托亚人一样，都是从小在屠杀和战争中成长起来的。他知道这些人心怀不满，因为佛罗伦萨官员在力图制止他们报复世仇宿怨的格斗流血方面搞得太严厉了；他还了解，普拉托人认为统治他们的那些长官骄横贪婪，使他们受到伤害，其中有一些人对佛罗伦萨很反感。他考虑到这种种情况，希望能在托斯卡纳点起一把火，要是普拉托敢于造反，就会受到许多人的赞助，到时候谁再想把它扑灭也难以办到了。他把这个想法透露给迪奥蒂萨尔维·内罗尼；还问他，假如他们夺取普拉托的事能够成功，那么，靠他的力量能从意大利一些君主那里得到多少援助呢？迪奥蒂萨尔维认为这件事可能立即招致危险，而且几乎是完全不切实际的；不过，既然这件事给他提供了一个实现目标的新机会，而且又是由别人替他冒险，何乐而不为。于是就劝贝尔纳尔多去进行，答应从波洛尼亚和费拉拉两地争取某支援助，如果他能把普拉托最少保住十五天的话。他这一允诺使贝尔纳尔多心中更充满成功的希望，于是他就偷偷溜入普拉托城里，和那些最可能支持他的人们串通，其中包括帕兰德拉家族；安排好行动计划和起事日期之后，就把已办妥的一切通知迪奥蒂萨尔维。

第　五　章

贝尔纳尔多占领普拉托，但没有得到居民的支持援助——他被捕，动乱平息——佛罗伦萨的腐化生活——米兰公爵在佛罗伦萨——圣灵教堂毁于大火——沃尔泰拉的反叛及其起因——洛伦佐·德·美第奇主张武力解决,沃尔泰拉屈服于暴力——沃尔泰拉遭掠夺。

在这时期,切萨雷·佩特鲁齐是佛罗伦萨城邦派驻普拉托的行政长官。当时情况类似的这类城镇,按一般习惯,城门的钥匙都是由地方长官亲自随身携带。在和平时期,任何居民为了出入城门都可以向长官要钥匙,一般也都可要到。贝尔纳尔多了解这个习惯;他大约在破晓时来到朝向皮斯托亚的那座城门外边,跟随来的是帕兰德拉家族成员和另外一百来人,都带着武器。他们在城内的同党也在同一时间武装起来,其中有一个人到长官处要钥匙,伪称有人从乡下来、打算进城。长官由于对他一点都不怀疑,就派一个仆役把钥匙给他们送去;当他走到适当地点时,阴谋分子就把钥匙抢走,把城门打开,把贝尔纳尔多和他的追随者放进城里。他们把队伍分成两股;一股由普拉托一位名叫萨尔韦斯特罗的居民带领,占领城堡;另一股跟着贝尔纳尔多,夺占宫殿,把切萨雷和他一家老少都抓起来,交给一些人看管。然后他们就在大街上游行,高呼"自由"的口号。这时天已大亮,许多居民听见发生动乱,就跑到广场上;在那里大家听说要塞和宫殿已被占领,长官和他全家也已被俘虏,都感到十分惊讶,不明白这些事是怎么发生的。那八位掌握最高权力的官员聚集在自己的官邸里讨论善策。

这时,贝尔纳尔多和他那伙追随者在城里走了一圈,并未发现任何令人鼓舞的迹象;听说那八位公民正在开会,就去找他们。贝尔纳尔多向他们宣称:起事的宗旨就是要把这个地方从奴役中解

救出来；他还提醒他们说，那些拿起武器促使这一伟大目标实现的该是多么光荣，因为他们从此就可以保持永久的和平和不朽的名声；他还请他们回忆过去过的自由生活和今日的处境；还说：只要他们能够在起义者抵抗佛罗伦萨可能派来镇压的军队方面予以几天的援助，他向他们保证到时候会得到一些援助。他还说他在佛罗伦萨有许多朋友，只要那些人看到普拉托居民已下定决心支持他，他那些佛罗伦萨朋友就一定会前来和他们并肩战斗。他的这番话未能在这八位公民身上起到预期的作用。他们回答说，他们不清楚佛罗伦萨究竟算是自由的呢还是受奴役的，因为这并不是一个要他们进行判断的问题；但有一点他们很明白，对他们说来，除了服从统治佛罗伦萨的那些官员之外，他们并不希望得到其他的什么“自由”，因为他们从来没有受到那些官员的任何伤害，足以促使他们企求变革；因此，他们劝贝尔纳尔多释放长官，把他自己那伙人尽快撤离这个城市，以免遭受他如此鲁莽招来的危险。

贝尔纳尔多并未被这些话吓住。他认为，既然好言相劝不能在普拉托人身上产生什么效果，于是就决定用恐吓的办法试试。为了吓唬他们，他决定处死切萨雷；在把他从监牢里提出之后，下令在宫殿的窗户上把他吊死。当切萨雷被押至行刑地点，脖子上也已套上绞索、见贝尔纳尔多正下令尽快结束他的性命时，他掉转头来对贝尔纳尔多说：

“贝尔纳尔多，你以为把我弄死之后，普拉托人就会跟着你干吗？你想错了，事情的结果正好相反。因为他们对佛罗伦萨人民派来的主管官员很尊敬，一旦看到你加害于我，就会十分憎恶你，其后果必然是你自己毁灭。因此，你如果希望达到你预期的目标，必须把我的生命保存下来,而不是把我处死。因为假如由我来发布你的命令,他们将更愿意服从;这样,按照你的指示办事,我们很快就可以实现你的目标。”

贝尔纳尔多的脑子并不是富有计谋的。他认为这个意见很好,于是就叫人把他带到面对广场的一个阳台上,命令他向普拉托人民下命令服从他自己。切萨雷照办之后,就又被带回监牢。

阴谋者的弱点是很明显的。住在这个城市里的许多佛罗伦萨人集合在一起,其中有一位罗德岛的名叫焦尔焦·吉诺里的骑士,首先拿起武器反对他们,向贝尔纳尔多发起进攻。贝尔纳尔多穿越广场,对那些拒绝听从他的人们一会儿劝诱一会儿威胁;后来,他被焦尔焦带来的人们包围,在被打伤后就被俘。反叛头子被俘后,很顺利地就把长官放了出来,把其余的反叛者都镇压了。他们人数不多,而且又分成好几股,几乎全部不是被杀就是被俘。有人把这些事传到佛罗伦萨,夸大其词,说普拉托已被占领、长官和他的支持者都被杀害、全城已到处都是敌人;还说皮斯托亚人也已武装起来,多数公民都参与阴谋。这些惊人的消息传开之后,许多官员立即聚集在宫殿里,和执政团商议应当采取什么对策。这时,当时意大利最出众的将领之一罗贝尔托·达·圣塞韦里诺正在佛罗伦萨;于是就决定派他率领所有当时能收集到的兵力进军普拉托。命令他到达当地之后,要仔细侦察正在发生的情况,然后根据情况需要,按照他自己认为妥善的办法加以处置。罗贝尔托刚刚通过坎皮要塞,就碰上普拉托长官派回的使者,告诉他说贝尔纳尔多已经就擒,他手下那伙人不是被打死就是被冲散,一切都已恢复正常秩序。罗贝尔托因此又返回佛罗伦萨,不久贝尔纳尔多也被押送

回来。官员们问他搞这次脆弱的叛乱阴谋的真实目的何在；他说他之所以这样干是因为他宁愿死在佛罗伦萨也不愿在外地过放逐生活，他还希望他死的时候，会有一些值得纪念的活动。

这次骚乱几乎是在刚一开始时就被镇压下去。佛罗伦萨市民又都恢复惯常的生活状态，一个个都希望无忧无虑地享受已经建立并得到巩固的好日子；因此就出现了和平时期经常出现的弊病。青年人比过去更加放荡，奇装异服，花天酒地，放荡行径不一而足。由于终日无所事事，把时间和金钱都浪费在赌博和女人身上；专心致志于讲究衣着华丽；力求说话诡诈刻薄，谁的话说得最尖酸刻薄，谁就被认为是最聪明的人，因而受到最大的尊敬。这个风气后来又受到米兰公爵的追随者的鼓励，米兰公爵和他的夫人据说为了履行早先许下的愿，率领整个宫廷人员来到佛罗伦萨，他所受到的隆重欢迎接待，完全合乎他这么伟大而且又是和佛罗伦萨这么亲善的一位君主的身份。在这段时期，全城见到一个前所未有的现象：在大斋[①]期间，教会规定禁止肉食，但米兰人却不理睬上帝或他的教会这些清规戒律，照样每天吃肉；为了向公爵表示敬意，还举行了各式各样的表演，其中之一是在圣灵教堂里表演圣灵降临诸使徒的情景；因为进行这项表演必须在许多地方点燃火把，结果使教堂的一些木质结构着火，整个教堂竟完全被焚毁。许多人认为这是上帝被我们的胡作非为所触怒，用这个办法来表示他的不悦。因此，如果说公爵来的时候全城就已经无处不是宫廷式的佳肴美馔，到处是和正派行为不相适合的习气；那么，在他离去的

① 指复活节前斋戒四十天。——译者

时候，情况就更坏了。因此，一些品德好的公民认为有必要对这些不合适的行为加以约束，于是制订一条法律，禁止在服饰、宴饮和殡丧等方面奢侈浪费。

在这一段普遍和平的时期中，托斯卡纳又出人意料地发生一次新的骚乱。沃尔泰拉某些公民在他们自己的地区以内发现一个明矾矿。他们知道到这个矿有利可图，为了得到开发和取得矿藏的资金，就请求某些佛罗伦萨人协助，答应分给他们一部分红利。这件事，和任何其他新事业的情况一样，开始时并未引起沃尔泰拉人多大注意；但到后来，当人们发现从中取得的利润为数相当可观时，就千方百计要实现当初本来很容易实现的事情，但未能成功。他们首先在政务会议上提出这个问题，进行游说，说是在公有土地上发现的富源竟然变成某些私人发财致富的手段，简直太不合理；然后他们又派人到佛罗伦萨去讲理，这个案子上交给某些官员去考虑；这些官员可能是因为已经接受拥有矿产的人们的贿赂，也可能是出于诚挚的信念，宣布沃尔泰拉人民目的是想要剥夺那些公民的劳动果实，这是不公正的；于是判决这个明矾矿应是前此开发矿者的正当财产；不过，同时也建议开矿的人们每年向当地政府交纳一定数量的款项以表谢意。这个答复不但未能平息沃尔泰拉内部的互相敌视和吵闹，反而使事态恶化；从而使政务会议和全城居民的注意力全部集中在这件事情上。全体居民要求归还他们认为应当是属于他们的东西；那些拥有矿产的人则坚持保有他们本来已取得、后来又经佛罗伦萨人判归他们自己的东西。在这些动乱中，有一位名叫伊尔·佩科里诺的很有名望的公民遭到杀害，还有和他站在一边的几个人也被打死，他们的住宅还被抢劫焚毁。于

是群众激愤异常、非杀死佛罗伦萨派去的长官不可，人们费了好大力气才约束住。

在发生第一次暴行后，沃尔泰拉人决定立即派使节前往佛罗伦萨，向佛罗伦萨官员宣告：假如执政团允许他们保有自古以来的特权，他们的城市就能像过去那样臣服佛罗伦萨。关于应如何作出回答这个问题，在佛罗伦萨官员中意见很多、分歧很大。托马索·索德里尼的意见是：无论沃尔泰拉人提出什么先决条件，都应接受他们臣服佛罗伦萨；因为他考虑到在沃尔泰拉这样离得很近的地方点燃一把火可能会延烧及自己的家宅；这样做是既不合时宜又不明智的。他还怀疑教皇有野心，也担心国王的势力，而对公爵或威尼斯人的友谊也信不过，因为公爵的勇气和威尼斯人的诚意都是没有把握的。他引用一句平凡的格言来结束他那段话："宁可委屈求和，不可恃胜占强"。而在洛伦佐·德·美第奇看来，这正是他显露自己聪明才智的机会。在妒忌托马索·索德里尼的势力的那些人大力支持下，他决定进攻他们，以武力惩办狂妄自大的沃尔泰拉人。他宣称，如果不使沃尔泰拉人成为一个令人胆战心惊的例子，那么别的人还会毫无顾忌地因一点小事就效法他们。这件事作出决定之后，他们就通知沃尔泰拉人说：既然他们自己已破坏条约规定，就不能要求佛罗伦萨人加以遵守；因此，他们要不是接受执政团的裁决；就是接受战争。沃尔泰拉的使节带着这个答复回到自己的城市，着手准备城防。他们一面修筑工事，一面派人到意大利各国君主那里求援；但无人理会他们；只有锡耶纳人和皮奥姆比诺君主表示有可能给他们些许援助。

在佛罗伦萨这边，他们认为取胜的途径主要靠神速。于是立

即集中一万名步兵和两千名骑兵，在乌尔比诺君主费德里戈统帅下开入沃尔泰拉领土，迅速占领他们的乡村；然后就在城外扎营围困。该城地势较高，四周都是悬崖绝壁，唯有圣阿莱桑德罗教堂附近有一隘口可通城里。沃尔泰拉人雇了大约一千名雇佣兵防守城市。这些雇佣兵看到佛罗伦萨军队的巨大优势，认为这个城市防守不住，于是在防御作战中磨磨蹭蹭；但在为害当地百姓方面却乐此不疲。因此，这些可怜的市民外受敌军困扰、内遭自己的士兵折磨；因此，感到自身安全无望，就想谈判投降；由于得不到更好的条件，只好听从佛罗伦萨军事委员处置，军事委员下令打开城门，将大部兵力开入城内。军队入城后即开入宫中，下令诸长官各自回家。有一位在回家途中，遭到士兵取笑，并被剥光衣服。从这个一开头（人们往往很容易跟着干起坏事来，办好事可就难了），立即引起对全城的抢劫和破坏；整整一天受尽惊恐；妇女和圣地也都未能幸免。那些士兵，不管原来是雇来保卫城市的还是前来攻城的，都参与劫掠，只要抢得到的东西就决不放过。这次胜利的消息传到佛罗伦萨，人们一片欢庆。由于这次远征完全是根据洛伦佐的主意进行的，他因而获得很大的声望。对此，托马索·索德里尼的一位密友提醒他说：当初他曾提出不同的意见，问他对这次占领沃尔泰拉有什么看法，他回答道："依我看，这个城市与其说已经夺到手中，还不如说已经丢掉。因为假如当初是在公正的条件下取得的，其结果必是裨益和安全；但现在既是以强力保住的；一遇危急关头，就会显出弱点并使人焦虑不安；而且，即使在和平时期，对我们也只有害无益、耗费金钱。"

第　六　章

西克斯图斯四世和洛伦佐·德·美第奇互相仇视的根源——佩鲁贾的卡尔洛·迪·布拉乔攻打锡耶纳——由于佛罗伦萨人不同意,卡尔洛退兵——刺杀米兰公爵加利佐的阴谋——他的恶行——他被阴谋者刺死——阴谋者被杀。

斯波莱托由于内部纷争引起叛乱;教皇急于保持教会辖地顺从于他,因而促使该城遭受洗劫。卡斯泰洛城因同样拒不服从教皇,他就命令围攻该地。该城君主尼科洛·维泰利由于和洛伦佐·德·美第奇关系甚好,从他那里取得援助;援助数量虽说不大,却足以造成西克斯图斯四世和美第奇家族之间互相仇视,后来还因此产生许多极其不幸的后果。要不是发生圣西克斯图斯枢机主教皮埃罗修士的死亡事件,他们之间的仇恨也不至于这么长期发展下去。皮埃罗周游全意大利、访问威尼斯和米兰(借口祝贺费拉拉侯爵埃尔科莱的婚姻大典)之后,又到各国君主那里去试探他们对佛罗伦萨究竟抱什么态度。在回来的路上,他突然死去;人们怀疑这有可能是威尼斯人下毒药把他害死的;因为威尼斯人由于担心西克斯图斯如善于利用皮埃罗修士的才干和能力,就会使他们惧怕。这个人出身虽极微贱,从小在女修道院被养大,处境卑贱,但当他刚刚戴上一顶红帽子、得到枢机主教的荣誉称号,立即就显出态度极其放肆傲慢和野心勃勃,好像连教皇的职位对他说来都太渺小了。他在罗马大摆宴席,花费超过两万弗洛林,其奢

侈程度即便是一位国王这么做也会使人感到过分;西克斯图斯失掉这位主教,推行起自己的计谋来就远不像过去那样果断机敏了。佛罗伦萨人、公爵和威尼斯人之间恢复了他们往日的同盟,然后也让教皇和那不勒斯国王参加,如果他们认为合适的话,后来教皇和国王另结了盟,也保留让其他愿意加入的国家加入联盟的机会。这样,意大利就分成两派。日常发生一些情况使两个同盟交恶。关于塞浦路斯岛的问题就是这样,费兰多声称该岛应属于他,而威尼斯人却占领该岛。因此,国王和教皇之间的关系就更加密切。

乌尔比诺伯爵费德里戈这时正是意大利第一流的将军之一,并曾长期为佛罗伦萨服役。国王为了使敌方联盟丧失将领,于是在教皇授意下,就邀请费德里戈去访问他们二位。出乎佛罗伦萨人的意料,费德里戈竟然应邀前往,这使他们感到不快;因为他们认为等待着费德里戈的将是和尼科洛·皮奇尼诺同样的命运。但后来的结果却大不相同,费德里戈从那不勒斯和罗马回到他本国时,极受尊崇,并被任命为后者的武装部队的将领。教皇和国王还竭力争取罗马尼阿和锡耶纳两地君主靠拢他们,以便更易于伤害佛罗伦萨。佛罗伦萨人了解到这些情况后,只好竭尽全力保卫自己、防范敌方野心。他们既已失去乌尔比诺的费德里戈,就聘请里米诺的罗贝尔托接替;也恢复了和佩鲁贾的同盟,还和法恩扎君主缔结盟约。教皇和国王由于敌视佛罗伦萨人,希望使佛罗伦萨退出和威尼斯的联盟,而参加到他们这一边的联盟;因为教皇认为,只要佛罗伦萨和威尼斯的联盟继续存在,教会的声誉就无法保持,吉罗拉莫伯爵也无法保住罗马尼阿境内各城。佛罗伦萨人也猜到教皇和国王的计谋绝不是为了和他们交好,而是要使他们和威尼

斯人为敌,以便更易于伤害他们。在这样的猜忌和不满中,两年的时间过去了,并未发生任何动乱;托斯卡纳境内曾发生过头一件事,也只是一次微不足道的小摩擦。

佩鲁贾的布拉乔,过去我们常常提到他是意大利最杰出的武将之一,留下两个儿子:奥多和卡尔洛。卡尔洛当时还很年幼;奥多则已被瓦尔迪拉莫纳人杀死,这事前已述及。卡尔洛成年之后,威尼斯人出于对他父亲的怀念和尊敬,同时也因为对他本人抱有希望,就接受他当了威尼斯共和国佣兵队长之一:他在任期届满时,不想立即接受续约,而是决定凭仗自己的势力和父亲的名声,试试能否收复佩鲁贾。威尼斯人对此表示十分赞同,因为他们常常利用邻国的变动扩大自己的版图。后来卡尔洛果然到达托斯卡纳境内,但发现取得佩鲁贾并不像他原来预计的那么容易,因为佩鲁贾已和佛罗伦萨结盟。卡尔洛为了干点值得纪念的事业,就对锡耶纳发动战争。借口他父亲曾为锡耶纳共和国效力,这笔债他们尚未清偿,因而向他们发动了极其猛烈的进攻,几乎要把他们的领土整个征服了。锡耶纳人一向怀疑佛罗伦萨人对他们不怀好意,因而断定卡尔洛这次进犯事先曾得到佛罗伦萨的认可;于是就在教皇和国王面前激烈地控诉佛罗伦萨。他们也派人到佛罗伦萨去申诉他们所受的损害;他们用巧妙的言词表明:假如卡尔洛不曾在暗中受到支持,他就绝不可能如此放心大胆地向他们发动战争。

佛罗伦萨人否认曾参与卡尔洛所作所为,并极其诚恳地表示愿意尽其所能使战争停下来,还答应这几位使者可以用佛罗伦萨执政团的名义命令卡尔洛停止战争,用任何措词对他说都可以。后来卡尔洛也向佛罗伦萨人抱怨,说因为他们不愿意支持他,从而

既使他们自己失去占领最有价值的土地的时机,也使他本人丧失最大的荣誉;因为锡耶纳人不但毫无斗志,而且他们的防御准备得也很差;他本来是可以保证在很短期间就占领他们的全部领土的。后来他就撤走,又回威尼斯应聘去了。锡耶纳人虽然被佛罗伦萨人从迫在眉睫的危险中拯救出来,但他们对佛罗伦萨人仍极愤恨;他们认为:对那些首先使他们遭到危险然后又去解救他们的人,他们都没有必要感恩。

当国王和教皇之间的事情正在这样发展,托斯卡纳境内的情况也如上述之际,在伦巴第境内发生了一件重大的事件。有一位有学问、有抱负的人,名叫科拉·蒙塔诺,在米兰给名门望族的子弟讲授拉丁文。他或许是因为憎恶公爵的品质和作风,或许是由于什么其他原因,经常对处于一个坏君主治下的人们的境况表示不以为然;说那些有幸在一个共和国里出生和生活的人们才是快乐和光荣的。他竭力证明最著名的人物不是在君主统治下成长,都是在共和国里产生的;共和国爱护优秀品德,而君主则加以破坏;前者受益于品德高尚的人,而后者天生就对品德高尚的人心存顾忌。和这位教师关系最亲密的青年有乔万尼·安德雷阿·拉姆波尼阿诺、卡尔洛·维斯康蒂和吉罗拉莫·奥尔贾托。他经常和他们一起谈论他们的君主的罪过和他统治下的臣民的悲惨遭遇。他不断以这些道理对他们谆谆教诲,使他们心中充满这些思想,诱使他们发誓要在一旦长大成人时,想办法叫公爵毁灭。他们头脑里有这项计划,随着年龄的增长,他们的决心也越加坚强;公爵的恶行和他们本人所受伤害更加促使他们急于要实行这项计划。

加利佐生活放荡,为人残酷。劣迹昭彰,人人憎恶。他不满足

于和贵族的妻子们乱搞，而且还乐于张扬出去；他杀人还不满足，非得用异乎寻常的残酷手段把人弄死才称心。人们还怀疑他曾害死他自己的母亲。因为他母亲在他面前时，他就不便以君主自居；于是他就在行为态度方面促使他母亲离开他的宫廷；后来，正当她前往克雷莫纳——这个地方是她出嫁时陪嫁的一部分——途中，突然暴病，死于路上。许多人都认为这是她儿子设法把她害死的。公爵污辱了卡尔洛、吉罗拉莫的妻子和他们的其他女眷；还拒绝把米拉蒙多修道院的所有权让给乔万尼·安德雷阿，这是他为一个近亲从教皇那里取得的。这几位青年个人受到的这些污辱，更加强了他们复仇的念头，也更激起他们要从这种种祸害中拯救国家的强烈愿望。他们相信，不论什么时候，铲除公爵的计划一成功，许多贵族和全体平民都将奋起保卫他们。既已下定决心实现自己的计划，他们就常常在一起聚会；因为长时期以来他们一直很要好，所以并未引起任何怀疑。他们不但经常在一起研究这个问题；为了熟习刺杀本领，还常常拿出他们准备用以刺杀公爵的匕首，带着刀鞘练习互相刺向胸部和两肋。他们还研究了刺杀公爵最适当的时间和地点，认为在要塞里下手似不保险；趁他打猎时干掉，也没把握，而且危险；趁他在城内到处游逛寻欢作乐时刺杀，虽说并非不可行，但也难于成功；在宴会上下手结果也难说。于是他们就商定趁举行庆祝游行或公共庆典时把他杀掉，因为这种时候他一定在场，而且在这样的场合他们可以利用各种借口集结自己的同伙。他们还决定：即使到时候他们当中有一个人不论由于什么原因不能到场，其余的人即使处于手持武器的敌人当中，也应当把公爵刺杀。

这时已是1476年年底,快到圣诞节了。按惯例,公爵要在圣斯蒂芬节日庄严隆重地到这位殉道者的教堂里去,他们认为这个日子是实现他们的计划最适当的时机。那天早晨,他们通知和他们最亲信的朋友和仆从拿起武器,对他们说:他们是想去帮助乔万尼·安德雷阿,他打算把一条水渠引进自己的庄园,但邻近的一些庄园主反对;不过在去那个地方之前,他们要先到公爵那里请假。他们还在各种不同的借口下,聚集了另外一些朋友和亲戚,希望刺杀公爵一事一办到,这些人个个都会参加义举,一起完成他们的事业。他们企图在杀死公爵后,把追随者召集一起,列队进入城内某些地区,估计那些地方的庶民一定很愿意拿起武器攻打公爵夫人和城邦主要大臣。他们还估计由于当时全城正闹饥荒,平民也会很容易被说服跟随他们;因为他们计划放任人们抢劫政府要员切科·西莫内塔、乔万尼·博蒂和弗兰切斯科·卢卡尼等人的家宅;用这个办法争取群众,恢复全城邦人民的自由。乔万尼·安德雷阿和其他人根据这些想法,决心实现他们的计划,于是就在起事那天一大清早到教堂里,一起做弥撒。然后,乔万尼面向圣阿姆布罗塞的塑像说道:“啊!我们城邦的保护神!您了解我们的心愿;您了解我们行将冒着种种危险要实现的目标。请您支持我们的事业吧!请您保护被压迫的广大群众,从而证实暴君统治冒犯了您!”

在公爵那方面,当他要到教堂去时。有许多兆头预示他即将死亡。早晨他按一向的习惯穿上胸甲,但马上又把它脱下来;或是因为他穿上之后感到不便,或是因为他不喜欢这件胸甲的样子;后来他又打算在城堡里做弥撒,但发现要塞小教堂里的司祭神父已经到圣斯蒂芬教堂去了,把神器也已随身带走;因此,他又想叫科莫主教代做弥撒，科莫又向他讲了一些无法照办的情况；因此，他几乎是在不得已的情况下才决定到教堂去。但在出发以前，又叫人把他的儿子乔万尼·加利佐和埃尔梅斯带到跟前，拥抱接吻了好几次，好像舍不得和他们离别似的；然后才由费拉拉和曼图亚两地来的使节在左右陪同下，离开城堡，前去圣斯蒂芬教堂。那几位阴谋家，为了不致引起怀疑，也为了避严寒，都躲到他们的朋友主祭神父的一个房间里去了。听到公爵已到，他们就又回到教堂里。乔万尼·安德雷阿和吉罗拉莫二人站在教堂入口右侧，卡尔洛站在左侧。这时，走在前边的仪仗队已进入教堂，公爵在后跟着；像往常的情形那样，周围有许许多多人陪伴。乔万尼·安德雷阿和吉罗拉莫最先下手，他们假装为公爵开路，走近公爵身边；紧握着锋利的匕首（由于匕首短小，原来都藏在衣袖里）向他刺去。安德雷阿刺伤他两处地方，一处是肚子上，一处是咽喉；吉罗拉莫又向他的咽喉和胸部刺去；卡尔洛·维斯康蒂站在靠近大门的地方，公爵那时已走进门内，不能从前面刺他，于是就从后面扎了两刀，刺穿他的肩膀和脊椎骨。公爵几乎是在同一瞬间身上六处被刺伤；因此，在别人还不知道发生了什么事情之前，他就已经倒在地上、断了气了。断气前他什么都没说，只听他突然喊了一声圣母马利亚，似乎是在恳求她帮助。

于是立即发生一场骚乱：有些人已拔出剑，像往常突然发生意外的紧急情况时那样，有些人从教堂里往外逃，另一些人则朝着骚乱的地点跑来；这两种人都不知道究竟发生了什么事情，也并非出于什么明确的动机。不过，那些原来就在公爵身边的人亲眼看见他被刺，认出刺客是谁，就追赶他们。乔万尼·安德雷阿拼命想从教堂逃出,从一大群妇女当中往外挤;因为妇女人数众多、又都按习惯坐在地上,结果他被她们的衣服绊住,随即被人追上,被公爵的一个男仆,一个摩尔人杀死。卡尔洛是被当时在他身边的人们杀死的。吉罗拉莫·奥尔贾托穿过人群,从教堂逃出。但因看到他的同伙已经被杀死,不知道该逃到什么地方去,于是就跑回自己家里;他的父亲和弟兄们拒绝接受他;只有他母亲一人同情他,就把他带到他们家的一位老朋友、一位神父处;这位神父脱下自己的衣服给他化装起来,把他带到自己家里。他在神父家中呆了两天,心想米兰也许会发生什么动乱,从而使他得到安全。但动乱并未出现,他担心自己躲藏的地方会被人发觉,就化起装来设法潜逃。但由于被人认了出来,就被送交法官,他交代了这一阴谋案全部细节。吉罗拉莫当年二十三岁,他临死时泰然自若就像当初起事时那样沉着镇静。当他被剥光衣服,交到那手持出鞘的屠刀、准备立即剥夺他的生命的刽子手里的时候,他还用他熟习的拉丁语背诵了这样几句:"Mors acerba, fama perpetua, stabit vetus memoria facti."("死虽痛苦,名却永存;怀念斯举,万古芳芬。")

这几位不幸的年轻人的事业进行得十分秘密、执行得很果断坚定。他们失败是因为得不到支持,那些他们原先指望会起来支援和保卫他们的人并未支持他们。因此,让那些君主学会如何处世、如何使自己受到手下臣民的爱戴和尊敬,使得任何谋杀他们的人都不会有任何希望得到安全。因此,也让另一些人看明白:过多地寄希望于群众、相信他们在心怀不满时必能甘心冒险或将帮他们排除危难,这样期望该是多么虚妄!这一事件使全意大利大为震惊。但不久之后在佛罗伦萨发生的那些事情则更加使人怵目惊心,从而结束了连续十二年的和平局面。这些情形本书下卷将予描述。这最后一卷书将以恐怖和流血开始,以悲伤和眼泪结束。

第八卷　美第奇家族的困难和最后胜利

公元 1473—1492 年

第　一　章

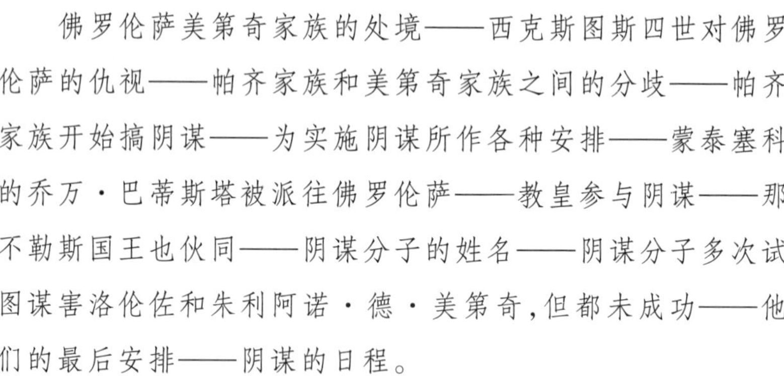

佛罗伦萨美第奇家族的处境——西克斯图斯四世对佛罗伦萨的仇视——帕齐家族和美第奇家族之间的分歧——帕齐家族开始搞阴谋——为实施阴谋所作各种安排——蒙泰塞科的乔万·巴蒂斯塔被派往佛罗伦萨——教皇参与阴谋——那不勒斯国王也伙同——阴谋分子的姓名——阴谋分子多次试图谋害洛伦佐和朱利阿诺·德·美第奇,但都未成功——他们的最后安排——阴谋的日程。

本卷开始于两个阴谋案件之间。在米兰发生的那一件前已述及,另一件则尚未着笔。按我们一向的习惯,看来我们在此刻把这些惊心动魄的事件的性质和重要性解释清楚也许是适宜的,假如我们在别处还未曾讨论过这个问题,或者可以用寥寥数语就都概括了,那我们倒是乐于这样做的。但是,由于这样的问题需要多多考虑,而且在别处也已有所阐述,因而在此地就只好从略,还是继续叙述下去吧。美第奇家族掌握的政府为了保持他们那个家族的权力完整而不分散、保持他们超乎其他公民之上的优越地位,在收拾了所有公开作对的敌人之后,这时又感到必须镇压那些在暗中搞阴谋的人了。当美第奇家族和其他一些在名望和权力方面跟他们不相上下的家族进行较量的时候,这些妒忌他们的权势的人们在最初出现敌对局面时还能够公开反对他们,而没有遭受镇压的危险;因为那时政府中有两派,除非一派被另一派压倒,否则官员们还都是独立自由的。但在 1466 年胜利之后,政府各部门完全由美第奇家族集中掌握,他们取得的权力如此之大,使得那些心怀不满的人只好默然忍受;或者,如果想消灭他们,也只能以秘密手段暗中策划。但这些阴谋极少成功,反而往往导致参与阴谋的人的毁灭;而他们想谋害的对象却常常因此进一步扩张权势、提高地位。因此,一位遭到阴谋集团攻击的城邦君主,除非是像米兰公爵那样被刺死(这种情况极少发生),否则往往总是取得更大的权力;而且他原来的善良心肠也往往变坏。他的敌人的行径使他有理由提心吊胆,他一担心害怕就感到需要采取措施保护自己的安全,从而导致伤害别人。由是仇恨滋生,而且常常导致他自身的覆灭。由此看来,这类阴谋活动往往很快招致阴谋者自身的灭亡,但不可避免地迟早也会伤害他们准备谋害的主要对象。

如前所述,意大利已分裂为两派。教皇和国王为一方;威尼斯人、公爵和佛罗伦萨人为另一方。虽说战火尚未燃起,但每天都在发生一些新的情况可能引起战火。特别是教皇,他总是千方百计使佛罗伦萨政府恼火。于是,当比萨大主教菲利波·德·美第奇去世之后，美第奇家族的一个死对头弗兰切斯科·萨尔维阿蒂就被委派继任，这和佛罗伦萨执政团的愿望正好相反；因此，他们不愿意把领地交给他，于是在这件事情解决以前，他们和教皇之间就产生许多得罪对方的新的原因。此外，教皇在罗马只要一有机会，就给帕齐家族许多恩惠，但却反对加恩于美第奇家族。这时，帕齐家族不论就门第的高贵或财力雄厚来说，都可算是佛罗伦萨最显赫的了。这个家族的首领是亚科波，人民由于他各方面很超群出众，推举他为骑士。他除了一个私生女之外，别无子嗣，但却有许多侄子，都是他的两个弟弟皮埃罗和安托尼奥的儿子。其中较为年长的有古利埃尔莫、弗兰切斯科、里纳托、乔万尼，其次有安德雷阿、尼科洛和加莱奥托。当年科斯莫·德·美第奇因看到这个家族的财富和门第，曾把他的孙女比安卡嫁给古利埃尔莫，希望这桩婚事能够把两大家族联系起来，从而消除由于互相猜忌而不断产生的敌对和冲突。

不料事与愿违（人们的愿望竟然如此靠不住和虚幻），这件婚事竟引起十分不同的看法：洛伦佐的顾问们向他指出：使如此巨大的财富和势力在同一批人身上结合起来该是多么危险，对他本人的权威该有多么严重的危害。结果，亚科波和他的侄子们都未能取得任何荣誉职位，而在其他公民心目中，这些名位本来是应当给他们的。这样就招致帕齐家族的愤怒，从而也使美第奇家族放心不下；帕齐家族的气愤越大，美第奇家族的顾虑也就越多。每当帕齐家族成员同其他公民竞争名位时，即使他们的资格很强，官员也要把他们弃置一旁。弗兰切斯科·德·帕齐当时在罗马，八人委员会由于一些微不足道的理由，就强迫他回到佛罗伦萨，但并未按照一般对待显贵公民那样尊敬他；于是帕齐家族成员就到处激烈地抱怨他们一家受到恶劣的待遇，这样就引起别人疑虑，结果使他们自己遭受更多祸害。乔万尼·德·帕齐曾娶乔万尼·布昂罗梅伊的女儿为妻；这位布昂罗梅伊十分富有，去世时，由于并无其他子女，财产都归了这个女儿。但是，他的侄子卡尔洛强占其中一部；他们为这件事打官司，政府通过一条法令，按这条法令乔万尼·德·帕齐的妻子被剥夺了继承的遗产，卡尔洛却得到了遗产。在这件不公道的事件当中，帕齐家族一眼看穿其背后有美第奇家族的势力在起作用。朱利阿诺·德·美第奇常常向他哥哥洛伦佐抱怨这件事；说他很担心，操纵太多的结果可能是丧失一切。

洛伦佐少年气盛，又有权力，一定要左右一切；并决定不论办任何事情，都要受他的势力的影响。门第如此高贵和富裕的帕齐家族，无法忍受这许多侮辱，于是就开始想法子进行报复。首先谈到反对美第奇家族的意图的是弗兰切斯科。他比其他人更敏锐和果断。下定决心：要是不能争得不许他取得的一切，就是丧失自己原有的一切。由于佛罗伦萨政府对他的伤害十分严重，他几乎一直住在罗马。他在那里和其他佛罗伦萨商人一样，经营着规模很大的商业。他是吉罗拉莫伯爵的密友，二人经常在一起就美第奇家族所作所为发牢骚。过了一段时间之后，他们就开始考虑：为了保住伯爵的领地，为了保住帕齐家族在佛罗伦萨城邦的权益，有必要改换佛罗伦萨政府。他们认为：除非把朱利阿诺和洛伦佐二人干掉，不然这件事是无法成功的。他们推想，劝说教皇和国王同意一定不难，因为这件事易于实现，他们两位都不难说服。他们有了这些想法之后，就透露给比萨大主教弗兰切斯科·萨尔维阿蒂。

这位大主教颇有野心，而且新近又受到美第奇家族的触犯，于是欣然同意他们的想法。为了促进计划的实现，他们考虑下一步应当取得亚科波·德·帕齐的赞同；如果得不到他的认可，他们担心计划就做不到。

为了办这件事，他们决定让弗兰切斯科·德·帕齐去佛罗伦萨。大主教和伯爵二人留在罗马，以便作好准备，一遇适当机会，就把这件事告诉教皇。弗兰切斯科发现亚科波·德·帕齐很小心谨慎，并不像原先设想的那样易于被说服，当他把这件事告诉在罗马的那些朋友时，人们认为他是希望在某些权力更大的人物认可之后，才能被说服接受他们的观点。针对这一情况，大主教和伯爵就把整个事情透露给蒙泰塞科的乔万尼·巴蒂斯塔；这个人是教皇军队的一位指挥官，在军事上颇有名望，曾受恩于教皇和伯爵。但在他看来，这件事似乎不但困难而且危险。大主教为了排除他的异议，就向他指出，教皇和国王将如何大力支援这一事业；佛罗伦萨人对美第奇家族如何愤恨；萨尔维阿蒂和帕齐两大家族将争得如何众多的朋友站在他们一边；那两位年轻人常常不带随从就在城里走动，毫无提防，因而刺杀他们很容易；然后改组政府也不难。对他所说的这一切，乔万尼·巴蒂斯塔并不相信，因为他从许多佛罗伦萨人嘴里听到的说法和这些正好相反。

当他们正在审议这些问题之际，法恩扎君主卡尔洛病倒了，人们对他的生命感到忧虑。在大主教和伯爵看来，这情况倒是派乔万尼·巴蒂斯塔去佛罗伦萨的好机会，从那里再去罗马尼阿，伪称此行目的是要把被法恩扎君主占去的原属伯爵的某些领地收回。于是伯爵就委派乔万尼·巴蒂斯塔前往会见洛伦佐·德·美第奇，代表他就在罗马尼阿境内的领地问题向洛伦佐请教如何处理为好，然后再去见弗兰切斯科·德·帕齐，和他一起再协力说服他叔叔亚科波接受他们的意见。为了利用教皇的权威促成此事，伯爵还命令乔万尼·巴蒂斯塔在出发以前，把此事告知教皇，教皇答应尽一切可能想办法支持他们的事业。乔万尼·巴蒂斯塔到达佛罗伦萨之后，得到和洛伦佐会见的机会，受到洛伦佐极其和蔼的接待；关于他受命征询意见的事，也得到了明智而友好的回答。这一切使他很惊异：他发现洛伦佐原来是一位和人们向他描绘的完全不同的人物，认为他不但十分贤明，而且富有感情，对伯爵的态度也颇为友善。他发现弗兰切斯科·德·帕齐已经到卢卡去了，于是就自己找亚科波谈了。开始时亚科波十分反对他们这项计划，但在分手以前，教皇的权威似乎已在他身上发生影响，使他的态度转变：他对乔万尼·巴蒂斯塔说，他可以去罗马尼阿；在他回来以前，弗兰切斯科就会回到他这里，到时候他们再一起仔细研究这个问题。乔万尼·巴蒂斯塔去罗马尼阿后，不久就又回到佛罗伦萨。先是假意和洛伦佐商谈伯爵的事情，然后就和弗兰切斯科一起与亚科波·德·帕齐会面。亚科波这时对他们的计划表示赞同。

然后他们又讨论实现计划的方式方法。亚科波·德·帕齐认为他们兄弟二人都留在佛罗伦萨时，这事就办不成；因此，最好等到洛伦佐去罗马之后再说——因为据了解他有意去罗马一趟；在那种情况下，他们的目的就很容易达到了。弗兰切斯科·德·帕齐并不反对趁洛伦佐在罗马时下手，但假如他放弃此行，他认为他们弟兄俩还是会被刺杀的，不论在某一婚礼上，在剧院看戏时或在教堂里，都不难办到。至于外援问题，他认为教皇可以集结兵力攻占蒙托内要塞,从卡尔洛伯爵手中夺取这个要塞是有理由的,因为他造成了锡耶纳和佩鲁贾两地的骚乱,前面已经谈到。但仍没有作出具体安排,只决定乔万尼·巴蒂斯塔和弗兰切斯科·德·帕齐应当到罗马去和教皇商定一切。于是这件事又在罗马讨论起来。最后决定:除了出兵进攻蒙托内之外,教皇军队的另一名将领乔万·弗兰切斯科·达·托伦蒂诺应当带兵进入罗马尼阿,洛伦佐·达·卡斯泰洛进入塔韦雷河谷。他们应各自率领本国的军队,随时准备执行萨尔维阿蒂大主教和弗兰切斯科·德·帕齐的命令,这二人将去佛罗伦萨,在蒙泰塞科的乔万尼·巴蒂斯塔的帮助下,作好实施计划的一切准备。国王费兰多答应通过他的大使尽一切努力促成他们的事业。弗兰切斯科·德·帕齐和大主教到达佛罗伦萨之后,说服亚科波·迪·波焦参加他们这一伙,他是一个受过很好教育的青年,颇有雄心,热望变革,被拉进来的还有另外两位青年;名字都叫亚科波·萨尔维阿蒂,一位是大主教的弟弟,一位是他的亲戚。他们还争取到贝尔纳尔多·班迪尼和纳波莱奥内·弗兰泽西这两个大胆的年轻人,他们都曾受帕齐家族的重恩。除了上边提到的这些人之外,参加的还有安托尼奥·达·沃尔泰拉和一位名叫斯泰法诺的神父,他是教亚科波·德·帕齐的女儿拉丁文的。里纳托·德·帕齐是一位严肃而谨慎的人,他深知这种事情会招致恶果,拒绝参与这项阴谋的一切活动;他对这种事很厌恶;于是,他在不出卖亲属的情况下,竭力加以抵制。

教皇曾送吉罗拉莫伯爵的一个侄子拉法埃洛·迪·里阿里奥到比萨学院学习寺院法;当拉法埃洛还在学院学习时,就把他提升到枢机主教的尊贵职位。这些阴谋家决定把这位枢机主教弄到佛

罗伦萨,因为这样就可以更巧妙地掩饰他们的阴谋,需要调到城里的人都可以很容易地装扮成他的一部分随从人员,而且他本人的到来也会使他们更便于完成他们的计划。枢机主教来到之后,由亚科波·德·帕齐接待住在佛罗伦萨附近的蒙图吉镇他的别墅里。阴谋者计划借助于他,把洛伦佐和朱利阿诺二人一起弄来,什么时候办到,就在什么时候下手刺杀他们。于是他们就邀请美第奇两兄弟到他们在菲埃索莱的别墅里会见枢机主教;但朱利阿诺,也许是有意的,也许是由于别的事情妨碍,没有来到。这次计谋失败之后,他们就考虑:如果邀请两兄弟在佛罗伦萨城内赴宴,他们一定都会去。为了达到这个目的,他们订于 1478 年 4 月 26 日星期天大摆宴席,决定在席上行刺。这样决定后,阴谋分子就在星期六晚上开会,安排第二天的全部行动。

第二天早晨,弗兰切斯科接到通知说朱利阿诺又不能到席。针对这一情况,阴谋家又开会研究,认为执行计划的日期不能再往后拖了,因为参与的人这么多,秘密怕难保住,于是就决定在圣雷帕拉塔大教堂里下手,到时候枢机主教既然到场,美第奇二兄弟也会和往常一样都去参加。他们希望蒙泰塞科的乔万尼·巴蒂斯塔负责刺杀洛伦佐,弗兰切斯科·德·帕齐和贝尔纳尔多·班迪尼负责刺杀朱利阿诺。但乔万尼·巴蒂斯塔拒绝了,这也许是因为他和洛伦佐已很熟识因而产生了对他的同情,也许是由于别的什么原因,他说他缺乏果断精神足以在教堂里干这种事,这是在叛逆罪之外又加上渎神罪。这就造成他们的事情失败:因时间紧迫,他们不得不另外找两个人顶替:一个是安托尼奥·达·沃尔泰拉;另一个是那位神父斯泰法诺。这两位人选不论就性格和习惯讲,是最不适当的了。因为如果说任何杀人流血的事都需要坚定果断的精神和老练的经验的话，那么这次也是需要这些的。而且常常有这样的情况：那些擅长用兵，曾经在战场上见到过各种死亡的人，却不能执行这样的事。执行的时间既已确定，于是就又规定以作大弥撒的神父参加圣礼的瞬间为下手的信号；与此同时，萨尔维阿蒂大主教就要带着他手下的人们、还有亚科波·迪·波焦等人去占领宫殿，以便在这两个年轻人死后，使执政府自愿或被迫进行协助。

第　二　章

朱利阿诺·德·美第奇被刺死——洛伦佐逃脱——萨尔维阿蒂大主教力图占领执政团宫殿——他被捉住吊死——阴谋分子的计划全部失败——佛罗伦萨人支持洛伦佐·德·美第奇的种种表现——阴谋分子受惩处——朱利阿诺的葬礼——教皇和那不勒斯国王向佛罗伦萨开战——佛罗伦萨被开除教籍——洛伦佐·德·美第奇对佛罗伦萨公民讲的话。

枢机主教和洛伦佐都已到达圣雷帕拉塔大教堂之后，阴谋分子也就去了。这时教堂里的人已很拥挤，在朱利阿诺来到之前，礼拜式就已开始。被指派刺杀朱利阿诺的弗兰切斯科·德·帕齐和贝尔纳尔多·班迪尼二人去到他家里；见到他后，就热切地央求他，说服他跟他们一起到教堂里去。说起来真使人吃惊，弗兰切斯科和贝尔纳尔多对朱利阿诺如此刻骨仇恨、而且企图用极其凶残的手段把他杀死;但居然能掩饰得很好,声色不露;在陪伴朱利阿诺走向教堂的路上以及到达教堂之后,一直都跟他谈笑风生,说得很高兴。可是弗兰切斯科并没忘记假装亲热,用胳膊紧紧拥抱他,为的是弄清楚他的衣服下边是否有护身甲或其他自卫的东西。朱利阿诺和洛伦佐都明白帕齐家的人仇视他们,企图剥夺他们在政府中的职位;但他们确信:任何这类企图都得公开端出来,而且还得和政府官员相勾结。因此,他们并不担心自身的安危,弟兄俩都装作和他们很友好的样子。

刺客已作好准备,一个个都已走到事先规定的位置,由于教堂里聚集的人极其众多,他们守在那里并未引起任何怀疑。后来,预定的下手的时候到了。贝尔纳尔多·班迪尼立即掏出早已准备好的一把短刀刺入朱利阿诺的胸膛,朱利阿诺走了几步就倒在地上。弗兰切斯科·德·帕齐扑到他身上,又一股劲地刺了几刀。然而,他好像被自己的狂怒弄花了眼,居然在自己的腿上也深深扎了一刀。安托尼奥和那位神父斯泰法诺攻击洛伦佐,猛击了好几下,只在他喉咙那里划破一个小口子。这也许是因为他们二人不够果断,洛伦佐发现自己遭到攻击后,就灵活地使用武器自卫;也许是由于他近旁的人们的救援,结果刺客白费劲。于是他们就逃开,躲藏起来;但随即被人发现、以使他们丢脸的方式处死,他们的尸体被人们拖着游街。洛伦佐带着他近旁的几个朋友躲到教堂的圣器储藏室里。贝尔纳尔多·班迪尼刺死朱利阿诺之后,又把美第奇家族最亲密的朋友弗兰切斯科·诺里砍死。这也许是因为他们之间以前就有旧仇,也许是因为诺里曾力图援救朱利阿诺。他杀死两人还不满足,又去追赶洛伦佐,打算靠自己的果敢机敏来弥补另

外两人的软弱无能。但他发现洛伦佐已躲进圣器室内,无法下手。

在发生这些骇人听闻的暴行时,教堂里一片凄厉的喧嚷声,仿佛足以把教堂震塌,压在众人们头上。枢机主教里阿里奥紧靠着祭坛,那些神父好不容易才保住他的安全。直到骚乱缓和之后,执政团的人才把他带到宫中,他在那儿一直十分胆战心惊,直到最后获释时才松了一口气。

这时,佛罗伦萨城内有一些佩鲁贾人,他们是因为闹党争被迫离乡背井来到这里的。帕齐家族答应将来把他们护送回国恢复职位,因而取得了他们的援助。萨尔维阿蒂大主教,同亚科波·迪·波焦和他的党羽萨尔维阿蒂家族成员一起,带着这些佩鲁贾人去夺取宫殿。到达宫殿后,他叫一部分人留在楼下,命令他们听到吵嚷声时,就占领宫殿入口处;他自己带着大部分佩鲁贾人走上楼去;发现执政团成员正在吃晚饭(这时天色已晚),在外边稍等了一会儿,后来正义旗手切萨雷·佩特鲁奇准许他进去。他只带着少数几个随从进去,剩下的那大部分人进入大厅之后,就被关在里边出不来了;因为这个大厅的门是这样设计的,只要一关上,无论从里边从外边就都不能打开,只有用钥匙才能开。大主教见到正义旗手,伪称教皇有话通知他,但他讲话时吞吞吐吐、语无伦次,面色多变,正义旗手立即对他发生怀疑,于是急忙跑出去喊人支援;遇上亚科波·迪·波焦,立即揪住他的头发,把他交给侍从人员拘押起来。执政团听见发生骚动,立即抓起当时能找到的武器,结果所有跟随大主教上楼来的那些人,一部分被捉住关押起来,一部分吓破了胆,当时就被砍死或从宫殿窗户里活活扔了出去。大主教、那两个名叫亚科波·萨尔维阿蒂的人和亚科波·迪·波焦都在那

几个窗户上被吊死。大主教原先留在楼下的那些人，在控制住警卫之后，已占据宫殿门口以及整个楼下；因此，那些听到喧嚣声急忙跑来宫殿的公民等，既不能支援执政团成员又不能向他们提任何建议。

弗兰切斯科·德·帕齐和贝尔纳尔多·班迪尼看到洛伦佐业已逃脱，起事的主要人员已负重伤，立即感到自己处境危殆。于是贝尔纳尔多就像刺杀美第奇家人时豁出一切那样，这时又拼命保全自身，逃脱性命。弗兰切斯科身负重伤，只好回到自己家里，竭力想往马背上爬，因为原先规定他们要骑马走遍全城，号召人民拿起武器为自由而战。但由于伤势太重、流血过多，发现自己无力爬上马背；于是就脱光衣服，赤条条摊在自己床上，乞求亚科波·德·帕齐去扮演他自己已不能扮演的角色。亚科波虽已年迈，而且很不惯于干这种事，但他为了尽最后一把力，还是骑上马、带着约一百名手持武器的随从（这些人都是在事先毫无准备的情况下集合起来的），急急忙忙驰往宫殿广场，高喊"人民！""自由！"企图用这些口号召集支持者。但因美第奇家族家财万贯，慷慨大方，"人民"对他们这些吼叫充耳不闻；至于"自由"，佛罗伦萨人根本不知其为何物。因此，亚科波并未找到任何追随者。占据着宫殿上层的诸位执政享他以石块并威吓他。正当亚科波犹疑不决之际，突然碰上他的内弟乔万尼·塞里斯托里，他责怪亚科波不该发动骚乱；然后就劝他回家，因为其他公民都和他一样，也是珍爱人民和自由的。亚科波考虑：洛伦佐既然还活着，弗兰切斯科又已负重伤；而且，也没有谁愿意追随他；在一切希望都破灭之后，他真不知如何是好。最后决定，如果可能，就逃跑。于是就带着跟他到广

场去的那些人离开佛罗伦萨,企图逃入罗马尼阿境内。

这时,全城居民都已拿起武器。洛伦佐·德·美第奇在大批护卫陪同下回到家里。宫殿业已收复,攻打宫殿的人不是被杀就是被囚。全城到处都是高呼美第奇这个名字的声音。阴谋分子的尸体的一部分被到处乱扔在街上,或用长矛挑着示众。这时,人人都对帕齐家族愤恨得很,到处追杀他们,毫不留情。平民占据了他们的家宅,他们发现弗兰切斯科赤身露体,就把他拉到宫中,吊在大主教和其他那几个尸体旁边。人们在路上以及到达宫中之后,曾对他不断辱骂拷打,但都不能诱使他吭一声,他只是呆呆地瞪着周围的人,低声叹息。洛伦佐的姻兄弟古利埃尔莫·德·帕齐逃到他家里,一来因为他无罪,二来因为他妻子比安卡求情,得免于死。这时候,公民们不论属何等级,都一个个前来拜见洛伦佐、表示愿为他效劳。这个家族的慷慨大方精明慎重的态度深得人心、鸿运亨通。

这一事件发生时,里纳托·德·帕齐正在他的别墅里。他得知这个情况后,就设法化装逃跑。但在路上被抓住押回佛罗伦萨。亚科波·德·帕齐在穿越罗马尼阿境内的山区时被捕;因为这一带的居民听到发生的事情后,见到他正在逃跑,就向他发动攻击,把他捉住押回佛罗伦萨。他一路百般央求在路上把他处决,但他们不理他。他和里纳托二人在朱利阿诺被刺后的第四天被判死刑。虽然杀死这么多人,街上到处是残尸断肢,但没有哪个死者引起人们惋惜,只有里纳托是例外。人们都认为他是一位聪明而善良的人;一点也没有帕齐家族其他人的出名的傲慢自大的态度。好像是为了指出这一事件与一般情况不同,亚科波·德·帕齐的尸体埋在祖坟之后，又被人们像对待被革除教籍的人那样挖了出来，扔在城墙外边的一个坑里；后来人们又从这个坟坑里把它弄出来，用原来曾把他吊死的那根绞索拖着这具赤条条的尸体游街；而且，好像他不配埋葬在陆地上似的，大伙儿又把他扔到当时河水正在暴涨的阿尔诺河里。

这么一位家财巨万、享尽人间幸福的大富翁，竟然落得如此悲惨的下场、如此彻底毁灭、一落千丈，真是命运变幻无常的骇人听闻的一个事例。据说他有些恶习，他十分喜好赌博和用不敬神的话骂人。但他十分乐善好施，足以弥补这些过失而有余；他曾解救过不少遭遇困难的人，为敬神事业也曾捐献大笔钱财。有一件使人对他好感的事也应当记录下来：在朱利阿诺被刺以前星期六那天，为了使别人不至于因为他的不幸而受牵连，他清偿了自己所欠一切债务；凡是他占用的属于别人的财物，无论是在他家里还是在他那些店铺里的，他都仔细查出，一件一件归还原主。蒙泰塞科的乔万尼·巴蒂斯塔经过长时期审讯之后被杀头。纳波莱奥内·弗兰泽西逃脱了惩处；古利埃尔莫·德·帕齐被放逐；他那些保得性命的堂兄弟都被关在沃尔泰拉要塞里。骚乱平定、阴谋分子也已受到惩办之后，就为朱利阿诺举办葬礼；全城哀悼。因为他待人十分慷慨仁慈，这是人们对于像他地位这么高的人所能期望的。他留下一个私生子，是他死后几个月才出生的，名叫朱利奥。朱利奥得天独厚，他的品德和幸运，现在闻名全世界。这些情况，我们到时候就会详细叙说，但愿上帝能允许我活到那一天。那些在洛伦佐·达·卡斯泰洛带领下聚集在塔韦雷河谷以及在乔万·弗兰切斯科·达·托伦蒂诺指挥下聚集在罗马尼阿境内准备支援帕齐家

族的那些人,都向佛罗伦萨开来;但当他们听说阴谋已经失败,就都撤回本国去了。

教皇和国王指望佛罗伦萨政府的变动既未发生,就决定用战争实现他们用阴谋未能办到的事。他们二人都尽速集结兵力来攻打佛罗伦萨所属各个地区;公开宣称:他们只希望公民们起来除掉洛伦佐·德·美第奇;在所有佛罗伦萨人当中,只有他一个人是他们的敌人。国王的军队已越过特隆托河,教皇的军队也已进入佩鲁贾。为了使佛罗伦萨公民不但受到俗世武力的威胁而且还感到宗教神权的谴责,教皇革除了佛罗伦萨人的教籍,还诅咒他们。佛罗伦萨人看到自己遭到这么多军队的攻击,就竭尽全力准备自卫。洛伦佐·德·美第奇因为敌人的军事行动据说只是针对他一个人的,于是他决定首先召集执政团成员和权势最大的公民到宫中开会。他对着这三百来人,讲了如下的话:

"最杰出的执政们,还有你们,高贵的公民们:我不知道我是更有必要因为最近发生的事件和你们大家一起痛哭呢,还是应当因为出事后发生的情况而感到高兴。当我想到敌人如何串通一气、以可恶的欺诈手段、恶毒地袭击我并刺死我弟弟的时候,我当然只能感到悲伤,从内心、从灵魂深处感到悲痛。但当我想到全城邦人民如何迅速、急切而热情地一致行动起来为我弟弟报了仇并保卫了我时,我不只是抑制不住地感到高兴,而且感到自己受到尊敬和抬举;因为,如果说这次事件使我认识到我的敌人比我料想的还多;那么,这次经历也证明,我所拥有的热情而坚定的朋友则更是超出了我所曾期望的人数。因此,我应当和你们在一起为其他受到伤害的人们感到悲伤;也为你们对我表示的热爱而欢庆。不过，我对敌人对我们的伤害更感到恼火；因为这些伤害和侮辱是如此异乎寻常，史无前例。而且，我相信你们大家也会判断这并非我们罪有应得的。

“高贵的公民们，试想，我们就是在自己的朋友、自己的亲戚当中，而且就是在上帝神圣的殿堂里，居然发现了自己最凶恶的敌人；恶运竟使我们一家落到如此可怕的地步。人们遇到危难就要向朋友们求助、找亲戚们帮忙，而我们却发现我们的亲戚朋友手持凶器一心要毁灭我们。人们受到迫害，不管是出于为公或为私的目的，一般都逃到祭坛去避难；可是就在对别人是安全的地方，我们却遇上刺客；就在叛逆者和刺客们得以保命的地方，美第奇家族却遇上凶手。不过，还是上帝，至今仍未把我们全家抛弃的上帝，又救了我们，维护了我们的正义。我们究竟干了哪些伤天害理的事使他们如此强烈的要毁灭我们的愿望能够言之成理呢？可以肯定地说，他们这些人虽然已经充分表明是我们的敌人，但却没有哪一个曾身受过我们的伤害。因为要是我们想伤害他们，他们就不可能有机会伤害我们了。假如他们把对国家的不满（假定有什么使他们不满的事）归罪于我们，那么他们就是对你们，对这座宫殿，对这个政府的尊严作出了更不公正的判断，认为你们各位为了我们一家的缘故曾不公平地对待哪一个公民。我们大家都很清楚，他们这样认为是完全不符合实际情况的。因为要是我们美第奇一家能够这样干，要是你们也能按我们希望的去做，那就决不会给他们造成如此可鄙的阴谋的机会。无论何人，只要对这些事情的真相进行调查，就一定会发现：我们一家总是受到你们的嘉奖，这仅仅是因为我们曾竭尽心力通过仁慈、慷慨和慈善的行为为全

城人民谋福利。我们既然对陌生人尚且尊敬,怎么会伤害自己的亲友?

“假如敌人采取行动是为了满足他们对权势的欲望(看情况似乎是如此,因为他们曾占领宫殿并把武装力量开进广场),那么,他们的野心勃勃的可耻可憎的动机就昭然若揭了。如果他们是出于对我家的权威的嫉妒和仇视,那他们所触犯的与其说是我家,还不如说是你们各位;因为我们所拥有的势力都是来自你们。篡夺权力当然应遭憎恨;但因仁慈、慷慨和高尚的行为而得到公众给予的荣誉则并非如此。而且,你们大家都知道,我们家族的人得到的任何荣誉职位,没有不是在这个宫殿里由你们大家一致推举的。我的祖父科斯莫从放逐中归来并不是靠武装暴力,而是由于你们大家一致的心愿和赞助才办到的。我父亲既老又多病,当时并不是他在那么多敌人面前保卫政府,而是你们大家运用你们的权威和仁爱行动保卫了他。在他死后,我当时还是个孩子,靠了你们的支持和指教,才保住了我们全家。如果没有得到你们的支持,我们也决不可能领导共和国的政务。因此,我真不明白,他们为什么这样仇视我家,也不知道他们的妒忌有任何合理的根据。还是让他们去仇恨他们自己的祖先吧,他们那些祖先曾经因为傲慢和贪婪的行为而声名狼藉;而我们的祖先却是靠截然相反的行为取得好名声的。姑且假定我们曾严重地伤害过他们,他们设法要毁灭我们也是有理的;那么,他们又为什么到这里来夺取宫殿呢?又为什么违犯本城邦自由独立的利益,竟然和教皇、国王都结了盟呢?

“为什么破坏全意大利长时期以来的和平局面呢?这件事他

们是找不到任何借口的。他们应当只限于对那些曾经伤害过他们的人进行报复,而不应当把私人的仇恨和对公家的不满混淆不清。从而自他们失败之后,我们的不幸反而更大了:国王和教皇为了他们向我们发动战争。他们宣称:这场战争是针对我的家族和我个人的。但愿他们在上帝面前说的是真心话;那么问题的解决就很有把握、不至于难办了:因为我决不会是个如此卑鄙的公民,把个人安危置于你们大家的安危之上;即使我个人不可避免地立即遭到毁灭,我也会马上下决心保证你们大家的安全。但是,君主干坏事往往会用令人讨厌的伪装加以掩饰;他们之所以采用这个借口是为了掩盖更加丑恶的目的。不过,假如你们和我有不同的看法,我现在就在你们手中,你们愿意怎么处理我就可以怎么处理。你们都是我的父亲、我的保护人;不论你们命令我干什么,我都会全心全意执行。如果你们有必要要求我用自己的鲜血结束这场用我弟弟的鲜血开了头的战争,我也决不违抗。"

洛伦佐讲这些话时,公民们忍不住流下眼泪。他们在听他发言时产生的同情现在又在他们的回答中表现出来。他们当中有一位代表致答词,说道:由于洛伦佐本人和他的家族的优秀品德给全城邦带来许多好处,全体居民很感激;他鼓励洛伦佐完全可以指望他们:像保卫他本人和为他弟弟报仇的时候那样行动果断地保证他在政府中的权势;只要他们能保住国家,他也就不会失掉政府。为了表示言行一致,他们当即指派一批武装人员充当他警卫,严防内部敌人危害他的人身安全。

第 三 章

佛罗伦萨人为迎击教皇作准备——他们将向今后召开的宗教会议提出控诉——教皇和那不勒斯国王进攻佛罗伦萨——威尼斯拒不支援佛罗伦萨——米兰的动乱——热那亚叛离米兰公爵——向教皇求和未果——佛罗伦萨军队在比萨境内击退敌军——他们攻打教会辖地——教皇军队在佩鲁贾湖边被击败。

这时,佛罗伦萨人筹款招兵,召集尽可能大的一支军队准备迎战。由于跟公爵和威尼斯人之间都订有盟约,就向他们求援。佛罗伦萨人看到,既然教皇已表明他并非牧人而是一只豺狼,为了避免在捏造的罪名下被他吞掉,就利用一切论证来证明他们是正确的,他们在意大利到处介绍阴谋分子反叛他们的政府的经过情况,揭露教皇如何不敬神、不公正;他们使全世界确信:教皇既然以卑劣的伎俩窃取了教皇宝座,就要利用这一圣职做恶;他曾派遣被他提拔到最高职位的高级教士伙同一帮叛逆之徒到教堂里、在做礼拜恭行圣礼之际,干出了最骇人听闻的叛逆罪行;由于未能按照他的旨意杀害许多公民,改换政府,劫掠全城,他就禁止人民进行一切宗教礼拜祈祷;以教皇的名义诅咒共和国,进行恐吓和中伤。但是,如果上帝是公正的,是厌恶暴力的,那他对这位代理人就会很不满意,而允许这些不准向他祷告的受到伤害的人民直接向他祈祷。因此佛罗伦萨人不但不接受不服从驱逐出教会的命令,而且还强令神父们举行礼拜式，还把在他们辖区以内的所有托斯卡纳高级教士都召集到佛罗伦萨，举行宗教会议，向以后召开的普世宗教会议控诉教皇使他们遭受的伤害。

教皇也并未忽视找理由为自己辩护。他坚持说：制止暴政，抑恶扬善正是一位教皇的职责，应当运用一切可以运用的手段来执行这一职责。可是世俗君主无权扣留枢机主教、吊死大主教，杀害教士、砍杀他们并拖着他们的尸体游街，不分青红皂白、把无辜的人和罪犯一起屠杀。

佛罗伦萨人尽管作了这些控诉和指责，还是把他们扣留的枢机主教放回教皇那里。可是教皇却报以立即发动自己的和国王的军队进攻佛罗伦萨。这两支军队分别在费兰多的长子阿尔方索和卡拉布里亚公爵指挥下（后者有乌尔比诺伯爵费德里戈作为他的将领）开入基安蒂（这是在锡耶纳人同意下实现的，锡耶纳已站在敌人那边），攻占拉达和许多其他要塞；在抢劫那一带农村之后，又包围卡斯泰利纳。这些攻势使佛罗伦萨人大为震惊，因为他们当时几乎还没有什么兵力，而且各盟国又迟迟不来支援。公爵虽然派人前来援助，但威尼斯人却拒绝给佛罗伦萨任何支持，说他们是个人之间的争吵，而这种私人纠纷本来是不应当用国家开支来保卫的。佛罗伦萨人为了使威尼斯人对事情有较正确的看法，就派托马索·索德里尼作为使节去到他们的元老院；与此同时，还雇佣军队，委任费拉拉侯爵埃尔科莱来指挥全军。正当这些准备工作进行之际，卡斯泰利纳要塞因为受到敌军紧紧围困、居民感到救援又无指望，于是在坚持了四十二天之后，终于投降。敌人随即移兵阿雷佐并在圣萨维诺城外扎营围困。佛罗伦萨的武装力量这时

业已准备就绪,于是就开赴前线迎击敌人。走到距敌军三英里时,使敌军惶恐不安,乌尔比诺的费德里戈因此要求停战数日,佛罗伦萨人同意了;这件事证明对佛罗伦萨军队是十分不利的,以至提出停战要求的敌方如愿以偿时反而大吃一惊。因为如果他们的要求遭到拒绝,他们就得被迫不体面地撤退。敌方取得这几天恢复元气后,等到停战限期一到,立即在佛罗伦萨部队眼皮子底下夺取了要塞。这时已入冬季。教皇和国王的部队退入锡耶纳境内方便的地方的兵营里;佛罗伦萨部队也撤到比较合宜的地点。费拉拉侯爵既未能为自己干点什么,为别人出力则更少,就撤回本国去了。

这时,热那亚叛离米兰,其情况如下:加利佐死时留下一个儿子,名乔万·加利佐。由于他年纪太小不能理政,于是在他的几位叔叔斯福查、洛多维科、奥塔维阿诺、阿斯卡尼奥等人和他母亲博娜夫人之间就发生冲突,各人都争着要充当幼年公爵的监护人。后来由于佛罗伦萨驻米兰宫廷大使托马索·索德里尼和前曾担任加利佐的秘书的切科·西莫内塔二人的规劝和调停,最后博娜夫人取得胜利。那几位叔叔都逃了。奥塔维阿诺在渡过阿达河时淹死了;其他几位被放逐到不同的地点。罗贝尔托·达·圣塞韦里诺也和他们一起被放逐,因为他在这场冲突中曾背弃公爵夫人、站到小公爵那几位叔叔那边。这件事刚发生不久,托斯卡纳境内就出现上述动乱。于是这几位叔叔就产生希望,认为新出现的局势可能为他们提供有利的机会。于是他们就擅自离开划定给他们的放逐地区,一个个都想方设法回到国内。国王费兰多发现佛罗伦萨人除了从米兰人那里取得援助之外,别无外援,于是就趁机给公爵夫人制造麻烦、使她忙于本国政府事务,无暇顾及援助佛罗伦

萨。他串通普罗斯佩罗·阿多尔诺、执政官罗贝尔托和幼年公爵的那几位叔父,使热那亚摆脱了米兰的统治枷锁。只有卡斯泰莱托一地未叛离。公爵夫人信赖这个地方,派大批军队前往收复热那亚城,但被敌军击败。她看到战争如继续下去,她儿子和她本人都可能遭遇危险,因为托斯卡纳境内正处于混乱中,她唯一能指望的佛罗伦萨正陷于困境。于是她就决定:既然她不能仍使热那亚臣服,就争取它作个盟邦。因而和普罗斯佩罗·阿多尔诺的敌人巴蒂斯蒂诺·弗雷戈索达成一项协议:把卡斯泰莱托送给他,叫他当热那亚的君主;条件是他必须把普罗斯佩罗放逐,而且不能做任何支持她儿子的那几个叔父的事情。根据这一协议,巴蒂斯蒂诺就在卡斯泰莱托要塞和他自己的朋友们的支援下,当上热那亚的君主,并按照这个城市的惯例,获得"督治"的头衔。斯福查弟兄和执政官罗贝尔托被热那亚政府放逐之后,就带着自己的人马到达卢尼贾纳地区。教皇和国王看到伦巴第境内的动乱已平,就乘机利用他们这些人在比萨境内骚扰托斯卡纳,使佛罗伦萨分散兵力,从而被削弱。冬天刚过,他们就命令罗贝尔托·达·圣塞韦里诺离开卢尼贾纳向比萨进军。罗贝尔托照着办了,造成很大的骚动,劫掠很多要塞,蹂躏比萨附近乡间。

这时,皇帝、法国国王和匈牙利国王派往教皇处的使节一起来到佛罗伦萨。他们劝佛罗伦萨也派使节到教皇那里,并答应竭尽全力为佛罗伦萨争取到有利的和平条件。佛罗伦萨人并不拒绝试探和平,这既为了利用公共舆论为自己辩护,而且也因为他们真的想讲和了。于是就派使节前往,但未能解决任何分歧就回来了。佛罗伦萨人因为受到一部分意大利人的进攻,又遭到另一部分意大利人的背弃,就想取得法国国王势力的帮助,派多纳托·阿奇阿尤利为大使前往法国。这位大使是一位学者,精通拉丁文和希腊文,他的祖先在佛罗伦萨城内一直都是居于高位。但他中途死在米兰。为了抚慰他的家人并向他本人表示应有的悼念,就由公家开支隆重安葬,发给他的儿子们抚恤金,还给他的女儿们适当的嫁妆。后来又选派熟悉教皇和帝王事务的一位名叫圭德·安托尼奥·韦斯普奇的接替出使法国。

执政官罗贝尔托对比萨的袭击完全出乎佛罗伦萨意料,使他们十分狼狈。他们正在抵挡由锡耶纳方向攻来的敌人,不知道对比萨地区该怎么办。为了使卢卡人继续效忠、防止他们向敌人提供金钱或粮食,佛罗伦萨派皮埃罗·迪·吉诺·卡波尼出使。卢卡人接待他的时候,戒备心很重;因为他们过去曾受到佛罗伦萨人的伤害,并一直心存畏惧,因而总是怀恨在心。所以,这位大使有好几次差点被群众打死,这样他这次出使并未能使双方更和好一致,反而造成互相仇视的新因由。佛罗伦萨人召回费拉拉侯爵,并聘请了曼图亚侯爵;还急切要求威尼斯人把布拉乔的儿子卡尔洛伯爵和亚科波伯爵的儿子德伊福博派来;拖了很久之后,威尼斯人才答应照办,因为他们已和土耳其人达成停战协议,再也没有理由拒绝了;要是撕毁盟约,则极不体面。卡尔洛和德伊福博两位伯爵带来的兵力相当可观;又从正在牵制卡拉布里阿公爵的费拉拉侯爵所率部队中尽可能抽出一些多余兵力和他们会合起来,向比萨推进,迎击正率军队抵达塞尔基奥河附近的执政官罗贝尔托。这位执政官虽曾宣称要等待他们前来交战,但敌军真来时,他却撤到他开进比萨地区以前曾驻扎过的卢尼贾纳营房里去了。于是卡尔

洛伯爵就把这一带曾被敌人占领的土地全部收复。

佛罗伦萨人从而解除了从比萨方向受敌攻击的威胁，于是就把从科莱到圣杰米尼阿诺一线全部兵力集结起来。但是，自从卡尔洛伯爵到达后，这支部队内部就既有斯福查派又有布拉乔派的人，他们之间的世仇宿怨很快就爆发了。人们考虑，如果让双方长期在一起，一定会互相打起来；于是就决定把他们分开。这样祸害小些。于是就派卡尔洛伯爵率领的一部分兵力进入佩鲁贾地区；而派另一部分驻扎在波吉本齐，在那里修造坚固的营房，以阻挡敌军侵入佛罗伦萨领土。他们也打算用这个办法强迫敌人分散兵力。这是因为，谁都知道卡尔洛伯爵在佩鲁贾城内有许多党羽；人们料想，若不是他去占领了佩鲁贾，就是教皇被迫派出大批兵力去防守。为了使教皇处于更加困难的地位，他们又命令原先从卡斯泰洛城被放逐出来的尼科洛·维泰利率领一支军队去攻打现在正在他的敌人洛伦佐·维泰利统治之下的这个城市，打算把他这个敌人赶出去，使这个城市不再服从教皇。战役开始时，幸运似乎是支持佛罗伦萨人这一方：卡尔洛在佩鲁贾地区进展迅速；尼科洛·维泰利虽然未能进入卡斯泰洛，但在战场上还是占了上风，他在附近乡村到处劫掠未遇任何抵抗。在波吉本齐地区，军队也不断扫荡直至锡耶纳城下的广大地区。不过，他们这些希望也并未实现。因为第一，卡尔洛正在节节胜利的高潮中死了。他的死本来也不至于给佛罗伦萨带来多大危害，但他死前所取得的胜利却因为别人举措失当而完全被抵消了。

伯爵的死信传开之后，原已集中在佩鲁贾境内的教会军队就认为有希望战胜佛罗伦萨了，因而推进到距佛罗伦萨部队不到三

英里的湖边扎营。在佛罗伦萨部队这边,军事委员亚科波·圭奇阿尔迪尼根据罗贝尔托·达·里米诺(卡尔洛伯爵死后,这个人就当了总指挥官,他知道敌军期望血战一场)的意见,决定前往迎击敌军。在湖边一带,就在当年迦太基将军汉尼拔大败罗马军的那个著名的古战场上,把教皇的军队打败。这次胜利给指挥官们带来很大荣誉;消息传来,佛罗伦萨全城欢欣不已。要不是驻在波吉本齐的队伍内部发生骚乱,使得全军慌张,整个战役就要顺利结束。一个人的英勇取得的好局势却被别人的可耻的行径抵消而有余。因为在锡耶纳境内获得了大量战利品,曼图亚和费拉拉两位侯爵之间为分这些东西发生争吵,双方人马极其猛烈地火并起来。佛罗伦萨官员看到已不能利用这两支部队为自己服务,就允许费拉拉侯爵带着他的人马回国去了。

第四章

卡拉布里亚公爵在波吉本齐击败佛罗伦萨军队——佛罗伦萨战败引起市民情绪沮丧——卡拉布里亚公爵的进展——佛罗伦萨希望议和——洛伦佐·德·美第奇决定去那不勒斯和国王谈判——外号叫摩尔人的洛多维科·斯福查和他的兄弟们被召回米兰——结果引起该城邦政府的变更——热那亚人占领塞雷扎纳——洛伦佐·德·美第奇到达那不勒斯——和国王定立和约——教皇和威尼斯人同意和约——佛罗伦萨人对卡拉布里亚公爵行动的忧虑——土耳其人的征战——他们占领奥特朗托——佛罗伦萨和教皇和解——他们的使节在

教皇宫廷——教皇向大使致答词——那不勒斯国王将所占诸要塞全部归还佛罗伦萨。

佛罗伦萨军队因此遭到削弱，因为没有将领，全军各个部分都一片混乱。这时正带着部队在锡耶纳附近驻扎的卡拉布里亚公爵决定乘机立即向他们发动进攻。佛罗伦萨军队得悉敌军逼来，惊慌失措；虽然他们人数比敌人多、武器比敌人的好、所占阵地也十分强固，但这一切都不足以使他们产生信心；老远看到敌军开近扬起的灰尘，还没来得及看见敌人的影子，就奔逃四散，把车辆、大炮以及弹药等等全部留给敌人。怯阵怕死、无纪律，是当时的军队常见的现象；有时只是因为一匹马把头一调或把尾巴一扬，就足以决定一支远征大军的命运。这次溃败使国王的军队满载战利品而归，佛罗伦萨人则是一片沮丧情绪。因为当时除战争之外，城里还正闹鼠疫；疫病蔓延范围广泛，所有在郊区有别墅的人都逃往别墅躲避死亡。这就使战败的消息更增加恐怖的气氛；因为这些逃到佩萨河谷和埃尔萨河谷一带的别墅里躲避瘟疫的人们，一听说军队在战场惨败，立即尽快拼命逃回城里，不但把孩子和财物一起带回，而且连雇工也都带了回来；在城里的人们看来，好像敌军随时就要冲进城里。

奉命指挥战争的人们看到全城如此惊慌失措，就下令在佩鲁贾地区取得胜利的军队放弃在那个地区的任务，转移到埃尔萨河谷阻挡敌军；这批敌军打了胜仗之后就在这一带大肆劫掠，如入无人之境。虽然佛罗伦萨这支部队原已紧逼佩鲁贾城下、眼看就要把它拿下；但是，人们总是宁愿先保护自己的东西而不是夺取别人

的。这支军队就这样放弃追求他们的好运,开到距佛罗伦萨不到八英里的名叫圣卡斯恰诺的一个要塞。因为指挥官认为在被击溃的许多军队重新集结起来以前,只能在这里站住脚,敌军那方面,在佛罗伦萨军队已经撤走、佩鲁贾地区既已不再遭围困之后,就更加壮起胆子,在阿雷佐和科尔托纳等地更大肆劫掠。与此同时,卡拉布里亚公爵阿尔方索指挥下的敌军在波吉本齐附近取胜之后,又将该城占领,并洗劫维科和切尔塔尔多;在这一番攻城略地之后,就在科莱要塞外边扎营围困。一般认为,这个要塞十分强固,守军又既英勇又忠于佛罗伦萨,佛罗伦萨人因而希望在共和国能够把兵力集结起来之前,它能顶住敌军。佛罗伦萨军队驻扎在圣卡斯恰诺,而敌军继续竭尽全力攻打科莱;于是佛罗伦萨部队决定向科莱靠拢一些,以便使科莱居民在抵抗敌人方面更坚定,也使敌军在攻城方面不敢太贸然。根据这项计划,他们把营地从圣卡斯恰诺迁至距科莱约五英里的圣杰米尼阿诺;每天派轻装骑兵和其他适当部队骚扰公爵营地。然而,所有这些活动都不足以解救科莱军民;因为他们的粮草已经消耗殆尽,终于被迫在十一月十三日投降;佛罗伦萨人闻讯十分悲伤,敌方则欣喜异常;特别是锡耶纳人,他们除了一向仇视佛罗伦萨人之外,还特别痛恨科莱人。

这时已是严冬季节,天气极不适合打仗。教皇和国王,也许是为了使对方感到和平有望,也许是为了更安然自在地享受胜利的战果,就向佛罗伦萨提出休战三个月的建议,还允许他们在十天的期限以内考虑答复。佛罗伦萨人急切地接受了这项建议。但是,人们都知道,创伤在血液凝固之后比刚刚受伤时更使人感到疼痛;因此,就在这短暂的休战期间,佛罗伦萨人更加痛切地感觉到他们经受的不幸。公民们公开互相指责，指出在指挥战争中所犯种种错误，无益地消耗大量钱财，不公平地摊派捐税。人们不但在私下里，而且在政务会议上也大胆议论这些事，有一位竟敢面对洛伦佐说道："城邦业已筋疲力尽，再也经不起战争，因此必需考虑讲和了。"

洛伦佐本人也已体会到有讲和的必要。于是就召集他最信得过的忠诚可靠而又明智的朋友们商量，当时很快作出结论：由于威尼斯人不热心，不可靠，公爵是在他的监护人掌握中，而且忙于解决国内纠纷；因此，最好是寻找新盟友以促使局势好转。他们起初拿不准究竟是和国王还是和教皇结盟较好；但在对问题进行了全面的研究之后，认为还是和国王结盟为好，这样较适当又可靠。因为：教皇的任期一般都很短，每次更换教皇都要带来许多变化；教会对世俗君主漠不关心，教会的规定更是明显地流露出对君主毫不尊重；使得世俗君主不能信赖教皇，和他共命运也不可靠；因为要依附教皇只能在胜利中结伴；一旦失败，自己就孤立了，而教皇还有宗教权力和势力的支持。他们既已认定国王的友谊对他们最有用，就认为如由洛伦佐亲自出面，取得他的友谊必将最容易、最有把握。因为对他表示的信任越大，他就越有可能抹掉旧日的仇恨。洛伦佐决定亲自前往那不勒斯，把城邦和政府大事都托付当时的正义旗手托马索·索德里尼。他于十二月初离开佛罗伦萨，到达比萨后，给政府官员写信通知他们这次出发的原因。执政团为了表示对他尊重，使他能更有效地和国王谈判，就任命他为全佛罗伦萨人民的使节，授予他全权作出他认为对共和国最有利的安排。

这时,罗贝尔托·达·圣塞韦里诺带着他的两个弟弟洛多维科和阿斯卡尼奥(他们的大哥斯福查已死)再次攻打米兰,企图恢复他们的政权。他们攻占托尔托纳之后,米兰城里和整个城邦都已武装起来。这时,有人劝博娜公爵夫人答应恢复斯福查的弟弟们在政府中的职位以平息内争。提出这个建议的人是一位名叫安托尼奥·塔西诺的费拉拉人,他出身微贱,来到米兰后就投到加利佐公爵手下,公爵把他送给公爵夫人作侍从。也许是由于他长得好看、诱惑人,或是有点神秘的力量,在公爵死后,他对夫人影响很大,可以任意统治城邦。这个情况使大臣切科极为不满,他为人慎重且具有丰富可贵的阅历,于是就竭尽全力设法减少塔西诺对公爵夫人和政府其他官员的影响。塔西诺知情后,为了进行报复,就弄了一些人来保护自己反对切科,劝公爵夫人召回斯福查兄弟。公爵夫人未曾把意图告知这位大臣,就下令把他们召了回来。切科看到事已如此,就对公爵夫人说,"您采取的这个步骤不但将使我丧命,而且也将使您失去政权。"这一情况不久果然发生了。切科被洛多维科处死;塔西诺被逐出公国。公爵夫人非常气愤,离开米兰,把对幼子的监护权放弃,让给洛多维科。洛多维科从此便成了公国的唯一统治者,以后我们就会看到,他造成了全意大利的崩溃。

洛伦佐·德·美第奇已出发赴那不勒斯。停战协定仍然有效期间,洛多维科·弗雷戈索暗中串通塞雷扎纳城里某些人,完全出乎人们意料地,率领军队偷偷潜入城内并予以占领,把佛罗伦萨驻该城总督拘禁起来。佛罗伦萨执政团闻信异常愤慨,认为整个事情是得到国王费兰多默许才干的。他们向率领军队驻扎在锡耶纳的卡拉布里亚公爵控告,说这是对停战协定的破坏。公爵又写信又派使节,竭力证明这件事情的发生,他和他父亲都毫不知情。然而,佛罗伦萨人却陷入十分困难的处境;因为国库业已空虚,共和国首脑又落入国王掌握中,全国又正处在同国王教皇长期交战状态,新近又和热那亚开战,而且又无任何盟国支援,他们对威尼斯人不信任,而米兰又变幻无常极不稳定,使他们感到担心。因此,他们只剩下一线希望,即指望洛伦佐和国王的谈判能够取得成功。

洛伦佐由海路抵达那不勒斯,不但受到国王费兰多,而且受到全城的隆重欢迎。他的到来激起人们极大的希望;因为一般都认为发动这场战争的唯一目的就是要搞垮他。他那些敌人的巨大势力使得他的名字更为增辉。国王接见他的时候,他讲了许多关于意大利的情况,关于各国君主和人民的意向,以及他对和平的期望,对战争的后果担忧等等。他讲得恰如其分;费兰多对洛伦佐这样伟大的人物、机敏的天赋、沉着而明智感到很惊讶,这一切都是费兰多过去在他身上从未见到过的;因而对他倍加尊崇。他开始认为:不但不能把他当作一个敌人加以扣留,反而觉得作为朋友简直不愿和他分离。不过,他还是找到各式各样的借口使洛伦佐从12月逗留到3月;不只是为了在这期间尽可能深入地了解他本人的思想观点,而且还要了解他那个城邦的人们看法如何,因为他并不是没有敌人,这些人可愿意国王像对待亚科波·皮奇尼诺那样对待洛伦佐;而且,他们表面提出同情洛伦佐的观点,指出采取这一方针可能产生的(或者宁可说是他们这些人盼望产生的)一切后果;但同时却在会议上反对一切可能支持洛伦佐的建议。通过诸如此类的办法,有个看法占了上风:如果洛伦佐在那不勒斯滞留

时间长一些,佛罗伦萨政府就会发生变动。这就使国王推迟本来要放他回去的时间,想看看佛罗伦萨是否会出现动乱。但后来费兰多发现佛罗伦萨一切都安定如常,于是就允许他于 1479 年 3 月 6 日离去。他十分厚待洛伦佐,一再向他表示关怀,力图争取他的友谊,并和他签订永久性的共同防御同盟条约。洛伦佐回到佛罗伦萨、出现在群众面前时,他在群众心目中早已形成的印象好像使他周围庄严的光环更灿烂了,他为了使自己的国家重获和平,不惜冒生命的危险立下功勋,足见他品德超人;人民群众兴高采烈出迎,这完全是他应得的。他回国两天之后,公布了佛罗伦萨共和国和那不勒斯国王之间订立的条约;双方保证共同防卫对方领土;那不勒斯在战争期间从佛罗伦萨夺取的领土将按国王的意思予以放弃归还原主;在沃尔泰拉监狱中囚禁的帕齐家族成员将获释;佛罗伦萨在一定期限以内付给卡拉布里亚公爵一笔钱。

和约一经公布,教皇和威尼斯人都异常愤怒。教皇认为自己受到国王的怠慢;威尼斯人对佛罗伦萨也有类似不满;他们抱怨说,在战争中两国既然是伙伴,缔和时却不让他们参与。国外到处流传这一情况的传闻,佛罗伦萨人听了完全相信;引起大家普遍担心这样取得的和平可能会导致更大规模的战争。因此,政府领导成员决定把研究国家最重大问题的权力限制在少数范围以内,为此组成由七十名公民参加的政务会议,授予重要权力。这一新规定使那些急切思变的人们的心情安定下来,使他们认识到他们是徒劳无功。这个政务会议为了树立自己的权威,首先批准和国王签订的和约,然后又派安托尼奥·里多尔菲和皮埃罗·纳西为使节进谒教皇。但是,尽管和约业已签订,卡拉布里亚公爵阿尔方索仍然带着军队留在锡耶纳；伪称由于居民内部纠纷把他留住了；据他说纠纷已发展至异常严重程度，他本来住在城外，后来居民逼着他进入城内充当双方仲裁的。他趁机以罚款名义对富裕市民勒索了一大批钱，还监禁了许多人，放逐了另一些人，并处决了几个人。因此，不只锡耶纳人，就连佛罗伦萨人都一致怀疑他怀有篡夺锡耶纳主权的阴谋。但当时又没什么办法可以解决，因为共和国刚刚和国王订立新盟约，并与教皇以及威尼斯人为敌。不但大部分佛罗伦萨人民有这种疑虑——他们一向善于剖析某些表面现象——而且政府要员也都有类似担心。大家一致认为：城邦还从来没有过像现在这样大的失掉自由独立的危险。幸亏上帝在佛罗伦萨处于类似的困境时总是要把它保存下来的，这时发生了一件意想不到的事情，使教皇、国王和威尼斯人的目光转移到别的事情上，无心顾及托斯卡纳境内的事。

事情是这样：土耳其皇帝穆罕默德二世亲率大军前往围困罗德岛，持续达数月之久。但是，虽说他的兵力雄厚，他本人也英勇无敌，但他终于发现他这支大军还不是被围困者的对手。守军如此英勇顽强抗击他的进攻，最后他被迫很不光彩地撤走了。土耳其军撤离罗德岛之后，由帕夏阿什梅特率领的一部分军队开进韦洛纳，后来在沿意大利海岸航行时，或许是因为看到当时情况易于取胜、或许是执行他的皇帝的命令，他突然率领四千士兵登陆，攻打奥特郎托城，轻而易举地占领了；劫掠之后，又把全城居民尽行屠杀；然后就在城市和海港构筑工事；在集结大批骑兵之后，又劫掠附近一带地区。国王获悉情况后，深知入侵者力量可畏，立即派使者到周围各国说明情况，要求派兵抗击共同敌人，并下令仍在锡耶纳的卡拉布里亚公爵立即率领军队回国。

土耳其人这次入侵,尽管使公爵和意大利其余地区感到恼火,却使佛罗伦萨和锡耶纳感到十分欣幸。锡耶纳庆幸它已恢复自由;佛罗伦萨人则庆幸因此逃脱了一场使它险遭毁灭的大风暴。公爵也并非不知道他们的这些想法,这就使他在撤离锡耶纳时更感遗憾;他责怪命运之神不该用一件出人意外的莫明其妙的事件使他失去统治托斯卡纳的机会。这一情况同时也改变了教皇的态度。他原先虽曾拒绝接见佛罗伦萨派来的任何使节,现在态度却缓和下来,极愿意听取他们为和平提出的任何建议;还向佛罗伦萨人暗示,如果他们能谦卑地向教皇乞求宽恕,就一定能得到宽容。佛罗伦萨人认为抓住这个时机和教皇和解是得策的,于是就派遣十二位大使进谒教皇。教皇以各种借口使他们滞留着,后来才予接见。但最后还是达成协议,规定平时战时双方各应作出的贡献。然后教皇举行极其庄严隆重的仪式,在枢机主教们簇拥下,允许使节们前来跪拜在他脚下。使节们为过去发生的事情向教皇赔不是:首先说明,佛罗伦萨当时是出于迫不得已;然后又谴责别人干的坏事和老百姓的愤怒和他们义愤;随即详尽诉说那些被迫进行战斗、献出生命的那些人所遭受的不幸情况。为了免遭灭亡,他们曾经受极端的苦难,曾遭受战争和被驱逐出教的痛苦以及近来的种种事件给他们带来的其他各种麻烦。这为的是使自己的共和国免遭奴役,一个自由城邦受人奴役就等于灭亡。不过,如果说他们过去迫不得已采取的那些行动曾对教皇有所冒犯,他们极愿意赎罪;相信教皇仁慈宽厚,会按照天上的救世主的榜样,把他们接进自己慈悲的怀抱。

教皇的答词愤激而傲慢。他一再历数在近来的事变中所有冒犯教会的罪行；然后说道，为了遵照上帝的教诲，他将赐给他们所乞求的宽恕；但要他们明白：他们的职责就是服从；如果再发生任何违抗，他们就不可避免地要丧失不久前几乎要失去的自由，这完全是他们罪有应得的；因为只有坚持行善拒绝做恶的人才配享有自由；自由一旦被滥用，则不只害己而且害人；目无上帝更无教会者绝非自由人该做的事；只有蠢人、喜欢做恶而不向善者才会这么干；纠正这些人的罪过不但是各国君主的职责，也是每个基督教徒的义务。因此，关于近来发生的事情，他们只能怪罪自己，由于他们的恶行才招致战争；他们更恶劣的行为又使战火扩大；战争得以结束并不是因为他们自己有什么功德，而是由于别人的善心，然后就宣读了协议条款和祝福词。后来，除了双方业已讨论开同意的那些条款之外，教皇又说，如果佛罗伦萨人希望享受他的宽恕赐给他们的果实，只要土耳其人一天不停止对那不勒斯王国的战争，他们就得提供经费维持十五艘大战船，把它们都装配好并武装起来。使节们诉说除了协议中规定的以外，再加这笔负担就太重了，但未能取得减免的许可。不过，当他们回到佛罗伦萨之后，执政团又派新近从法国归来的圭德·安托尼奥·韦斯普奇为大使前往谒见教皇。由于他审慎行事，使一切事情都得到和解的结果，还从教皇处得到许多恩惠，人们认为这是将出现更亲密的和解的预兆。

佛罗伦萨和教皇之间的问题既已解决，锡耶纳又已恢复自由；在卡拉布里亚公爵撤离托斯卡纳之后，佛罗伦萨本国也不必再对国王有所畏惧。在和土耳其人之间的战争仍在进行之际，佛罗伦萨就催促国王把卡拉布里亚公爵撤走时留在锡耶纳人手中的那些

要塞尽快归还。费兰多考虑:如果拒绝这项要求,恐怕他们就要退出两国同盟,并和锡耶纳重新开战,从而使他失去他希望从教皇和意大利其他各国得到的支援;于是他这才同意归还这些要塞,此外还给佛罗伦萨一些别的好处,企图拉拢他们支持他的利益。由此可见,使各位君主守信用的并非条约或义务,而是出于力量对比和需要。

要塞业已归还,新同盟业已建立。这时洛伦佐的名望才告恢复,在战争进行期间以及以后缔结和约时,当时国王的意图令人怀疑,他曾因此丧失声誉。在那一时期,有不少人曾公开对他进行诽谤,说他为了保住自己不惜出卖国家;说在战争中使他们丧失国土,在和平中使他们失掉自由。但在诸要塞业已收复、和国王签订的体面的盟约也已批准、城邦从而恢复往日的声威之后,佛罗伦萨人们谈论的风气就完全改变了;这个城市一向闲谈成风,在人们谈论中,对一个人的行为的判断是看它是否成功,而不是看他在指导行为方面的才智;因此,这时公民们又过分地吹捧洛伦佐,宣扬说靠他的智虑明达,在战时困难情况下丢掉的一切,他在和平中又全部收回了;还说,由于他处事审慎,判断准确,他办到的事,胜过敌人千军万马所能取得的业绩。

第 五 章

意大利新战争的起因——费拉拉侯爵和威尼斯人的争论——那不勒斯国王和佛罗伦萨攻打教皇辖地——教皇的防守措施——那不勒斯部队被教皇军队打败——威尼斯在进攻

费拉拉侯爵中取得进展——教皇缔和并参与反威尼斯的联盟——联盟和威尼斯打仗——威尼斯军队在本德诺被击溃——他们的损失——联盟国间不团结——洛多维科·斯福查和威尼斯签订和约——和约获得其他各国批准。

教皇和威尼斯因佛罗伦萨和国王签署和约而被激怒，眼看就要爆发战争的时候，由于土耳其人的入侵，才把战争推迟。不过，正像入侵开始得突如其来并且对佛罗伦萨有利那样，它的结束也出人意料地迅速并且为害不小；因为穆罕默德突然逝世，他的几个儿子发生冲突，在普利亚的那些土耳其军队被他们的指挥官丢下不管，这些土耳其人就把奥特郎托放弃归还国王。原来束缚着教皇和威尼斯人手脚的忧虑因而也解除了；人人又担心要出现新的麻烦。一方是教皇和威尼斯的联盟，和他们站在一起的还有热那亚、锡耶纳和其他一些小城邦；另一方是佛罗伦萨、那不勒斯国王和米兰公爵，站在他们这一边的还有波洛尼亚人和其他许多君主。威尼斯人企图控制费拉拉，并认为他们要这样做是有理由的，因而希望能够成功。他们和费拉拉侯爵的分歧是这样引起的：侯爵坚持他并无义务从威尼斯输入食盐，也无义务接受他们派来的总督；因为它们两国之间有约，规定七十年后这个城邦就可以摆脱强加在他们身上的这两项义务。威尼斯一方则说，只要他一天还占有波莱西内，他就有义务输入他们的食盐、接受他们派去的总督。侯爵拒绝照办。威尼斯就认为他们动武是有理的，而且眼下正是下手的好时机；因为教皇对佛罗伦萨和国王都很愤怒。为了进一步靠拢教皇，他们对当时正在威尼斯的吉罗拉莫伯爵极其尊敬，先是

给予公民的特权,后来又把他捧到元老院议员的高位——这是威尼斯元老院所能授予的最高荣誉。为了准备战争,他们增收新税,委任罗贝尔托·达·圣塞韦里诺统帅全军。这个人因触怒了米兰的统治者洛多维科,逃到托尔托纳去,在那个地方又惹起一些动乱,之后又到热那亚;威尼斯人就是从热那亚把他请来当司令的。

这些情形被敌方联盟了解到之后,也激起他们的备战活动。米兰公爵任命乌尔比诺的费德里戈统帅他的军队;佛罗伦萨聘用佩扎罗君主科斯坦佐。国王费兰多为了试探教皇的意向,了解威尼斯向费拉拉开战是否得到他的同意,就派卡拉布里亚公爵阿尔方索带着他手下的军队越过特隆托河,请求教皇允许他过境进入伦巴第支援侯爵,遭到断然拒绝。于是佛罗伦萨人和国王对于教皇的意图就没有什么疑问了,他们决定叫他为难,或是逼他参加他们这一边,不然就在他进军的道路上设置障碍阻止他支援威尼斯人。这时威尼斯军队已开上战场攻打侯爵,侵入他的领土,在一个十分重要的名叫菲加鲁洛的要塞外边扎营围困。卡拉布里亚公爵为了执行佛罗伦萨和国王的计划,在科隆纳家族(奥尔西尼家族已站在教皇一边)的支持下,劫掠罗马周围的农村,造成极严重的破坏。同时,佛罗伦萨军队在尼科洛·维泰利配合下,包围并占领了卡斯泰洛城,放逐为教皇守城的洛伦佐·维泰利,扶植尼科洛当君主。

教皇现在发现自己陷入极大困境;因为罗马城内已被党争搅乱,乡村则到处都是敌人。但他还是鼓起勇气,态度果断;任命罗贝尔托·达·里米诺统帅他的军队;在把他请到他的军队集结所在的罗马后,就对他说:假如他能把教会从国王的武力下解救出

来、并解决教会面临的其他种种困难的话，那该是多么伟大光荣的事，不仅他本人，而且今后继位的一切教皇都要感谢他；不但全人类，而且上帝本身也将对他表示感激。罗贝尔托贵人考虑了教皇兵力的情况和已经完成的各项准备工作之后，就劝教皇尽可能招募一大批步兵；这件事毫未拖延，尽速办到了。卡拉布里亚公爵就在附近地方，经常带领军队在罗马附近的乡间进行骚扰，一直搞到城门口，从而使公民们极为愤慨，大批的人因而纷纷主动前来支援罗贝尔托，他表示感谢，把他们都接受下来。公爵听说他们作这些准备之后，就从城边稍稍后撤；目的是使对方认为他已撤走，这位罗贝尔托贵人就不会追击他们；同时也是为了等待他弟弟费德里戈，他们的父亲派他率另一支军队来增援。但是，罗贝尔托看到自己的骑兵几乎已和公爵的骑兵势均力敌，步兵则已占优势，于是就大胆开出罗马，在距敌营不到二英里的地方摆开阵势。

公爵发现敌军已经逼近，觉得非打一仗不可，否则就只能不体面地撤退。作为国王的儿子，撤退有失身份，于是决定前往迎敌。接着是一场大战，由早晨一直打到中午。在这场大战中，双方都表现得很英勇，这是五十年来的任何战役都不能比的。战场上留下一千多具尸体。最后是教会的军队打了胜仗，这是因为他们那大量的步兵不断骚扰公爵的骑兵，终于迫使公爵一方撤走。阿尔方索本人也险些落入敌手，幸亏有一队土耳其士兵把他救了，这些土耳其兵是原来没撤走，留在奥特郎托的，那时在公爵手下服役。在这次取胜之后，里米诺君主凯旋罗马，但他未能长久享受他的英勇带来的胜利果实，因为正当战斗激烈进行之际，他喝了大量生水，结果得了痢疾，不久就死了。教皇下令为他举行极其隆重的葬礼；

几天之后，派吉罗拉莫伯爵到卡斯泰洛把该城归还洛伦佐，还要力图夺取里米诺——该城在罗贝尔托死后已留给他的遗孀和幼子——教皇陛下认为这是轻而易举的事。如果不是有佛罗伦萨部队保护着夫人，事情当然是这样。但佛罗伦萨部队极其有力地抗击，从而使他攻打卡斯泰洛和里米诺两地都未成功。

当罗马和罗马尼阿境内发生这些事情时，威尼斯军队夺占了菲加鲁洛并渡过波河。米兰公爵和侯爵的营地都陷入一片混乱；因为乌尔比诺伯爵病倒了，被送到波洛尼亚养病时死在那里。伯爵的处境因而很不幸；而威尼斯人却越来越有希望夺取费拉拉。佛罗伦萨和那不勒斯国王竭尽全力争取教皇支持他们，用强力既未能成功，他们就以宗教会议来胁迫他。皇帝已在巴塞尔召开这次宗教会议。在皇帝派来的使节们的支持和希望和平的一些首要的枢机主教协力合作下，教皇被迫转而致力于促成全意大利的和平。既有这个看法，又感到很忧虑，而且确信威尼斯势力的扩大会毁了教会和意大利，于是就竭力和联盟议和，派使节到那不勒斯，在那里由教皇、国王、米兰公爵和佛罗伦萨各方签署一项为期五年的条约，并为威尼斯留下一个参加的机会，在他们认为适宜时可让它加入。条约订完后，教皇就告诉威尼斯人，他们应当停止和费拉拉的战争，威尼斯拒绝照办，反而比过去更积极地为实现他们的计划作各种准备。他们在击败公爵和阿尔詹塔侯爵的部队之后，就紧逼费拉拉城下，甚至在侯爵的花园里搭起帐篷。

联盟各国认为他们决不能再拖延，应当给予侯爵有力的帮助，于是就命令卡拉布里亚公爵率领他自己的和教皇的军队开往费拉拉；佛罗伦萨军队也朝同一方向出发。为了更有效地指挥作战，联

盟各国在克雷莫纳召开一次会议，出席的有教皇的代表、吉罗拉莫伯爵、卡拉布里亚公爵、执政官洛多维科·斯福查和洛伦佐·德·美第奇以及意大利其他许多君主。会议决定解除费拉拉之围的最好办法就是使敌人分散兵力；然后又充分讨论了应当采取的措施；联盟希望洛多维科由米兰方向攻打威尼斯军队。但因为他恐怕这样可能会把战火引到公爵的领土上，到那时再想扑灭可就难了，因而拒绝同意，于是联盟就决定各国部队合力向费拉拉推进。在集结四千骑兵和八千步兵之后，就开始追击威尼斯军队。敌军共有重骑兵两千、步兵六千。联军首先攻打停泊在波河上的威尼斯战船队，将船队击溃，共击毁船两百余艘，并俘获船队后勤官长安托尼奥·尤斯蒂尼阿诺。威尼斯人发现全意大利已联合起来对付他们，为了维护自己的声望，就聘请洛林公爵带领部队前来支援。洛林公爵率领重骑兵两百前来参战。在船队遭受严重破坏后，威尼斯就派公爵带领部分威尼斯军队顶住敌军；命令罗贝尔托·达·圣塞韦里诺率领其余军队渡过阿达河向米兰挺进，命令他们到达米兰后，在高呼“要公爵和他的母亲博娜夫人！”的口号，打算用这个办法使米兰政局发生新的变化，因为他们相信洛多维科和他的政府很不得人心。

这一进攻开始时曾引起米兰人惊慌失措，并使公民们拿起武器；但后来形成的结局却对威尼斯的计划很不利。因为洛多维科这时极愿意进行他曾拒绝他的盟友们要求他做的事。他留下费拉拉侯爵防守自己的领土，自己带着四千骑兵两千步兵，和卡拉布里亚公爵率领的一万两千骑兵、五千步兵会合一起，开进贝加莫领土，随后又进入布雷西亚和维罗纳地区，无视威尼斯军队，在整个地区大肆劫掠。罗贝尔托带着他的军队要保住这几座城市十分困难。费拉拉侯爵这时也收复了他的一大部分领土,因为前往攻打他的洛林公爵只带着两千骑兵和一千步兵,抵挡不住他。就这样,在1483年一年当中,联盟各国的事务一直都在顺利发展。

冬季平静地度过后,各方军队又开上战场。联盟各国为了震慑敌方,就把各国部队联合在一起。假如战争能像去年那样进行,就一定可以轻而易举地使威尼斯人丧失他们在伦巴第境内占据的所有地方。这是因为,洛林公爵因服役期满业已离去,威尼斯人只剩下六千骑兵和五千步兵;而联盟各国却有骑兵一万三千和步兵五千可供调遣。但是,正如常有的情况那样:战争如果是由几位拥有同等权威的人联合指挥,往往就会因为意见不统一而使敌方得胜。原先曼图亚侯爵费德里戈权势很大,可使卡拉布里亚公爵和洛多维科·斯福查等就范;由于他已去世,他们之间就产生分歧,后来竟发展成为相互妒忌。米兰公爵乔万·加利佐这时业已成年,已能亲自掌政;他已和卡拉布里亚的女儿结婚。卡拉布里亚希望由他的女婿而不是洛多维科掌握政府。洛多维科了解到公爵的计谋之后,考虑如何才能阻止他实现这个计谋。威尼斯人了解到洛多维科的处境之后,就打算利用这个情况为自己谋利益;他们希望像他们过去就经常干的那样,在和平时期收回在战时丢掉的一切;于是就秘密和洛多维科进行谈判,于1484年8月达成协议。当这件事被联盟其余各成员国了解到之后,他们都极感不满。这主要是因为他们发现协议规定原先从威尼斯人手中夺得的那些地方都要归还他们;还答应他们保有他们从费拉拉侯爵手中夺去的罗维戈和波莱西内;此外,还要保留威尼斯旧日曾拥有的对费拉拉

的优越地位和统治权。这样一来，人人都看得清楚，各盟国曾从事的是一场耗资巨大的战争，在战争进行过程中虽曾争得荣誉，但战争却不体面地结束了。因为，从敌人手中夺得的一切地方都要归还，而他们自己丢失的地方却不能收复。不过，他们还是被迫批准了条约；因为他们各自的财力已不充裕，而且别人的错误和野心也使他们不甘心再拿自己的命运去接受考验。

第　六　章

教皇的大事——他和尼科洛·维泰利和解——科隆纳和奥尔西尼两大家族倾轧不和——各种事件——塞雷扎纳战争——热那亚被它的大主教强占——西克斯图斯四世去世——选出英诺森八世——阿戈斯蒂诺·弗雷戈索把塞雷扎纳送给圣焦尔焦银行——圣焦尔焦银行概况——为塞雷扎纳问题向热那亚开战——佛罗伦萨为攻打皮埃特拉桑塔所施的策略——皮埃特拉桑塔的困境及最终投降——卢卡人要求把皮埃特拉桑塔归还它——拉奎拉城反叛那不勒斯国王——国王和教皇之间的战争——佛罗伦萨站在国王一边——教皇和国王缔和。

当伦巴第境内发生上述事件时，教皇派洛伦佐围困卡斯泰洛城，目的是驱逐尼科洛·维泰利，这个地方原来是联盟各国为了诱使教皇站到他们一边而放弃给他的。被围期间，尼科洛曾带领守军冲出城外攻打教皇军队，并打败了他们。由于这个情况，教皇从伦巴第召回吉罗拉莫伯爵,命令他先在罗马补足兵员,然后开往卡斯泰洛城攻打敌军。但经再次考虑后,觉得与其再与尼科洛开战,还不如把他拉过来作个朋友为好;于是就和他达成协议:由他继续保有卡斯泰洛城;教皇则尽可能设法安抚洛伦佐。教皇之所以采取这两项行动,与其说是出于热爱和平,还不如说他担心出现新动乱,因为他已看出:科隆纳和奥尔西尼两大家族之间正在发生新的纠纷。

在那不勒斯国王和教皇之间打仗时,国王曾从奥尔西尼家族手中夺得塔利阿科佐地区,把它给了赞助他的事业的科隆纳家族。和约签署后,奥尔西尼家族按条约规定要求收回这个地区。教皇一再向科隆纳家族表示,这个地方应当归还原主。但是,他们不但不答应奥尔西尼家族的要求,也不怕教皇的威胁;反而又和奥尔西尼家族打起仗来。教皇再也不能容忍他们这样蛮横无理,就把他手下的军队和奥尔西尼家族的人马联合起来,对科隆纳家族在罗马城里的各处住宅进行劫掠,把守护这些住宅的所有的人杀死或监禁起来,夺取了他们大部分的堡垒。这次纠纷得以平息,主要是因为一方已被彻底征服,而不是因为另一方有任何和平意愿。

热那亚和托斯卡纳境内也不是平安无事。佛罗伦萨命令安托尼奥·达·马尔恰诺伯爵留在塞雷扎纳边界上;在伦巴第境内的战争进行期间,他不断用突袭或小规模冲突的办法骚扰塞雷扎纳人民。热那亚督治巴蒂斯蒂诺·弗雷戈索由于对大主教帕戈洛·弗雷戈索很信赖,结果反而被大主教把他连妻子和孩子一起都拘禁起来,并被篡了权。威尼斯战船队曾攻打那不勒斯王国,夺占加利波利,并骚扰附近地区。但在订立伦巴第全境和约后,意大利各地动乱随即也都平息。只有托斯卡纳和罗马两地例外。因为教皇在和平条文公布后的第五天就去世了,也许是一般正常的死亡,但也可能是和平的实现把他气死的,因为他一向反对和平。

教皇一死,罗马全城居民立刻拿起武器。吉罗拉莫伯爵把他的军队撤入要塞。奥尔西尼家族深恐科隆纳家族要为他们新近所受伤害进行报复,科隆纳家族则要求把他们的住宅和要塞退还他们;于是在几天之内,全城到处发生抢劫、杀人、放火事件。众枢机主教要求伯爵把要塞交给枢机主教团,撤走他的部队,使罗马从他的武力造成的恐怖中解脱出来;伯爵为了讨好未来的教皇,就服从了,带着手下人马撤到伊莫拉。众枢机主教这时已排除了恐惧情绪、贵族之间的争吵也无望得到支持,于是就开始进行新教皇的推选工作;经过一些讨论之后,马尔费塔枢机主教、一位名叫乔万尼·巴蒂斯塔·奇博的热那亚人被推举为教皇(1484 年),称英诺森八世。这位新教皇温和仁厚、慈悲为怀,他设法使人们停止敌对行动,使罗马暂时恢复和平。

伦巴第境内的和平恢复后,佛罗伦萨人并未保持安静。因为他们觉得,让一位并无官职的人士夺去了他们的要塞塞雷扎纳实在丢脸。既然和平条款允许,不但可要求收复失地,而且,可以对阻挠收复失地的人开战。根据这一条,他们立即筹集款项招兵买马准备收复塞雷扎纳。占据塞雷扎纳的阿戈斯蒂诺·弗雷戈索看到这情况,由于无力防守,就把这个要塞送给圣焦尔焦银行。因为以后还要常提到圣焦尔焦银行和热那亚,而且热那亚又是意大利主要城邦之一,所以现在我们略谈一谈那个地方通行的规章和惯例也不能算不适当。多年以前,热那亚在和威尼斯打了一次大仗之后媾和时,由于共和国无力偿还那些曾借给大批款项供作战用的人的债务,就把关卡(称为“多加诺”)的税收让给这些债权人,使他们按照各自债权大小共分税收,直至全部清偿为止。为了给这些人提供一个集合地点,就把关卡上面豪华的房子拨给他们使用。这些债权人成立一个管理机构,指定一个由一百人参加的议事会指导业务,还组成一个八人委员会作为执行机关,执行议事会作出的各项决定。他们把债权分为若干股份(名叫“卢奥吉”)。整个机构定名为圣焦尔焦银行或公司。

他们组成这样的管理机构之后,城邦又陷入新的财政困难,于是就向圣焦尔焦银行要求援助。银行既有雄厚财力,又善于经营,是有能力满足政府的财政援助的要求的。另一方面,热那亚城邦政府就像当初把关卡税收让出去那样,这时又指定一些城镇、要塞或地区作为向银行借款的抵押。由于城邦常缺钱用,圣焦尔焦银行又有款可贷,这样的做法发展到这个地步,圣焦尔焦银行竟将热那亚领域内大多数城镇置于它的管辖之下。这些城镇由银行派人治理和保卫;银行每年选出自己的代表前往各地主持政务,共和国政府丝毫不能加以干涉。这样一来,公民的感情就由政府一边转到圣焦尔焦银行一边;这也是因为政府官员暴虐、而银行则采用良好的规章制度管理。共和国的政府因此也经常更换,时而由本地一位公民充当首脑,时而又由一位外乡人担任,因为是由长官们而不是银行使政府发生变更。弗雷戈索和阿多尔尼两大家族一旦发生对抗,共和国政府也是他们争夺的对象,大部分官员都自行引退,把政府留给胜利的一方。圣焦尔焦银行对这样的事的唯一干预是,当一方压倒另一方从而控制政府之后,银行就要求他们遵守

它的法律,这项法律迄今仍未改变。因为银行拥有金钱和势力,还有武装部队,这些法律是改不得的,要改动时,必然立即引起极其危险的暴乱。像圣焦尔焦银行这样的机构的例子,在古今学者所曾撰述或想象过的任何共和国当中都是从来都未曾有过的。在同一个社会中、在同一批公民中,竟然出现自由和暴政、廉洁和贪污、公正和不公正两种不同的现象:因为圣焦尔焦银行保留着许多历史悠久的古制。假如这个机构能够(早晚很可能)占有整个共和国的话,那么这个共和国一定会比威尼斯共和国还要优越。

阿戈斯蒂诺·弗雷戈索把塞雷扎纳让给圣焦尔焦银行时,银行欣然接受并负担起它的防务。派一队战船队到海上,把军队派到皮埃特拉桑塔,以阻挡佛罗伦萨人夺取该城的任何企图,佛罗伦萨军队的营地就在不远处。皮埃特拉桑塔位于塞雷扎纳和比萨之间;佛罗伦萨人认为必需占领此地,否则即使夺得塞雷扎纳也无多大价值。但如果他们对皮埃特拉桑塔径直发动围攻又有违条约规定。只有当那里的居民或驻军出来阻拦他们收复塞雷扎纳时才可下手。佛罗伦萨人为了诱使敌方这么干,就从比萨弄了一批粮草和其他军用物资向自己的营地运来,只派为数极少的人护送,以使皮埃特拉桑塔人无所顾虑,因受不住这么丰富的战利品的引诱而出来攻打运输队。后来果不出所料,计划成功了;皮埃特拉桑塔居民在丰富战利品诱惑下夺取了运输队的物资。

这就给佛罗伦萨部队提供了攻打他们的合法理由。于是他们就撤离塞雷扎纳开到皮埃特拉桑塔城下扎营围困。这个城市人口众多,抵抗英勇。佛罗伦萨部队把大炮安在平原上;在小山上也修起一道壁垒以便也可从这一方向攻打该城。当时部队的军事委员是亚科波·圭奇阿尔迪尼。在皮埃特拉桑塔被围困期间,热那亚军队夺取瓦达要塞并放火烧毁;部队登陆后还在附近地区进行劫掠。本姜尼·姜菲利阿齐奉命率领一批步兵和骑兵去攻打他们,压下他们的狂妄气焰,使他们不敢再那样大胆劫掠。战船队继续活动,到达里窝那,利用搭浮桥等办法直抵新建的城堡;炮轰数日,但不起什么作用,他们就又撤走。

与此同时,佛罗伦萨部队攻打皮埃特拉桑塔进展缓慢;敌军鼓起勇气出击,攻占小山上的工事。敌军这次胜利异常出色,使佛罗伦萨部队惊慌失措,几乎就要撤围,实际上已经后退四英里,因为他们的将领认为这时已是十月,打算撤入营房过冬,开春以前不再打了。

这次失利的消息传到佛罗伦萨时,政府十分恼火;为了鼓起部队进行这场战斗的勇气并恢复军队的声誉,政府立即指派安托尼奥·普奇和贝尔纳尔多·德尔·内里为军事委员,他们携带大批款项来到部队;向大家表示,如果部队不回到城边,执政团和全城的人都会极不高兴;假如这么庞大的一支军队、有这么众多的将领,只要对付为数很少的守敌、还不能打下这么虚弱的微不足道的地方,那该是多么丢脸的事。他们还说明,夺取这个地方将得到什么样的眼前的和长远的利益。他们这一席话讲得极其有力,全军上下急于重新展开攻势。他们决定首先夺回小山上的壁垒。在这次战斗中充分显出指挥官的对部下的仁爱、和蔼和恳切的态度对战士的思想情绪有多么巨大的影响。安托尼奥·普奇对这个士兵进行鼓励,对那个又作出许诺,和这个人握手,和那个人拥抱,激励得全体官兵勇往直前猛烈进攻,结果很快就把壁垒夺回。不过,这次胜利也并非全无不幸:安托尼奥·达·马尔恰诺伯爵被炮弹打死。这次胜利使城内居民极其惊恐,开始请求有条件投降。为了使这次投降仪式庄严隆重,洛伦佐·德·美第奇亲临营地。不数日后,要塞就投降了。这时已到冬季,远征军将领认为在开春以前不宜再进行征讨,特别是因为秋季气候恶劣,许多官兵都已病倒。安托尼奥·普奇和本姜尼·姜菲利阿齐已患病死亡。安托尼奥在皮埃特拉桑塔一战的表现赢得全军爱戴,他的死使全体官兵十分惋惜。

卢卡人见佛罗伦萨夺取了皮埃特拉桑塔,就派使节到佛罗伦萨,要求把这个城市划归他们共和国,因为这个地方原先是属于他们的;他们说,和约的条件规定:凡是他们这一方占领的地方都应归还原主。佛罗伦萨人并不否认这些条款;但回答说,他们正在和热那亚人讨论订立条约,还不知道根据这个条约将来是否会把城市让给别人;因此,关于这个问题目前还无法作出回答。不过,假如这个地方将来要归还原主的话,卢卡人首先应偿还佛罗伦萨所支出的费用、补偿他们所受的损失——他们曾有大批公民为此捐躯。只有在这些事情都得到妥善安排之后,他们才可能有希望收回该地。

整整一冬,佛罗伦萨人和热那亚人都在进行谈判。由于有教皇插手,所以谈判是在罗马进行的。但到开春时,谈判仍未取得结果。要不是因为洛伦佐·德·美第奇病倒,教皇和国王又打起仗来,因而受阻,佛罗伦萨本来就要攻打塞雷扎纳。洛伦佐不只患有他们家庭成员中似乎带有遗传性的痛风病,而且他的胃痛也十分严重,不得不去温泉疗养。

更重要的原因是由于教皇和国王之间又打起仗来,战争的起因是:阿奎拉城(阿奎拉德利阿布鲁齐)虽然属于那不勒斯王国,但多少有点独立性。蒙托里奥伯爵在该城有很大势力。卡拉布里亚公爵带着他的重甲兵驻扎在特隆托河岸,借口平定农民当中出现的某些骚乱,实际上却是企图压制阿奎拉,使它完全服从国王的统治。公爵派人去请蒙托里奥伯爵,装作是要和他商讨他伪称手头正要处理的事;伯爵毫无怀疑,应命而去;到达后立即被公爵逮捕起来,押往那不勒斯。这件事情传到阿奎拉后,居民十分愤怒,拿起武器杀死国王派驻该城的委员安托尼奥·琴奇内洛,还把居民当中大家知道是国王的党羽的一些人杀害。阿奎拉人为了给他们的反叛找一位保护人,就举起教会的旗帜:派代表到教皇那里,把他们的城市和全体居民都献给教皇,乞求教皇把他们当作自己的臣民那样予以保护,免遭国王暴政。教皇欣然答应保卫他们,因为无论从公私两个方面他都有理由仇恨那位国王。圣塞韦里诺的执政官罗贝尔托是米兰公爵的仇敌,已被解聘,教皇派人请他立即来罗马,任命他为教会军队司令。他还要求蒙托里奥伯爵的亲戚朋友们不要再效忠国王;还劝阿尔蒂穆拉、萨莱诺和比西尼阿诺诸君主拿起武器反对国王。

国王突然发现自己已卷入战争,就向佛罗伦萨和米兰公爵求援。佛罗伦萨人对是否采取行动的问题犹疑不决,他们感到放下自己的事情去管别人的事不合适;而且,和教会打仗似乎要冒很大风险。不过,由于对盟国负有义务,他们还是首先考虑到荣誉,而顾不得自己的方便或安全了。他们雇用了奥尔西尼家族的人,并由皮蒂利阿诺伯爵率领本国全部武装力量开向罗马支援国王。国王把自己的军队分为二支:一支在卡拉布里亚公爵率领下向罗马推进,和佛罗伦萨军队会合后即与教会部队对阵。另一支军队由他本人率领攻打贵族们。战事进行中、双方各有胜负。最后,由于国王全面获胜,在西班牙国王派来的使节斡旋下,于 1486 年 8 月间缔结和约,教皇也同意了;他发现命运之神跟自己作对,因而不想再招惹它了。在这项条约中,除了热那亚,意大利所有国家都参加了。热那亚被排除是因为它反叛米兰公国,而且非法地占据了佛罗伦萨的领土。在战争进行期间,圣塞韦里诺的罗贝尔托曾是教会的不可靠的盟友,也不是教皇的敌国的强敌;和约批准后,他就带着自己的部队离开罗马。公爵和佛罗伦萨的军队尾随追击,越过切泽纳之后,他发现追兵已逼近,就赶快逃到拉文纳,剩下不到一百名骑兵。他手下人马一部分被公爵收留了,一部分遭到农民抢劫。国王和他本国的贵族和解之后,处决了亚科波·科波拉和安托内洛·德·阿韦尔萨以及他们的儿子们,因为他们在战争进行期间曾向教皇泄露他的机密。

第　七　章

教皇亲近佛罗伦萨——热那亚人夺占塞雷扎内洛——他们被佛罗伦萨人打败——塞雷扎纳投降——热那亚屈从米兰公爵——威尼斯人和荷兰人之间的战争——奥西莫叛离教会——富尔利君主吉罗拉莫·里阿里奥伯爵被谋杀——法恩扎君主加莱奥托被妻子谋害——城邦政府让与佛罗伦萨——锡耶纳的动乱——洛伦佐·德·美第奇去世——对他的颂

扬——他的家族的家产——洛伦佐购置房地产——他为佛罗伦萨的防务操心——他对文学艺术的爱好——比萨大学——其他君主对洛伦佐的尊敬。

由于教皇在战争进行期间注意到佛罗伦萨人信守盟约，热心而果断地和盟友站在一起；虽然他当时曾由于和热那亚人友好而反对他们，而佛罗伦萨人也曾支援过国王，但这时他却对佛罗伦萨人作了十分友好的表示，接待他们的使节时也比过去亲切得多。洛伦佐·德·美第奇得悉教皇感情上这些变化之后，他十分热心促进这种变化；因为他觉得如果在与国王友好之外又和教皇亲善，当然会有很大好处。教皇有一个儿子名叫弗兰切斯科，他打算给他这个儿子一批领地，也给他拉一些朋友，以便在他本人死后对其子有用。在物色这样的朋友时，他认为在意大利再没有比洛伦佐更为可靠的了。于是就劝洛伦佐把他的一个女儿嫁给弗兰切斯科。成了姻亲之后，教皇就要热那亚人把塞雷扎纳让给佛罗伦萨。他坚持说，热那亚人无权扣留阿戈斯蒂诺已经出卖的地方；阿戈斯蒂诺把并非属于他自己的城市出卖给圣焦尔焦银行也不合理。但是，教皇陛下未能使热那亚人按他的意旨办事。相反，正在罗马进行这些交涉之际，他们就武装起几艘战船，瞒着佛罗伦萨人，派三千名步兵登陆，攻打位于塞雷扎纳上游的塞雷扎内洛，并抢劫焚烧了附近一座城镇；然后以大炮瞄准要塞，猛烈开火。对佛罗伦萨人说来，这次袭击是没有料想到的新情况。他们闻信立即在比萨集结军队，由维尔吉尼奥·奥尔西诺率领；并向教皇提出控诉说：正当教皇在努力建立和平时，热那亚人却重新向他们发动进攻。然

后他们又派皮埃罗·科尔西尼到卢卡坐镇以使那个城市仍忠于佛罗伦萨；还派帕戈洛·安托尼奥·索德里尼到威尼斯去了解该共和国的态度。他们要求国王和执政官洛多维科支援，但都没有得到，国王表示他担心土耳其舰队再来，洛多维科也只是推推诿诿，不派援军。

就是这样，佛罗伦萨在自己的战争中几乎总是不得不孤军作战。找不到友军支援；人家并不像他们那样随时准备给予支援。但是他们并不因为盟国这样背信弃义（这种事对他们说来的确并不新鲜）而感到泄气。他们集结了大批部队，在亚科波·圭奇阿尔迪尼和皮埃罗·韦托里率领下前往迎敌。敌军驻扎马格拉河上，同时以地雷等各式各样方式围攻塞雷扎内洛。军事委员下定决心解救这个地方。随即打了一场大仗。热那亚军队被击溃；洛多维科·达尔·菲埃斯科和其他数名重要将领被俘。塞雷扎纳人虽然战败，但并未沮丧到愿意投降的程度，而是顽强地准备进行防卫；佛罗伦萨军事委员也继续指挥军队进行作战。双方都出现一些英勇事例。由于时运变化不定，围城战役拖了很长时间。洛伦佐·德·美第奇决定亲临营地督战。他的到来使部队得到新的鼓舞，而敌军士气低落。因为他们看到佛罗伦萨军队进攻顽强，而热那亚援军又迟迟不来解救，于是就向洛伦佐投降，也未要求任何条件。除了两三个反叛头目之外，其他任何人都未受到严厉惩处。围城期间，洛多维科曾派兵到蓬特雷莫利，装作是前来支援佛罗伦萨军队的样子，暗地里却和热那亚城内有的人串通；有一派人起来，在他这些部队的支持下，把城市献给米兰公爵。

这时倘兰人向威尼斯人发动战争。教会辖地马尔凯区奥西莫

城的博科利诺带领市民反叛教皇，篡夺城邦主权。经过时运变迁，他又在洛伦佐·德·美第奇劝说下，把城邦归还教皇，自己则来到佛罗伦萨，在洛伦佐保护下住了很久，很受尊重。后来他又去米兰，但未受到同样宽厚的款待，因为洛多维科设法把他弄死了。在特伦托城附近，威尼斯军队被荷兰军队击溃，他们的指挥官罗贝尔托·达·圣塞韦里诺阵亡。威尼斯战败之后，由于一贯运气较好，在跟荷兰人讲和时，取得极其光荣的条件；好像他们并非战败一方，而像是胜利者。

大约就在这时，罗马尼阿境内发生严重动乱。在富尔利城邦很有权威的弗兰切斯科·德·奥尔索遭到吉罗拉莫伯爵的猜忌，还经常受到他的威胁。因此他一直处于危惧不安中，他的朋友们劝他，为了保证自己的安全，应当立即采取措施使他今后不再对伯爵有任何畏惧。他们在一起研究了这个问题并决定采取行动之后，就选定了富尔利集市的日子起事，认为这日子最合适，到那天，他们的朋友们必然从农村来到城里，可以乘便请他们援助；不必明显地为这件事去邀请他们来。当时正是5月间，意大利人都趁天黑以前吃晚饭。阴谋家认为最方便的时间就是在伯爵吃过饭后，因为那时他的家人正在用饭，他极可能是独自一人留在自己房间。下手时刻既经决定，弗兰切斯科就来到伯爵住处，把同伙留在大厅里，自己向伯爵的房间走去，要求侍从人员通报说他求见伯爵。他在被允许进入后、敷衍了几句话之后，就把伯爵刺死；随即招呼同伙，把侍从人员也刺杀了。正巧在这时宫殿长官来找伯爵谈话，他带着几个人进屋之后也被杀害。刺杀这些人之后，就在一片喧嚣骚乱中，把伯爵的尸体从窗户里扔了出去，高呼"要教会！要自

由!”的口号,号召人民(人民仇恨伯爵的贪婪和残暴)拿起武器。劫掠了伯爵的住宅后,还把伯爵夫人卡特丽娜和她的孩子们禁闭起来。只剩下一处要塞需要拿下,整个事情就成功结束了,但要塞司令拒绝投降。这些人请伯爵夫人劝他依从他们的要求。她答应去做,如果他们允许她进入要塞,留下孩子们作为保证她执行诺言的人质。阴谋者信了她的话,允许她进入要塞。但她刚一进去,立即就威胁他们说:为了替丈夫报仇,她将处死他们或施以各种酷刑。他们威胁她说要把她的孩子都杀死,她回答说她有办法再生一些。阴谋者发现教皇并不支持他们,伯爵夫人的叔叔洛多维科·斯福查又已派兵前来援救。他们害怕起来,就把他们能带走的财物尽量带走,逃往卡斯泰洛城。伯爵夫人收复城邦,以极其残酷的手段为她丈夫报仇。佛罗伦萨人听说伯爵已死,就乘机派一些军队去收复原先伯爵从他们手里夺走的皮安卡尔多利要塞。但在围城时,出名的技师切科阵亡。

在罗马尼阿地区,除了这一起骚乱之外,另有一起也很重要,应补述一下。法恩扎君主加莱奥托曾娶波洛尼亚君主乔万尼·本蒂沃利之女为妻。她也许是因为妒忌或是受丈夫虐待,也许是因为她本人天性邪恶,极端仇视自己的丈夫,竟然下定决心要使他丧失性命和财产。她假装重病卧床不起,诱使加莱奥托前来探视;他一进屋,她事先埋伏下的刺客就把他刺死。她事先曾把这项计划通知他父亲,她父亲希望在女婿死后,由他本人当法恩扎君主。这桩谋杀事件传开后,城内大哗,这位寡妇带着婴儿逃入要塞。人民拿起武器。乔万尼·本蒂沃利带着特为这事件雇用米兰公爵的一位佣兵队长贝尔加米诺率领大批人马进入法恩扎。佛罗伦萨军事委员安托尼奥·博斯科利当时也在此地。正当这些领导人在一起商议这个城市如何治理时,瓦尔迪拉莫纳的居民听到发生的情况之后一致奋起攻打乔万尼和贝尔加米诺,杀了后者,俘虏了前者,然后高呼"阿斯托雷和佛罗伦萨人!"把城市献给军事委员。这些情况传至佛罗伦萨后,普遍认为不当;不过,他们还是把乔万尼和他的女儿释放了;根据人民群众的普遍愿望,将该城和阿斯托雷置于佛罗伦萨的保护下。除了这些动乱之外,在诸大国之间的主要纷争调停解决之后的几年期间,在罗马尼阿、边区和锡耶纳境内都曾出现其他一些骚乱,但因重要性不大,也就无需记述了。在1478年的战争结束、卡拉布里亚公爵离开锡耶纳地区之后,该地的骚乱更加频繁。在此起彼伏的许多变动中,先是庶民获胜,后来又是贵族占了上风,最后贵族一直保持优势。在贵族当中,要数潘多尔福和亚科波·佩特鲁奇拥有的势力最大。前者以明智著称,后者以果断闻名;他们几乎成了城邦的君主。

在塞雷扎纳之战以后,佛罗伦萨极其繁荣昌盛,直至1492年洛伦佐·德·美第奇逝世。这是因为,他在结束了意大利内部各城邦之间战争之后,又运用自己的智慧和权威建立了和平;随后就把注意力转到增进他本人和城邦的利益方面。他给自己的长子皮埃罗娶了卡瓦利埃雷·奥尔西诺的女儿阿尔芳西娜。他设法将次子乔万尼升到枢机主教的尊贵职位。乔万尼刚刚十四岁就被枢机主教团接受为其成员之一,通过这一举而使他的家族享有人间最崇高的荣誉。这是前所未有的事,因而更加引人注目。他未能给第三个儿子朱利阿诺作出任何具体安排,因为这孩子还太年幼,洛伦佐本人也已不久人世。他那些女儿,有一个嫁给亚科波·萨尔维阿蒂;另一个嫁给弗兰切斯科·奇博;第三个嫁给皮埃罗·里多尔菲;第四个女儿,他为了使自己的家族团结一致,就把她嫁给乔万尼·德·美第奇,不久后她就死了。他在经商方面很不走运,因为他那些代理人行为不端,他们办事不像普通老百姓,俨然摆起君主的气派;因此,他在许多地方的财产都被他们挥霍掉了;他不得不用国家大批金钱来使他摆脱困境。

为了避免这类麻烦的事情,他退出商业经营,把资金转投在房地产方面,因为这种事业较稳定。在普拉托、比萨和瓦尔迪佩萨等地区,他大量收购房地产,也修建许多建筑。这些建筑富丽豪华,用途合乎王公气派。然后他就进行改建城市的工作。城内仍有许多空间地面,他在这些地方修建许多很美丽的新街道,从而扩大改进了居民的居住便利条件。他为了在安全和宁静的环境中享有自己的权力,在距离较远的地方战胜或抵挡住敌人,于是就在通往波洛尼亚的方向,加强了位于亚平宁山脉中的菲伦佐拉要塞的工事;在朝锡耶纳方向,开始了波吉奥、伊姆佩里阿雷的重建和设防工程;通过对皮埃特拉桑塔和塞雷扎纳的占领,他把来自热那亚方向的敌人抵御于上述两地之外。为了使城邦更加安全,他还一直津贴佩鲁贾的巴利奥尼家族和卡斯泰洛城的维泰利家族,并亲自控制法恩扎政府。这一切对佛罗伦萨的安宁和繁荣起了很大作用。在和平时期,他常常大摆宴席招待市民,举办各式赛会和古典凯旋式游行;目的是使全城供应充足,人民团结,显贵受到尊重。他还是一位伟大的艺术精品鉴赏家和文学家的保护人。他对阿尼约洛·达·蒙泰普尔恰诺、克里斯托费罗·兰迪尼、希腊作家德梅特里乌斯·查尔孔迪拉斯等人的关怀就足以证明。就是由于这一

点，具有几乎是超人天才的乔万尼·德拉·米兰多拉伯爵在遍访了欧洲所有帝王宫廷之后，终于受到洛伦佐慷慨大方的吸引，定居于佛罗伦萨。洛伦佐对建筑、音乐和诗歌十分爱好；他写的关于这些艺术的许多评论文章和诗歌作品仍然留存至今。为了促进佛罗伦萨青年研究文学，他在比萨创建一所大学，由意大利最卓越的人物主持。圣奥古斯蒂内修道团有一位名叫马里阿诺·达·基纳扎诺的修道士，善于传布上帝福音；洛伦佐特为他在佛罗伦萨附近修建一所修道院。洛伦佐享有上帝和命运之神赐给他的许多恩惠；他举办的一切事业结果都很兴旺发达；他的敌人则常遭不幸。例如，除了帕齐家族搞的那次阴谋之外，巴蒂斯塔·弗雷斯科巴尔迪也曾企图在卡尔米内教堂里刺杀他；另一次类似的阴谋是巴尔迪内托·达·皮斯托亚企图在他的别墅里行刺他。但这些人都和他们的同谋者一起送了命，这是他们罪有应得的。他的灵活的手腕、智虑明达、时运亨通，不只是受到意大利诸君主，而且也受到远方各国的帝王的公认、赞赏。例如匈牙利国王马蒂阿斯就曾有许多表示证明他对洛伦佐有好感；苏丹曾派遣使节送给他许多珍贵礼物；土耳其大王曾把谋害他弟弟的凶手贝尔纳尔多·班迪尼送回他手中。这些事情进一步提高了他在全意大利的声望。他那明智审慎的美名更是与日俱增。他在政务会议上发言敏锐而善辩、英明果断；执行时迅速而坚定。虽然他贪图女色，喜欢同滑稽而好讥刺的人在一起，还喜以婴儿室嬉戏取乐，人们常看见他和自己的孩子们玩耍、参加他们那些幼儿游戏；和他这样一位伟大人物的身份，显然不相称。然而这些缺点都瑕不掩瑜。凡是考虑到他严肃的一面和欢乐的一面的人，都会发现在他身上存在着互不相容的

两种性格。他晚年疾病缠身，除痛风外，胃痛也经常折磨他，终于在1492年4月，死于胃病，终年四十四岁。在佛罗伦萨、甚至在全意大利，从没有一个人的聪明才智像他这样出名；也还没有一个人的去世引起人们这样普遍地感到哀痛。他逝世后不久，巨大的灾难接踵而至；老天事先就已显示许多明显的征兆。其中之一就是：圣雷帕拉塔大教堂最高的尖顶被雷击中，大部坍塌，使人人感到惊恐。佛罗伦萨全体公民、意大利所有君主都为他的逝去而哀悼；各国都派使节前来和全城公民一起吊唁。他们感到悲哀的理由不久之后就很明白了。因为在失去他的劝导之后，还活着的人既无法满足又不能制止米兰公爵的监护人洛多维科·斯福查的野心。因此，在洛伦佐死后不久，罪恶之树就开始发芽，不久就毁坏意大利并使之长期颓败荒芜。

英汉译名表

Abati 阿巴蒂(家族)
Abati,Neri 阿巴蒂,内里
Acciajuoli,Agnolo 阿奇阿尤利,阿尼约洛
Acciajuoli,Alamanno 阿奇阿尤利,阿拉曼诺
Acciajuoli, Donato 阿奇阿尤利,多纳托
Acciajuoli, Jacopo 阿奇阿尤利,亚科波
Acciajuoli,Michele 阿奇阿尤利,米凯莱
Adimari,Andrea 阿迪马里,安德雷阿
Adimari,Bernardo 阿迪马里,贝尔纳尔多
Adimari,Forese 阿迪马里,福雷塞
Adolf 阿多尔夫
Adorna 阿多尔纳
Adrian 阿德里安
Aeneas 艾尼亚斯
Agapito 阿加皮托
Agli 阿利
Agobio. Jacopo d' 阿戈比奥,雅科波·德
Agobio, Lando d' 阿戈比奥,兰多·德
Agolanti 阿戈兰蒂
Agut ohn 阿古特,约翰
Alamanni,Boccocino 阿拉曼尼,博科奇诺
Alans 阿兰人
Alaric 阿拉里克
Alberic 阿尔贝里克
Alberigo 阿尔贝里戈
Albert,Antonio deli 阿尔贝尔蒂,安托尼奥·德利
Alberti,Benedeto 阿尔贝尔蒂,本内德托
Alberti,Jacopo 阿尔贝尔蒂,亚科波
Alberti,Alberto degli 阿尔贝尔蒂,阿尔贝尔托·德利
Albizzi,Maso degli 阿尔比齐,马索·德利
Albizzi,Piero degli 阿尔比齐,皮埃罗·德利
Albizzi,Rinaldo degli 阿尔比齐,里纳

尔多·德利
Alboin 阿尔博因
Alderotti 阿尔德罗蒂
Aldobrandini 阿尔多布兰迪尼
Alessandri, Corneglia degli 阿莱桑德里,科尔内丽亚·德利
Alessandro 阿莱桑德罗
Alexander 亚历山大
Alfonsina 阿尔芳西娜
Alfonso 阿尔方索
Alfonzo 阿尔方佐
Alfred 阿尔弗雷德
Alidossi, Lodovico 阿利多西,洛多维科
Alidossi, Taddeo-degli. 阿利多西,塔德奥·德利
Alighieri, Dante 阿利吉埃里,但丁
Altoviti, Bardo 阿尔托维蒂,巴尔多
Altoviti, Bindo 阿尔托维蒂,宾多
Altoviti, Scali 阿尔托维蒂,斯卡利
Amalasontha 阿马拉松塔
Amerigo 阿梅里戈
Amidei, Lambertuccio 阿米德伊,拉姆贝尔图乔
Amieri 阿米埃里
Andaric 安达里克
Andrea 安德雷阿
Andria, Count d' 安德里阿伯爵
Angelo, Giovan 安杰洛,乔万
Angelo, Maria 安杰洛,马丽亚
Angles, Angli 盎格鲁人
Annalena 安娜莱娜
Anselmi, Giovanni 安塞尔米,乔万尼
Antellesi 安泰莱西
Arcadius 阿尔卡迪乌斯
Arcalano 阿尔卡拉诺
Ardinghi 阿尔丁吉
Aretino(i) 阿雷提诺
Aretins 阿雷廷人
Argiripolo 阿尔吉里波洛
Arismeno 阿里斯梅诺
Arnolfus 阿尔诺尔富斯
Arragon 阿拉贡
Arriguci 阿里古奇
Ascanio, Astorre 阿斯卡尼奥,阿斯托雷
Ashmet 阿什梅特
Astolphus 阿斯托尔富斯
Atalaric 阿塔拉里克
Attila 阿蒂拉
Augustulus 奥古斯图卢斯
Avitus 阿维图斯
Azone 阿佐内
Azzo 阿佐

Baglioni 巴利奥尼
Bagnesi 巴涅西
Baldovinetti, Mariotto 巴尔多维内蒂,马里奥托
Baldwin 鲍尔德温

Boccolino 博科利诺
Boethius 博埃蒂乌斯
Bona, Lady 博娜夫人
Bonatto, Guido 博纳托,圭多
Boniface 博尼法斯
Bonvisi, Leonardo 本维西,莱奥纳尔多
Bordini 博尔迪尼
Borgia, Caesar 博几亚,凯撒
Borgia, Piero Lodovico 博几亚,皮埃罗·洛多维科
Borso 博尔索
Boscoli, Antonio 博斯科利,安托尼奥
Bostichi 博斯蒂基
Botti, Giovanni 博蒂,乔万尼
Bouillon 布伊龙
Braccio 布拉乔
Brunelleschi, Filippo 布鲁内莱斯基,菲利波
Brunelleschi, Francesco 布鲁内莱斯基,弗兰切斯科
Buonaccorsi 布奥纳科尔西
Buono, Antonio Guido 布奥诺,安托尼奥·圭多
Buondelmonti 奔德尔蒙蒂
Buonromei, Carlo 布昂罗梅伊,卡尔洛
Buonromei, Giovanni 布昂罗梅伊,乔万尼
Burgandians 勃艮第人
Cadolo 卡多洛
Calixtus 卡利克塔斯
Cancelieri, Bertacca 坎切利埃里,贝尔塔卡
Cancelieri, Guliermo 坎切利埃里,古利埃尔莫
Cane, Fazino 凯内,法齐诺
Canneschi, Batista 坎内斯基,巴蒂斯塔
Capiardi 卡皮阿尔迪
Capoinsacchi 卡波因萨基
Capponi, Neri di Gino 卡波尼,内里·迪·吉诺
Capponi, Piero di Gino 卡波尼,皮埃罗·迪·吉诺
Cardona, Ramondo di 卡尔多纳,拉蒙多·迪
Caregi 卡雷吉
Carlo 卡尔洛
Carlone, Cristafano di 卡尔洛内,克里斯塔法诺·迪
Carlovingian 加洛林王朝
Carmignola, Francesco 卡尔米尼约拉,弗兰切斯科
Carneades 卡尔内阿德斯
Carrera, Francesco da 卡雷拉,弗兰切斯科·达
Carthagiians 迦太基人
Cascese, Antonio da 卡斯切塞,安托尼奥·达

尼·迪
Coppola,Jacopo 科波拉,亚科波
Corbizzi 科尔比齐
Corneglia 科尔内利阿
Cornesi,Piero 科尔内西,皮埃罗
Corradino 科拉迪诺
Corvara,Piero della 科尔瓦拉,皮埃罗·德拉
Corvino,Giovanni 科尔维诺,乔万尼
Cossa,Balthazar 科萨,巴尔萨扎
Costanza 科斯坦扎
Covini 科维尼
Cunimond 库尼蒙德

Damiano,达米阿诺
Davanzati,Giuliano 达万扎蒂,朱利阿诺
Deifobo 德伊福博
Desiderius 德西德里乌斯
Diogenes 戴奥哲尼斯
Donati,Corso 多纳蒂,科尔索
Drusiana 德鲁西娅娜

Egidio 埃吉迪奥
Elisabetta 爱丽萨贝塔
Elisei 埃利塞伊
Ercole 埃尔科莱
Ermes 埃尔梅斯
Eruli 埃鲁利人
Este,Azoneda 伊斯特,阿佐内达
Este,Niccolo da 伊斯特,尼科洛·达
Esti, Ercole da 埃斯蒂,埃尔科莱·达
Eudocia 优多奇娅
Eugênius 尤金尼斯
Eustace 优斯塔斯
Ezelin 埃泽林

Faenza,Astorre da 法恩扎,阿斯托雷·达
Faggiuola,Uguccione della 法朱奥拉,乌古乔内·德拉
Farnagiaccio,Il 法尔纳加乔,伊尔
Fedini,Niccolo 费迪尼,尼科洛
Fermiconi 费尔米科尼
Ferrara 费拉拉
Ferrando 费兰多
Ferrante,Piero 费尔兰泰,皮埃罗
Ficino,Marsilio 费奇诺,马尔西利奥
Fifanti 菲凡蒂
Flemish 佛兰德人
Florinus 佛罗里努斯
Foraboschi 福拉博斯契
Formiconi 福尔米科尼
Fortebraccio,Niccolo 福尔泰布拉乔,尼科洛
Fortini,Bartolomeo 福尔蒂尼,巴尔托洛梅奥
Francesco,Giovanni 弗兰切斯科,乔万尼

Giuochi 居奥基
Giusto 朱斯托
Godfrey 戈德弗雷
Godogo 戈多戈
Gonzaga, Fillipo 贡扎加，菲利波
Goths 哥特人
Gregory 格雷戈里
Guadagnî, Antonio di Bernardo 瓜达尼，安托尼奥·迪·贝尔纳尔多
Gualandi, Antonio 瓜兰迪，安托尼奥
Guarteroti 瓜尔泰罗蒂
Gugliermo 古利埃尔莫
Guicciardini, Giovanni 圭奇阿尔迪尼，乔万尼
Guicciardini, Gugliermo 圭奇阿尔迪尼，古利埃尔莫
Guicciardini, Jacopo 圭奇阿尔迪尼，亚科波
Guicciardini, Luigi 圭奇阿尔迪尼，卢吉
Guicciardini, Piero 圭奇阿尔迪尼，皮埃罗
Guidalotti 圭达洛蒂
Guido 圭多
Guinigi, Pagolo 圭尼吉，帕戈洛
Guiscard, Robert 圭斯卡尔德，罗伯特

Hannibal 汉尼拔
Hawkwood, John 霍克伍德，约翰
Helmichis 海尔米基斯
Henry 亨利
Heraclius 赫拉克利乌斯
Honorius 霍诺留斯
Huns 匈奴人

Ilarione, Lorenzo d' 伊拉里奥内，洛伦佐·德
Ildovsdus 伊尔多瓦杜斯
Importuni 伊姆波尔图尼
Infangati 因凡加蒂
Innocent 英诺森

Jaonnes 约内斯
Joan 约安
Justin 朱斯丁
Justinian 查士丁尼
Justiniani, Orsatto 朱斯蒂尼亚尼，奥尔萨托
Justiniano, Antonio 朱斯蒂尼亚诺，安托尼奥

Ladislaus 拉迪斯劳斯
Lamberti, Mosca 拉姆贝蒂，莫斯卡
Lampogniano, Giovanni Andrea 拉姆波尼阿诺，乔万尼·安德烈
Landini, Cristofero 兰迪尼，克里斯托费罗
Lando, Michele di 兰多，米凯莱·迪
Lanzilao 兰齐劳

Martin 马丁
Martino, Ser 马尔蒂诺，塞尔
Matilda 马蒂尔达
Mathius 马修斯
Matthias 马蒂阿斯
Maximus 马克西穆斯
Medici, Alamanno de 美第奇，阿拉曼诺·德
Medici, Antonio de 美第奇，安托尼奥·德
Medici, Averardo de 美第奇，阿韦拉尔多·德
Medici, Bernardo 美第奇，贝尔纳尔多
Medici, Bernardeto de 美第奇，贝尔纳尔德托·德
Medici, Cosmo de 美第奇，科斯莫·德
Medici, Filippo de 美第奇，菲利波·德
Medici, Giovanni de 美第奇，乔万尼德
Medici, Giuliano de 美第奇，朱利阿诺·德
Medici, Lorenzo de 美第奇，洛伦佐·德
Medici, Piero de 美第奇，皮埃罗·德
Medici, Salvestro (Alamanno) de 美第奇，萨尔韦斯特罗·(阿拉曼诺)德
Medici, Veri de 美第奇，韦里·德
Melano, Biaggio del 梅拉诺，比阿焦·德尔
Melfi 梅尔菲
Melorco 梅洛尔科
Michael 米凯尔
Michele, Francesco di 米凯莱，弗兰切斯科·迪
Micheletto (Attendulo) 米凯莱托(阿滕杜洛)
Micheletto, Lorenzo di 米凯莱托，洛伦佐·迪
Miglioreli 米利奥雷利
Mirandola, Giovanni della 米兰多拉，乔万尼·德拉
Mohammed 穆罕默德
Montefeltro, Antonio da 蒙泰费尔特罗，安托尼奥·达
Montefeltro, Federigo di 蒙泰费尔特罗，费德里戈·迪
Montepulchiano, Agnolo da 蒙泰普尔恰诺，阿尼约洛·达
Moor 摩尔人
Mozzi, Giovan de 莫齐，乔万·德
Mozzi, Vanni de 莫齐，万尼·德
Murrhone, Pietro de 穆洪，皮埃特罗·德

Nannina 南尼娜
Nardi, Bernardo 纳尔迪，贝尔纳尔多

Pazzi, Francesco da 帕齐，弗兰切斯科·达
Pazzi, Gugliermo de 帕齐，古利埃尔莫·德
Pazzi, Jacopo 帕齐，亚科波
Pazzi, Piero 帕齐，皮埃罗
Pazzi, Rinato de 帕齐，里纳托·德·
Pecorino, Il 佩科里诺，伊尔
Pepin 丕平
Persians 波斯人
Perugia, Braccio da 佩鲁贾，布拉乔·达
Perugia, Carlo di Braccio da 佩鲁贾，卡尔洛·迪·布拉乔·达
Perugia, Cecolino da 佩鲁贾，切科利诺·达
Peruzzi, Filippo 佩鲁齐，菲利波
Peruzzi, Ridolfo 佩鲁齐，里多尔福
Petrucci, Cesare 佩特鲁齐，切萨雷
Petrucci, Jacopo 佩特鲁齐，亚科波
Philip 菲利普
Piccinino, Niccolo 皮奇尼诺，尼科洛
Piccolomini 皮科洛米尼
Piggiello 皮杰洛
Pino, Zanobi del 皮诺，扎诺比·德尔
Pisa, Niccolo da 皮萨，尼科洛·达
Pisani, Giovanni 皮萨尼，乔万尼
Pistoia, Bardinetto 皮斯托亚，巴尔迪内托
Pitti, Lucca 皮蒂，卢卡
Pius 庇护
Placidia 普拉奇迪娅
Pliny 普林尼
Pogio, Jacopo de 波吉奥，亚科波·德
Polenta, Guido di 波伦塔，圭多·迪
Polenta, Ostacio da 波伦塔，奥斯塔西奥·达
Pompey 庞培
Poppi 波庇
Porcari, Stefano 波尔卡里，斯泰法诺
Prato, Niccolo da 普拉托，尼科洛·达
Prospero 普罗斯佩罗
Pucci, Antonio 普奇，安托尼奥
Pucci, Giovanni 普奇，乔万尼
Pucci, Puccio 普奇，普乔
Puccio, Lorenzo de 普乔，洛伦佐·德
Pullnari, St Giorgio 普利纳里，圣焦尔焦

Quaratesi 夸拉泰西

Raymond 拉伊蒙德
Reale 雷亚尔
René 雷内
Riario, Raffaello di 里阿里奥，拉法埃洛·迪
Ricci, Uguccione de 里奇，乌古乔内·德
Rido, Antonio 里多，安托尼奥

斯科
Sforza, Lodovico 斯福查,洛多维科
Sigismond 西吉斯蒙德
Simeonda 西梅翁达
Simon 西蒙
Simoncino 西蒙奇诺
Simoneta, Cecco 西蒙内塔,切科
Sixtus 西克斯图斯
Sizi 西齐
Soderini, Niccolo 索德里尼,尼科洛
Soderini, Pagolo Antonio 索德里尼,帕戈洛・安托尼奥
Soderini, Piero 索德里尼,皮埃罗
Soderini, Tomaso 索德里尼,托马索
Soldanieri, Giovanni 索尔达尼埃里,乔万尼
Sophia 索菲娅
Spini, Benedeto degli 斯皮尼,本内德托・德利
Spinola, Francesco 斯皮诺拉,弗兰切斯科
Spinoli, Gherardino 斯皮诺利,盖拉尔迪诺
Stefano 斯泰法诺
Stephen 斯蒂芬
Stilicho 斯蒂利科
Strozzi, Andrea 斯特罗齐,安德雷阿
Strozzi, Palla 斯特罗齐,帕拉
Strozzi, Tomaso 斯特罗齐,托马索
Stufa, Giovenco della 斯图法,乔文科・德拉
Sylla 西拉
Symmachus 西马库斯

Tancred 坦克雷德
Tartaglia, Attenduli Il 塔尔塔利阿,阿滕杜利・伊尔
Tassino, Antonio 塔西诺,安托尼奥
Tedaldi 泰达尔迪
Teghiajo 泰贾约
Teias 泰伊阿斯
Theodotus 泰奥多图斯
Theodore 西奥多尔
Theodoric 提奥多里克
Theodosius 提奥多西乌斯
Thüringi 图林根人
Tibaldo 蒂巴尔多
Tiberius 提比留
Tidaldini 蒂达尔迪尼
Tira, Il 蒂拉,伊尔
Tolentino, Niccolo da 托伦蒂诺,尼科洛・达
Tornabuoni, Giovanni 托尔纳布奥尼,乔万尼
Tornabuoni, Lucrezia de 托尔纳布奥尼,卢克雷齐亚・德
Tornaquinci 托尔纳昆奇
Torre, Guid della 托雷,圭德・德拉
Torre, La 托雷,拉
Torrello, Guido 托雷洛,圭多

Waiwode 魏伍德人

Walter 沃尔特

William 威廉

Zeno 芝诺

Zepidi 泽皮迪人

图书在版编目(CIP)数据

佛罗伦萨史:从最早时期到豪华者洛伦佐逝世 / (意)尼科洛·马基雅维里著;李活译.—北京:商务印书馆,2017
(汉译世界学术名著丛书:120 年纪念版:珍藏本)
ISBN 978-7-100-14414-8

Ⅰ. ①佛… Ⅱ. ①尼… ②李… Ⅲ. ①佛罗伦萨共和国—历史 Ⅳ. ①K546.9

中国版本图书馆 CIP 数据核字(2017)第 153134 号

汉译世界学术名著丛书
(120 年纪念版·珍藏本)
佛罗伦萨史
从最早时期到豪华者洛伦佐逝世
〔意〕尼科洛·马基雅维里 著
李 活 译

商务印书馆出版
(北京王府井大街 36 号 邮政编码 100710)
商务印书馆发行
北京通州皇家印刷厂印刷
ISBN 978-7-100-14414-8

2017 年 12 月第 1 版 开本 710×1000 1/16
2017 年 12 月北京第 1 次印刷 印张 31¾
定价:155.00 元